Mein Leben – meine Djembe – meine Kultur

Aufzeichnungen eines afrikanischen Musikers

Guinea (République de Guinée) in Westafrika

Famoudou Konaté

Mein Leben – meine Djembe – meine Kultur

Aufzeichnungen eines afrikanischen Musikers

herausgegeben von Thomas Ott

Bibliografische Information der Deutschen Nationalbibliothek

Die Deutsche Nationalbibliothek verzeichnet diese Publikation in der Deutschen Nationalbibliografie; detaillierte bibliografische Daten sind im Internet unter http://dnb.d-nb.de abrufbar.

978-3-95983-624-1 (Hardcover)

978-3-95983-625-8 (Paperback)

978-3-95983-626-5 (Ebook)

www.schott-buch.com

Inhalt

Thomas Ott: Vorwort. Wie dieses Buch entstanden ist

Dieses Buch ist aus einer großen Zahl autobiografischer Notizen hervorgegangen, die der Musiker Famoudou Konaté aus dem westafrikanischen Land Guinea über viele Jahre in französischer Sprache angefertigt hat. Ich übernahm die Aufgabe, diese Aufzeichnungen zu redigieren, zu ordnen und sie zu einem Buch zusammenzustellen. Dies nahm einige weitere Jahre in Anspruch. Das Buch gliedert Konatés Notizen nun in autobiographisch-erzählende, musik- und kulturbeschreibende und reflexive Kapitelinhalte. Es erscheint zunächst in deutscher Sprache.

Wenn Famoudou Konaté über dieses Projekt spricht, betont er gern, dass er Lesen und Schreiben erst im Erwachsenenalter gelernt hat, als er schon auf Welttournee mit den »Ballets Africains de la République de Guinée« war. Denn in seinem Heimatdorf im westafrikanischen Guinea gab es keine Schule. Er wäre nicht einmal Berufsmusiker geworden, hätte es 1958 nicht den großen historischen Einschnitt gegeben: die Befreiung seines Landes von der französischen Kolonialherrschaft. Bei den Malinké, seiner Volksgruppe, mussten Angehörige seiner sozialen Klasse (der »Edlen«) traditionell das Musizieren aufgeben, sobald sie heirateten – auch wenn sie, wie Famoudou Konaté, schon beträchtliches Renommee als Musiker erworben hatten. Er war 18 Jahre alt, als die Unabhängigkeit kam, und schon bald danach zogen Regierungskommissionen durch das Land, auf der Suche nach hochbegabten Musikern, Sängerinnen, Tänzerinnen und Tänzern. Ein paar Dutzend junge Menschen wurden für die Ballets Africains ausgewählt und dienstverpflichtet. Das Ensemble war eines der Prestigeprojekte, mit denen der neue Präsident Ahmed Sékou Touré das kulturelle Selbstbewusstsein und das internationale Ansehen des Landes stärken wollte.

Für den Djembe-Spieler (oder, wie er bei den Malinké heißt, *djembefóla*) Famoudou Konaté bedeutete dies: Er durfte Musiker bleiben. Er wurde erster Solist dieses Ensembles und reiste mit ihm 25 Jahre lang um die Welt. Dann, nach Sékou Tourés Tod 1984, endete die politisch motivierte Förderung der Künste, es gab Konflikte im Ensemble, und Famoudou Konaté blieb eigentlich nur die Perspektive, als Trommler und Landarbeiter nach Oberguinea zurückzukehren, in sein Heimatdorf Sangbaralla in der Region Hamana. Aber nun erlebte er die zweite glückliche Wendung seines Lebens. Denn mit dem Ende der Touré-Herrschaft löste sich das Land aus seiner strikten Ostblock-Orientierung und öffnete sich politisch nach Westen. Jetzt kamen, zunächst vor allem aus Deutschland, junge Musikerinnen und Musiker nach Guinea, leidenschaftliche Verehrer afrikanischer Musik, die von Famoudou Konaté gehört hatten. Sie nahmen bei ihm Unterricht und organisierten für ihn Konzerte und Workshops in Deutschland und benachbarten Ländern. Famoudou Konaté konnte sich als freier Lehrer und konzertierender Musiker selbständig machen. Ähnlich erging es Konatés zehn Jahre jüngerem Kollegen und Freund Mamady Keïta aus der Nachbarregion Siguiri, der mit 14 Jahren für ein Parallelensemble, das »Ballet National Djoliba de la République de Guinée«, entdeckt worden war – und nach seinem Abschied von dieser Truppe nun ebenfalls großen Erfolg als Lehrer, Musiker und »Promoter« der Malinké-Musik hatte. Bis heute sind viele jüngere Musiker Konaté und Keïta gefolgt. Denn das inzwischen weltweite Interesse an der Musik der Malinké in Guinea nimmt immer noch zu.

Die Djembe, eine einfellige Bechertrommel, ist so etwas wie das Leitinstrument in der an Instrumenten und Stilen reichen Musikkultur der westafrikanischen Mande-Völker, zu denen auch die Malinké gehören. Die globale Karriere der Djembe in der zweiten Hälfte des 20. Jahrhunderts – nicht nur in verschiedenen afrikanischen Musikstilen, sondern auch im internationalen Pop und sogar in der modernen E-Musik – ist einzigartig. In vielen Schulen der Welt gehört die Djembe mittlerweile zur Grundausstattung des Musikunterrichts. In Famoudou Konatés und Mamady Keïtas Heimat steht sie im Zentrum eines Trommelensembles, zu dem auch bis zu vier Basstrommeln gehören – zweifellige Zylindertrommeln unterschiedlicher Größe und Klanghöhe mit aufgeschnallten Eisenglocken. Für dieses Ensemble gibt es ein großes

Famoudou Konaté 2009

Repertoire an Rhythmen, Tänzen und Liedern. Die kulturelle Globalisierung führt dazu, dass lokale Traditionen sich abschwächen, während sie anderswo auf der Welt ein »zweites Dasein« erleben. So ergeht es auch der Musik aus Famoudou Konatés Heimat. Ihm ist sehr daran gelegen, dass die Standards, der Geist und die Botschaft seiner Musik, in die er als Kind und Jugendlicher hineingewachsen ist, durch diese Entwicklung nicht verwässert werden.

Auch deshalb beschloss Famoudou Konaté eines Tages, sein Wissen in Notizen festzuhalten, aus denen dann dieses Buch wurde.

Ich hörte ihn zum ersten Mal 1993 im Berliner »Haus der Kulturen der Welt«, mit seiner damaligen Gruppe »Hamana Diara«, und erlebte das farbige Klangbild seiner Musik, die komplexe Rhythmik, das Zusammenspiel der Djembe-Trommeln und der drei Basstrommeln, die Einheit von Rhythmus, Tanz und Gesang wie aus einem Guss. Besonders reizvoll war, wie Famoudou Konatés Solospiel über allem schwebte: die Leichtigkeit, mit der seine Hände, die sich kaum zu bewegen schienen, Rhythmusgestalten von großer Schönheit modellierten. Durch seine Musik hindurch schien er direkt mit dem Publikum zu sprechen. Zum Schluss hielt er sogar eine kleine Rede auf Deutsch. Die Begeisterung im Saal war groß.

Konzert in Bonn 2019: v.l. Siré Doumbouya (Tanz), Griotte Aicha Kouyaté (Gesang), Billy Konaté (dundunba), Famoudou Konaté (Djembe), Diarra Konaté (sangban), Babara Bangoura (Djembe), Dino Chinopoulos (kesedenen)

Im Jahr darauf begegnete ich Famoudou Konaté wieder, nun persönlich. Mein Kollege Volker Schütz, Professor für Musikpädagogik in Würzburg und wichtiger Wegbereiter afrikanischer Musik in der deutschen Musikpädagogik, hatte ihn zu einem Workshop ins westafrikanische Land Gambia eingeladen. Hier, im »Boucarabou Hotel« im Dorf Kerr Sering, konnten Musiklehrerinnen und Musiklehrer aus Deutschland die damals bei uns noch ziemlich unbekannte Musik Westafrikas kennenlernen und studieren – bei Musikerinnen und Musikern, Tänzerinnen und Tänzern der Region. Famoudou Konaté kam aus dem Nachbarland Guinea zu uns, wir alle erwarteten ihn neugierig und lernten ihn als zugewandten, sympathischen und humorvollen Menschen und als guten Pädagogen kennen, dem es Freude machte, mit uns Anfängern zu arbeiten. Er reagierte mit Witz auf unsere Fehler und brachte uns seine komplizierte Musik mit einer ausgetüftelten Methodik nahe, die uns den Weg vom Leichten zum Schwierigen ebnete. Immer wieder erlebten wir, wie die Musik schließlich groovte und Konaté eine seiner magischen Soloimprovisationen darüber spielte – zur Belohnung sozusagen. An den langen Abenden erzählte er aus seinem Leben – immer neue Geschichten aus seinem Dorf und von seinen vielen Reisen, hochtheatralisch, voller Witz und Weisheit. Schon damals wurde mir klar, welch großen Erfahrungs- und Wissensschatz Famoudou Konaté in sich trug. Schon damals schlug ich ihm vor, das alles doch einmal aufzuschreiben.

Workshop in Gambia

In den folgenden Jahren organisierte ich selbst die Workshops im Boucarabou Hotel, und regelmäßig war Famoudou Konaté dabei. Wir lernten uns immer besser kennen. Schon bald nach unserer ersten Begegnung entstand der Plan zum Buch »Rhythmen und Lieder aus Guinea« mit vielen Informationen zu seiner Musik, einer Auswahl von Rhythmen, methodischen Hinweisen und einer Begleit-CD. Um sie aufzunehmen, reiste ich im Dezember 1995 mit dem Tonmeister Thomas Goldhahn nach Guinea. Die Aufnahmen in Famoudou Konatés Haus in der Hauptstadt Conakry, im nachbarschaftlichen Milieu einer afrikanischen Vorstadt, sind mir unvergesslich, auch weil ich bei dieser Gelegenheit seine Familie kennenlernte. Seine Söhne Billy, Diarra, Fodé und Ibro – damals fast noch Kinder, heute selbst erfolgreiche Musiker und Lehrer – spielten und sangen bei den Aufnahmen mit, ebenso wie seine Töchter Diaka, Fanta, Bintou, Koria und Koulako und seine Schwiegertochter Siré. Das Buch war eigentlich für deutsche Musikpädagogen gedacht. In der internationalen Szene verbreitete sich aber schnell die Nachricht, dass Famoudou Konaté ein Buch herausgebracht hatte. Er war damals schon eine »Legende«, von der es aber nur eine einzige CD gab. So entstanden schnell eine englische und eine französische Übersetzung.

Bald lud ich Famoudou Konaté nach Berlin zu Workshops an die Hochschule (heute: Universität) der Künste ein, wo ich Musikpädagogik lehrte. Auch hier war die

Famoudou Konaté und Thomas Ott, Gambia 1995

Freude über seine Musik, seine Menschlichkeit und seine pädagogischen Fähigkeiten groß, und schließlich beschloss die Hochschule, ihn zum Honorarprofessor (Professor ehrenhalber) zu machen.

Famoudou Konaté und seine Musik waren für mich die Brücke nach Afrika überhaupt. Getreu der Weisheit »Wer nur etwas von Musik versteht, versteht auch von Musik nichts« hatte ich bald angefangen, mich mit politischen, gesellschaftlichen und wirtschaftlichen Problemen Afrikas zu beschäftigen. Bei unseren Aufenthalten hatten meine Frau Eva und ich immer auch lokale Schulen besucht und in Partnerschaften eingebunden. 2000 bis 2003 bekamen wir die Chance, hauptamtlich ein Bildungsprojekt der »Deutschen Gesellschaft für Technische Zusammenarbeit (GTZ)« in Guinea zu betreuen – allerdings nicht in Famoudous Heimatregion Kouroussa, sondern in Labé, der Hauptstadt der Gebirgsregion Fouta Diallon. Die dort lebende Volksgruppe der Peulh (Fula) unterscheidet sich kulturell erheblich von den Malinké im Nordosten des Landes, zu denen Famoudou Konaté gehört. Zwei musikalisch völlig unterschiedliche Kulturen lagen nur wenige Autostunden voneinander entfernt. Der ethnische Gegensatz der beiden Gruppen, so die tägliche Erfahrung, prägte die spannungsreiche politische Situation im Land (und prägt sie bis heute). Guinea, wie wir es nun erlebten, war alles andere als das exotische Paradies, das manche Freundinnen und Freunde afrikanischer Musik sich vorstellen. Sondern es war eine Diktatur, getarnt hinter der Fassade pseudodemokratischer Institutionen und Strukturen. Der damalige Präsident Lansana Conté, 1984 durch einen Militärputsch an die Macht gekommen, war Garant für den Stillstand der ökonomischen und sozialen Situation. Er starb 2008. Heute hat Guinea eine zivile Regierung. An der Gesamtsituation des Landes – hohe Arbeitslosigkeit, vor allem unter Jugendlichen, verfallende Infrastruktur, Lähmung privater Initiativen in vielen Bereichen, Korruption – hat sich kaum etwas geändert. Wer mehr über die Geschichte und die aktuelle Situation Guineas erfahren will, der/dem sei das Buch *Guinea – Masks, Music and Minerals* von Bram Posthumus (2016, siehe Anhang 4) empfohlen. Es enthält auch ein Kapitel über den »unauflöslichen Zusammenhang von Musik und Politik« mit der detailreichen Darstellung der Situation vor und nach der Unabhängigkeit 1958, aus der auch die Ballets Africains de la République de Guinée und parallel das Ballet National Djoliba de la République de Guinée in ihrer Funktion als internationale Aushängeschilder für das Land Guinea hervorgingen.

Famoudou Konaté macht an vielen Stellen seines Buches keinen Hehl daraus, dass er die Situation und die Zukunftsperspektiven seines Landes pessimistisch sieht. Und was er – im letzten Teil des Buches – über den ökologischen Niedergang seiner einst blühenden, an Wildtieren reichen Heimatregion zu sagen hat, ist deprimierend.

Als wir Anfang 2000 nach Guinea zogen, hatte Famoudou Konaté längst mit seinen Aufzeichnungen begonnen. Er arbeitete daran von 1997 bis 2014 – also mehr als anderthalb Jahrzehnte. Er schrieb in dieser Zeit auf, was ihm gerade wichtig war: eine Erinnerung an seine Kindheit, eine Frage seiner Schülerinnen und Schüler, die ihn weiter beschäftigte, Informationen zu einem Rhythmus, eine neue Erfahrung, die er festhalten wollte. Jedes Mal griff er dann zum Stift oder setzte sich an seine Reiseschreibmaschine. Im Laufe der Jahre schrieb er einige hundert Notizen, manchmal wenige Zeilen, oft eine bis zwei Seiten. Er stellte sich von Anfang an vor, dass aus diesen Blättern am Ende ein Buch werden könnte, denn seit seinem Weggang von den Ballets Africains bemühte er sich, möglichst viel von seinem kulturellen Wissen und seinem musikalischen Können zu dokumentieren, für seine Kinder und Enkel, seine Schülerinnen und Schüler und überhaupt für alle, die sich für seine Musik und ihren kulturellen Kontext interessierten. Deshalb auch die vielen sorgfältig arrangierten und aufgenommenen Rhythmen und Lieder, die er auf bisher neun CDs veröffentlicht hat.

Am Schreibtisch

Einige Zeit vor Abschluss seiner Aufzeichnungen bat er mich, die Notizen zu lesen und zu einem Buch zusammenzustellen. Das Projekt interessierte mich sehr, vor allem natürlich, weil ich selbst zu seinen Schülern und zu den »Fans« seiner Musik gehöre. Ich fand es aber auch neu und ungewöhnlich, dass hier ein afrikanischer Musiker über sich selbst schrieb, dass er seine Erinnerungen an zum Teil weit zurückliegende Zeiten festhielt, dass er aus eigenem Erleben seine Musik, seine Kultur und seine Weltsicht beschrieb – eine interessante Ergänzung zu dem, was normalerweise Musikethnologen als externe Feldforscher tun. Famoudou Konatés subjektiver und direkter Blick auf seine Kultur und seine Musik schien mir eine wichtige Vertiefung der objektivierenden wissenschaftlichen Außensicht zu sein – wie sie z. B. in Eric Charry's beeindruckendem und gründlichem Standardwerk *Mande Music – Traditional and Modern Music oft the Maninka and Mandinka of Western Africa* aus dem Jahr 2000 dokumentiert ist (siehe Anhang 4).

Zunächst ging es darum, die Aufzeichnungen richtig zu verstehen. Regelmäßig traf ich mich für einige Tage mit Famoudou Konaté, um Unklarheiten auszuräumen. Mir wurde bald klar, dass ich seine französischen Notizen in meine Muttersprache Deutsch übertragen musste, um stil- und grammatiksicher zu arbeiten. Die deutsche Version sollte dann die Vorlage für spätere englische und französische Übersetzungen sein.

Anfangs hatte ich keine Ahnung, wie man die vielen Aufzeichnungen ordnen und kombinieren könnte. Erst als ich zwei Drittel der Notate durchgearbeitet hatte, schälte sich eine umrisshafte Ordnung heraus. Am Ende ergab sich die Gliederung des Materials in vier Groß- und 33 Unterkapitel.

Im **ersten Teil** erzählt Famoudou Konaté aus seinem Leben. Er berichtet von seiner Kindheit im Dorf zur Kolonialzeit (die Franzosen waren noch überall präsent), von seiner großen Familie und der eindrucksvollen Figur seines Vaters, von seinen Anfängen als kleiner Trommler und seinem musikalischen Werdegang – und vom großen Sprung in die Welt, als er nach der Unabhängigkeit als Sieger aus dem strengen Auswahlverfahren für die Ballets Africains de la République de Guinée hervorging. Die ereignisreichen 25 Reisejahre mit den *Ballets* nehmen viel Raum ein, es gibt hier viel Komisches und Groteskes über kleine und große interkulturelle Unfälle zu lesen, aber auch einiges über Begegnungen mit Berühmtheiten aus Politik und Kultur, wie dem zairischen Präsidenten Mobutu und den Beatles. Nicht zuletzt aber auch Empörendes über die künstlerische und menschliche Ausbeutung in diesem Ensemble, die ihn schließlich zum Ausstieg zwang – wobei er nicht ahnte, welche Chancen für ihn in der neugewonnenen Freiheit lagen – in seinem dritten Lebensabschnitt, der bis heute andauert, als konzertierender und sein Wissen und seine Kunst weitergebender Musiker.

Im **zweiten Teil** beschreibt er seine Herkunftskultur im Allgemeinen – die fest gefügte soziale Ordnung im Dorf mit ihren verschiedenen Berufskasten und Repräsentanten, das System der Altersgruppen (»Generationen«), die Feste und die Masken – und, in weiteren Abschnitten, das Verhältnis der Geschlechter (Jugend, Sexualität, Ehe) und die Allgegenwart von Religion, Animismus, Hexerei. Konaté betont immer wieder, dass all diese Gegebenheiten den Hintergrund seiner Musik bilden, den man kennen muss, wenn man die Tänze, Lieder und Rhythmen richtig verstehen und ausführen will. Vielen dieser Traditionen, die sich allerdings allmählich abschwächen, steht er heute kritisch gegenüber, zumindest ambivalent – denn er hat in seinem langen Leben auch andere Kulturen kennengelernt, deren Gewohnheiten zu dem, was er hier beschreibt, oft in Widerspruch stehen.

Der **dritte Teil** umfasst alles, was Konaté zur Musik zu sagen hat: zu ihrer Geschichte, ihren Funktionen, zu den Instrumenten und ihrer Verwendung – mit dem Schwerpunkt auf seinem ureigenen Instrumentarium, der Djembe und den drei oder vier Basstrommeln. Hier lenkt er den Blick auf vieles, das auch Kennern seiner Musik vielleicht noch nicht vertraut ist. Besonders wertvoll dürfte für diesen Personenkreis sein, was er zur Spieltechnik und zur musikalischen Gestaltung aufgeschrieben hat, und was er jungen Trommlerinnen und Trommlern mit auf den Weg gibt. Denn die, so Konaté, haben sich oft von ihren kulturellen Wurzeln entfernt und praktizieren ihre Kunst auf eine Weise, die er kritikwürdig findet.

Der **vierte Teil** (Erfahrungen und Gedanken) enthält und ordnet eine weitere Textsorte aus den Aufzeichnungen. Es sind Reflexionen zu Problemen und Themen, die Famoudou Konaté im Laufe seiner Reisen und seiner vielen Erfahrungen zwischen den Kulturen wichtig wurden: zu den afrikanischen Lehr- und Lerngewohnheiten im Vergleich zu denen der »Weißen«, zu deren oft rücksichtslosem Handeln und Verhalten gegenüber afrikanischen Musikern und ihrer Musik (z. B. was den urheberrechtlichen Anstand betrifft), zum politischen Chaos und zur Umweltzerstörung in seinem Land.

Die Rhythmen, über die sich im Buch viel Erklärendes findet, sind am Ende des Textes alphabetisch und mit kurzen Erläuterungen aufgelistet. Sie sind außerdem mit Kapitelhinweisen versehen: Wer mehr über einen bestimmten Rhythmus wissen will und in das angegebene Kapitel zurückblättert, findet dort Informationen über die Zusammenhänge, denen der Rhythmus entstammt. Man muss sich dabei aber immer klarmachen: Alle diese Rhythmen sind schon lange auf Wanderschaft, sie ändern ihre Funktionen und verbünden sich mit immer neuen Liedern. Und natürlich ist es ein großer Unterschied, ob der Rhythmus *kassa* zur Feldarbeit in der Nähe von Sangbaralla erklingt oder bei einem Studierendenkonzert in der Kölner Universität.

Auf Notationen wurde verzichtet. Famoudou Konaté selbst hat seine Musik nie notiert. Die einzigen von ihm autorisierten Notationen stehen im Booklet seiner CD »Rhythmen der Malinké« und im Begleitbuch zu »Rhythmen und Lieder aus Guinea«. Wer weitere Notationen zu Famoudou Konatés Musik sucht, wird im Internet schnell fündig, denn seine Schülerinnen und Schüler haben dort im Lauf der Zeit vieles, was sie in Workshops bei ihm, seinen Söhnen oder Kollegen notierten, zusammengetragen. Oft findet sich dabei der Quellenhinweis auf seinen Namen.

Da das Buch aus so vielen kurzen Einzeltexten entstanden ist, kann man beim Lesen durchaus hin- und herspringen und sich das heraussuchen, was einen am meisten interessiert. Allerdings ist es auch so, dass die einzelnen kurzen Abschnitte sich gegenseitig erläutern und mit Sinn anreichern. Am meisten hat man sicherlich von der Lektüre, wenn man diesen Sinnzusammenhängen nachgeht. Und wenn man längere Passagen oder gar das ganze Buch durchliest, wird man viel Neues und Überraschendes erfahren. Vor allem aber wird man staunen, wie vielschichtig und komplex die (Musik-)Kultur eines afrikanischen Dorfes sein kann (konnte?) und welch ein reiches, tätiges Leben hinter Famoudou Konaté liegt.

Man sollte nicht vergessen, dass sich Konatés Aufzeichnungen über viele Jahre hinzogen. In einer solchen Zeitspanne können sich Ansichten und sogar Erinnerungen allmählich verändern. Wer genau liest, dem werden Widersprüche da und dort nicht entgehen.

Famoudou Konaté mit Tänzern in seinem Heimatdorf 2012

Manche dieser Widersprüche rühren auch daher, dass hier einer schreibt, der (wie bereits gesagt) tief in seiner eigenen Kultur wurzelt, aber einen erheblichen Teil seiner Lebensspanne außerhalb Afrikas verbracht hat. Durch den ständigen kulturellen Perspektivwechsel sieht er manches in der Welt der »Weißen« kritisch. Ihm ist aber auch vieles an seiner eigenen Kultur, wie er sie hier beschreibt, fragwürdig geworden (deutlich wird dies vor allem in weiten Passagen des zweiten, aber auch des vierten Teils). Dennoch ist überall spürbar, wie sehr er dieser Kultur in den Tiefen seines Denkens und Fühlens verbunden geblieben ist. Es ist die Kultur seiner Kindheit.

Nicht zuletzt haben sich in anderthalb Jahrzehnten – und erst recht in den 60 Jahren, die seit Famoudou Konatés erstem Abschied von seinem Dorf vergangen sind – auch die sozialen und kulturellen Gegebenheiten geändert, wie er sie in diesem Buch dargestellt hat. Vieles ist in dieser Zeit, er betont es selbst mehrfach, ins Rutschen gekommen – bedingt durch den politischen und wirtschaftlichen Wandel im Land und weltweit. Die Globalisierung hat auch von Konatés Heimatregion Hamana und von seinem Dorf Sangbaralla Besitz ergriffen. Dennoch beschreibt Famoudou Konaté vieles im »ethnografischen Präsens« (… bald nach Sonnenaufgang ziehen die Trommler durch das Dorf … etc.). Man sollte bei solchen Formulierungen den Wandel, den schon eingetretenen und den vielleicht noch bevorstehenden, immer mitdenken. So wie es auch die Djembe, die wir heute kennen, in dieser Form erst seit den 1970er Jahren gibt. Vorher war sie anders gebaut, und sie klang auch anders. Famoudou Konaté beschreibt es genau.

Ohne die vielen eingestreuten Liedtexte und Sprüche auf Malinké würde diesem Buch etwas Entscheidendes fehlen. Bei ihrer orthographischen Überarbeitung und wörtlichen bzw. sinngemäßen Übersetzung half Mamadou Camara, früher Professor für Linguistik an der Université Gamal Abdel Nasser de Conakry und Herausgeber des Handbuchs »Parlons Malinké« (Harmattan).

Dies ist Famoudou Konatés Buch, und die Rolle des Herausgebers war, es herauszugeben – und nicht, seine Aussagen wissenschaftlich zu hinterfragen und einzuordnen, sie mit Exkursen und Kommentaren zu versehen. Dies kann und wird anderenorts geschehen. Trotzdem scheint es mir angebracht, im Anhang ein paar skizzenhafte Zusatzinformationen zu wichtigen Personen und Begriffen zu geben, die Konaté immer wieder erwähnt, ebenso wie Hinweise auf wenige ausgewählte, vor allem englischsprachige Literaturtitel zur weiteren Thematik. Auch die wichtigsten Internet-Ressourcen sind dort zu finden.

TEIL 1: BIOGRAFIE

Meine Familie

Mein Großvater Kèkörö Konaté lässt sich in Sangbaralla nieder und zeigt großen Mut

Getreu der Tradition unserer Familie war mein Großvater Kèkörö ein bedeutender Jäger. Er wurde um die Mitte des 19. Jahrhunderts, also noch vor der französischen Okkupation, im Bezirk Törön Missamana nahe der Stadt Kankan geboren.

Er war ein *kalamatama* – ein Jäger, der von Jagdgrund zu Jagdgrund zieht, ohne sich irgendwo fest niederzulassen. So kam er auch nach Sangbaralla, mit zweien seiner Brüder und seiner Frau Diouba.

Es gab dort wenige Jäger, aber viele wilde Tiere. Wer in den Wald ging, wurde sofort attackiert. Begrub man einen Toten außerhalb des Dorfes, fraßen die Hyänen den Leichnam.

Ein guter Jäger ist unseren Dörfern sehr angesehen, und wenn er aus der Fremde kommt, tut man alles, damit er bleibt. An der Spitze der Hierarchie im Dorf stand die Familie Keïta – sie hatte das Dorf vor langer Zeit gegründet. Die Keïta boten meinem Großvater vier große Felder für die Landwirtschaft an, außerdem die Lizenz zur Jägerei. Sie hatten von seinen magischen Fähigkeiten gehört, mit denen er auch die wilden Tiere des Waldes in Schach halten konnte. Deshalb gaben sie ihm zusätzlich ein gefährliches, wegen dieser Tiere bisher nicht bebautes Landstück. Es lag etwa 16 Kilometer vom Dorf entfernt am Flussufer. Man nannte es *Manin Toda* (Fluss-Gelände). Mein Großvater schlug sich dort so lange mit den Tieren herum, bis er sie besiegt hatte. Er war ein so guter Jäger, dass die Menschen sagten: Er lebt mit dem Teufel.

Meine Verwandten im Dorf bearbeiten und pflegen die alten Felder bis heute, und ich gehe bei jedem meiner Dorfbesuche dorthin. Denn nur dank dieser Ländereien konnte meine Familie sich dauerhaft in Sangbaralla ansiedeln.

Man erzählt sich bis heute viele Geschichten über den Mut meines Großvaters. Ende des 19. Jahrhunderts gründete der Heerführer Almami Samory Touré ein großes islamisches Reich in Westafrika – im Kampf gegen die Franzosen, aber auch im Kampf gegen Dörfer und Städte, die sich gegen die Islamisierung wehrten.

So kam er auch in die Nähe von Sangbaralla. Das Dorf war vor längerer Zeit vom nördlichen ans südliche Niger-Ufer gezogen, um sich besser vor Angreifern zu schützen. Um es zu erreichen, muss man den Fluss überqueren – ein Hindernis für Eindringlinge. Damals auch ein Hindernis für Almamy Samory Touré, denn es gab nur eine Piroge – zu wenig für einen Überraschungsangriff. Um die Dorfbewohner einzuschüchtern, schickte Touré einen Griot auf einen Uferbaum. Der rief: Almamy Samory wird morgen angreifen und im Dorf frühstücken! Mein Großvater legte sein Gewehr an und erschoss den Griot, ebenso wie ein paar weitere von Almamys Soldaten. Die Angreifer sahen keine Chance, den Fluss zu überqueren. Ein zweiter Griot bestieg den Baum und bat um Feuereinstellung, und die Truppe zog ab. Seither heißt eine der Anlegestellen *sananka* nach dem Soldaten, der dort auf seinem Blut ausrutschte (*sanan* = ausrutschen).

Sangbaralla, mein Heimatdorf

Die Geschichte meiner Eltern

Mein Vater Diouba Fodé Konaté, Kèkörös Sohn, erbte von ihm den Grundbesitz und das Amt des Jägers. Er hatte zwölf Ehefrauen, von denen ich sieben kannte, und 45 Kinder, darunter eine Reihe von Adoptivkindern. Elf Kinder starben schon früh. Ich war das zweitjüngste Kind.

Die beiden Vornamen meines Vaters gehen auf einen inoffiziellen Brauch in Hamana zurück: Man fügt dem Vornamen des Jungen (hier also Fodé) den Namen seiner Mutter hinzu (Diouba). Das erleichtert die Orientierung, wenn ein Mann Kinder mit mehreren Ehefrauen hat.

Von den acht Ehefrauen meines Vaters, deren Namen ich noch weiß, waren vier ursprünglich mit älteren Brüdern meines Vaters verheiratet: Nanfadima Camara, Nantadi Keïta, Marama Douno und Sanson Traoré. Es ist bis heute üblich, dass eine Frau sich nach dem Tod ihres Mannes mit einem seiner jüngeren (nicht älteren!) Brüder wieder verheiratet, man nennt sie dann *kèmoso.*
Seine vier offiziellen, also mit ihm »erstverheirateten« Frauen waren: Malon Keïta, Sanaba Keïta, Sadan Fadika und meine Mutter Koriaba Fodé. Da ich von den übrigen vier Ehefrauen nie etwas gehört habe, nehme ich an, dass sie keine Kinder hatten. Womöglich gehörten sie zu den *konnan* – so nennt man unfruchtbare Frauen.

Erinnerungen an meine Mutter Koriaba Fodé Konaté

Meine Mutter war in meiner großen Familie sehr beliebt, auch wegen ihrer Kochkünste und ihrer bescheidenen Art. Wo immer es Probleme gab, war sie hilfreich zur Stelle. An den Eifersüchteleien, wie sie zwischen den Frauen in einer Mehrehe üblich sind, beteiligte sie sich nicht – im Gegenteil: Sie schlichtete Streit, wann immer er zwischen den anderen Frauen meines Vaters aufkam. Man sagt bei uns, dass die Kinder einer solchen Frau in ihrem späteren Leben Erfolg haben. Meine Mutter hatte sechs Kinder, zwei davon starben früh. Ich wurde – so stand es jedenfalls in den Akten der Kolonialverwaltung – 1940 in Manin Margo geboren, einem kleinen Ort mit einem See in der Nähe. Meine Mutter wusste nur noch, dass es an einem Montag war.

Mein Vater Diouba Fodé Konaté: Grundbesitzer, Jäger, Féticheur

Ich habe sehr viele und immer noch frische Erinnerungen an meinen Vater Diouba Fodé Konaté. Er war knapp mittelgroß, seine Haut eher hell. Große Ruhe ging von ihm aus. Da er stotterte, sprach er langsam und mit Bedacht. Gerechtigkeit war ihm wichtig. Man kann kaum beschreiben, wie sehr er uns Kinder liebte. Auch ich liebte meinen Vater sehr. In seiner Gegenwart verbrachte ich meine Kindheit, und er umgab mich mit all seiner väterlichen Zuwendung und Aufmerksamkeit.

Als Landwirt war mein Vater sehr erfolgreich. Die von meinem Großvater erschlossenen Ländereien am Flusslauf *Manin* waren äußerst fruchtbar und eigneten sich gut zur Brachenwirtschaft, einer Methode, den Boden ergiebig zu halten: Abgeerntete Felder werden für eine oder zwei Anbauperioden nicht bearbeitet, damit sie sich erholen können. Die Mitarbeit der vielen Kinder – und Adoptivkinder – meines Vaters machte es möglich, die ausgedehnten Ländereien kontinuierlich zu bewirtschaften. Außerdem hatte mein Vater von meinem Großvater Sklaven »geerbt«, die diese Arbeit wesentlich mittrugen. Später, aber das ist auch schon wieder sehr lange her, wurden die Sklaven und ihre Familien in die Freiheit entlassen, und seither leben wir alle mit ihnen und ihren Nachkommen geschwisterlich in der Dorfgemeinschaft zusammen.

Diouba Fodé war auch deshalb so angesehen, weil er – wie schon sein Vater – mit okkulten Kräften umzugehen wusste: Er konnte Krankheiten heilen und die Menschen vor bösem Zauber und der allgegenwärtigen Hexerei schützen. Von alters her sind es die Jäger, die die Geheimnisse des Waldes hüten und die Traditionen bewahren, die nicht nur mit der Jagd, sondern auch mit dem Heilen und der Abwehr von Zauberkräften zu tun haben. Die Furchtlosesten unter ihnen nennt man *simbo*. Sie kennen die Sprüche und Substanzen, mit denen man Menschen krank machen und sogar töten kann, und andere, mit denen man sie heilt. Sie sind also die traditionellen Ärzte, fähig, selbst die kompliziertesten Krankheiten zu kurieren, gegen die die moderne Medizin machtlos ist. Man sagt auch, dass ein *simbo* unverwundbar sei. Die Mittel dazu geben die Jäger einander im Verborgenen weiter. Als Chef der Jäger verfügte mein Vater in hohem Maße über das Wissen, die Fähigkeiten und das Charisma eines *simbo*.

Wegen seiner enormen Erfolge bei der Jagd war er der unangefochtene Chef aller Jäger in Hamana. In den Jagdgründen und auf den Weiden unserer Familie gab es Tiere jeder Art in Fülle. Das bedeutete großen Reichtum.
Vielfach übernahm mein Vater auch Verwaltungsaufgaben in der französischen Kommandantur. Er genoss deshalb das Vertrauen des Kommandanten.

Meine Anfänge als Trommler, Kindheitserinnerungen

Frühe Versuche

Meine Kindheit verbrachte ich im Dorf bei meinen Eltern und meiner großen Familie. Meine Erinnerungen an unser Dorf sind reich und lebendig. Das dörfliche Zusammenleben ist bei den Malinké von Menschlichkeit und Solidarität geprägt. Es ist die Quelle unserer Werte und Traditionen, die Quelle auch meiner eigenen musikalischen Einfälle, seit ich meiner Mutter unter den Füßen herumkrabbelte.

Sie erzählte immer, dass ich ganz früh damit anfing, Kalebassen und alle möglichen leeren Kisten und Schachteln im Dorf einzusammeln und darauf zu spielen. Trommeln war meine liebste Beschäftigung. Meine Eltern beobachteten mich dabei. Mit ihrer langen Lebenserfahrung konnten sie die Zukunft eines Kindes daran erkennen, womit und wie es spielt, und sie sahen in meinem Treiben etwas noch halb Verborgenes, das aber später einmal klar hervortreten würde. Ich war wohl drei oder vier Jahre alt, da bestellte mein Vater eines Tages bei seinem Schmied, Ansoumane Daman, eine kleine Djembe – aus dem Holz des *bounboun*-Baums, denn das war sehr leicht, wenn es nach dem Fällen lange genug trocknete. Es ist ganz weiß, man kann es aber auch rot einfärben. Der Schmied beeilte sich mit der Arbeit, und mein großer Bruder Kèkörönin konnte schon bald das Fell und die Bespannung aufmontieren. Nun, mit meiner eigenen Djembe, ging es musikalisch langsam, aber sicher voran. Mein Erfolg sprach sich im Dorf herum. Mein Onkel Modifin, ein alter Djembe, sagte zu meinem Bruder, der selbst ein guter und gefragter Trommler war: Kèkörönin! Du bist ein Trommler mit geschickten Händen, aber Dein kleiner Bruder hat den Rhythmus im Blut! Er ist mit einem besonderen Stil geboren, und eines Tages wird er Dich überrunden! Bald kam ich in das Alter, tagsüber meinen Vater auf das Feld und auf die Jagd zu begleiten. Kaum war ich wieder im Dorf, begann ich zu trommeln, und alle wussten: Famoudou ist wieder da!

Als ich sechs oder sieben Jahre alt war, spielte ich zum ersten Mal bei einer Zeremonie. In meiner Heimat ist jede gemeinschaftliche Hilfsaktion von Musik und Tanz begleitet, als Ausdruck der Freude über die Solidarität der Dorfbewohner. In diesem Fall ging es darum, das Dach eines Hauses zu reparieren, in dem die Frauen sich regelmäßig trafen. Man nennt so ein Haus *bölön* (= Halle). Die alten Frauen schickten eine Delegation zu meinem Vater und baten ihn, mich bei ihrer Feier spielen zu lassen. Sie brachten ihm zehn Kolanüsse mit, wie es in solchen Situationen bei uns üblich ist: eine Respektsbekundung, die alle Türen öffnet. Mein Vater sagte: Ihr wollt, dass Famoudou auf der Djembe spielt? Aber er ist doch noch so klein, er kann die Trommel noch nicht mal zum Festplatz tragen! Die Frauen sagten: Das werden

Kleiner Trommler

wir schon regeln. Mein Vater wurde weich und gab ihnen sogar eine unserer Familien-Djemben mit. Die war so groß, dass ich eigentlich noch gar nicht darauf spielen konnte, aber die Frauen sagten: Leg sie einfach hin und setz dich drauf, wie ein Reiter! Am Festplatz machte ich erst mal fachgerecht ein Feuer, um die Djembe aufzuheizen. Das ist die alte Methode, das Fell zu spannen und den Klang zu verbessern. Die vielen verschiedenen Rhythmen, die meine kleinen Hände auf der Trommel produzierten, lockten die Dorfbewohner herbei, die ihrem neuen *djembeföla* (Djembespieler) aus der Nähe zuhören wollten. Das Fest wurde ein großer Erfolg, alle waren begeistert, und denen, die dabei waren, hat sich dieses Ereignis wie mit goldenen Buchstaben ins Gedächtnis eingeprägt. Anschließend brachte mich eine noch größere Frauendelegation zurück zu meinem Vater. Sie dankten ihm und sparten nicht mit Lobesworten, als ob ich eine Heldentat vollbracht hätte. Ich war glücklich und stolz, ebenso wie meine Mutter – umso mehr, weil die alten Damen, die so anerkennend über ihren Sohn sprachen, sich schon im ehrwürdigen Alter ihrer eigenen Mutter – meiner Großmutter – befanden. Meine Mutter sagte: Ich habe es nicht anders erwartet. Dein Vater und ich haben es vorausgesagt, als du noch auf den Kisten gespielt hast. Gott schütze dich, Amen! – Die Erinnerung an dieses Ereignis, das auch mir zum ersten Mal meine Kraft und mein Talent zeigte, elektrisiert mich immer noch, wenn ich daran denke. Ich habe dabei zum ersten Mal erfahren, was ich meiner kleinen dörflichen Gesellschaft verdankte – und bis heute verdanke.

Nachwuchs

Die Djembe in meiner Familie

Die Djembe ist ein Instrument mit immensen musikalischen Möglichkeiten. Bei den großen und kleinen Festen und Vergnügungen im ist sie unentbehrlich.

Als ich nach meiner Geburt die Augen öffnete, erblickte ich zwei Djemben, die mein Vater von den Schmieden für meine älteren Brüder hatte bauen lassen, die darauf bei feierlichen Anlässen spielten.

Als ich geboren wurde, spielten meine Brüder also schon auf der Djembe. Das waren die ersten Klänge, die meine kindlichen Ohren wahrnahmen, Klänge, die bis heute in meinem Herzen aufbewahrt sind wie eine Liebe, wie etwas hoch Verehrtes. Ich wurde in alle unsere Künste eingeführt – aber nie habe ich diese beiden geliebten Djemben vergessen, die mir in meiner frühen Kindheit den Weg in die große Welt der Musik und der Kunst geöffnet haben.

Für meinen Vater waren diese beiden Djemben ein Geschenk an unsere Kindheit und Jugend. Aber in meinem Fall bedeutete dieses Geschenk mehr. Sehr früh sah er in meinem Trommeln den Stern meiner Bestimmung. Er bewunderte mich, wenn ich spielte. Ich bin sicher: Hätte er länger gelebt, immer hätte er meine Kunst gefördert.

Unsere Familien-Djemben waren etwas Besonderes. Als meine Brüder sie mir übergaben, erzählten sie mir von ihrer verborgenen Kraft, die ihnen die *Gris-Gris* (die Zaubermittel) meines Vaters verliehen hatten. Sie sagten zu mir: Wenn du auf ihnen spielst, wirst du Töne hören, die Du noch gar nicht kennst! Und wirklich: Sie trugen mich hinweg in das Königreich der Klänge, und ich hatte Erfolg. Wenn ich bei Festen auf ihnen spielte, produzierten sie Melodien, die eigentlich über meine Fähigkeiten zu dieser Zeit hinausgingen. Es war, als ob diese überraschenden Klänge, diese Melodien gar nicht aus mir selbst kamen. Sie prägten sich mir tief ein, und auch meine heutigen Inspirationen gehen immer noch auf diese alten Djemben zurück. Eine von ihnen begleitete mich auch in die *Ballets Africains* – sie war die Quelle meiner Kunstfertigkeit, wo immer ich auftrat. Als sie irgendwann defekt und nicht mehr zu gebrauchen war und ich auf einer neuen spielte, sah ich in ihr immer noch etwas Heiliges. Ich verehrte und hütete sie weiter.

Ein »Edler« kann eigentlich nicht Trommler werden

Dass ich einmal die Musik zu meinem Beruf machen sollte, wurde mir nicht an der Wiege gesungen. In unserer Tradition sind eigentlich die Schmiede (die die Trommeln bauen) und die Griots (die Geschichtenerzähler) für die Musik zuständig. Wer Konaté heißt (wie ich) oder auch Keïta (wie mein Kollege und Freund Mamady), gehört zu den *hörön* (den Edlen), deren Familiengeschichte bis zu Soundiata Keïta zurückreicht, dem Gründer des Mali-Reichs im 13. Jahrhundert. Sie gehörten zum königlichen Hofstaat. Während die Schmiede und Griots in unserem Dorf mit der Musik Geld verdienten, trommelten wir Konatés zu unserem eigenen Vergnügen. Das hatte auch damit zu tun, dass meine Familie zunächst fern vom Dorf auf ihrem Landstück Manin Toda lebte und die großen Feste wie Ramadan und *tabaski* unter sich feierte – weit aufwendiger als die Leute in Sangbaralla. Später zog mein Vater mit den Seinen ins Dorf, und die Instrumente zogen mit. Meine Brüder und ich trommelten dann auch bei Dorffesten, nahmen aber nie Geld dafür.

Eine Regel galt jedoch in unserer Familie: Sobald wir heirateten, mussten wir mit dem Trommeln aufhören. Denn die Familien, aus denen die Bräute kamen, hätten nie einen Trommler als Schwiegersohn akzeptiert. Ich bin mit der Djembe groß geworden, und Gott gab mir die Chance, dieser rigorosen Regel meiner Familie zu entgehen – obwohl mir sogar mein ältester Bruder Malon Kèkörö das Djembespiel eine Zeitlang verbot. Die Zeiten haben sich geändert, und in der Welt der Moderne ist es kein Problem für mich, bis ins Alter zu trommeln. Dafür muss ich auch den Weißen danken, die mir geholfen haben, die Musik der Malinké weiterzutragen und zu pflegen. Heute gilt die alte Verbotsregel überhaupt nicht mehr.

Loblieder der Mädchen

Meine Beliebtheit im Dorf wuchs seit meiner Kindheit ständig. Wie meine großen Brüder sagten, war das von Anfang an so, auch schon zu der Zeit, an die ich mich nicht erinnern kann. Das bedeutete, dass alle sich um mich kümmerten, sogar die Mädchen des Dorfes. Ich war so populär, dass sie mir viele Lieder widmeten, meist Liebeslieder. Bei Vollmond, wenn die Jugend sich zum Singen traf, sangen die Mädchen zu meinen Ehren und zu Ehren meiner Familie.

Hier ein erstes Lied, an das ich mich noch erinnere:

Kinin ba tibi, kininba ladiyatö le nyaatari! kodii! Koriyamudu ma, sobo bantö damunna, koduman tè; ko Jööransana ani Koriyamudu ni Kansere, al'a lalön kè la woo! Kèlè bara kè Konatelu sawo di; I'janbanna woo soo; I'mirila munde ma, kèlè bara kè Konatelu sawo di.

Wenn man ein Reisgericht macht, ein großes Reisgericht, dann soll es gut schmecken. Wenn Koriyamudu (Famoudou) noch nicht vom Fleisch gegessen hat, lässt man es ihm übrig. Denn es schmeckt ja so gut! Jööransana, Koriyamudu und Kansere sagen den Leuten: Der Streit hat nichts mehr mit dem Krieg zu tun. Sondern man versucht den Menschen mit seiner Kunst zu gefallen und die anderen dabei zu überbieten! So haben es die Konaté gewollt.

Die Mädchen erfanden dieses Lied, um meinen Brüdern und mir für die Freude zu danken, die wir ins Dorf brachten.

Hier ein weiteres dieser Lieder:

Eh! li we! li we! woro wo!
Famudu ba wa taama rö, n fanan di wa;
N ma dunya laban lön.

Das ist Honig, guter Honig! Wie die Kolanuss!
Wo Famoudou auch hinreist, ich komme mit!
Auch wenn es irgendwann bis ans Ende der Welt geht!

Dieses Lied hat mir wirklich Glück gebracht, bin ich doch – was ich damals noch gar nicht ahnte – etliche Male mit den Ballets Africains de Guinée und später auf meinen eigenen Flügeln um die Welt gereist. Ich bin ein großer Reisender geworden – weil die Mädchen damals so schön für mich gesungen haben.

Bei uns singt man nämlich nicht nur, um zu singen, sondern weil man jemandem in einer bestimmten Situation etwas wünscht. Wenn ein Lied schlechte Worte für eine Person enthält, kann es dauerhaft Unglück in sein Leben hineintragen. Etwas, das man unbedingt vermeiden muss. In unserer Nachbarschaft wohnte ein Mann namens Nanaman Doumbouya. Für ihn sangen die Mädchen eines Tages ein Lied, in dem es um ein Unglück mit einer Piroge (einem Einbaum) ging. Bald wurde er krank, und eine Piroge brachte ihn in die Bezirkshauptstadt Kouroussa zur Behandlung. Die Ärzte konnten ihm nicht helfen, und er starb. Eine Piroge brachte ihn zur Trauerfeier zurück ins Dorf. Das Lied der Mädchen erwies sich als Voraussage seines Unglücks. So kann der Inhalt eines Liedes entweder Glück (*kayira* auf Malinké) oder Unglück (*nörö*) voraussagen und auch wirklich herbeiführen, selbst wenn die Singenden das nicht beabsichtigten. Die Bewohner von Hamana haben jedenfalls großen Respekt vor den Liedern der Frauen und glauben an ihre Wirkungen.

Trommeln und Tanzen gegen den Hunger

Am Ende der Regenzeit, von Anfang August bis Ende September, sind die Speicher entleert, und die erste Ernte ist noch nicht angekommen. Wir nennen diese Zeit *période de soudure*, die Zeit des Engpasses. Nur einige wohlhabende Familien litten nicht darunter. Im Allgemeinen wussten die Mütter und Väter nicht ein noch aus, in Sorge um ihre Kinder. Trotz aller ihrer Bemühungen hatten die Kinder Hunger, denn man aß nicht genug: nur einmal am Tag. Deshalb griff ich zu meiner Djembe – und kaum hatte ich sie zum Sprechen gebracht, stürmten die Dorfkinder unser Grundstück. Sie versammelten sich um mich herum, lachten und tanzten. Das rührte die Herzen der Eltern. Wenn ein Kind müde wurde, schlief es in einer unserer Hütten, wo die Mutter es abholte. Mein Vater war über diese Belagerung seines Grundstücks nicht böse, denn es beherbergte an sich ja schon jede Menge Kinder und Enkelkinder, die vielen Adoptivkinder nicht mitgezählt. An anderen Tagen organisierten wir das *dooni-dooni*, ein sehr beliebtes Spiel. Aufgereiht wie an einem Seil, sangen wir das Lied:

Naanaalen sila rakurunèn de;
An taa bonba la.

Der Flug der Schwalbe ist gewunden.
Lasst uns alle ins große Haus gehen!

Kindertanz

Ich helfe einer alten Dame über den Fluss

Die Bewohner des Dorfes Sangbaralla müssen mit ihren Einbäumen den Fluss Djoliba überqueren, um zu ihren Feldern zu gelangen. Wer sich abends bei der Feldarbeit verspätet, wird vielleicht erleben, dass die Boote schon alle ins Dorf zurückgekehrt sind. Man muss dann laut rufen, damit man von einem Freiwilligen mit dem Einbaum abgeholt wird. Viele wagen sich nicht hinaus, aus Angst vor den Flussdämonen, von denen es heißt, dass sie manchmal selbst zum Schein solche Rufe ausstoßen, um denen, die zu Hilfe eilen, zu schaden. Man muss also Glück haben, damit ein Dorfbewohner mit der Piroge kommt, um einen abzuholen, denn manche, die deshalb übersetzten, wurden das Opfer der Dämonen. Alle sind ängstlich, dass ihnen das auch passieren könnte.

Ich erinnere mich, dass ich einmal nachts eine Frau vom anderen Flussufer geholt habe. Ich weiß nicht mehr, wie alt ich damals war, vielleicht 14, auf jeden Fall war ich noch nicht initiiert, und eigentlich war ich noch nicht stark genug, um eine Person mit dem Einbaum über den Fluss zu bringen.

Die Frau hieß Daloba Condé, sie hatte sich wegen der vielen Arbeit auf ihrem Feld verspätet. Sie rief bis zur Erschöpfung um Hilfe. Da aber alle Angst hatten, kam niemand. Trotz meines jungen Alters hatte ich Mitleid mit ihr. Obwohl es schon sehr spät war, fasste ich mir ein Herz und bat meinen Freund Fadama Traoré, mitzukommen und sie zu holen. Wir zündeten Strohfackeln an, um den Weg zum Fluss zu finden. Dann überquerten wir ihn mit dem Einbaum und nahmen die arme alte Dame an Bord. Als wir das Ufer beim Dorf erreicht hatten, lobte und segnete sie uns immer wieder, um uns ihre Dankbarkeit zu zeigen. Die Erinnerung an dieses Ereignis hat sie immer bewahrt.

Bootsanlegestelle

Meine Initationsfeier war etwas Besonderes, weil ich nicht – wie üblich – in der Gruppe, sondern allein initiiert wurde. Am Tag vorher bereitete man das Fest vor und übte mit mir einen sehr schönen Tanz ein. Bei der Feier tanzten alle bis zum frühen Morgen – und dann sang diese alte Frau ein sehr schönes Lied für mich, um noch einmal ihre Dankbarkeit zu zeigen:

Iyo n kanin wo,
Dunya böra kanin ma;
Eh! Famudu ka n ta bakö;
Wole n'an kaninna.

He, mein Freund! Die Welt wurde aus Freundlichkeit gemacht.
He! Famoudou hat mich vom anderen Flußufer geholt.
Das hat unsere Freundschaft besiegelt!

Das Lied der alten Dame hat mir sehr gutgetan.

Auf Feldern und Wiesen

Wenn ich meine älteren Brüder und die Adoptivkinder meines Vaters auf das Feld Ködooba begleitete, auf die weite Ebene beim Manimba-Sumpf, hatte ich nur Augen für die eingespannten Ochsen, die sich furchtbar abmühten und schreckliche Qualen litten. Sie schufteten in ermüdendem Rhythmus vom frühen Morgen bis zur Mittagszeit. Ich hörte die Rufe *hé! heya!* und sah die Peitschen in ihre Seiten schlagen. Die erschöpften Ochsen zogen den Pflug unter großen Schmerzen. Die Peitschen pfiffen durch die Luft, und oft drehte ich den Kopf weg, um dieses Schauspiel nicht mehr sehen zu müssen, das mich überwältigte und mein Herz mit Trauer füllte, so sehr liebte ich diese Tiere. Vor allem liebte ich auch unseren Ochsen Kèwoulen sehr. Diese Tierliebe ist mir bis heute geblieben.

Ob meine Brüder dieses Leid wahrnahmen? Ich zweifelte sehr daran, denn jedes Mal, wenn sie sahen, wie mich meine Trauer und mein Mitleid mit diesen stumm leidenden Kreaturen überwältigten, lachten sie mich aus. Das schockierte mich immer wieder, die ganze Feldarbeitsperiode lang. Ich war erleichtert, wenn wir zur Weide zurückkehrten, und es tröstete mich, dass nun – wie auf uns – auch auf die Tiere eine gute Mahlzeit wartete, nach einem Tag voll endloser Mühe und Plage. Auf dem ganzen Rückweg freute ich mich darauf zu sehen, wie sie die jungen Schösslinge auf den bis zur kommenden Saison brachliegenden Flächen abgrasten.

Einmal beobachtete ich etwas Merkwürdiges. Ein unbekanntes Wildtier gesellte sich zu unserer Herde, graste mit ihr und kehrte in den fernen Wald zurück. Mehrere Tage lang beobachtete ich dieses Tier sehr aufmerksam, ohne irgendjemandem etwas zu sagen. Eines Abends, als wir beim milchigen Schein des Mondes und seiner Sterne um das Feuer herumsaßen, flossen wunderbare und merkwürdige Geschichten von den Lippen meiner älteren Brüder. Als sie von ihren Abenteuern mit wilden Tieren erzählten, unterbrach ich sie und berichtete von meiner Beobachtung. Zunächst wollten sie mich nicht ernst nehmen – bis einer meiner Adoptivbrüder, Sogbèmoudou Camara, bestätigte, dass er das Tier auch schon gesehen hatte. Daraufhin sagte mein Adoptivbruder Ballakè Kourouma: Wenn zwei Personen dasselbe berichten, ist eine Nachprüfung angebracht.

Am nächsten Tag, frühmorgens, als der Tau von den Gräsern tropfte, legten meine Jagdbrüder rund um die Weide einen Hinterhalt. Sie versteckten sich im Blätterwerk der Bäume und warteten auf das unbekannte Tier, das auch erschien, sobald die Herde aufbrach. Detonationen hallten durch den Wald. In der Flanke und im Kopf getroffen, brach das Tier zusammen. Einige verirrte Kugeln trafen eine Warzenschweinmutter und eines ihrer sechs Ferkel. Die anderen fünf verschwanden im Buschwerk, laut schreiend, als ob ihnen klar wäre, welches Unglück ihrer Familie zugestoßen war. Sogar unser Ochse Kèfimba war leicht angeschossen. Mädchen und Jungen aus dem Dorf kamen herangelaufen, um die Beute zu tragen, deren Fleisch in der kleinen Gemeinschaft verteilt wurde. Inzwischen war allen klar, dass es sich bei dem Tier um eine Kuh-Antilope handelte. Voller Bewunderung für die Heldentat meiner Brüder fand ich seither Geschmack an der Jagd und beschloss, selbst ein *simbo* zu werden, also ein fähiger Jäger.

Der Tod meines Vaters

Ich liebte meinen Vater sehr. In seiner Gegenwart verbrachte ich meine Kindheit, und er umgab mich mit all seiner väterlichen Zuwendung und Aufmerksamkeit.

Ich war ungefähr acht Jahre alt, als ich ihn verlor. Ich erinnere mich nicht an das Datum. Ich weiß nur noch, dass er vor Tagesanbruch starb, etwa um vier Uhr. Bald danach krähten die Hähne, und die Natur erwachte. Ich teilte das Zimmer mit meinem Vater und meiner Mutter. Der Tau tropfte von den Hüttendächern, als ob er mit uns weinen und trauern wollte. Wie eine Vorausdeutung auf das traurige Ereignis hatte ich seit dem Vortag starke Schmerzen im rechten Fuß. Bei uns hat alles eine Bedeutung, die Weisen wissen darum. So gibt es Krankheiten, die den Verlust eines geliebten Verwandten ankündigen.

Der Tod meines Vaters wurde erst am nächsten Tag frühmorgens bekanntgegeben. Wenn der Chef der Jäger stirbt, muss alles Mögliche vorbereitet werden, erst dann geht die Todesnachricht hinaus – mit Gewehrschüssen, Schlägen auf die Nachrichtentrommel *kunan* und dem Rhythmus *sofa*, gespielt auf der Djembe.

Den Anfang machte der Griot. Er sang Worte des höchsten Respekts zu Ehren des Toten. Dann trugen die Schüsse und Trommelklänge, vor allem der Rhythmus *sofa*, die Nachricht vom Tod des *simbo* noch vor Morgengrauen weit hinaus in die umliegenden Weiler und Dörfer. Die Menschen verstanden die Botschaft: Dort, woher die Klänge kamen, war eine bedeutende Persönlichkeit gestorben. Mein Vater hatte den Fluss überquert und war in das ewige Königreich eingegangen.

Erst jetzt begannen auch die Frauen meines Vaters, seine Töchter und die Frauen aus der Nachbarschaft mit ihrem Klagegesang, denn vor der offiziellen Bekanntgabe des Todes darf niemand laut weinen und seinen Schmerz zeigen. Das Weinen und Klagen ist den Frauen vorbehalten, die Männer müssen ihre Tränen zurückhalten – auch wenn sie dasselbe fühlen wie die Frauen. Weinen die Frauen zu laut und zu lange, ist es an den Männern, vor allem den Imamen und den Weisen, sie zur Zurückhaltung zu ermahnen, etwa mit den Worten: Statt zu weinen, wäre es besser, das Lob Gottes, des Allmächtigen und Barmherzigen zu singen! Aber manche Frauen hindert das nicht daran, so lange weiter zu lamentieren, bis sie zusammenbrechen. Ich sehe in diesen Zeremonien etwas für unsere Kultur Elementares. Sie ist getragen von Nächstenliebe, Respekt für die Anderen, Nächstenliebe und Hilfsbereitschaft. Man besucht die Nachbarn regelmäßig, um zu sehen, ob es Probleme gibt. Schon bei den alltäglichen Begrüßungen erkundigt man sich wortreich nach dem Befinden der Familie. Dieser Gemeinsinn drückt sich auch in den Trauerritualen aus.

Als die Sonne aufging, ächzte unser Grundstück schon unter den Schritten der Honoratioren. Später am Tag kamen aus ganz Hamana die Jäger, deren großmütiger Chef mein Vater gewesen war. Sein Ruhm war in unserem Land grenzenlos. Niemand hat je schlecht über ihn gesprochen.

Die Honoratioren gaben das Zeichen, und die Jäger tanzten den Rhythmus *sofa*, auf den ich gleich noch zurückkomme.

Die kulturellen Reichtümer meiner Heimat kann man nicht an den Fingern ab zählen, denn jedes Ereignis hat seinen kulturellen Gehalt – auch der Tod.

Wenn ein alter Mensch stirbt, versammeln sich seine Enkelkinder mit ihren Freundinnen und Freunden und halten auf ihre Weise eine Trauerfeier ab (die Kinder sind ja die natürlichen Freunde ihrer Großeltern). Sie singen und tanzen und imitieren dabei die typischen Bewegungen der verstorbenen Person. Eines der Kinder trägt ihre Lieblingskleider (z. B. den Boubou, das Festtagsgewand der Männer) und zieht an der Spitze der Kinderprozession von Haus zu Haus rund um das Dorf. Dabei singen sie:

An benba ye taama rö dunya kun do wo la.

Unser Großvater ist jetzt unterwegs ans andere Ende der Welt!

Die Menschen sind gerührt. Trotz des traurigen Anlasses können sich manche beim Anblick der Kinder das Lachen nicht verkneifen. Jeder gibt ihnen etwas: eine Schüssel Reis oder Fonio, ein wenig Geld. Diese Gaben bringen sie der trauernden Familie. Das Geld ist ein symbolischer Beitrag zum Kauf des Rinds, das bei dieser Gelegenheit geschlachtet werden musste.

Die Kinder singen dabei ein Lied, das nur zu diesem Anlass gesungen wird:

Könö bèè ye nyöönn nadènna toro möduman de ma;
Toro möduman bera,
Könö bèè jènsènda.

Die Vögel sammeln sich auf dem Feigenbaum
mit seinen süßen Früchten.
Wenn der Feigenbaum fällt,
Fliegen die Vögel in alle Himmelsrichtungen auseinander.

Das Lied ist voller Symbolik. Der Feigenbaum ist die verstorbene Person. Die Vögel sind die Familienangehörigen, und das Lied rät ihnen: Haltet zusammen, auch wenn die Großmutter (oder der Großvater) nicht mehr da ist!

Wenn das Rind für die Trauermahlzeit zerteilt wird, sind die Kinder als erste da und »stehlen« eine der Hüften. Anders als sonst haben die Kinder diesmal den Vortritt bei der Auswahl der besten Portion. Sie soll die verstorbene Person symbolisch begleiten. Eine der Mütter bereitet das Stück für die Kinder zu.

Die Kinder spielen bei der Trauerzeremonie eine wichtige Rolle. Sie trösten die Hinterbliebenen. Und, noch wichtiger: Sie geben ihnen Hoffnung für die Zukunft.

Ich habe das alles zum ersten Mal beim Tod meines Vaters erlebt. Noch heute kommen mir die Tränen, wenn ich daran denke.

Normalerweise werden die Toten auf dem Friedhof außerhalb des Dorfes beerdigt. Nur besonders wichtige Personen dürfen die letzte Ruhe auf dem Grundstück ihrer Familie finden. So war es bei meinen Eltern: Noch heute sind ihre Gräber auf dem Grundstück meines Hauses in Sangbaralla zu erkennen. Der Kieselschmuck auf den Grabstätten wird regelmäßig erneuert.

Einen Leichnam einzuäschern ist in unserer Kultur nicht erlaubt. Man mag noch nicht mal darüber reden. Wer es tut, riskiert für verrückt erklärt zu werden.

Die Trauerzeit dauert ungefähr ein Jahr. In dieser Zeit können auch die Verwandten und Freunde, die weit weg wohnen, noch die Reise auf sich nehmen, um zu kondolieren und zu sehen, ob finanzielle oder soziale Hilfe benötigt wird.

Geschichte eines besonderen Rhythmus: *sofa*

Man spielt den Rhythmus *sofa* bis heute, wenn eine hochgestellte Persönlichkeit im Dorf stirbt. Ich habe das als Kind beim Tod meines Vaters (und später auch meiner Mutter) miterlebt. Ich spiele diesen Rhythmus sehr gern vor, und immer noch kommen mir dabei die Tränen, denn ich sehe meine Eltern wieder aufgebahrt vor mir.

Am Rhythmus *sofa* zeigt sich, wie sehr die alten Geschehnisse in der Musik aufbewahrt sind und immer noch in die Gegenwart hineinwirken.

Er hat einen ganz besonderen Hintergrund. Das Malinké-Wort *sofa* bedeutet »Krieg«. Die Historiker berichten, dass Soundiata Keïta, der Gründer des Mali-Reiches im 13. Jahrhundert, einmal ein Dorf angriff, das sich seiner Herrschaft widersetzte. Die besten Trommler spielten den *sofa*, um die großen Krieger aller Waffengattungen zusammenzurufen. Soundiata gab ihnen weißes Brot und ein für diese Zeremonie vorbereitetes Getränk und ließ sie einzeln schwören, dass sie die Schlacht gewinnen und nicht vor ihren Gegnern zurückweichen würden. Andernfalls sollten das Brot und das Getränk sie vergiften. Dann kam der Tanz der Pferde, die von ihren Reitern eigens darauf dressiert waren. Eine Vielzahl von Instrumenten spielte dazu den Rhythmus *sofa*. Und es ist sehr bewegend sich vorzustellen, wie die Pferde exakt in diesem eindrucksvollen Rhythmus tanzten, zu den Soloimprovisationen der Djembe und in Parallelschritten, als ob sie ein einziges Wesen wären.

Heute ist dieser heilige Tanz allein den Jägern vorbehalten, die damit ihre Heldentaten und ihre Abkunft vom alten Adel des Mali-Reichs feiern. Der *sofa* lässt seit eh und je das Herz jedes Königs, Fürsten, Kriegsherren und Jägers – und derer, die ihnen Ehre erweisen – höherschlagen. Meine Vorliebe für diesen Rhythmus hat also auch damit zu tun, dass meine Familie in einer langen Ahnenreihe von Jägern steht. Alle wissen von früher Kindheit an um ihre soziale Stellung.

Wenn ich den Rhythmus spiele, denke ich an die Geschichte der tanzenden Pferde bei Soundiata Keïta. Ich denke auch an das Pferd meines Vaters, das ich sehr geliebt habe. Es hieß Mansa Nyuma (= guter Herrscher) und war sehr schön, mit rötlichem Fell und weiß geflecktem Kopf. Bei den Pferderennen, die der französische Kommandant organisierte, hat es viermal gesiegt. Als Mansa Nyuma eines Morgens starb, weckte mich meine Mutter, und ich erlebte mit, wie meine Brüder sein rechtes Ohr durchbohrten und daran einen goldenen Ring befestigten. Dann schnitten sie den Kopf ab und begruben ihn getrennt vom Körper. Alle kamen und weinten.

Als ich vor ein paar Jahren in Weißenburg in Deutschland einen Workshop gab und wir einmal draußen spielten, näherte sich uns plötzlich auf der benachbarten Weide eine Pferdeherde. Sofort dachte ich an das Pferd meines Vaters. Spontan schlug ich meinen Schülern vor, in den Rhythmus *sofa* überzuwechseln, nach dem einst Soundiatas Pferde getanzt hatten. Und siehe da: Eines der Pferde nahm die Bewegung auf und trabte genau im Rhythmus über die Weide. Alle waren begeistert, und ich war sehr bewegt.

Der Erbe: Mein ältester Bruder Malon Kèkörö Konaté

In den Dörfern Oberguineas ist es üblich, dass das Erbe allein dem ältesten Sohn – als dem neuen Familienoberhaupt – zufällt. Er kann darüber verfügen, mit wichtigen Einschränkungen: Wenn einer seiner Brüder ins heiratsfähige Alter kommt und eine Frau findet, muss der Erbe die enormen Kosten tragen, die bei der Hochzeit anfallen – er muss also für die Mitgift aufkommen. Auch ist er weiter für die gesamte Familie seines Vaters verantwortlich. In gewisser Weise gehört die Erbschaft also doch allen Kindern.

Der Erbe meines Vaters, mein ältester Bruder Malon Kèkörö Konaté, verhielt sich uns jüngeren Kindern gegenüber wie ein zweiter Vater. Zu Lebzeiten unseres Vaters war er ihm loyal ergeben. Nun, nach dessen Tod, war er es, der für uns alle sorgte. Er hatte schon früh das väterliche Haus verlassen und sich in einem Nachbardorf, Warignandala, niedergelassen. Das hielt ihn aber nicht davon ab, seinen Pflichten als ältester Sohn in untadeliger Weise nachzukommen. Er war ein zupackender Arbeiter, und mein Vater rief ihn regelmäßig zu Hilfe, wenn besondere Arbeiten bevorstanden, wie z. B. Reparaturen an den Rundhausdächern oder Einsätze auf den Feldern. Dann schickte er meine Mutter, die ich dabei begleiten durfte, als Botin ins Nachbardorf, und mein Bruder kam umgehend, um die Arbeiten zu organisieren und zu leiten. Einmal besuchte ich ihn mit einer großen Zahl meiner Brüder, wir wohnten eine Woche bei ihm, und er war darüber so glücklich, als ob das ganze Dorf gekommen wäre. Gegen Ende seines Lebens erfüllte er sich den Wunsch, einmal nach Törön Missamana zurückzukehren, dem Ursprungsort unserer Familie, aus dem mein Großvater vor vielen Jahrzehnten nach Sangbaralla gekommen war. Dort ist Malon Kèkörö 1977 gestorben.

Erinnerungen an die koloniale Herrschaft

Eine Lokomotive setzt Kouroussa in Brand

Guinea war von 1892 bis 1958 französische Kolonie. Ich war 18 Jahre alt, als Guinea unabhängig wurde. Bis dahin war die Anwesenheit der Franzosen im Land für mich und meine Geschwister Normalität. Trotzdem habe ich an diese Zeit, so weit sie auch zurückliegt, einige markante Erinnerungen. Zum Beispiel an den großen Brand in Kouroussa, der durch die Explosion einer französischen Lokomotive an der Bahnverbindung nach Kankan ausgelöst wurde. Die Frauen meines Vaters zogen regelmäßig auf den Markt von Kouroussa, um Fleisch und Feldfrüchte zu verkaufen – gegen »Francs CFA« (Communauté Financière d'Afrique), die es in vielen französischsprachigen Ländern Afrikas (nicht in Guinea!) bis heute gibt – ich sehe darin immer noch eine koloniale Währung. Ich begleitete die Frauen meistens auf den Markt, obwohl ich ihnen nicht groß helfen konnte, denn ich war noch zu klein. Plötzlich fuhr eine Dampflokomotive an uns vorbei, die feurige Rauchwolken in vielen Farben ausstieß. Sprühende Funken schossen aus ihr heraus und setzten die strohgedeckten Rundhäuser an der Bahntrasse in Brand. In kurzer Zeit war die ganze Stadt abgebrannt. Wir kehrten sofort nach Sangbaralla zurück und erzählten meinem Vater von dem großen Unglück. Für eine Weile musste meine Familie auf die Marktgänge, eine wichtige Einnahmequelle, verzichten.

Die Geschichte von Balaké und Söna (Fodéba Keïta: »Minuit«)

Die Geschichte von Söna Keïta und Balaké Doumbouya lernte ich schon als kleiner Junge kennen, gesungen von einem unserer Schmiede, der sich dabei auf der Bogenlaute *köwörö* (dem Hochzeitsinstrument) begleitete. Die Geschichte ging wohl auf ein Ereignis aus der frühen Kolonialzeit zurück. Sie war, in vielen Abwandlungen, weithin bekannt und als Beispiel für die Rücksichtslosigkeit des kolonialen Regimes sehr populär. Der Dichter Fodéba Keïta (der Gründer der *Ballets Africains de Guinée*) schrieb 1948 sein Gedicht »Minuit« (Mitternacht) über die Geschichte von Söna und Balaké. Es wurde in ganz Französisch-Westafrika sofort verboten, später aber eine der erfolgreichsten Bühnennummern der *Ballets Africains*. Ich habe die Geschichte so kennengelernt: Ein französischer Offizier sieht bei einer Fahrt auf dem Fluss Niger (den wir Djoliba nennen) das Mädchen Söna am Ufer und verliebt sich in sie. Er will Söna heiraten, aber sie weist ihn zurück und sagt ihm, dass sie schon mit Balaké verlobt ist. Söna und Balaké haben ihre ganze Kindheit miteinander verbracht und wollen bald heiraten. Sönas Freundinnen haben große Angst, dass sie nun, wie üblich ohne Urteil, ins Gefängnis geworfen wird. Um Zeit zu gewinnen, raten sie dem Offizier, den Dorfältesten und Sönas Eltern zehn Kolanüsse zu bringen und um ihre Hand anzuhalten. Aber Söna weigert sich weiterhin. Nun lässt der Offizier den Bräutigam aus dem Weg räumen. Eine Version der Geschichte besagt, dass Balaké, der nicht schwimmen kann, in einem angebohrten Boot in die Mitte des Flusses gebracht wird und ertrinkt. Eine andere, dass der Offizier eine Pistole in Balakés Hütte verstecken lässt. Als die Soldaten sie finden, beschuldigt der Offizier Balaké, dass er ihn töten wollte, und lässt ihn hinrichten. Söna nimmt Gift und stirbt.

Nalo Camara als Söna in »Minuit«, Ballets Africains 1962

Der Kommandant in der Sänfte

Wenn der französische Kommandant auf Inspektionstour durch das Land zog, saß er in einer Sänfte, die von vier Männern getragen wurde. Sobald er Hamana erreichte, empfingen und begleiteten ihn die Trommler und spielten den Rhythmus *buru yelera,* und die Frauen sangen:

Buru yelera tubabu yelera bas sando baa duya.

Der Weiße kommt aus dem Osten und reist den Fluss aufwärts in Richtung Westen.

Die Sänfte wurde später von den *baratii*, der ersten Generation der jungen Männer, für ihre kleine Patronin, die *sankaramba* übernommen (siehe unten: Die soziale Ordnung im Dorf, Teil 2).

Zwangsarbeit

Während der Kolonialzeit mussten die Afrikaner alle möglichen Grausamkeiten erdulden. Dazu gehörte auch die Zwangsarbeit. Im Gegensatz zu meinen älteren Brüdern habe ich die besonders harten Zeiten der Kolonisierung und die schlimmsten Formen der Zwangsarbeit nicht mehr erlebt. Die Franzosen ersetzten sie mit der Zeit durch weniger grausame Methoden und führten sogar eine gewisse Entlohnung ein. Sie passten sich bis zu einem gewissen Grade an die Lebensgewohnheiten der Guinéer an. In meiner Heimatregion beschäftigten sie einen Musiker namens Layiba Condé, der mit seinem Flötenspiel die Straßenbauarbeiten begleitete. Schon früh am Morgen weckte er die Arbeiter mit seinen Flötentönen. Sie übernachteten in den Dörfern, in deren Nähe sie gerade arbeiteten. So auch in Sangbaralla. Eine meiner sehr frühen Erinnerungen ist die wunderbare Flötenmelodie, die lange vor Sonnenaufgang erklang. Alle standen auf und bereiteten sich auf die Arbeit vor. Sie waren dankbar für die Musik, die ihnen dabei half, die schwere Arbeit durchzustehen. Die Kolonialherren hatten die Arbeit gut organisiert. Es gab viele Aufseher, die die Arbeit kontrollierten. Sie überwachten die Arbeiter und sorgten dafür, dass das Essen rechtzeitig kam. Einer meiner Brüder, ein guter Jäger, musste für Fleisch sorgen, damit die Arbeiter bei Kräften blieben. Er war von der Straßenbauarbeit befreit. Stattdessen jagte er Perlhühner für das tägliche Reis- und Saucengericht.

Verbotene Perlhuhnjagd

Die Kolonialherren wachten über alles. Sie legten auch die Schonzeiten für die Jagd auf die verschiedenen Wildtiere und Vögel und für das Fischen im Fluss fest. Das geschah letztlich zu unserem Wohl, denn es diente dem Schutz der Tierwelt, die für uns als Nahrungsquelle so wichtig war. Wer dagegen verstieß, wurde schwer bestraft. Trotz dieser Verbote ging ich eines Nachts mit meinem Bruder Kansere auf die Jagd, ausgerüstet mit meinem Gewehr und einer Taschenlampe. Ich hatte gerade in der Nähe der Straße auf ein Perlhuhn geschossen, als eine französische Patrouille in zwei Jeeps vorbeifuhr. Ich achtete nicht groß darauf, setzte mich unter einen Baum und lud mein Gewehr nach. Plötzlich sahen wir, wie ein Licht sich auf uns zubewegte. Wir flohen in die Dunkelheit. Unser Risiko war groß: Erwischten sie uns, so würden wir direkt ins Gefängnis wandern. Uns drohten alle möglichen Bestrafungen. Ich kannte aber alle Schleichwege, und so entkamen wir mitsamt der Beute zu unserer Familie. Morgens beichtete ich meinem Vater unser Abenteuer. Aus Erleichterung darüber, dass die Patrouille uns nicht erwischt hatte, brachte er gleich ein Opfer dar. Denn natürlich hätte er erhebliche Strafabgaben schultern müssen. Er befragte uns streng, um alle Einzelheiten des Vorgangs zu erfahren: Hatten die Franzosen nur den Schuss gehört – oder hatten sie uns auch gesehen? Zu unserem großen Glück waren wir unerkannt entkommen. Unserem Vater blieben strenge Abgaben erspart, und uns das Gefängnis.

Abliefern von Kautschuk

Afrika war zur Kolonialzeit eines der wichtigsten Gebiete der weltweiten Kautschuk-Produktion. Auch zur Kautschukernte wurde die Bevölkerung zwangsverpflichtet. Der französische Kommandant des Bezirks Kouroussa übertrug den Distrikts-Chefs die Aufgabe, die Familienväter in den Dörfern dazu anzuhalten, mit den männlichen Familienmitgliedern in den Wald zu ziehen und den Kautschuk zu sammeln. Die Menge, die jede Familie abzuliefern hatte, hing von der »Zahl der gesunden Arme« ab. Niemand war von dieser Pflicht ausgenommen. Drückte sich jemand, so erwarteten ihn demütigende Strafen bis hin zur körperlichen Züchtigung. Die Franzosen waren aber klug genug, nicht nur mit Druck, sondern auch mit Belohnungen zu arbeiten. Mein Vater war in unserer Gegend der beste Kautschuk-Lieferant, denn er hatte die größte Familie, und einmal schenkte ihm der Kommandant als Anerkennung ein französisches Gewehr. Ich selbst begleitete meine Brüder zum Kautschuksammeln in den Wald, nur um mit ihnen zusammen zu sein, denn ich hatte noch nicht die Kraft, die kompakten und harten Rinden aufzuschneiden, die den zähflüssigen weißen Saft lieferten. Ich zog mit ihnen frühmorgens hinaus, manchmal weit in den Busch hinein, und kehrte abends mit ihnen ins Dorf zurück. Meiner Mutter gefiel das nicht, weil sie Angst um mich hatte – sie wusste, wie gefährlich die Wildnis für kleine Kinder war. Ich aber hatte keine Angst. Mein furchtloser Vater war mein Vorbild. Der Sohn des Jägerchefs durfte doch keine Angst haben!

Ein Prozess meiner Familie vor dem lokalen Bezirksgericht

Während der Kolonialzeit lag die Gerichtsbarkeit in unserem Bezirk bei der französischen Kommandantur in Kouroussa. Der Kommandant nahm in Personalunion selbst das Richteramt wahr. Einmal kam es dort zu einem Zivilprozess zwischen meiner und einer anderen Familie aus unserem Dorf. Es ging dabei um meinen älteren Bruder Lamou Konaté.

Die Franzosen rekrutierten überall in ihren Kolonien Freiwillige für den Militärdienst. Solche Freiwillige gab es in vielen Familien. Im Gegensatz zu den zwangsrekrutierten Soldaten genossen sie viele Privilegien. Sie bezogen ein gutes Gehalt, und wenn sie aus dem Kriegsdienst zurückkamen, erhielten sie eine Reihe von Gratifikationen.

Eines Tages waren wir zur Verlobungsfeier eines dieser Soldaten eingeladen. Die Eltern der Braut bewunderten ihn sehr und versprachen sich von der Heirat finanzielle Vorteile. Aber als er bald darauf von einem militärischen Einsatz zurückkam, war er entsetzt: Die Braut war schwanger! Wütend attackierte er nicht nur seine künftigen Schwiegereltern, sondern vor allem auch meinen Bruder Lamou, den er beauftragt hatte, auf das Mädchen aufzupassen. Natürlich waren die Eltern ebenfalls voller Zorn auf Lamou, denn der Wohlstand, den sie sich von der Heirat versprochen hatten, war nun in Gefahr.

Eines Abends, als ich im Hof spielte, näherten sich die Eltern laut schimpfend unserem Haus, mit Macheten in den Händen, offensichtlich entschlossen, meinem Bruder den Kopf abzuschneiden. Ich lief schnell zu meinem Bruder, um ihn zu warnen. Der erkannte sofort die Gefahr und entkam über den Zaun. Nun war es an ihm, wütend zu sein. Am nächsten Tag ging er nach Kouroussa zum Bezirksgericht, um die Angreifer, die ihm um jeden Preis das Fell über die Ohren ziehen wollten, anzuzeigen.

Der Richter lud beide Familien vor. Er sprach kein Wort Malinké, deshalb waren zwei Dolmetscher dabei, die ihm helfen sollten, den Streit zu verstehen. Diese beiden – Djelibakari Kouyaté und ein Monsieur Camara – verdienten mit ihrer Dolmetscherei vor Gericht gutes Geld. Es war allgemein bekannt, dass sie bestechlich waren: Sie verdrehten die Aussagen der Betroffenen so, dass am Ende die Partei Recht bekam, die ihnen das meiste Geld oder die dicksten Säcke mit Reis oder Hirse zuschob. In diesem Fall wussten die beiden genau, dass das Recht auf unserer Seite war, denn Hausfriedensbruch war in der Kolonialzeit ein besonders schweres Vergehen. Trotzdem half mein Vater zur Sicherheit mit Reis, Yamswurzeln und Foniohirse nach.

Vor dem Urteilsspruch fragte der Kommandant noch einmal alle Beteiligten nach ihrer Sicht der Dinge. Auch ich kam dran. Der Richter war von meinen respektvollen, kurzen und präzisen Antworten sehr beeindruckt und fragte, ob ich auf die französische Schule ginge. Ich verneinte. Am Ende erklärte er meine Familie für unschuldig und ließ die andere Familie verhaften. Eine große Genugtuung für uns.

Ein traumatisierter Veteran

In unserem Dorf lebte ein Mann namens Fodé Keïta, ein Veteran des Zweiten Weltkriegs. Er hatte mit großem Einsatz für die Befreiung Frankreichs aus den Händen der Deutschen gekämpft. Nach dem Krieg kam er ins Dorf zurück und lebte von seiner französischen Pension. Er war weithin bekannt, man nannte ihn N'fa Alimandkè (= Vater Deutschland), weil er immer wieder von seinen zahllosen Kriegserlebnissen erzählte, die sich in seine Erinnerung eingebrannt hatten. Niemand traute sich auf sein Grundstück oder in sein Haus, denn er verhielt sich äußerst aggressiv. Eines Tages verprügelte er eines seiner Kinder so brutal, dass es starb. Seine anderen Kinder hatten furchtbare Angst vor ihm, er behandelte sie wie Gefangene. Sein zweitältester Sohn war in meinem Alter.

Nachdem Fodé Keïta sein eigenes Kind getötet hatte, wagte sich erst recht niemand mehr in seine Nähe. Alle fürchteten ihn, auch wegen seines anstößigen und schamlosen Verhaltens. Er war in höchstem Maße böse und unsozial. Dabei ging es ihm äußerlich nicht schlecht, er konnte von seiner Pension gut leben. Manche nannten ihn einen reichen Mann.

Eines Tages wurde er krank und verlor sein Augenlicht. Mitten auf seinem Grundstück stand ein Orangenbaum. Wir Kinder wussten, dass der Alte blind war, und klauten immer wieder seine Orangen. Sobald er draußen etwas hörte, kam er herausgestürmt – mit einem riesigen Säbel, um uns zu köpfen. Da er aber nichts sah, konnten wir jedes Mal entkommen. Er blieb hinterhältig und böse, trotz seiner Hilflosigkeit. Seine Kriegsgeschichten erzählte er niemandem mehr.

Der Krieg hatte ihn traumatisiert und sein Leben zerstört. Er war als Freiwilliger in den Krieg gezogen. Tausende aber wurden zwangsrekrutiert. Sie waren Kanonenfutter: Viele konnten noch nicht einmal ein Gewehr bedienen, auf die meisten von ihnen wartete der sichere Tod. Die meisten von ihnen wurden abgeschossen wie die Hühner. Auch drei meiner Brüder wurden eingezogen. Sie überlebten den Krieg und kamen zu uns zurück. Wir waren überzeugt, dass sie das unserem Vater zu verdanken hatten, der für sie Opfergaben darbrachte.

Das koloniale Erbe

Den Guineern sind nicht nur die schlimmen Seiten der Kolonialzeit in Erinnerung geblieben, wie die Ausbeutung der Menschen bis hin zu Zwangsarbeit, Kriegsdienst und Sklaverei und die Aneignung der landwirtschaftlichen Produkte und der Bodenschätze allein im Interesse Frankreichs und seiner Industrialisierung. Sondern die Kolonisatoren haben auch eine Infrastruktur aufgebaut, die dem Land bis heute nützt: Straßen, Brücken, Eisenbahnverbindungen und öffentliche Gebäude. Allerdings haben die Politiker nach der Unabhängigkeit dieses Erbe nicht gepflegt. Bis heute kritisieren sie zu Recht, dass die Kolonialzeit das Land in seiner Entwicklung gebremst hat. Sie selbst aber ließen Allah einen guten Mann sein und die kolonialen Hinterlassenschaften verfallen. Das guineische Straßensystem ist heute eines der schlechtesten der Welt, wer von einem Ort zum anderen kommen will, fährt Slalom um die Schlaglöcher herum. Überhaupt haben die afrikanischen Politiker die neu gewonnene Freiheit nicht genutzt. Viele sind selbst zu Ausbeutern geworden, im Verein mit einigen Ländern, die die Zerstörung Afrikas aus Eigeninteresse fortsetzen. Die afrikanischen Völker wünschen sich ein einiges, prosperierendes Afrika und eine gerechte Aufteilung der Einnahmen aus seinen Ressourcen. Sie haben genug von ethnischen und religiösen Kriegen, von der blutigen Niederschlagung von Streiks und Demonstrationen durch Armeen, die nur noch brutale Tötungsmaschinen sind, statt dass sie die eigene Bevölkerung beschützen. Wer Afrika liebt wie ich, wünscht sich nichts sehnlicher, als dass das Leiden der Menschen endlich ein Ende findet.

Mein Weg in die Ballets Africains de Guinée

Meine erste große Reise: Zu meinem Bruder nach Obervolta. Die Unabhängigkeit kommt

Mein älterer Bruder Koria Kèkörö hatte unsere Familie verlassen, um sein Glück in der Ferne zu suchen. Wir hatten gehört, dass er in Bobo-Dioulasso in Obervolta (heute: Burkina Faso) wohnte. Er kehrte nicht zurück, und wir hatten auch keine Nachricht von ihm. Da er mir sehr fehlte, beschloss ich ihn aufzusuchen, trotz der Schwierigkeiten, die mit einer solchen Reise in die Fremde verbunden waren. Für einen 16jährigen Jungen war das ein Abenteuer, aber ich wollte ihn unbedingt wiedersehen.

Ich ging also in die Bezirkshauptstadt Kouroussa, um mir einen Personalausweis zu besorgen, den ich für eine Auslandsreise brauchte. Der französische Polizeikommandant verlangte eine Geburtsurkunde. Ich antwortete ihm, dass ich auf dem Feld und hinter den Ochsen von Sangbaralla geboren sei, von einer Geburtsurkunde oder irgendeinem anderen Dokument hätte ich keine Ahnung. Er fragte mich, wie alt ich denn sei. Auch das wusste ich nicht. Er sah mich vom Kopf bis zu den Füßen an, mit einem leisen Lächeln, und schätzte dann, dass ich wohl um 1940 geboren sei. So gelangte diese Jahreszahl in meinen ersten Ausweis.

Also machte ich mich auf nach Bobo-Dioulasso. Ich fand meinen Bruder, er war überrascht und sehr glücklich, mich zu sehen. Wir tauschten viele Erinnerungen aus, und die alte Familienatmosphäre wurde wieder lebendig. Ich blieb ein Jahr bei meinem Bruder. In dieser Zeit erlernte ich die Grundlagen des französischen Alphabets.

Ein Jahr später, 1957, kehrte ich in mein Heimatland zurück. Im Jahre 1958, am 2. Oktober, wurde nach langem Unabhängigkeitskampf die Republik Guinea proklamiert, und Ahmed Sékou Touré wurde der erste Präsident.
Ich ahnte nicht, welche Bedeutung das Reisen bald für mich haben sollte.

Ich werde Mitglied des Regionalensembles in Kouroussa

Ein Jahr nach der Unabhängigkeit bestimmte ein Dekret, regionale Künstlerensembles zu schaffen. Die neue Regierung wollte die guineische Kultur in der ganzen Welt erstrahlen lassen.

Ich war damals nicht nur *djembeföla*, sondern auch Bauer und Jäger. Der neue Direktor des Ensembles von Kouroussa hatte gehört, dass es in Sangbaralla einen guten *djembeföla* gab. Er kam mit einer großen Delegation, um meinem Bruder (der nach dem Tod meines Vaters das Familienoberhaupt war) seine Referenz zu erweisen und seine Zustimmung dazu einzuholen, dass ich erster Trommler des Regionalensembles von Kouroussa wurde. Es gab lange Debatten und Verhandlungen. Meine künftigen Vorgesetzten versprachen, mich gut zu behandeln, und schließlich stimmte mein Bruder zu.

Ich arbeitete gerade auf unseren Feldern in Manimba. Man holte mich direkt von dort ab und brachte mich zur Truppe nach Kouroussa.

Die Proben und Aufführungen in Kouroussa fanden immer abends statt. Ich bat die Verantwortlichen, mir eine Handwerkslehre zu genehmigen, und fand einen Eisenhändler, der mich als Lehrling aufnahm. Also arbeitete ich tagsüber und spielte abends.

Die Leiter der Truppe zeigten sich auf die Dauer sehr zufrieden, dass sie mich ausgewählt hatten, und sparten nicht mit Lob. Ich wiederum war zufrieden, dass ich meine Kunst mit einer Berufstätigkeit verbinden konnte.

Man entdeckt mich für die Ballets Africains

Um aller Welt die Schönheiten afrikanischer Kunst und Kultur zu zeigen, gründeten im Jahre 1952 zwei wunderbare Geister, Fodéba Keïta und Facely Kanté, die Ballets Africains. Sie lebten damals beide in Paris. Sie waren es, die den enormen Erfolg der Ballets begründeten. Nach der Unabhängigkeit Guineas 1958 wurden die Ballets zum Staatsensemble des Landes. Bis heute legen die Ballets auf der ganzen Welt Zeugnis ab von der kulturellen Identität Guineas und Afrikas überhaupt.

Die neue Regierung des nun unabhängigen Guinea schickte Kommissionen hinaus ins Land, um talentierte Künstler für die Ballets Africains zu suchen. Eine dieser Kommissionen kam auch nach Kouroussa. Man organisierte eine große Show. Am Ende fand die Kommission, ich sei der beste *djembeföla* der ganzen Region.

Bei ihren Reisen durch das Land fanden die Kommissionen 370 junge Künstler. Sie wurden auf die wunderschöne, vor der Küste der Hauptstadt Conakry gelegene Insel Kassa gebracht, um sich nach sechs Wochen intensiver Vorbereitung einem Wettbewerb zu stellen, bei dem sie individuell ihre Künste beweisen sollten. Die besten Trommler und Tänzerinnen und Tänzer – 30 junge Männer und 15 junge Frauen – sollten dann auf eine Europatournee vorbereitet werden.

Obwohl man Großes mit uns vorhatte, wurden wir auf der Insel Kassa schlecht versorgt. Die guineische Regierung hatte zwar alles dafür getan, dass es uns dort gut ging. Aber die Verantwortlichen der Ballets bereicherten sich am Budget und ließen uns in der Misere allein. Man erwartete von uns künstlerische Höchstleistungen. Aber wir wurden nie satt, und die Unterkünfte waren schlecht. Wir waren korrupten Egoisten ausgeliefert, die offenbar vergessen hatten, warum wir eigentlich dort waren. Trotz dieser beklagenswerten Situation gaben wir alle unser Bestes, um am Ende ausgewählt zu werden.

Für jede Disziplin wurde eine Auswahlkommission eingesetzt. Viele hatten große Angst: Nach so viel Mühe wollte niemand beiseite stehen. Die Ehre stand auf dem Spiel, ein Scheitern bedeutete die unrühmliche Rückkehr ins Dorf, zur Familie – man würde ohne Entschädigung entlassen und dürfte sich fühlen wie ein Krieger nach verlorener Schlacht.

Ich war mir ziemlich sicher, durchzukommen. Ich hatte mir meine Konkurrenten genau angehört. Ein altes Sprichwort kam mir in den Sinn: Die Ziege wird der Hyäne nicht den Weg verstellen.

Meine Kommission hatte 20 *djembefölas* zu begutachten. Ich war der letzte auf der Liste. Als ich dran war, bat ich die Kommission um fünf Minuten, denn meine Djembe musste direkt vor jedem Einsatz aufgeheizt werden. Ich tat geduldig, was meine Djembe von mir erwartete. Dafür schenkte sie mir eine wunderbare Melodie, die mich selbst erstaunte. Aus dem Inneren der Trommel erklang so etwas wie eine weitere Stimme, die sich in die Melodie verwob. Kaum hatte ich angefangen, umringten mich alle anderen, um den Rhythmus und die Melodie intensiver genießen zu können. Alle waren in diesem Moment überzeugt, dass ich gewinnen würde. Ich spielte einfach, was meine Sinne und meine Phantasie mir eingaben. Obwohl ein plötzlicher Wirbelwind mein Spiel unterbrach, wurde ich zum ersten Solotrommler ernannt.

Meine Mitbewerber sagten, ich sei mit einem Geist im Bund, der mich von Erfolg zu Erfolg trug. Tatsächlich hatten mir meine Brüder erzählt, dass diese Trommel – eine der Djemben unserer Familie – unter dem Schutz eines Geistes stand, und dass unser Vater sie dafür gut präpariert hatte.

Hohe Anforderungen an die Ensemblemitglieder

Wie sich zeigen sollte, verlangte man in künstlerischer Hinsicht von uns Musikern, Tänzerinnen und Tänzern die volle Hingabe an unsere Arbeit und die allerhöchste Qualität in der Ausführung. Das war das Gesetz, unter dem wir antraten, denn wir sollten ja auf der ganzen Welt für unser Land Ehre einlegen.

Die Anforderungen an den ersten Solisten auf der Djembe waren enorm hoch. Die meiste Zeit über fiel mir diese Rolle zu. Der Djembe-Solist ist die Seele des Ensembles. Er muss die Kunst, den Schritten der Tänzer zu folgen, perfekt beherrschen, er muss sich dem Rhythmus ihrer Bewegungen, ob sie nun einzeln oder im

Ensemble tanzen, genau anpassen. Die Tänzerinnen und Tänzer in meiner Heimatregion sind sehr anspruchsvoll, und es ist nicht leicht, sie zu begleiten. Es gibt einen großen Reichtum an Rhythmen, und man muss sie ohne Wenn und Aber beherrschen. Genau dies hatte ich in meiner Kindheit und Jugend im Dorf gelernt und perfektioniert. So wurde ich Erster, und die Tänzerinnen und Tänzer entwickelten zu mir ein unerschütterliches Vertrauen und eine große Zuneigung.

Es gab im Repertoire der Ballets eine Szene mit dem Titel »Der verzauberte Wald«, dargeboten von unserer Star-Tänzerin, die diesen ungewöhnlich mitreißenden und rhythmisch höchst komplizierten Tanz in königlicher Weise bewältigte. Sie hieß Manana Cissé und tanzte wie vom Teufel besessen. Niemand konnte es ihr gleichtun oder sie gar in den Schatten stellen. Wenn der Tanz begann, war es sehr schwer, ihr den Rhythmus so zu liefern, wie sie ihn haben wollte, damit sie voll zur Geltung kam. Wenn ein Solist das nicht lieferte, fiel sie in der Kulisse sofort über ihn her. Bald beschloss sie, nur noch zu tanzen, wenn ich sie begleitete. Ich war sehr froh darüber, dass ich ihren Ansprüchen genügte. Mit dem zweiten Solisten, meinem Freund Arafan Touré, war sie nicht zufrieden. Er war nicht in der Lage, ihre Tanzteufel zu entfesseln. Ich selbst beherrschte die dörflichen Rhythmen, und dankte Gott dafür. Bis heute habe ich keine Probleme damit, all diese Rhythmen in meinen Kursen weiterzugeben und mich im weltweiten Universum des Rhythmus zurechtzufinden. Das ist immer noch die tiefste Quelle meiner Inspiration, auch wenn ich an diesem Buch arbeite.

Was ich im Dorf gelernt hatte, war die Grundlage meines Erfolgs, bis zu meinem Abschied von den Ballets viele Jahre später und darüber hinaus. Ich verließ die Ballets wegen der vielen kleinen Probleme und unnötigen Engherzigkeiten der Verantwortlichen, die nichts anderes im Sinn hatten, als uns Künstler auszubeuten.

Meine Reisen mit den Ballets

Faszinierende neue Welten

Die Truppe für die erste Reise, die uns nach Europa führen sollte, stand nach den Prüfungen auf der Insel Kassa nun fest. Die Auserwählten hatten sich kennengelernt und waren Freunde geworden. Wir waren überglücklich, dass wir nun den Kontinent der Herrlichkeiten entdecken sollten, von dem wir schon so viel gehört hatten. Am ungeduldigsten waren die Dörfler unter uns – wir waren ja schon von den größeren Städten Guineas schwer beeindruckt!

Die technisierte Welt, die wir nun kennen lernten, faszinierte uns, machte uns aber auch Angst. Das Gepäck, das wir in Conakry am Flughafen abgegeben hatten, kam in einem anderen Erdteil, auf dem Laufband, aus einem Loch an der Wand zu uns zurück. Wir trauten uns nicht auf die Rolltreppen, die niemals anhielten, und standen wir endlich drauf, wussten wir nicht, wie wir wieder herunterkommen sollten, und sprangen und zappelten angstvoll herum. Wir stiegen in Eisenbahnen, die stundenlang unter der Erde oder auf Stelzen zwischen den Häusern herumrasten. Autos fuhren nicht einfach wie in Conakry die Straßen entlang, sondern in mehreren Etagen über- und untereinander und auch unter der Erde herum. Ebenso unheimlich waren uns die Paternoster und Fahrstühle in den Hotels. Es gab Automaten, in die man eine Münze steckte und die ein Sandwich oder eine Flasche Saft ausspuckten.

Schon als man uns auf der Insel Kassa mit den internen Regelungen der Ballets bekannt machte, wurde mir klar: Wir mussten ein komplett anderes Verhalten an den Tag legen, sobald wir im Land der Weißen angekommen waren. Welch eine Herausforderung für einen Dorfbewohner, dass er sich nun wie ein Abendländer benehmen sollte! Wir waren Erwachsene, und nun sollten wir noch einmal von vorne anfangen wie die Kinder. Bei diesem schwierigen Lernprozess kannten die Direktoren der Ballets nicht die geringste Nachsicht. Der kleinste Regelverstoß wurde sofort streng geahndet. Bevor wir uns an das Neue gewöhnen konnten, hagelte es für jede und jeden von uns Sanktionen, einmal, zweimal oder noch öfter. Denn es blieb natürlich nicht aus, dass wir versehentlich Dinge beschädigten oder kaputt machten, die für die Weißen sehr wertvoll waren. Regelmäßig demolierten wir Gegenstände aus Glas oder Porzellan. Zur Strafe behielt man zwei oder drei Monatsgehälter ein. Mir ist es zum Beispiel einmal passiert, dass ich den Wasserhahn laufen ließ, nachdem ich einen Schluck genommen hatte. Das Wasser überschwemmte mein Zimmer, als ich schon schlief. Bevor ich am nächsten Morgen alles in Ordnung bringen konnte, sauste die Strafe schon auf mich herab, denn das Wasser leckte inzwischen in die Etage unter mir. Drei Monate ohne Lohn! Schlimm genug – aber wo blieb das Geld? In welcher schwarzen Kasse?

Rätselhaft und beängstigend: das Fliegen

Viele Dinge blieben uns ein ewiges Rätsel. Besonders schwer zu verstehen war, warum so eine tonnenschwere Maschine wie ein Flugzeug sich einfach in die Luft erhob und dann für viele Stunden oben blieb, ohne herunterzufallen. Die Weißen, die das alles erfunden hatten, mussten mit starken Geistern im Bunde sein. Trotzdem hatten wir immer Angst, dass wir einmal abstürzen könnten.

Ich erinnere mich an eine Reise in einem hochtechnisierten Flugzeug modernster Bauart, mit dem wir zum ersten Mal flogen. Wir waren eine Weile in der Luft, da kam der Flugkapitän zu uns. Er hatte mitbekommen, dass unsere beiden Griots ihre Lieder sangen, die ihm sehr gefielen. Einige von uns fragten ihn besorgt, warum er seinen Pilotensessel verlassen hatte und wer denn nun das Flugzeug steuerte. Er sagte, er hätte das Flugzeug auf Autopilot gestellt, und erklärte uns die Technik. Wir erfuhren, dass er schon seit 30 Jahren Pilot war. Wir fragten, ob wir nicht in die Pilotenkanzel kommen und ihn bei der Arbeit erleben durften. Er war einverstanden, und einer nach dem anderen gingen wir ins Cockpit und hörten uns seine Erklärungen an. Das war wirklich interessant! Sékou Condé, der große Tänzer, war der letzte. Er war besonders neugierig. Er wollte wissen, was man machen musste, damit das Flugzeug eine Kurve flog. Der Pilot zeigte ihm den Steuerknüppel und erklärte, dass man ihn nur sehr vorsichtig bewegen durfte. Um das zu demonstrieren, drehte er den Knüppel mit einer abrupten Bewegung nach links, das Flugzeug sprang herum, und alle in der Kabine bekamen einen furchtbaren Schreck. Der Pilot kam wieder zu uns, und wir fragten ihn, was denn passiert sei? Wir waren richtig böse auf ihn, vor allem auch als er zugab, dass er selbst bei dieser plötzlichen Bewegung Angst bekommen hatte.

Ich sagte zum Piloten, dass es doch eine sehr schwierige Sache sein musste, ein Flugzeug zu lenken. Er aber verneinte das: Es sei nur eine Frage der richtigen Technik, die man erlernen könne. Er verglich das Steuern des Flugzeugs mit unserer Arbeit als Musiker, die ebenso viel Fingerspitzengefühl erfordert. Musik erfinden, komponieren, arrangieren und konservieren, sie am Ende so aufführen, dass sie den Zuhörern gefällt: Das sei bestimmt auch nicht leicht! – Ich verstand: Auch wir Musiker leisten wertvolle Arbeit, für die Gesellschaft ebenso wichtig wie die Arbeit eines Piloten.

Erste Reisen nach Europa

Berlin: Schüsse an der Mauer

Die erste Tournee führte uns nach Europa, das wir auch später immer wieder besuchten. Wir lernten fast alle europäischen Länder kennen, die sozialistischen und die kapitalistischen, und konnten also die Systeme miteinander vergleichen. Uns war wohler in den westlichen Ländern: Wir erlebten klar den Unterschied zwischen den liberalen Demokratien und den Ländern des Ostblocks, wo man sich viel stärker kontrolliert fühlte. Schon bei den Grenzkontrollen. So gab es bei der Einreise in die (sozialistische) DDR ein großes Theater, weil jemand eine Avocado bei sich hatte. Die Grenzbeamten hatten so ein Gewächs noch nie gesehen. Die damalige Hauptstadt der DDR war Ost-Berlin. West-Berlin gehörte zum (kapitalistischen) West-Deutschland. Schwer zu begreifen war, dass das gesamte Berlin – der östliche und der westliche Teil, die durch eine Mauer getrennt waren – auf dem Gebiet Ost-Deutschlands, also der sozialistischen DDR lag.

In West-Berlin angekommen, machten wir eine Stadtrundfahrt in einem Bus. Bei dieser Fahrt kamen wir auch in die Nähe der Mauer. Genau in diesem Moment bekamen wir mit, wie die DDR-Polizei auf eine Person schoss, die über die Mauer nach Westen fliehen wollte. Das war ein schockierendes und beklagenswertes Erlebnis. Unser Direktor bat die Dolmetscherin, uns zu erklären, was da geschehen war. Sie erzählte uns die Geschichte Deutschlands seit der Zeit vor dem Zweiten Weltkrieg (1939 bis 1945), der zur Teilung Deutschlands führte. Wir waren sehr beeindruckt und berührt zu erfahren, dass die Menschen und sogar die Familien voneinander getrennt wurden – und dass man aus politischen Gründen wechselseitigen Hass säte und Menschen in den Tod trieb.

In jener Zeit sah man in Berlin noch überall die Spuren der Bombenangriffe aus dem 2. Weltkrieg. Besonders erinnere ich mich an die Trümmer einer großen Kirche am Kurfürstendamm, dem zentralen Boulevard in West-Berlin. Als ich 1987 wieder dorthin kam, hatte man eine neue Kirche im modernen Stil um die Trümmer der alten Kirche herum gebaut.

Ganz neu waren für uns die großen Kaufhäuser und die Fachgeschäfte mit ihrem riesigen Warenangebot. Von all den wunderbaren Dingen, die man da sah, interessierten mich am meisten die Gewehre. Als Sohn eines großen Jägers liebte ich die Jagd wie ein *simbo*. Ich war immer wieder fasziniert, wenn ich Jagdgewehre in den Schaufenstern von Waffenläden sah. Jedes neue Modell hätte ich am liebsten sofort gekauft. Zu Hause gab es ja nur die Waffen aus der lokalen Handwerksfabrikation. Leider hatte ich selten genug Geld, um der Versuchung nachzugeben. Wenn ich von den paar Dollars, die wir bekamen, etwas gespart hatte, legte ich es in einem Jagdgewehr an, das ich dann meinen Verwandten in Guinea mitbrachte. Am meisten interessierten mich die Kaliber zwölf und 16. In den kapitalistischen Ländern konnte man sie ohne große Probleme und für relativ wenig Geld kaufen. Im Gegensatz zu den sozialistischen Ländern, wo es verboten war, Jagdgewehre zu besitzen.

In der DDR bekam ich einmal ein ernstes Problem wegen eines Kaliber-16-Gewehrs aus italienischer Produktion. Ich hatte es in Brüssel gekauft und in meinen Koffer gepackt, die Patronen in meine Handtasche. Schon am Brüsseler Flughafen hatten mich die Polizisten gewarnt, dass das in Berlin schwierig werden könnte. Während des ganzen Fluges hatte ich Herzklopfen. Am Ost-Berliner Flughafen Schönefeld erwarteten uns die Polizisten zur Gepäckkontrolle. Als sie mein Gewehr sahen, umringten sie mich wie einen abschussreifen Hirsch. Alle aus unserer Gruppe bekamen Angst, besonders ich, denn natürlich fragte ich mich, was sie nun mit mir machen würden?

Da intervenierte unsere Dolmetscherin und bat den Direktor, die Verantwortung für das Gewehr zu übernehmen und so zu tun, als ob es ihm gehörte. Die Polizisten beschlagnahmten es trotzdem und übergaben es erst beim Abflug nach Jugoslawien dem Piloten – allerdings hatten sie vorher alle Innenteile herausgenommen und es funktionsuntüchtig gemacht. In Jugoslawien wollten die Piloten es mir aushändigen, aber ich wollte es, ängstlich wie ich war, nicht nehmen. Unser Direktor hat mich dann doch dazu überredet, und ich kehrte schließlich mit dem defekten Gewehr heim nach Guinea.

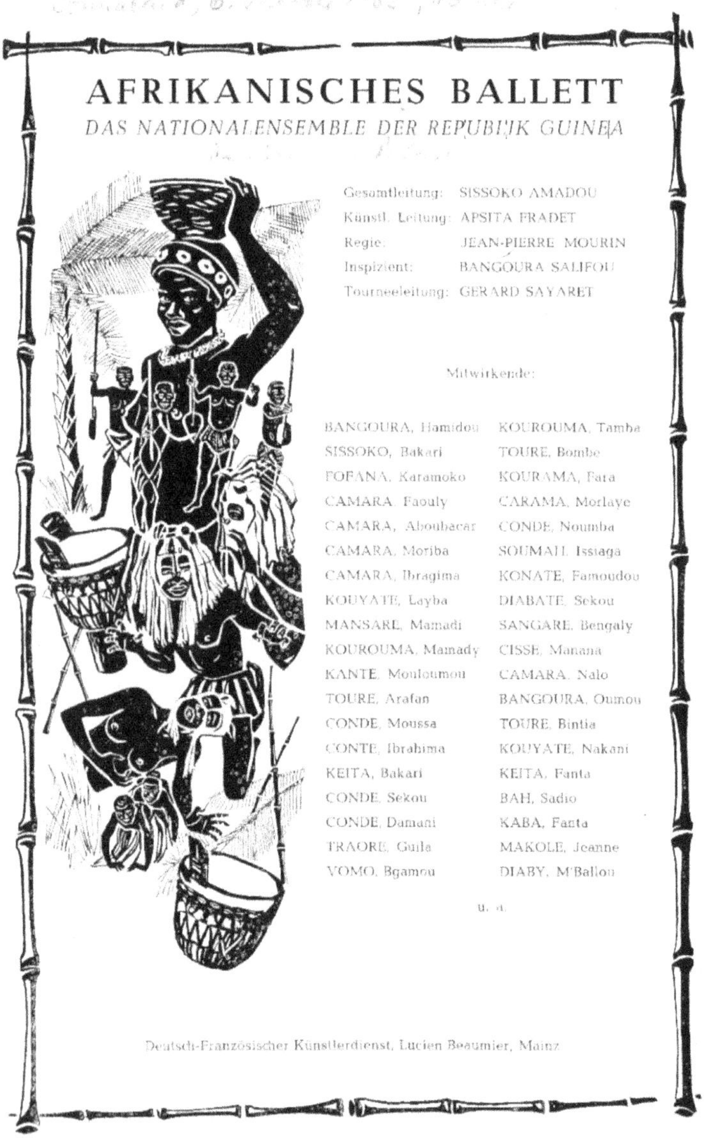

AFRIKANISCHES BALLETT

DAS NATIONALENSEMBLE DER REPUBLIK GUINEA

Gesamtleitung: SISSOKO AMADOU
Künstl. Leitung: APSITA FRADET
Regie: JEAN-PIERRE MOURIN
Inspizient: BANGOURA SALIFOU
Tourneeleitung: GERARD SAYARET

Mitwirkende:

BANGOURA, Hamidou	KOUROUMA, Tamba
SISSOKO, Bakari	TOURE, Bombe
FOFANA, Karamoko	KOURAMA, Fara
CAMARA, Faouly	CARAMA, Morlaye
CAMARA, Aboubacar	CONDE, Noumba
CAMARA, Moriba	SOUMAH, Issiaga
CAMARA, Ibragima	KONATE, Famoudou
KOUYATE, Layba	DIABATE, Sekou
MANSARE, Mamadi	SANGARE, Bengaly
KOUROUMA, Mamady	CISSE, Manana
KANTE, Mouloumou	CAMARA, Nalo
TOURE, Arafan	BANGOURA, Oumou
CONDE, Moussa	TOURE, Bintia
CONTE, Ibrahima	KOUYATE, Nakani
KEITA, Bakari	KEITA, Fanta
CONDE, Sekou	BAH, Sadio
CONDE, Damani	KABA, Fanta
TRAORE, Guila	MAKOLE, Jeanne
VOMO, Bgamou	DIABY, M'Ballou

u. a.

Deutsch-Französischer Künstlerdienst, Lucien Beaumier, Mainz

Programmheft der Deutschland-Tournée der Ballets Africains 1962

Bejubelte Auftritte in Paris

Als wir 1964 zum ersten Mal in der Schweiz auftraten, bat unser Agent, ein in Paris lebender Franzose namens Monsieur Sangaré, unseren Generaldirektor, die Ballets Africains auch zu einem Auftritt nach Paris zu schicken. Guinea befand sich damals im fünften Jahr seiner Unabhängigkeit, und die Franzosen waren ja im Unfrieden aus dem Land abgezogen. Der Direktor musste natürlich die Erlaubnis der guineischen Regierung einholen. Also fragte er gleich beim Staatspräsidenten Sékou Touré an. Dieser erlaubte ihm umgehend, den Auftritt vorzubereiten. Er ließ uns wissen, dass die Kultur nichts mit der Politik zu tun hätte – Politik sei das Eine, Musik und Tanz das Andere. Als wir von der Entscheidung erfuhren, hatten wir alle Angst, die Franzosen könnten sich jetzt an uns rächen. Der Direktor bat die guineischen Kulturverantwortlichen um Verstärkung, und sie schickten die großen Gesangsstars Sory Kandia Kouyaté, Hadja Kadé Diawara und eine ganze Reihe anderer Künstler, um mit uns aufzutreten. Als das klar war, reisten wir nach Paris.

Wir traten eine Woche lang in der Salle Pleyel auf, die Pariser kamen in Scharen, wir erlebten eine wunderbare Atmosphäre und hatten großen Erfolg. Jeden Tag spielte ich die Djembe wie besessen. Das Publikum war beglückt und enorm beeindruckt.

Alle Programmnummern wurden gefilmt. Bis heute weiß ich nicht, was mit diesen Aufzeichnungen passiert ist. Wir haben das Management oft darum gebeten, diese Aufnahmen ausfindig zu machen und uns zu zeigen. Leider, und zu unserer großen Enttäuschung, vergeblich.

Französischunterricht

Die vielen Reisen mit den Ballets bedeuteten für uns alle, die wir ja unsere Heimatdörfer in Guinea kaum je verlassen hatten, eine enorme Erweiterung unseres Horizonts. Ich fand es besonders wichtig, Französisch sprechen und lesen zu lernen, da ich ja nie eine Schule besucht hatte. Die Unbildung ist eine schwere Last. Deshalb war ich dankbar, dass wir schon auf unserer ersten Reise Französischunterricht bekamen. Sobald wir in Paris waren, besorgte ich mir die Lehrbücher mit dem Titel »Mamadou et Bineta«, die speziell für afrikanische Schulen gedacht waren. Damals war Lamine Camara der Finanz- und Verwaltungschef der Ballets, mit dem ich mich gut verstand, und er hat mich in meinem Lerneifer sehr unterstützt. Ich konnte ihn fragen, was ich wollte, und er hat mir immer alles gut erklärt. Ihm und dem damaligen Direktor Sékou Sakho bin ich noch heute für diese Förderung dankbar. Ohne sie hätte ich dieses Buch nicht schreiben können.

Auftritt, mit meinem Kollegen Mouloumou Kante 1962

London: Begegnung mit den Beatles

1964 waren wir auch zum ersten Mal in London. Der warme Empfang dort sprengte alle Dimensionen. Wir spürten: Die afrikanische Kultur ist wertvoll wie

Gold und Diamanten. Auf der ganzen Welt entdeckte man das kulturelle Potential unseres Kontinents, wie um Afrikas Ehrentitel »Wiege der Humanität« zu bestätigen.

Alles war bestens vorbereitet. An einem Samstag setzte der Direktor uns alle in Bewegung, um eine große Show im Piccadilly Theatre vorzubereiten. Als wir im Saal ankamen, sahen wir zum ersten Mal die Beatles, die damals international erfolgreich waren. Ich glaube, sie waren die erfolgreichste Musikgruppe aller Zeiten. Draußen wartete eine Menschenmenge, als ob ganz London gekommen wäre. Manche von uns glaubten zuerst, all diese Menschen seien unseretwegen gekommen! Aber nein: Sie brannten darauf, die berühmte Popgruppe zu sehen und zu hören.

Wir probten, und die vier jungen Musiker hörten uns voller Bewunderung zu. John Lennon, einer von ihnen, zeigte mir seine Sympathie und setzte sich meine Trommler-Solistenmütze auf. Das Fernsehen war da und machte Aufnahmen – erst von den Beatles, dann von uns.

Abends war dann das Konzert der Beatles. Frauen und junge Mädchen weinten bei ihrem Anblick, manche hatten einen Nervenzusammenbruch. Wir spielten am nächsten Tag. Ich fragte mich, wie wir wohl ankommen würden, ob wir überhaupt überzeugend genug waren für eine Stadt, in der die Beatles zu Hause waren. Sobald wir auf die Bühne kamen, war der Saal wieder in Stimmung wie gestern. Wir tanzten und spielten wie die Teufel. Es war schön, und das Publikum war auch mit uns zufrieden.

1968 waren wir noch einmal gleichzeitig mit den Beatles in New York, haben sie aber nicht gesehen. Zwischen dem Hotel und dem Konzertsaal lag ein Hunderte Meter langer roter Teppich. Nach dem Auftritt wurde der Teppich zerteilt und verkauft, das Stück für 20 Dollar. Unglaublich, aber wahr.

Prag, Budapest, Zürich: Wir begegnen Faszination und Angst

Zu unseren ersten Reiseerfahrungen gehörte auch, dass man in bestimmten Ländern offenbar noch nie dunkelhäutige Menschen gesehen hatte. Man glaubte dort wohl, dass es auf der ganzen Welt nur Weiße gäbe. Das galt vor allem für die sozialistischen Länder in Europa, mit Ausnahme von Russland und der DDR: Dort hatte man Sympathien für die weite Welt, weil man ja selbst am liebsten dahin auswandern wollte!

Wir begegneten also Vorurteilen, auch Ängsten, zum Beispiel in der ungarischen Hauptstadt Budapest. Dort stürmte man fast unser Hotel, als sich herumsprach, dass eine Gruppe Schwarzer in der Stadt war. Als wir herauskamen, wichen die Menschen aber zurück und hielten sich in sicherer Distanz, denn sie hatten große Angst vor uns. Als sie sich wieder herantrauten, wunderten sie sich, dass unsere Handinnenflächen weiß waren. Einige baten uns, doch mal die Hosen auszuziehen, um zu sehen, welche Überraschungen unsere Körper noch bereithielten. Diese Bitte wollten wir ihnen aber nicht erfüllen.

Zu einem unglaublichen Vorfall kam es, als unser Sänger Tamba Camara, der gern dem Alkohol zusprach, einmal in der Hotelbar zurückblieb, während wir alle mit dem Bus zum Theater aufbrachen. Vor dem Konzert fragte uns der Direktor: Wo ist Monsieur Tamba? Keiner wusste es. Das Konzert begann ohne ihn.

Als Tamba merkte, dass er spät dran war, setzte er sich in die Straßenbahn, die vom Hotel zum Theater fuhr. Die Fahrgäste waren starr vor Schreck, als sie einen Schwarzen in ihrem Wagen erblickten. Niemand wagte zu sprechen oder sich zu bewegen. Auch der Fahrer zitterte vor Angst, vor allem, als Tamba sich auch noch neben ihn setzte. Er wagte nicht abzufahren, und hinten stauten sich die anderen Bahnen. Schließlich packte ein großer beherzter Mann den armen Tamba am Kragen und beförderte ihn mit Gewalt aus dem Zug. Schnell und fast wie in Panik fuhren nun alle Straßenbahnen davon. Tamba tauchte bis zum Ende des Konzerts nicht im Theater auf.

In der tschechoslowakischen Hauptstadt Prag gingen wir Männer der Ballets nach dem ersten Konzert in eine Bar, um mit Mädchen anzubandeln. Wir saßen mit ihnen an einem Tisch, als ein schon etwas angeheiterter Mann am Nebentisch uns fragte: Wie seid ihr denn aus Afrika hierhergekommen? Die Tschechen hatten wenig Ahnung, wie es im Rest der Welt zuging. Einer von uns antwortete ihm ironisch: Wir sind in Einbäumen hierher gerudert! Die Antwort war höhnisches Gelächter. Wir waren wütend, denn solche herabsetzenden Attacken waren wir eigentlich nicht gewohnt, und verließen schnell die Bar.

So etwas passierte aber auch im Westen. In Zürich in der Schweiz hatte sich einer von uns mit einer einheimischen Frau angefreundet. Wir begleiteten die beiden in eine Diskothek. Am Nebentisch saßen ein paar Männer, die uns eifersüchtig beäugten. Einer von ihnen kam zu uns herüber und stellte die Frau zur Rede: Wie kommst Du dazu, Dich mit so einem schwarzen Negerhund einzulassen? Wir verstanden das zum Glück nicht, und das Mädchen war so klug, es uns nicht sofort zu übersetzen, sondern erst ein paar Tage später. Wer weiß, wie wir uns im ersten Ärger verhalten hätten.

Reisen in andere afrikanische Länder

Der Anfang

Mitte der 1970er Jahre hatte der Direktor Frankis Malgloire Camara eine Idee: Warum sollten die Ballets Africains de Guinée nicht auch einmal eine Tournee durch Afrika machen? Er ging zum Präsidenten Sékou Touré und unterbreitete ihm den

Plan. Der stimmte sofort zu. Er beauftragte den Direktor, so eine Tournee zu organisieren, und stellte den Ballets ein Flugzeug der Air Guinée dafür zur Verfügung. So reisten wir 1977 in die Länder Angola, Ghana, Kenia, Madagaskar, Marokko, Mosambik, Sambia, Somalia, Tansania, Togo, Tunesien und Zaire (heute: Kongo) und präsentierten unsere Kunst. Für die Weiterreise wurde das Flugzeug in jedem Land aufgetankt – auf dessen Kosten.

In Mosambik mit Miriam Makeba

Die große Sängerin Miriam Makeba wurde in Johannesburg in Südafrika geboren. Wegen ihrer Opposition gegen das Apartheid-Regime wurde sie 1963 ausgebürgert. Fern ihrer Heimat hat sie auf allen Bühnen mit großer Courage und Entschlossenheit die schreckliche Situation in Südafrika angeklagt. Sie blieb zunächst in den USA, bekam aber auch dort Schwierigkeiten wegen ihrer Ehe mit dem Bürgerrechtler Stokely Carmichael. Sékou Touré lud die beiden ein, nach Guinea zu kommen, wo sie dann jahrelang im Exil lebten. Er kümmerte sich um Miriam Makeba, als ob sie seine eigene Tochter wäre. Alle Unabhängigkeitskämpfer der damaligen Zeit sahen in ihr eine große revolutionäre Mitstreiterin. Und sie betrachtete Touré als ihren Vater.

1977, zwei Jahre nachdem Mosambik nach langem Kampf gegen die portugiesischen Kolonialtruppen unabhängig geworden war, schickte Sékou Touré die Ballets Africains und Miriam Makeba mit ihrer Begleitband gemeinsam dorthin, um das mosambikanische Volk zu ermutigen und die Leiden der Vergangenheit vergessen zu lassen. Es war ruhig, aber die Situation hatte sich schon wieder verschärft – ein langer Bürgerkrieg stand bevor. Man spürte etwas davon, die Situation war angespannt, und das übertrug sich auch auf uns. Wir begegneten vielen Problemen. Von einer halbwegs guten Organisation konnte auf der Seite der Mosambikaner keine Rede sein. Miriam Makeba behielt einen kühlen Kopf und war wie eine gute Mutter immer zur Stelle, um uns zu beruhigen und zu beraten. Wir bereisten zusammen mit ihr viele Provinzen, überall empfingen uns die Menschen wie Helden.

Bei einem unserer Konzerte wurde ein kleines Mädchen im Gedränge vor dem Saal zu Tode getrampelt. Wir waren so erschüttert, dass wir erst gar nicht spielen wollten. Ihr Vater, ein Soldat, war außer sich, als er sein Kind dort liegen sah, und begann zu schreien und das Publikum im Saal zu beschimpfen. Wir waren schon auf der Bühne, fassungslos und total verängstigt – denn in einem Land, das gerade erst einem Krieg entronnen war, konnte man sich nicht sicher fühlen. Als das Publikum und wir uns etwas beruhigt hatten, fingen wir an zu spielen. Es wurde ein besonders lebendiges Konzert. Es war, als ob die Erschütterung uns beflügelte. Aber die Angst hatte sich in unseren Herzen eingenistet.

In einem anderen Ort befand sich direkt am Meer eine große Raffinerie. Sie stieß riesige Dampfwolken aus, die den Himmel eintrübten. Wie immer trat Miriam Makeba direkt nach uns auf – mit ihrer Begleitgruppe, die nur aus guineischen Musikern bestand. Normalerweise endeten die Auftritte in Harmonie. Aber an diesem Abend sprang mitten in einer ihrer Darbietungen ein Mosambikaner auf die Bühne, der entweder geistesgestört war oder unter Drogen stand, und drückte seine Zigarette auf ihrem Arm aus. Was folgte, war nicht schön anzusehen. Auf offener Bühne begann eine Prügelei, die Polizei stürmte mit Gummiknüppeln hinauf, und ob der Attentäter das überlebte, haben wir nie erfahren.

Übrigens habe ich dank Miriam Makeba die Conga kennengelernt, die es in meinem Dorf nicht gab. In ihrer Begleitband bewunderte ich am meisten Ahmadou Thiam, der die Conga spielte. Er hat mich so fasziniert, dass ich selbst Conga-Unterricht nahm. Bis heute übe ich dieses Instrument mit großer Begeisterung.

Sambia: Elefantenzähne für Sékou Touré

In Sambia empfing uns der Präsident Kenneth Kaunda und hielt eine Lobrede auf Sékou Touré, für den er uns als Geschenk neun Elefanten-Stoßzähne mitgab. Das war fast eine Tonne zusätzliche Last für das Flugzeug, und es gab eine lange Diskussion mit dem Piloten. Am Ende mussten wir alle einen Teil unseres Gepäcks zurücklassen. Das Flugzeug war aber immer noch überlastet. Auf dem Flug nach Zaire kamen wir außerdem in schreckliche Turbulenzen und litten Todesängste. Etliche von uns machten sich buchstäblich in die Hosen.

Bei Mobutu in Zaire und ein Beinahe-Absturz

Nach der glücklichen Landung in Zaire (das heute wieder Demokratische Republik Kongo heißt) lud uns der Präsident Mobutu Sese Seko in seine Residenz ein. Wir waren sehr ängstlich, denn wir hatten gehört, dass in seinem Hof Löwen und Panther frei herumspazierten. Erst als man uns versicherte, dass diese Tiere in gut bewachten Käfigen untergebracht waren, waren wir mutig genug, sein Anwesen zu betreten. Auf dem Weg zu Mobutus Palast sahen wir die Tiere aus nächster Nähe. Mobutu kam über eine prachtvolle Treppe zu uns herab, elegant gekleidet, eine goldene Kette um den Hals, den Stock in der Hand und die berühmte Leopardenmütze auf dem Kopf. Als wir ihm gegenüberstanden, sprachen wir, wie es Brauch war, alle gleichzeitig seinen vollen Namen aus: »Mobutu Sese Seko Kuku Ngbendu wa Zabanga«. Wir hatten das lange geübt! Ich kann den Namen immer noch auswendig. Er war sehr zufrieden und nannte unseren Präsidenten Sékou Touré seinen Freund. Wir sangen Mobutu zu Ehren sogar ein zairisches Lied, das wir extra eingeübt hatten. Er hieß uns auf zairischem Boden willkommen und gab uns damit die formelle

Erlaubnis zu unserer Tournee. Wir bekamen alle einen Umschlag mit 100 Zaire, der damaligen Währung. Das war eine hohe Summe, mit der wir uns während der zwei Wochen unserer Reise durch das Land sehr viele Dinge kaufen konnten.

Die kongolesische Musik ist eine der populärsten des Kontinents. Der traditionelle Tanz mit den typischen Bewegungen von Hüfte und Hintern, der an Sexualität denken lässt, ist ausgesprochen beliebt. Ich bin auch immer wieder fasziniert von der Kalimba-Musik mit ihrer wunderbaren Melodik.

Zwischen Kinshasa und Kisangani geriet unser Flugzeug aus dem Gleichgewicht und wäre fast abgestürzt. Angeblich wusste niemand, warum. Man sagte uns, das läge an einem erloschenen Vulkan, über den wir gerade hinwegflogen. Einige Intellektuelle unter uns sagten, diese Behauptung sei wissenschaftlich nicht haltbar. Wahrscheinlich war es technisches oder menschliches Versagen, das man nicht zugeben wollte. In Afrika muss man mit allem rechnen.

Marokko: Fürstlicher Empfang durch den König

In Marokko empfing man uns wie sonst nur Staatsoberhäupter. Wir wohnten im Hilton Hotel, und König Hassan II. gab in seinem Palast einen Empfang zu unseren Ehren. Viele hochrangige Gäste waren da – die Frauen saßen auf der einen Seite, die Männer auf der anderen, der König in der Mitte. Er hielt eine kurze Rede: Welche Freude, sagte er, die Kinder seines Freundes Sékou Touré zu begrüßen! Wir bildeten einen Kreis um ihn herum, als wir tanzten und spielten – voller Begeisterung, denn so einen warmen Empfang hatten wir noch nie erlebt. Danach schritt der König den Kreis ab und gab uns allen der Reihe nach die Hand. Jedes Mal kam ein Bediensteter hinzu und überreichte ein Geschenk. Der König wünschte uns einen guten Heimflug.

Tunesien: Ein anderer Islam

In Nordafrika lernte ich einen ganz anderen Islam kennen, der sich sehr von unserem in Westafrika unterscheidet. In Algier fuhr ich eines Morgens mit dem Bus von unserem Hotel ins Stadtzentrum. Ein Tunesier, der neben mir saß, fragte mich, aus welchem Land ich käme. Er stellte mir viele Fragen, und am Ende fragte er auch nach meiner Religion. Ich antwortete ihm: Ich bin Moslem. Er staunte sehr, dass ein Afrikaner Moslem sein kann. Er bat mich, etwas aus dem Koran zu rezitieren. Ich tat es – auf Arabisch, so wie ich es gelernt hatte. Noch größeres Erstaunen – und die Frage, ob ich das denn auch ins Französische übersetzen könnte? Ich antwortete ihm, ich könne die Koranverse zwar lesen und rezitieren, aber nicht übersetzen. Viele Guineer könnten den Koran lesen und vorlesen, aber nicht übersetzen, weil sie die Bedeutung der Worte nicht kennen. Mit großen Augen bat mich der Herr, doch einmal ein Gebet in meiner eigenen Sprache zu sprechen. Ich antwortete: Das geht nicht – Gott akzeptiert unsere Sprache nicht, wenn wir beten! Wer sagt das denn, fragte er. Das sagen uns die Imame in Guinea! Der Tunesier entgegnete: Aber Gott liebt doch alle Sprachen!

Ich lernte daraus: Es gibt offenbar viele Möglichkeiten, Gott zu verstehen.

Reisen nach Südamerika

Chile: Wir überleben knapp ein Erdbeben

1968 traten wir in Santiago auf, dann reisten wir weiter nach Valparaíso. Dort erlebten wir ein Erdbeben. Der Saal war überfüllt, die Besucher kamen aus allen Himmelsrichtungen, um uns zu erleben. Zu Beginn des zweiten Teils, gerade als ich anfing zu Trommeln – und als ob ich den Göttern das Signal gegeben hätte –, fing das Gebäude schrecklich an zu wackeln. Eine unbeschreibliche Panik ergriff den Saal. Auch ich erschrak furchtbar, so etwas hatte ich noch nie erlebt. Ich rannte zum Ausgang, wo ich unseren Stelzenläufer traf, der noch mehr in Panik war als ich. Seine rechte Stelze war noch angeschnallt, die linke hatte er gerade noch abwerfen können. Also lief er unbeholfen auf einem Bein und zog das andere nach. Auch ich war hilflos und durcheinander, kaum draußen, kroch ich in meinen Djembe-Koffer, um mich zu schützen. Einige Sekunden später war der Erdstoß vorbei. Allmählich kamen das Publikum und die Balletmitglieder heraus. Auch draußen sah man die Katastrophe – ein Auto war direkt in ein Haus gerast. Jemand kam und bat uns, den Rest der Nacht in einem Park zu verbringen. Das Konzertgebäude war zu drei Vierteln zerstört, aber wir waren mutig genug, darin nach unserem Gepäck zu suchen. Keiner von uns war verletzt worden oder gar ums Leben gekommen. Die ganze folgende Woche spürten wir weitere Erdstöße.

Kuba: Bei den Weltjungendfestspielen 1978

1978 wurden wir zu den Weltjugendfestspielen nach Kuba eingeladen. Die Reise dorthin war eine der schönsten, an die ich mich erinnern kann. Wir reisten von Conakry aus in die algerische Hafenstadt Oran, wo wir uns zusammen mit den Delegationen anderer afrikanischer Länder nach Havanna einschifften. Wir gingen an Bord eines riesigen russischen Schiffes, dessen Besatzung aus 350 Leuten bestand. Es hatte sieben Stockwerke. Die Russen hatten es im Krieg von den Deutschen erbeutet. Die Schiffsreise dauerte acht Tage. Sie war trotzdem nicht langweilig. Ich konnte mich nicht sattsehen an der unendlichen Wasserfläche, die ringsum bis zum Horizont reichte. Sie zeugte für mich von der Größe Gottes, der dieses Wunder geschaffen hatte.

Am fünften Tag auf See gab es plötzlich Alarm. Sirenen und Glocken ertönten, wir mussten Rettungswesten anziehen, auf sieben Etagen liefen alle durcheinander, keiner wusste wohin, und wir hatten furchtbare Angst, das Schiff würde sinken. Nach einigen Stunden war wieder Ruhe. Wir hatten überhört oder nicht verstanden, dass der Kapitän einen Probealarm angeordnet hatte.

Bei unserem Auftritt feierte uns das riesige internationale Publikum – 16.000 junge Menschen waren dort. Auch die Kubaner hatte so etwas noch nicht erlebt. Im Publikum saß das weltberühmte kubanische Percussion-Quartett Los Papines. Einer von ihnen kam am Schluss auf die Bühne und probierte meine Djembe aus – er hatte so ein Instrument noch nie gesehen und glaubte, es sei schwer zu spielen. Aber meine Djembe gehorchte seinen Händen sofort und klang ganz wunderbar.

Beim Abschiedskonzert trat jedes Ensemble noch einmal mit einer Nummer auf. Von uns aber wollte man alles noch einmal hören. Der Saal vibrierte vor Begeisterung – die Kubaner wollten einfach nicht, dass wir aufhörten.

Spionageverdachts-Abwehr durch Singen der Nationalhymne

Aber wir erlebten Kuba auch von einer anderen Seite: als Polizeistaat. In unserer Truppe hatten wir einen Kollegen, Jean, Sohn eines Franzosen und einer Malinké-Mutter. Hellhäutig und mit langen, glatten Haaren, erregte er Verdacht bei den kubanischen Polizisten. Sie glaubten, er sei ein Agent, der sich, als Künstler verkleidet, einschleichen wollte. Dass er guineische Papiere in französischer Sprache hatte, kümmerte die Polizei nicht. Es gab eine bühnenreife Szene bei der Ausweiskontrolle am Hafen. Unser Direktor hatte die rettende Idee: Jean sang die guineische Nationalhymne in voller Länge – und die Kubaner ließen ihn durch.

Schreckliche Turbulenzen in Bolivien

Auf dem Flug nach Bolivien, wenige Kilometer vor der Landung, machte das Flugzeug plötzlich beängstigende Bewegungen, wie wir sie seit dem Beginn unserer weltweiten Fliegerei noch nie erlebt hatten. Natürlich gab es immer wieder Turbulenzen, aber diese waren wirklich erschreckend. Eine Griotte unserer Gruppe fing vor Angst an zu weinen. Das Personal kam sofort mit einer Sauerstoffflasche, um ihre Atmung in Ordnung zu bringen. Als nächstes fing ein *köra*-Spieler an zu keuchen, und schließlich erwischte der Sauerstoffmangel alle Passagiere. Nach der Landung fuhren wir direkt ins Hotel und ruhten uns aus. Beim Konzert am nächsten Tag gingen etliche von uns zu Boden wie reife Früchte im Sturm – das waren die Nachwirkungen des Sauerstoffmangels. Schnell kamen Ärzte mit Notfall-Beatmungsgeräten und reanimierten uns an Ort und Stelle. Ich selbst konnte mich nicht mehr auf den Beinen halten. Ich blieb eine ganze Woche im Hotel. Zum Glück hatte mein zweiter Solist Arafat Touré die Kraft, mich bis zum Ende des Gastspiels zu ersetzen. Wir waren 45, aber nur 23 von uns konnten noch auftreten, alle anderen waren vollkommen erschöpft. Ich machte mal wieder die Erfahrung, wie groß und kompliziert die Welt doch ist – und wie lehrreich es sein kann, ihre Gesetze zu erkennen und sich immer wieder an die Macht des höchsten Schöpfers zu erinnern.

Die Arbeitsbedingungen in den Ballets

Liste der bereisten Länder

Ich war 25 Jahre Mitglied der Ballets Africains de Guinée. In dieser Zeit lernten wir die ganze Welt kennen, ein enormes Privileg für uns Afrikaner. Hier eine (wahrscheinlich nicht einmal vollständige) Liste der Länder, in denen wir auftraten:

- Afrika:
  Angola, Algerien, Burundi, Gambia, Ghana, Kenia, Kongo (= Zaire), Liberia, Madagaskar, Mali, Marokko (Agadir, Casablanca, Marrakesch, Rabat), Mosambik, Sambia, Senegal, Sierra Leone, Somalia, Tansania, Togo, Tunesien, Uganda
- Asien:
  Hongkong, Japan, Malaysia
- Australien:
  Adelaide, Canberra, Melbourne, Sidney
- Europa:
  Belgien, Deutschland (BRD und DDR), Finnland, Frankreich, Griechenland, Großbritannien, Italien, Jugoslawien, Niederlande, Schweden, Schweiz, Sowjetunion, Spanien, Tschechoslowakei, Ungarn,
- Lateinamerika:
  Argentinien, Brasilien, Bolivien, Chile, Kolumbien, Kuba, Mexico, Uruguay, Venezuela
- USA:
  alle großen Städte

Außer in den Hauptstädten spielten wir immer auch in weiteren großen Städten, oft *en suite* mehrere Tage hintereinander.

Manchmal waren wir zwei oder drei Jahre ununterbrochen unterwegs, ohne nach Guinea heimzukehren. So interessant unser Leben war, die Belastungen waren enorm, und das Management des Ballets machte uns das Leben nicht leichter.

Die Direktoren der Ballets

Ich habe in den vielen Jahren in den Ballets neun Direktoren erlebt, die, jeder auf seine Art, die Arbeit im Positiven und Negativen geprägt haben.

Der erste war Facely Kanté, der 1947 zusammen mit dem Dichter und Musiker Fodéba Keïta in Paris die Ballets Africains ins Leben gerufen hatte. Kanté begründete die internationale Karriere der Ballets, wurde aber leider schon bald abberufen: Er starb 1959 bei einem Flugzeugabsturz.

Fodéba Keïta wurde unter dem Unabhängigkeitspräsidenten Sékou Touré, mit dem er eng befreundet war, Minister. Er war im Grunde seines Herzens ein Musensohn, der mit den Tücken des politischen Geschäfts nicht zurechtkam. Er fiel schließlich in Ungnade und wurde 1969 im berüchtigten Gefängnis Camp Boiro eingekerkert und ohne Urteil erschossen. Solange er in Amt und Würden war, kümmerte er sich um uns wie ein Vater. Er liebte mich sehr und lobte mich oft vor dem Publikum. Einmal rief er mich, zusammen mit unserem köra-Spieler Bakari Cissoko, zu sich in sein Ministerium. Ich erinnere mich noch an seine lobenden Worte – er hätte schon viele Trommler kennengelernt, aber keiner sei so gut wie ich!

Auf Facely Kanté folgte Amadou Cissoko, ein großer Intellektueller mit profunden Kenntnissen in Choreographie. Er war streng, und in den Ballets herrschte Disziplin. So waren Kontakte zwischen Frauen und Männern bei Strafe verboten. Er würdigte die Anstrengungsbereitschaft aller, die ihre Arbeit gut machten. Er gratulierte stets den Besten, unter denen er besonders mich, Famoudou Konaté, schätzte. Jedesmal, wenn ich meiner Djembe einen neuen Rhythmus entlockte, zeigte er mir seine Hochachtung.

Sékou Sakho, der dritte Direktor, genoss wenig Respekt bei den Ensemblemitgliedern, auch weil sein Stellvertreter Sané Camara immer wieder gegen ihn intrigierte und die Leute gegen ihn aufbrachte. Immer gab es Streit und Unruhe. Camara hatte ein einziges Ziel: Sakho als Direktor abzulösen, was ihm schließlich auch gelang.

Dennoch war Sané Camara ein guter Direktor, besser jedenfalls als seine Vorgänger. Er verstand sich gut mit den Leuten. Nur mit mir hatte er ein Problem. Eigentlich hatte ich bei allen Direktoren in künstlerischer Hinsicht einen guten Stand. Nur Sané Camara stellte meine führende Rolle in Frage, schon als er noch Stellvertreter von Sakho war. Er überzog mich mit Eifersucht und Schikanen – denn er wollte seinen Freund und Verwandten Arafan Touré, der, wie gesagt, auch mein Freund war, an meine Stelle setzen. Während einer Konzertserie in Chicago kam es zum Showdown. Camara wiegelte den einen oder anderen Kollegen, der mir meine Position nicht gönnte, gegen mich auf und erreichte, dass Sékou Sakho mich und Arafan gegeneinander antreten ließ. Jeder von uns sollte eine Woche lang die Soli spielen. Als Erster war ich dran (vielleicht damit Arafan Gelegenheit bekam, mein

Spiel zu studieren, um mich dann zu überrunden). Am Ende der Woche waren selbst meine hartnäckigsten Widersacher auf meiner Seite, denn ich hatte ohne einen einzigen Fehler gespielt. Als mein Konkurrent an der Reihe war, verließ ihn der Mut, weil er merkte, dass ihn auch seine Gris-Gris (Zaubermittel) nicht auf mein Niveau heben konnten. Angesichts der bevorstehenden Niederlage wurde er am dritten Tag krank. Also blieb ich erster Solist, allen Eifersüchteleien zum Trotz.

Der fünfte Direktor, Macarty Camara, war nur relativ kurze Zeit im Amt und hatte kaum Gelegenheit, sich zu profilieren. Er war Jurist und verstand nicht viel von den künstlerischen Dingen.

Daouda Bérété, der sechste Direktor, machte sich das Leben nicht schwer. Er setzte keine Impulse, und niemand war traurig, als er ging.

Im Gegensatz zu ihm war der siebte Direktor, Frankis Malgloire Camara, selbst emeritierter Künstler und ein großer Kunstkenner. Er hat die Entwicklung der Ballets und die Ensemblemitglieder durch seine hohe Kompetenz nachhaltig geprägt. Er hat mich sehr beeindruckt.

Hamidou Bangoura, der achte Direktor, war eine Persönlichkeit von unerbittlicher Strenge.

Der neunte Direktor, Italo Zambo, war ein exzellenter Komiker und Akrobat. Er konnte, wann immer er wollte, die Leute zum Lachen bringen, und flog durch die Arena wie ein Vogel. Aber sein Regiment war ähnlich streng wie das von Hamidou Bangoura. Sie beide waren am Ende dafür verantwortlich, dass ich die Ballets verließ.

Katastrophale Bedingungen in den ersten Jahren

Wie man heute weiß, profitierte der guineische Staat enorm von den Deviseneinnahmen der Ballets Africains auf ihren Weltreisen. Deshalb jagte man uns von Land zu Land, von Konzert zu Konzert. In den ersten zwei Jahrzehnten konnte Guinea in jedem Jahr drei Monate lang seine Beamten bezahlen, allein aus den Geldern, die die Ballets – also letztlich wir Künstlerinnen und Künstler – erwirtschafteten.

Wir waren Helden und Patrioten, erfüllt von unserer Sendung, der ganzen Welt die kulturellen Reichtümer unseres Landes nahezubringen und damit auch ganz Afrika Ehre zu machen.

Die meiste Zeit war das Management aber weit davon entfernt, unseren Einsatz angemessen zu würdigen und zu honorieren.

Auf unseren ersten Reisen wurden wir noch nicht einmal anständig untergebracht. Von Hotels konnten wir nur träumen. Wir wohnten in Hallen und auf den Fluren von Amtsgebäuden.

Weitere Gastspiele des Afrikanischen Balletts im Oktober 1962

1. Hamburg (Wiederholung)
2. Hannover
4. Berlin
5. Berlin
6. Berlin
7. Bückeburg
8. Gütersloh
9. Bad Oeynhausen
10. Rheydt
11. Leverkusen
13. Mainz
14. Dudweiler
15. Saarlouis
16. Zweibrücken
17. Frankfurt
18. Bonn
19. Dortmund
20. Köln
21. Gelsenkirchen
22. Düsseldorf
23. Oberhausen
24. Wetzlar
26. Offenbach
28. München
29. Ravensburg
30. Stuttgart
31. Saarbrücken

Die eng getaktete Deutschland-Tournee im Oktober 1962 – nur drei spielfreie Tage

Protest in Nacht und Kälte

In Stockholm machte sich unsere Frustration zum ersten Mal Luft. Wir kamen dort mitten im kältesten Winter an. Man setzte uns in der Universität ab. Die Studenten hatten Ferien, und wir mussten uns in Fluren und Treppenhäusern einrichten. Die Ballets-Verantwortlichen hatten überhaupt keine Achtung vor uns und machten sich sogar noch über unser Schicksal lustig. Jedem von uns gaben sie einen Baumwollsack, der wie ein Leichentuch aussah und die Kälte durchließ, während sie selbst in Fünfsternehotels abstiegen, wo ihnen Schnee und Frost egal sein konnten. Wie so oft behandelten sie uns, als ob wir Tiere wären.

Dieses Mal aber waren wir so wütend, dass wir beschlossen, diesen Zuständen ein Ende zu setzen.

Nach dem Konzert brachte uns der Bus zu unserer Höhle, anders kann man es nicht nennen. Dort angekommen, blieben wir – die Männer der Ballets – auf der Straße, um zu protestieren. Wir trotzten der Kälte und weinten vor Schmerz bis zum frühen Morgen. Die Chefs bekamen zunächst davon nichts mit. Bestens untergebracht, schnarchten sie in ihren warmen Hotelzimmern vor sich hin.

Während der Demonstration ohrfeigte eine alkoholisierte Frau unseren Tänzer Damany Condé. Er konnte sich nicht wehren, denn seine Hand war starr vor Kälte. Wir wollten den Streit schlichten, aber keiner von uns konnte sich mehr richtig bewegen.

Unsere Demonstration erregte Aufsehen. Als die Manager am nächsten Morgen davon erfuhren, erkannten sie sofort, welche Gefahren dem Ansehen der Ballets Africains durch solche Aktionen drohten. Um 6 Uhr holten sie uns von der Straße und verteilten uns auf Unterkünfte in der Stadt. Fortan wurden wir in anständigen Hotels untergebracht, wenngleich oft in Sechserzimmern. Das war 1964. Von da an bis zu meinem Abschied vom Ballet mussten wir nicht mehr in Höhlen wohnen.

Schlechte Bezahlung, Hunger, Mangelernährung

Wir bekamen jahrelang umgerechnet 20 Dollar pro Woche, davon mussten wir Frühstück, Mittag- und Abendessen finanzieren. Meist hatten wir schrecklichen Hunger. In Amerika gab es an jeder Ecke Spielautomaten. Viele erhofften sich von diesen Maschinen eine Gehaltsaufstockung, verloren aber meistens ihr Geld und hatten dann gar nichts mehr. Eine Katastrophe. Niemals konnten wir in ein gutes Restaurant gehen, das war einfach zu teuer.

Da das Geld hinten und vorne nicht reichte, kochten wir nachts heimlich in den Hotelzimmern. So auch in New York 1968, im sehr schönen Hotel Gotham. Wir lüfteten gut, aber die Zimmerfrauen rochen die Küchendüfte trotzdem und alarmierten die Hoteldirektion. Die setzte uns umgehend vor die Tür. Und das, nachdem wir gerade bei der Eröffnung der Uno-Generalversammlung aufgetreten waren und triumphal gefeiert wurden! Es war beschämend, aber eigentlich mehr für das Ballets-Management als für uns.

Wir zogen ins Hotel Belvedere, wo es weniger luxuriös zuging und wir mit dem Kochen keine Probleme hatten.

In Chicago brachte man uns in einem Hotel unter, wo wir die Küche benutzen durften. Wir wohnten zu viert im Zimmer und warfen unser Geld zusammen, um nachts etwas zu kochen. Damany Condé konnte das am besten. Einmal, er hatte gerade mit dem Kochen angefangen, fing es schrecklich an zu kokeln und zu rauchen. Wir hatten furchtbare Angst. Man stelle sich vor, das Hotel wäre abgebrannt. Der – wie wir glaubten – arme Guineische Staat hätte dafür aufkommen müssen! Wir wuselten wie verrückt herum, um das Feuer zu ersticken. Noch heute danke ich Gott, dass uns das am Ende gelungen ist.

Oft kauften wir irgendetwas, für das unser Geld gerade reichte, um den Hunger zu stillen – meist billige Konserven. Wegen schlechter und unausgewogener Ernährung gab es in den Ballets viele Krankheiten. Einmal kaufte ich mir nach dem Konzert eine Büchse Sardinen und eine Flasche Bier. Diese Kombination bekam mir überhaupt nicht. Ich musste mich sofort übergeben und war zwei Tage krank.

Meinen zweiten Solotrommler erwischte es mit Joghurt. Er wusste nicht, dass die meisten Afrikaner – wegen ihrer Laktoseintoleranz – Milchprodukte nicht vertragen. Ihn ereilte eine tagelange Verstopfung. Er musste schließlich ins Krankenhaus, wo die Ärzte ihm einschärften, nie wieder Joghurt zu essen!

Die Erlösung: Wir werden Staatsbeamte

Da es immer wieder Probleme mit den monatlichen Zahlungen gab und wir oft ohne Geld dasaßen, beschloss der Präsident Sékou Touré, die Mitglieder der verschiedenen Ensembles zu Staatsbeamten zu ernennen. Das muss bald nach unserem Auftritt in der Uno 1968 gewesen sein. Er rief uns alle zusammen, um uns dies zu verkünden. Der Jubel in der Halle war unbeschreiblich. Ich selbst kam sogar in die höchste der vier Gehaltsgruppen!

Der neue Status änderte aber auch weiterhin nichts daran, dass man unsere Belange letztlich geringachtete, obwohl wir die Akteure waren, die für den Erfolg garantierten. Ich erinnere mich an viele beschämende und schmerzliche Situationen, in denen ich mir wie eine Arbeitsmaschine vorkam.

Ein Dauerproblem: Der ewige sexuelle Notstand

Strenges Kontaktverbot zum anderen Geschlecht

Natürlich war unter den Bedingungen ständiger Weltreisen nicht daran zu denken, eine Familie zu gründen. Weder zu Hause noch auf Reisen, denn sexuelle Beziehungen zwischen den Ballets-Mitgliedern waren streng verboten und wurden schwer bestraft, mit Gehaltskürzungen oder –sperren oder gar mit dem Ausschluss aus den Ballets. Das Management organisierte eine Art internen Polizei- und Ordnungsdienst, denn die meisten männlichen Mitglieder waren in eine der Frauen verliebt, und umgekehrt. Der Ordnungsdienst patrouillierte jede Nacht durch alle Zimmer. Wehe, man wurde erwischt.

Meine Freundin hieß Nankany Kouyaté, eine wunderbare Künstlerin. Alle liebten dieses Mädchen. Ein Mitglied des Ordnungsdienstes – ein *köra*-Spieler, der zugleich einer der künstlerischen Direktoren war – hatte sich ebenfalls in Nankany verliebt und wollte sie sogar heiraten. Aber sie wies ihn zurück. Nicht nur deshalb lagen dieser Mann und ich im Dauerkrieg.

Wie ich meine Freundin Nankany im Schrank versteckte

Am Ende einer unserer Auftrittsserien lud uns das Direktorium in den großen Saal unseres Hotels ein, um uns für unsere gute Arbeit zu danken, denn die Tournee war ein großer Erfolg. Mein Freund Damany Condé und ich nutzten die Gelegenheit und blieben mit unseren beiden Freundinnen auf unserem Zimmer. Unten im Saal fiel irgendwann auf, dass wir nicht dabei waren. Sofort setzten die Ballets-Polizisten sich in Bewegung und klopften laut an unsere Zimmertür. Da halfen keine Ausreden – wir mussten sie hereinlassen. Auch mein Nebenbuhler, der abgewiesene Verehrer Nankanys, war dabei. Die beiden Mädchen hatten sich rechtzeitig, mit unserer Hilfe, in einen viel zu kleinen Schrank gequetscht, wo die Kontrolleure sie natürlich nach kurzer Zeit entdeckten. Sofort meldeten sie unser Vergehen dem Direktor Amadou Cissoko.

Das war für mich doppelt unangenehm. Denn Cissoko hatte mich zu Beginn der Tournee zu sich gerufen und mir gesagt, wie sehr er meine Djembe-Klänge liebte und meinen Arbeitseifer schätzte, und mir für das Ende der Reise eine ansehnliche Prämie versprochen – allerdings nur, wenn ich keine Dummheiten machte. Auf die Prämie musste ich nun verzichten.

Cissoko war ein großer Choreograph und als Manager streng und hocheffizient, allerdings auch verschlagen und, ebenso wie seine französische Frau, oft unmenschlich im Umgang mit den Ballets-Mitgliedern. Er konnte einem sehr wehtun und anschließend darüber lachen. Später hatte er politische Probleme und kam ins Gefängnis, das er blind und arbeitsunfähig wieder verließ.

Als wir wieder in Guinea waren, setzte ich alles daran, meine Freundin Nankany zu heiraten. Weil sie mich sehr liebte, wollte sie das auch. Aber ihr Vater war dagegen und gab sie einem anderen Mann. So ist das bei den Malinké: Man kann sich noch so sehr lieben – gegen den Willen der Familie geht gar nichts.

Der Präsident Sékou Touré und die schwangere Tänzerin

Ich war nicht der Einzige im Ballet, der sich heimlich über das Verbot sexueller Beziehungen hinwegsetzte. Es war einfach zu schwer, sich daran zu halten. Trotz aller Vorsichtsmaßnahmen hatte man ständig Angst vor Schwangerschaften, besonders die Kolleginnen und Kollegen vom Land, die keine große Ahnung vom Verhüten hatten.

Bald kam es zu einer Katastrophe: Eine Tänzerin wurde schwanger. Wir waren gerade auf Tournee. 1960 hatten wir einen Auftritt in der westdeutschen Hauptstadt Bonn, ausgerechnet am Tag des Staatsbesuchs unseres Präsidenten Sékou Touré. Abends besuchte er mit dem deutschen Präsidenten unsere Vorstellung, begleitet vom Gründer der Ballets Africains, Fodéba Keïta, mit dem Touré befreundet war. Die Schwangerschaft war fortgeschritten, man sah deutlich, dass der Bauch schon etwas gerundet war. Der Direktor war gnadenlos: Um das Mädchen vor seinem Präsidenten bloßzustellen, ließ er sie auftreten.

Allerdings kam die Reaktion des Präsidenten für ihn unerwartet. Der hinterließ eine Notiz, dass er uns alle am nächsten Morgen zu sehen wünschte. Vor dem ganzen Ensemble stellte er den Direktor wütend zur Rede: Er hätte sich vor dem deutschen Präsidenten geschämt, dass man eine schwangere Tänzerin auf die Bühne schickte. Wer das angeordnet hätte? Mit seinen Ausflüchten kam der Direktor nicht durch. Der Präsident ordnete an, dass die Schwangere und ihr Freund am nächsten

Tag mit ihm zusammen nach Guinea zurückflogen, er selbst würde sofort die Hochzeit arrangieren.

Wir waren sehr zufrieden, mussten uns aber in Anwesenheit des Staatschefs das Lachen verkneifen. Er liebte und respektierte uns mehr als alle unsere Direktoren. Er vertraute uns und setzte sich stets dafür ein, uns mehr Freiheit zu lassen.

Chercher la femme

Das interne Verbot engerer Beziehungen zum anderen Geschlecht führte dazu, dass die männlichen Ensemblemitglieder ihr Glück außerhalb der Truppe suchten. Konnte man auf einer zweijährigen Tournee von jungen Männern bei guter Gesundheit verlangen, dass sie ganz auf Kontakte zu Frauen verzichteten – auch wenn sie zu Hause in Guinea eine Ehefrau hatten? Ich glaube nicht. Nach den Auftritten mit ihren Beifallsstürmen, wenn wir in Hochstimmung waren, gingen wir regelmäßig in die umliegenden Bars, um uns in der Disziplin »chercher la femme« zu üben. Oft erfolglos, denn wir waren ja meist nur wenige Tage an einem Ort, und das reichte nicht, um jemanden näher kennenzulernen. Auch beschränkten sich unsere Englischkenntnisse auf drei Worte: I love you. Wenn wir doch Erfolg hatten, bekamen wir es manchmal mit eifersüchtigen Freunden und Ehemännern zu tun. Außerdem gab es jede Menge interkultureller Hindernisse und Missverständnisse. In afrikanischen Ländern galten ganz andere Regeln im Umgang der Geschlechter als in Chile, in Deutschland andere als in den USA.

Haben afrikanische Männer zwei Geschlechtsteile?

Außerhalb Afrikas gab es zwei typische Reaktionen auf unsere Annäherungsversuche: Entweder hatten die Frauen Angst vor uns, oder sie waren ganz wild darauf, mit uns zusammen zu sein. In beiden Fällen spielten Gerüchte und Klischeevorstellungen über die Potenz und die körperliche Beschaffenheit afrikanischer Männer eine Rolle. Das nahm manchmal groteske Formen an.

In Melbourne verliebte sich eine junge Australierin in unseren Kollegen Senkuma Mansaré. Sie ging auf die katholische Schule, er war natürlich Moslem wie wir alle. Aber er gefiel ihr so sehr, dass sie jeden Abend nach dem Konzert ins Hotel kam, um ihn zu treffen. Eines Abends fasste er Mut und fragte sie, ob sie nicht mit ihm schlafen wollte. Sie antwortete: Mein Freund! Ich liebe Dich sehr, aber ich werde niemals mit einem Schwarzen schlafen. Ich habe in einem Afrika-Buch gelesen, dass der afrikanische Mann zwei Geschlechtsteile hat, die er nacheinander einsetzt, das ist doch verrückt! Außerdem bin ich katholisch, die Bibel verbietet vorehelichen Sex. Senkuma ärgerte sich sehr und fragte: Können Sie mir sagen, Mademoiselle, wie das Buch heißt und wie ich es bekommen kann? Während das Mädchen noch über die

Antwort nachdachte, zog Senkuma sich aus. Nackt wie ein Regenwurm vor ihr stehend, sagte er: Also, sieh Dir meinen Körper an! Du kannst mich überall anfassen, sag mir Bescheid, wenn Du mein zweites Geschlechtsteil gefunden hast! Das Mädchen sah, wie schön und elegant Senkumas Körper war, sie verliebte sich noch mehr in ihn und sagte: Das ist der schönste Körper, den ich je gesehen habe! Trotzdem musst Du Dir erst das Kreuz umhängen, bevor ich mit Dir schlafe. Senkuma antwortete: Das wird ja immer komplizierter! Du erwartest doch wohl nicht von einem Moslem, dass er sich das Kreuz umhängt? Dann musst Du eben gehen.

Aber wenn eine weiße Frau wirklich verliebt ist, dann ziert sie sich nicht lange. Sie zog sich langsam aus, und alle Wünsche der beiden gingen in Erfüllung.

Am nächsten Morgen kam das Mädchen wieder. Sie war von der Schule geflogen, nachdem sie die Affäre gebeichtet hatte. Aber die beiden waren unzertrennlich, solange wir in Melbourne waren.

Mein Abschied von den Ballets Africains

Kleine Strafmaßnahmen

Während meiner Zeit in den Ballets Africains habe ich oft bei privaten Festen in den Straßen von Conakry gespielt. Zur Zeit des Sozialismus (bis 1984) hatten Parteikommitees in den Stadtvierteln das Sagen. Sie mussten meine Auftritte genehmigen. Das war nie ein Problem, sie luden mich sogar selbst dazu ein. Die Ballets hatten ihren Mitgliedern solche Auftritte streng verboten. Ich konnte aber nicht darauf verzichten: Mein Beamtengehalt reichte nicht aus, um meine Familie zu ernähren, obwohl ich – zusammen mit sechs anderen Ballets-Mitgliedern – in der obersten Gehaltsgruppe war. Ende der 1970er Jahre waren die Ballets in der Krise, und das Gehalt kam unregelmäßig. Besonders gern spielte ich im Viertel Dabondi in der Nähe des Stadtviertels Gbesia, wo ich wohnte. Meine Kollegen Mamady Keïta und Noumoudy Keïta waren oft dabei. Noumoudy trank keinen Alkohol, aber Mamady und ich gingen nach unseren Auftritten immer noch gern ein Bier trinken und waren glücklich. Eines Tages kam ein Mitglied der Ballets zufällig vorbei und sah mich spielen. Er ging sofort zur Direktion, um mich zu verpfeifen. Der Direktor, zu dieser Zeit Frankis Magloire Camara, rief mich zu sich und stellte mich wütend zur Rede. Ich sagte ihm, wie es war: Ich brauchte das Geld. Er aber behielt als Strafmaßnahme den nächsten Monatslohn ein.

Wachsende Unzufriedenheit

Die Haltung der Direktion uns Künstlerinnen und Künstlern gegenüber war oft alles andere als fürsorglich. Immer neue Enttäuschungen erzeugten allmählich ein

Grundgefühl der Unzufriedenheit mit der eigenen Situation, trotz der immer wieder großen Erfolge beim Publikum.

Als Beispiel erzähle ich nur eine Begebenheit in Japan Anfang der 1980er Jahre. Wir gaben dort drei Konzerte an jedem Wochenende. Mein Begleittrommler Mara Bakari wurde krank, er hatte eine Entzündung am Finger und musste operiert werden. Meine Aufgabe war, diesen Ausfall musikalisch auszugleichen, mit einem besonderen Rhythmus: Ich musste praktisch allein so spielen, dass es wie zwei klang. Der Direktor setzte all seine Hoffnung auf mich, damit das Programm eingehalten werden konnte. In den ersten Wochen erfüllte ich die Erwartungen, meine Djembe spielte voller Hingabe und Festigkeit ihre Rhythmen und Klänge. Aber ich bin auch nur ein Mensch – irgendwann bekam ich furchtbare Schmerzen in den Fingern, Schmerzen, die mein ganzes Herz auszufüllen schienen. Ich konnte einfach nicht mehr spielen. Trotz dieses Problems zwang mich der Direktor aufzutreten, statt mich ins Krankenhaus zu schicken. Ich war so enttäuscht und verzweifelt, dass ich gegen diesen Befehl rebellierte. Selbst mit einem Messer am Hals hätte ich an diesem Tag nicht spielen können.

Am nächsten Tag kam er und forderte mich erneut auf, zu spielen. Die Vaterlandsliebe war stärker als der Schmerz, und ich opferte mich für die Arbeit. Die Vorstellung lief gut. Von Seiten des Direktors kamen weder eine Gratulation noch ein Dankeschön zu meiner heroischen Haltung. Er schien noch nicht einmal daran zu denken, für ärztliche Hilfe zu sorgen. Das zumindest sollte sogar ein Sklavenhalter für seine Sklaven tun.

Der Machtwechsel 1984 und die große Wende

Sékou Touré, der erste Präsident Guineas, starb 1984. Sein Nachfolger Lansana Conté, der durch einen Putsch an die Macht kam, machte alles anders als er. Mit der großzügigen Förderung der Künste war es vorbei. Von nun an dachte nicht nur ich daran, aus den Ballets auszusteigen.

Eine erste Chance bot sich 1985, als ein gewisser Bruno Camara – ein Susu aus Guinea, der in Amsterdam lebte – während einer unserer Tourneen nach Paris kam und einigen von uns vorschlug, mit ihm zu arbeiten. Heimlich beschlossen Aly Camara, Salifou Sylla, Arafan Touré und ich, das Angebot anzunehmen.

Die Ballets kehrten kurz nach Conakry zurück, um dann zu den Weltjugendspielen nach Moskau weiterzureisen.

In Moskau wurde ich krank. Eigentlich hätte ich in die Klinik gemusst, aber die Verantwortlichen erklärten, das sei nicht möglich. Ich musste nach Conakry zurückkehren und mich dort behandeln lassen. Ich war schwer enttäuscht, aus vielen Gründen. Meine Enttäuschung verschlimmerte sich, als ich etwas später erfuhr, dass meine drei Kollegen nach Holland gereist waren, um sich Bruno anzuschließen – ohne mich zu informieren. Sie wollten mich offensichtlich nicht dabeihaben. Eifersucht und Verrat liegen nahe beieinander. Ich fühlte mich mehr als allein.

Erste Schüler aus Europa

Der neue Präsident Lansana Conté setzte auch den engen Beziehungen des Landes mit dem kommunistischen Ostblock ein Ende. Nun kamen Touristen aus dem westlichen Europa nach Guinea. Ich ahnte noch nicht, welche Chancen darin für mich lagen.

Als ersten dieser Besucher lernte ich einen amerikanischen Chirurgen kennen, der in Berlin lebte. Er kam in eine unserer Proben im Palais du Peuple. Er wollte meine Djembe kaufen, das Werk eines alten Schmiedes, der noch mit meinem Vater befreundet war. Ich verkaufte sie ihm natürlich nicht.

Mark, so hieß der Besucher, bewunderte mich sehr. Er erzählte mir von einem deutschen *djembeföla*, dem Berliner Ralf Dominik, der sich bisher mit der Musik Ghanas beschäftigt hatte. Auch mit der Musik der Susu in Guinea kannte er sich aus. Ralf besuchte mich 1986 mit seinen Freunden Alain und Michel aus Frankreich und Rosa aus Portugal. Die vier waren meine ersten weißen Djembe-Schüler.

Die weißen Teufel spielen Djembe!

Ich erzählte ihnen viel vom Leben in meinem Heimatdorf. Sie wurden neugierig und wollten unbedingt hinfahren. Auch ich fand es spannend, sie mit den Dorfbewohnern bekannt zu machen – also machten wir uns auf den damals noch langen und beschwerlichen Weg. Sie nahmen ihn mutig auf sich.

Beim Übersetzen nach Sangbaralla begegnete uns am Flussufer der Griot Lancei Diawara. Er bekam einen Mordsschreck, als er mich in Begleitung von Weißen sah. Er schrie in Richtung Dorf: Kommt alle aus euren Häusern und seht euch das an! Die weißen Teufel sind wieder da! Famoudou hat sie mitgebracht! – Die vier waren ja die ersten Weißen, die das Dorf nach dem Ende der Kolonialzeit zu sehen bekam, die ersten, die keine Kolonialisten waren.

Zufällig zog gerade eine Frau durchs Dorf, begleitet von singenden und klatschenden Kindern, und tanzte den *moriba diassa*. Das ist ein Tanz, mit dem man ein Versprechen einlöst. *Moriba* ist der Name eines alten Mannes, der schon seit Jahrhunderten tot ist, *diassa* ist das Opfer. Man hat in einer Notlage versprochen, Moriba etwas zu opfern – vielleicht eine Kuh oder ein Schaf – für den Fall, dass das Problem sich löst. So haben viele der Soldaten, die für die Franzosen in den Krieg zogen, Moriba ein Opfer versprochen, wenn sie heil davonkämen. Auch Frauen versprechen das Opfer für den Fall, dass sie nach langer Unfruchtbarkeit ein Kind bekommen. Wenn das Gewünschte eintritt, informieren die Glücklichen das Dorf über Tag und Stunde ihres Opfers und tanzen dann zum Rhythmus *moriba diassa* durch das ganze Dorf, und zwar am Tag und nicht, wie sonst üblich, abends oder nachts. Das Kind wird aus Anlass dieser Zeremonie getauft. Man behängt sich zum Tanzen mit alten Tüchern, Schuhen, Kalebassen und sonstigem Trödel, tanzt bis zur Erschöpfung und wirft das alte Zeug dann von sich.

Ausgerechnet in dieser für die Frau sehr wichtigen Situation kamen also jetzt diese weißen Teufel! Ich schickte die Kinder los, um die Trommeln zu holen, und die vier Gäste und ich spielten den *moriba diassa*-Rhythmus. Nun verstanden die Dorfbewohner die Welt überhaupt nicht mehr. Die weißen Teufel spielten auf unseren Trommeln! Die Franzosen hatten sich ja nie für unsere Musik interessiert. Was die Weißen anging, mussten die Dorfbewohner nun umlernen.

Rainer Dörrer und Johannes Beer

Bald darauf meldete sich Rainer Dörrer. Er hatte im Senegal das Djembespiel erlernt, erkannte aber bald, dass die eigentliche Quelle der Djembe-Musik Guinea war. Auch ihn lernte ich im Palais du Peuple kennen. Er nahm sofort Unterricht bei mir.

Im nächsten Jahr, 1987, kam er wieder und brachte Johannes Beer mit – einen Perkussionisten, der viele Musikstile beherrschte und in Deutschland schon damals mit einem Djembe-Ensemble auftrat. Aber die Malinké-Musik kannte er noch nicht. Ich unterrichtete die beiden, und bald fühlten wir uns freundschaftlich verbunden. Zu dieser Zeit war ich noch Mitglied der Ballets Africains.

Reise ans Sterbebett meiner Mutter

Da schrieb mir meine Familie aus Kouroussa. Meine Mutter war ernsthaft erkrankt. Ich sollte sofort kommen.

Aber ich hatte kein Geld. Ich bat meine Vorgesetzten im Ministerium um Urlaub und um einen Vorschuss. Ich dachte, in so einem familiären Notfall wäre das sicher kein Problem. Denn die Mutter zu unterstützen ist für die Malinké eine heilige Pflicht.

Aber sie ließen mich kaltherzig abblitzen. Keine Unterstützung – trotz meiner Notlage und meinem Schmerz. Mir brummte der Schädel, als ich nach Hause kam. Mir fiel nichts mehr ein.

Johannes Beer und Rainer Dörrer sagten: Famoudou, wir fahren zusammen hin und besuchen deine Mutter an ihrem Krankenbett. Wir bezahlen die Reise.

Urlaubsverbot hin oder her, das machte mir Mut. Ich war sehr gerührt, dass meine Freunde aus Europa mir halfen, während meine afrikanischen Brüder und Landsleute mich im Stich ließen. Nicht die Entfernung der Kontinente oder die

Hautfarbe trennen die Menschen voneinander, sondern ihre Herzenskälte. Das Verhalten meiner deutschen Freunde war ein sprechendes Beispiel. Mein Schicksal, das erfuhr ich auch später immer wieder, war bei den Weißen in guten Händen.

Als wir am Busbahnhof ankamen, gab es nur einen altersschwachen Toyota-Minibus (einen *magbana*, wie wir ihn nennen), der regelmäßig zwischen Conakry und Kankan verkehrte, mit einem Umweg über Kissidougou. Es gab keine direkte Verbindung nach Kouroussa. Das Vehikel fuhr langsamer als ein Kampfpanzer und hatte auf der schlechten Piste eine Panne nach der anderen.

Schon auf halber Strecke waren meine Freunde so erschöpft, dass ich heimlich bereute, sie mitgenommen zu haben. Aber sie bekamen auf dieser Reise mehr vom afrikanischen Alltag mit, als sie geahnt hatten. Auch ich machte eine neue Erfahrung: meine Welt durch die Augen von Fremden zu sehen.

In Kankan besuchte ich Verwandte, und die beiden Freunde wunderten sich über die nicht enden wollenden Begrüßungsfloskeln, die ich mit den Familienmitgliedern an der Haustür austauschte. Von Kankan aus waren es noch 85 km bis Kouroussa und von dort sieben km nach Sangbaralla. Busse fuhren so selten, dass meine Freunde beschlossen, nach Kouroussa ein Taxi zu nehmen – einen Peugeot 404. Er bewältigte die schwierige Strecke ganz passabel.

In Kouroussa erfuhr ich, dass meine Mutter im Sterben lag. Als ich sie sah, schwand sofort meine Hoffnung, sie könnte noch einmal genesen. Nachdem sie gestorben war, fuhr ich mit dem Leichnam nach Sangbaralla und ließ meine Freunde zunächst zurück. Denn während einer Beerdigung durften sie nicht im Dorf sein. Danach holte ich Johannes und Rainer in Kouroussa ab. Mit Fahrrädern fuhren wir nach Sangbaralla und blieben dort noch über eine Woche. Zufällig fiel in diese Zeit das Beschneidungsfest, das sie nun in allen Einzelheiten miterlebten – den fast pausenlos gespielten *soli*-Rhythmus, die Lieder und Tänze, die Gesänge und Erzählungen der Griots. Zu essen gab es Tag für Tag nur Maniokbrei. Aus Mitleid kochte eine Frau ihnen einmal ein Nudelgericht. Es war so viel, dass sie nicht alles essen konnten. Als sie aufstanden, stürzte sich sofort eine Gruppe Kinder, die geduldig gewartet hatten, auf die Reste. Solche Erlebnisse machten sie sehr betroffen. Für Europäer ungewohnt ist auch, dass man eigentlich nie allein ist und keine Ruhe findet. Johannes, der gern las, hatte sich deshalb schon in Conakry oft mit seinem Buch in die Moschee zurückgezogen, der Imam erlaubte es ihm.

Rückreise nach Conakry: Eine Prüfung für meine deutschen Freunde

Johannes Beer wurde nach einer Woche krank, und sein Zustand machte mir Sorgen. Er musste schnellstens zurück nach Conakry, um sich behandeln zu lassen. Wir fuhren, wieder mit Fahrrädern, zurück nach Kouroussa. An einer Tankstelle stand ein Landrover mit drei Deutschen. Sie kamen aus Bamako in Mali und ließen sich nicht lange bitten, Johannes in die Hauptstadt mitzunehmen. Am nächsten Tag fuhren Rainer Dörrer und ich mit dem Zug, der sehr unregelmäßig verkehrte, zurück nach Conakry. Als wir ankamen, ging es Johannes schon besser. Er hatte wohl eine Hepathitis-Infektion.

Zwischen Kouroussa und Dabola überfuhr der Zug ein Rind. Das Fleisch sah wie mumifiziert aus, der Körper der Kuh war total verstümmelt. Sofort fielen die Fahrgäste über das Fleisch her. Sie schnitten es in Stücke und banden es auf die Waggondächer. Ein in Afrika übliches Verfahren – man befestigt das Fleisch auch an Autos und Lastwagen, damit der kühlende Fahrtwind es vor schnellem Verderben bewahrt. In diesem Fall war es leider so, dass das Blut durch die offenen Waggonfenster auf unsere Haare und Kleider tropfte und alles verklebte.

Es wunderte mich auch später oft, dass meine weißen Freunde nach solchen Erfahrungen nicht für immer die Flucht in ihre komfortablen Heimatländer mit dem angenehmen Klima antraten. Aber nein – ihre Liebe zu Afrika vertiefte sich sogar, und sie kamen immer wieder.

In den Ballets kriselt es

Nach zwei Tagen erreichten wir Conakry, und ich ging sofort zur Leitung der Ballets. Der Direktor fragte mich, ob ich eine gute Reise hatte. Ich antwortete nur kurz: ja – immer noch tief verärgert darüber, dass die Verantwortlichen so gleichgültig auf meine Probleme reagiert hatten. Immerhin war ich als erster Djembe-Solist die Seele des Ensembles. Dank meiner Ideen und Initiativen hatten sich die Ballets in großen Schritten entwickelt. Und nun dachten sie gar nicht daran, mich bei einem Familienproblem zu unterstützen. Ich habe leider viele schlechte Erinnerungen an die Ballets, aber dies ist die traurigste.

Kurz darauf riefen sie mich wieder zu sich. Es gäbe einen Beschluss, das Ballet National Djoliba und die Ballets Africains umzustrukturieren. Sie sagten, sie würden einige der besten Trommler und Tänzer aus dem Ballet Djoliba in die Ballets Africains übernehmen und umgekehrt. Ich wusste: Das war gelogen. In Wirklichkeit wollten sie bestimmte ältere Mitglieder loswerden. Ich war sehr deprimiert. Sie betonten zwar, sie wollten mich behalten, aber ich antwortete: Ich kann nicht bleiben, wenn andere altgediente Kollegen gehen müssen.

Dabei waren wir ja, dank einer Entscheidung des Präsidenten Sékou Touré, seit vielen Jahren Staatsbeamte und eigentlich unkündbar. Hinter dem Fusionsplan steckte der neue Präsident Lansana Conté. Bei der Umsetzung vertraute man wahrscheinlich darauf, dass viele sich durch Schikanen vergraulen ließen und freiwillig gingen.

Für mich war die nun fast sichere Perspektive, die Ballets zu verlassen und zurück in mein Dorf zu gehen, ein Alptraum. Bei aller Liebe zu meinem Dorf und meiner Heimat: Ich würde mich nach all den Jahrzehnten als weltweit gefeierter Solist dort fühlen wie ein Löwe im Taubenkäfig.

Der endgültige Bruch kam ein paar Monate später, nach meiner ersten Deutschlandreise.

Meine Reise nach Deutschland 1987

Als Ralf Dominik, Rainer Dörrer und Johannes Beer mich in Guinea besuchten, ahnte ich noch nicht, dass sie so etwas wie Vorboten einer neuen Lebensphase waren, die ganz anders aussah als in meinen Alpträumen.

Sie erlebten mich als *djembeföla* bei traditionellen Festen. Johannes machte davon Tonaufnahmen. 1987, nach seinem Besuch in Guinea, lud er mich nach Deutschland ein, um zu unterrichten und zu konzertieren. Mit dem deutschen Postdienst schickte er mir 100 DM und ein Ticket der russischen Fluglinie Aeroflot. Ich erbat beim zuständigen Minister drei Monate Urlaub von den Ballets. Auf die Antwort wartete ich zunächst vergeblich. Es stellte sich heraus, dass die Direktion die schnell erteilte Erlaubnis nicht an mich weitergeleitet hatte. Erst drei Tage vor meiner Abreise rief mich der Direktor an, es gäbe einen Brief für mich, ich könnte ihn abholen. Ich hatte also die Beurlaubung – aber nun weigerte sich die Direktion, mir meinen Pass auszuhändigen (die Reisepässe der Ballets-Mitglieder waren im Büro deponiert). Zum Glück war mein Berliner Schüler Ralf Dominik gerade da, und buchstäblich am Morgen der Abreise begleitete er mich in die Deutsche Botschaft, die mir sofort das Visum und einen neuen Pass ausstellte. Damals ging es dort – verglichen mit heute – noch unbürokratisch zu.

Johannes holte mich am Frankfurter Flughafen ab. Sofort begann er Workshops und Konzerte zu organisieren. Djembemusik hatte er zum ersten Mal 1984 in Berlin gehört, wo die Gruppe Africa Djolé im Quartier Latin, einem bekannten Veranstaltungsort, auftrat. Er nahm Unterricht, spielte viele Aufnahmen nach und schrieb die Musik auf (ich sah das bei ihm zum ersten Mal, aber wie man das macht, ist mir bis heute ein Rätsel geblieben). 1985 schnitzte er sich seine erste Djembe. Inzwischen hatte er ein eigenes Ensemble mit Solo- und Begleit-Djembe, *dundunba, sangban* und Saxophon. Johannes und seine Mitspieler hatten, als ich kam, schon ein umfangreiches Repertoire. Aber meine Malinké-Rhythmen kannten sie noch nicht.

Bald konzertierte ich mit Johannes' Gruppe: In Würzburg im Musiklokal Omnibus und sogar in der Musikhochschule. Auch der Hochschulpräsident war sehr angetan.

Anschließend reisten wir nach Berlin, wo Johannes mich mit Silvia Kronewald und Paul Engel bekannt machte, meinen späteren langjährigen Partnern. Paul war, ebenso wie Johannes, ein profilierter Musiker, Experte für Latin-Stile aus Brasilien und Kuba, außerdem Schüler von Adama Dramé, dem Malinké-Musiker aus Burkina Faso, der schon seit einigen Jahren in Deutschland konzertierte und unterrichtete. Paul organisierte eine Reihe von Workshops in Berlin, das damals noch geteilt war. Wir traten ein paarmal im Flöz auf, einem berühmten Musiklokal, das es heute nicht mehr gibt. Eines Abends tauchte dort Dudu Tucci auf, der große brasilianische Samba-Musiker, der ebenfalls in Berlin lebte. Als er mich sah, verbeugte er sich tief – was ich selbstverständlich sofort erwiderte. Eine unvergessliche Begegnung.

In den Workshops, die Johannes und Paul organisierten, saßen nur äußerst lernbegierige, zum Teil schon erfahrene Teilnehmerinnen und Teilnehmer. Ich merkte schnell: Hier lag eine Aufgabe für mich, ein vielversprechendes Arbeitsfeld. Die Reaktionen waren begeistert. Obwohl ich damals noch nicht die ausgefeilte Lehrmethodik hatte, die ich erst im Laufe der Jahre entwickelte. Damals spielte ich die kompliziertesten Soli einfach vor – und sie spielten sie nach.

Rückkehr und der endgültige Bruch mit den Ballets

Ich blieb drei Monate in Deutschland. Nach meiner Rückkehr ging ich sofort zur Direktion und erfuhr im Büro, dass die Ballets gerade eine Vollversammlung im Musée National de Sandervalia abhielt. Dort angekommen, bat ich ums Wort, einfach um den Kolleginnen und Kollegen zu sagen, dass meine Deutschlandreise gut verlaufen war, dass ich mich freute, wieder bei ihnen zu sein und dass ich nun wieder voll zur Verfügung stand. Aber der Direktor ließ mich gar nicht zu Wort kommen. Die Versammlung sei schon beendet! Später sagte er mir: Famoudou, für dich gibt es keinen Platz mehr in den Ballets, du kannst über deine Zeit frei verfügen. Es stellte sich heraus, dass die Direktion sogar mein Gehalt für die drei Monate einbehalten hatte. Erst nach einer Beschwerde beim Ministerium wurde es mir nachgezahlt. Außerdem erhielt ich nach langen Verhandlungen eine Abfindung: 800.000 Francs Guinéens. Nach heutiger Kaufkraft – 2020 – sind das knapp 3.000 Euro. Die Pension, die mir eigentlich zustand, habe ich nie gesehen.

Ich war sehr enttäuscht, obwohl ich eigentlich von dieser Direktion nichts anderes erwarten konnte. Schon Jahre vorher hatte ich einem Verantwortlichen einmal Geld geliehen. Er zahlte es mir einfach nicht zurück. Als ich es schließlich wagte, ihn daran zu erinnern, hat er mich körperlich angegriffen.

Ein neuer Lebensabschnitt

Das neue Leben beginnt: Reisen mit Silvia und Paul, meine erste CD »Rhythmen der Malinké«, meine Gruppe Hamana Diara

Die Bekanntschaft mit meinen deutschen Freunden und die Deutschlandreise waren die Tür zu einem neuen Leben, zu einem neuen Arbeitsmodell und zu einer autonomen Existenz nach all den Jahren in den Ballets. Die Zeiten der Abhängigkeit waren endgültig vorüber.

Mit Silvia Kronewald und Paul Engel kam es schnell zu einer intensiven Zusammenarbeit. Vier Jahre lang (1988 bis 1992) bereisten wir Deutschland, Österreich und die Schweiz, gaben unzählige Workshops und Konzerte. Oft war meine alte Freundin Fanta Kaba dabei und komplettierte unser Angebot mit Tanz und Gesang.

Dann hatte sich unsere Gemeinsamkeit erschöpft. Silvia und Paul kümmerten sich um die Engagements und sorgten für die Logistik. Aber Paul, ein sehr eigenwilliger und oft schwieriger Mensch, war vom Organisatorischen schließlich nur noch genervt. Ich erinnere mich noch genau an eine Situation in Biberach an der Riß, die das Ende unserer Freundschaft besiegelte. Ich weckte Paul um 5 Uhr morgens, weil wir nach Berlin aufbrechen mussten, und er bekam einen schrecklichen Wutanfall. In dieser Zeit lernte ich meine Freundin Uschi Dittmar kennen, die bald mein »Management« übernahm.

Johannes Beer verdanke ich sehr viel. Durch ihn kam es zur Produktion meiner ersten CD, »Rhythmen der Malinké«. Er stellte den Kontakt zu Prof. Dr. Artur Simon her, dem Direktor der Abteilung Musikethnologie im Berliner Museum für Völkerkunde (heute: Ethnologisches Museum). Die Aufnahmen machte 1990 Paul Engel in Conakry, und Johannes schrieb ein umfangreiches Textbuch dazu. Einen der Rhythmen, *bala kulandian*, übertrug er in eine Notation, nur nach dem Gehör. Eine große Leistung.

Johannes organisierte 1993 auch eine Europatournee für mich und eine Gruppe, die ich zusammengestellt hatte. Außer mir waren vier weitere Instrumentalisten für die Begleit-Djembe und die drei Basstrommeln *dundunba*, *sangban* und *kesedenen* dabei, ebenso zwei Sängerinnen und Tänzerinnen (Daouda Kourouma, Fodé Konaté, Mamady Camara, Sékou Konaté, Kadé Diabaté und Fanta Keïta). Per Bus bereisten wir Holland, Belgien, Frankreich, Deutschland und Österreich. Ich nannte die Gruppe »Hamana Diara« (Hamana ist gut). Wir gaben 32 Konzerte und verdienten ganz schön: 70.000 DM nahmen wir ein, bei Ausgaben von 30.000 bis 40.000 DM. Die Konzerte in Paris und Stuttgart wurden im Rundfunk übertragen.

Eine neue Aufgabe: Dokumentieren meiner Musikkultur

Mir wurde in dieser Zeit klar, dass ich noch eine weitere neue Aufgabe hatte. Was sollte aus den Schätzen der Malinké-Musik werden, wenn sie im raschen Wandel der Zeiten nicht als Ton- oder Videoaufnahmen, in Beschreibungen und Notationen festgehalten wurden? So bemühte ich mich in den folgenden Jahrzehnten darum, möglichst viel von der Musik meiner Region in meiner Erinnerung wiederherzustellen und auf einer Reihe von CDs einzuspielen. Eine große Zahl unserer Rhythmen bereitete ich auch für meine weltweiten Workshops und Konzerte auf. Inzwischen hat meine Musik so viele Liebhaber in allen Ländern, dass ich keine Angst mehr um ihren Fortbestand und ihre Weiterentwicklung habe.

Gambia und Berlin – ich werde Professor

1994 erhielt ich eine Einladung nach Gambia. Dort hatten eine Reihe von Deutschen und Gambiern ein musikalisches Begegnungszentrum gegründet, das Boucarabou Hotel (benannt nach einer Trommel der Volksgruppe Jola). Jedes Jahr im März und April gab es dort Workshops für Musiklehrer und Musikstudenten aus Deutschland. Musiker und Tänzerinnen und Tänzer aus der Region unterrichteten sie im Spiel afrikanischer Instrumente – Djembe, *köra, balafo* – und in afrikanischem Tanz. In Exkursionen lernten sie das Leben in den gambischen Dörfern und Städten kennen. Zu den Lehrern gehörten u.a. die Griots (*jeli*) Malamini Jobarteh und Maoudo Sousso. 1994 organisierte der Musikprofessor Volker Schütz aus Würzburg die Workshops. Er bat mich zu kommen, und zwei Wochen lang unterrichtete ich seine Gruppen. Mir gefiel die Lokalität sehr, und ich kam auch in den darauffolgenden Jahren immer wieder gern dorthin, schon wegen der angenehm entspannten Atmosphäre. Die Workshopteilnehmer und waren zwar Musiker, aber für die meisten von ihnen war es der erste Kontakt mit afrikanischer Musik (und mit Afrika überhaupt).

1994 war dort auch Thomas Ott aus Berlin mit seinen Studentinnen und Studenten. Er lud mich zu Workshops an seine Berliner Hochschule ein – die Universität der Künste. Das Lehrprogramm dort bestand vor allem aus westlicher klassischer Musik. Trotzdem (oder gerade deswegen) gab es für meine Kurse lange Wartelisten.

Bei meinem dritten Aufenthalt dort, 1996, bat mich der Universitätspräsident zu sich in sein Büro. Zu meiner großen Überraschung überreichte er mir mit herzlichen Gratulationen eine Urkunde: Die Universität ernannte mich zum Professor ehrenhalber! Thomas Ott hatte mir vorhergesagt: Nimm deine Djembe mit. Und nun spielte ich dem Präsidenten meine Rhythmen vor. Angelockt von den ungewohnten Klängen strömten die Mitarbeiter aus den Büros herbei und bildeten eine Traube vor dem Präsidentenzimmer. Ich bedankte mich und sagte ihnen: Ich kann es nicht fassen – ich habe nie in meinem Leben eine Schule besucht – und nun bin ich plötzlich Professor an einer deutschen Universität! In der Stadt war das eine Sensation. Die Zeitungen erschienen mit dem Aufmacher: Trommler aus Afrika wird Musikprofessor in Berlin! Radio- und Fernsehsender berichteten darüber, und ich gab viele Interviews.

Mit Thomas Ott entstand auch der Plan zu einem Buch mit CD über meine Rhythmen – das in erster Linie für Schüler und Studenten gedacht war. So kam es zu der Veröffentlichung von »Rhythmen und Lieder aus Guinea«. Wir wählten acht Rhythmen aus, Thomas schrieb sie auf, und im Dezember 1995 kam er mit dem Tonmeisterstudenten Thomas Goldhahn nach Conakry, um sie genau wie notiert aufzunehmen. Das Buch erschien 1997 und fand bald auch außerhalb Deutschlands Interesse. (Damals gab es als Material zu meiner Musik nur die CD »Rhythmen der Malinké«, die Johannes Beer und Paul Engel 1990 für das Berliner musikethnologische Museum produziert hatten). Wegen der Nachfrage nach dem neuen Buch brachte der Verlag etwas später eine englische und eine französische Version heraus.

In Gambia 1995

Zwei Professoren der Universität der Künste: Famoudou Konaté und Bobby McFerrin

Konzert im Musikethnologischen Museum in Berlin, September 2000

Das Berliner Musikethnologische Institut wurde damals von dem schon genannten Wissenschaftler Artur Simon geleitet, einem der wenigen großen Kenner afrikanischer Musik in Deutschland. In diesem Museum lagern 30.000 der ältesten Musikaufnahmen aus den verschiedensten Weltkulturen, auch aus Afrika. Sie wurden im frühen 20. Jahrhundert auf Edison-Walzen, den ersten Tonträgern, aufgezeichnet.

1999 erklärte die UNESCO diese Sammlung zum Weltkulturerbe. Aus diesem Anlass gab es am 30. September 2000 eine große Feier im Museum, bei der ich auftreten durfte, zusammen mit Musikern aus Indien, Korea, Nigeria, Taiwan, Thailand und Vietnam. Sie spielten alle auf Saiteninstrumenten, ihre Musik war sehr ruhig und meditativ und versetzte das Publikum in die entsprechende Stimmung. Als letzter betrat ich mit meiner Djembe das Podium. Ich riet dem Publikum, sich nach soviel leiser Musik nun am besten die Ohren zu verstopfen. Man amüsierte sich darüber, und ich hatte leichtes Spiel, die Zuhörer zu gewinnen. Wieder mal erwies sich, was die Djembe doch für ein magisches, die Menschen faszinierendes Instrument ist.

Konzerte in Conakry 1999 und 2003

1987 hatte ich die Ballets Africains verlassen, seitdem war ich in Conakry nie mehr aufgetreten. Vorher hatte es nach jeder Reise der Ballets einen Auftritt in Conakry mit dem Tournee-Programm gegeben.

Nun gab ich in aller Welt Konzerte auf eigene Rechnung. Ich fürchtete, die Menschen in Guinea würden mich vergessen. Deshalb dachte ich ständig darüber nach, wie ich mich bei ihnen musikalisch in Erinnerung bringen könnte.

Im Mai 1999 organisierte der französische Musiker François Kokelaere in Conakry die *Première Biennale Internationale de Percussion*, unterstützt von der Europäischen Union. Ich wurde zu einem Auftritt eingeladen. Auch meine Freunde Soungalo Coulibaly, Fadouba Oularé und Mamady Keïta gaben Konzerte – alles Musiker, deren große traditionelle Kunst allmählich in Vergessenheit geriet. Vincent Zanetti, der sich als Musiker in vielen afrikanischen Musikstilen auskannte, interviewte uns vier für eine französische Zeitschrift. Wir alle sprachen darüber, dass die jüngeren Musiker dabei waren, den Kontakt zu ihrer Kultur zu verlieren – und deshalb auch die traditionellen Rhythmen nicht mehr richtig verstanden. Sie setzten nur noch auf sensationelle Geschwindigkeit und Virtuosität.

Ich trat also mit meinen Töchtern und Söhnen auf, war aber am Ende nicht zufrieden. Alles geriet uns viel zu schnell. Es war wie ein Wettrennen. Also genau das, was ich eigentlich nicht wollte! Das Publikum hat wohl auch nicht viel verstanden. Immerhin hatte ich die Genugtuung, mal wieder vor meinen Landsleuten zu spielen.

Meine Freundin Uschi Dittmar hatte in Conakry die aus Deutschland stammende Ärztin Dr. Maria Doumbouya kennengelernt. Ihr Mann, der Schriftsteller und Deutschlehrer Alkaly Doumbouya, sagte mir immer wieder, ich müsste unbedingt in Conakry auftreten. Schließlich nahm er es selbst in die Hand und organisierte ein Konzert im Palais du Peuple in Conakry. Am 14. März 2003 trat ich dort mit meinen Töchtern und Söhnen auf. Das Konzert war ein großer Erfolg. Der stellvertretende Direktor kam zu mir und sagte, er hätte noch nie solche Djembe-Klänge gehört.

Es ist schade, dass ich nicht mehr als Trommler zu Festen eingeladen werde. Man sieht in mir heute weniger den *djembeföla* als den Patron, der Geld verdient und etwas abzugeben hat. Ein Trommler, der in einem hübschen Auto herumfährt: Wie kann das sein?

Reise nach Israel 2001

1999 besuchte mich in Guinea ein israelisches Ehepaar, *Naveh Uri* und *Salley Ydo*. In Israel hatte man ihnen erzählt, ich sei einer der großen Djembe-Meister. Sie blieben ein paar Wochen bei mir und fragten mich dann, ob ich sie nicht in Israel besuchen und Djembe-Workshops geben wollte. Zu Anfang war mir gar nicht danach zumute, aus Angst vor der unsicheren Situation in diesem Land.

Nach Israel zurückgekehrt, schrieben sie mir eine Reihe von Briefen, um mich zu motivieren, ihren Traum zu erfüllen. Ich schrieb zurück und fragte, ob die Israelis denn wirklich an der Djembe interessiert wären. Sie bekräftigten das, ohne zu zögern. Ich zweifelte aber immer noch und fragte Mamady Keïta, der schon durch Israel gereist war, ob man sich dort wirklich für unsere Kultur interessierte. Er bestätigte das ebenfalls: Ja, und wie! Also fasste ich Mut und flog mit meiner Freundin Uschi Dittmar nach Tel-Aviv. Am 1. Oktober 2001 kamen wir an. Die Zollbeamten stellten viele Fragen. Sie konnten sich nicht vorstellen, was ich in Israel wollte. Schließlich glaubten sie mir, und wir konnten den Flughafen verlassen. Meiner Freundin Uschi hatten sie keine einzige Frage gestellt!

Vom 1. bis zum 7. Oktober gab ich den Workshop. Die Teilnehmer waren sehr interessiert, und ich war sehr angetan von ihrem Eifer. Mit vielen angenehmen Erinnerungen reisten wir nach Deutschland zurück. Besonders beeindruckt war ich, wie gastfreundlich die Israelis waren. Wie die Afrikaner! Und sie zeigten sich auf eine derart natürliche Weise intelligent im Umgang mit der Djembe, wie ich mir das nie vorgestellt hätte. Die Reise hatte sich gelohnt und war ein großer Erfolg.

Besonders wichtige Freunde und Kollegen

Silvia Kronewald

Künstler haben manches gemeinsam: einen besonderen Lebensstil und eine eigene Art, die Welt und die Menschen zu erleben. Auch emotional: Sie sind in der Lage, Freuden und Schmerzen Anderer zu empfinden wie diese selbst. Was nicht heißt, dass sie nicht auch destruktiv miteinander umgehen können. So wie ich es zum Beispiel in den Ballets Africains erlebt habe, wo manche immer wieder versuchten, zu ihrem eigenen Vorteil den Anderen zu schaden.

Mit Silvia Kronewald erlebte ich eine einzigartige künstlerische und menschliche Übereinstimmung. Silvia, die Frau aus Deutschland, bildete sich schnell zu einem Djembe-Genie heran. Sie kannte eine Unzahl von Rhythmen auswendig und beherrschte alle wichtigen Spieltechniken. Sie bewies, dass Nicht-Afrikaner auf der Djembe (und in unserer Musik überhaupt) die gleiche künstlerische Professionalität erreichen können wie Afrikaner, und dass das auch für Frauen gilt. Ihr großer Traum war, einmal ein Ensemble zu haben, das nur aus Frauen bestand.

Silvia Kronewald war außerdem der »gute Geist« meines Ensembles, mit dem ich in den Jahren vor und nach 1990 viele Konzerte und Workshops in Deutschland, Österreich und der Schweiz gab. Ohne ihre Managementqualitäten und ihre fürsorgliche Art wäre dieses Ensemble nicht so lange zusammengeblieben. Sie war auch sehr erfindungsreich, wenn es darum ging, den europäischen Workshopteilnehmerinnen und -teilnehmern über typische Schwierigkeiten mit der afrikanischen Musik hinwegzuhelfen.

Groß waren meine Bestürzung und Trauer, als ich 1997 von ihrem Tod erfuhr. Es war, als ob jemand aus meiner Familie gestorben wäre.

Rainer Dörrer

Wie ich schon berichtete, gehörte Rainer Dörrer zu den ersten Europäern, die mich 1986 in Guinea aufsuchten, um mehr über meine Musik zu erfahren. Seitdem waren wir Freunde. Mehr als 22 Jahre lang arbeiteten wir zusammen, ohne die geringsten persönlichen Probleme. Jedes Jahr kam er nach Guinea, aus Liebe zur Musik, und unterrichtete an meiner Seite. Er war ruhig und zurückhaltend, dabei ein sehr sozialer und großzügiger Mensch, stets hilfsbereit, auch wenn es um meine Familie ging. Ich verdanke ihm sehr viel.

Umso mehr traf mich die Nachricht von seinem Freitod 2009. Ich war in Guinea und erfuhr davon durch einen deutschen Freund am Telefon. Es traf mich wie ein Schlag, und ich konnte an diesem Tag nicht mehr sprechen. Ich hatte einen sehr guten Freund verloren, den ich immer für einen glücklichen Menschen gehalten hatte. Von seinen Problemen wusste ich nichts, er hatte mir nie davon erzählt. Ich verstehe seinen Freitod bis heute nicht, auch die Auskünfte seiner Freunde waren unklar und widersprüchlich. Möge er in Frieden ruhen.

Gabi Happe

Sie gehörte zu den ersten Gästen aus Deutschland, die 1986 zu mir nach Guinea kamen. Seither verbindet mich viel mit ihr. Bis heute spielt und unterrichtet sie die Djembe. Sie lud mich oft zu Workshops und Konzerten in die Berliner Ufa-Fabrik ein. Das ist ein ganz besonderes Kulturzentrum in Berlin. Sie hat es mitgegründet und arbeitet dort bis heute. Sie benannte ihren Sohn nach mir. Er ist heute schon erwachsen.

Dass man mich ehrt, indem man meinen Namen für sich selbst oder seine Kinder übernimmt, habe ich öfters erlebt – das erste Mal auf einer Amerika-Tournée mit den Ballets Africains, als der Jazz-Schlagzeuger Don Moye, nachdem er mich gehört hatte, den Vornamen Famoudou annahm. Noch heute nennt er sich Famoudou Don Moye und ist unter diesem Namen auf der ganzen Welt bekannt und berühmt. Er ist heute (2020) 74 Jahre alt, damals war er noch ganz jung. Wir haben uns zweimal wiedergesehen: Einmal besuchte er mich in Conakry, das andere Mal kam er nach meinem Konzert in Berlin 1993 zu mir. Das war beide Male ein starkes, emotionales Erlebnis. Wie sagt das Sprichwort: Die Welt ist groß, aber nicht groß genug, um sich nicht immer wieder zu begegnen.

Ich bin stolz, überall auf Sympathie zu treffen, wo ich mich mit meiner Djembe präsentiere. Die Djembe hat mich populär gemacht und mir erlaubt, die Welt mit ihren vielfältigen Kulturen kennenzulernen. Sie hat mich mit sympathischen Menschen zusammengebracht, die mir ihre Freundschaft gezeigt haben – zum Beispiel, indem sie ihre Kinder nach mir benannten.

Auch mein holländischer Freund und Kollege Ponda O'Brian und seine Frau Leno nannten ihren Sohn Famoudou. Ebenso meine Söhne Billy und Fodé und meine Nichte Aicha.

Noumoudy Keïta

Noumoudy Keïta stammte aus dem Dorf Bananko, 10 km entfernt von meinem Heimatdorf Sangbaralla. In ganz Hamana erzählte man sich, dass seine Eltern, als er einmal krank wurde, auf seiner kleinen Djembe für ihn spielten, worauf er ganz schnell wieder gesund wurde. Er war ein sehr guter und eindrucksvoller Trommler.

Ich war in den Ballets Africains erster Solist. Mein zweiter Solist, Arafan Touré, war vor allem mit der Musik aus Niederguinea vertraut, und wir hatten manchmal Probleme mit der Koordination unserer Rhythmen. Er lag oft im Streit mit der Leitung der Ballets, und wenn wir auf internationalen Tournéen waren, schickte man ihn zur Strafe immer wieder nach Guinea zurück. Ich musste dann seinen Part mit übernehmen, was sehr anstrengend war.

Nach einer zweijährigen Konzertreise um die ganze Welt machten wir eine Tournée durch die Region und traten auch in Kouroussa auf. Dort fragte ich Noumoudy Keïta, ob er nicht in die Ballets kommen wollte. So wurde er mein zweiter Solist.

Er verließ die Ballets 1987, wie ich. In diesem Jahr wurde ein neues staatliches Ensemble gegründet (Les Percussions de Guinée), mit 15 Tänzern und Instrumentalisten aus den Reihen der Künstler der Ballets Africains, darunter auch Noumoudy Keïta. Auf einer Konzertreise des Ensembles verschlimmerte sich Noumoudys Krankheit – er litt seit langem an Leukämie. Mein Freund Nasser Saidani kümmerte sich um ihn und sorgte dafür, dass er in Lyon in eine Klinik kam. Dort starb er 1995. Ich trauere immer noch um ihn.

Mamady Keïta

Mein Verhältnis zu Mamady Keïta ist geprägt von großer Zuneigung und gegenseitigem Respekt. Er ist zehn Jahre jünger als ich und stammt aus dem Dorf Balandugu bei Siguiri, das ist 150 km von Kouroussa entfernt. Wir gehören der gleichen Kultur der Malinké an, trotzdem gibt es einige musikalische und kulturelle Unterschiede zwischen unseren beiden Regionen (Hamana und Wassulu), und die perfekte Kenntnis der Kultur des anderen haben wir beide nicht. Ich war oft in seiner Region und habe dort die Wassulu-Rhythmen und vor allem auch die großartige Musik der Jäger studiert. Dank unserer Freundschaft und unserer Hochachtung füreinander ergänzen wir uns gut, wenn wir miteinander auftreten oder gemeinsam unterrichten.

Als Mamady noch ein kleiner Junge war, drehte ein Amerikaner einen Film über ihn, der jetzt verschollen ist. Ich hatte das Glück, ihn ein- oder zweimal anzusehen. Er entstand in der hoffnungsvollen Atmosphäre der ersten Unabhängigkeitsjahre. Schon mit 14 Jahren wurde Mamady erster Trommler des Ballet National Djoliba de la République de Guinée und machte ähnliche Tournee- und Reiseerfahrungen wie ich. 1977 traten die beiden Ensembles gemeinsam beim Second World Black and African Festival of Arts and Culture in Nigeria auf. Da es mir nicht gut ging, nahm er mir die Last der Proben und einiger Auftritte ab.

Zu derselben Zeit, als ich die Ballets Africains verließ – Mitte der 1980er Jahre – fand auch seine Zusammenarbeit mit dem Ballet National Djoliba ein Ende, und auch er orientierte sich neu und machte sich selbständig – als freier Musiker und Lehrer in aller Welt. Sehr reich an kulturellen und persönlichen Details ist der Film »Djembéfola«, der ihm gewidmet ist. Immer wieder trafen wir uns und arbeiteten zusammen – bei CD-Aufnahmen, Konzerten und Workshops.

Es gibt zwischen uns einen musikalischen Unterschied: Er spielt eher schnell, während ich mich mit dem langsameren Stil wohler fühle. Wenn ich meine Workshopteilnehmer frage, was sie bevorzugen, sagen sie meist, sie mögen beide Spielweisen. Ich habe aber den Eindruck, dass es eine Altersfrage ist. Die Jüngeren tendieren zum schnellen, die Älteren zum langsamen Stil.

Mamady Keïtas großer Erfolg wundert mich nicht: Er ist ein großer Musiker, dazu intelligent und durchsetzungsfähig. Wir beide haben den Europäern und den vielen Menschen in allen Ecken der Welt, die unsere Musik lieben, alles zu verdanken.

TEIL 2: BESCHREIBUNG MEINER KULTUR

Die soziale Ordnung im Dorf

Die Dorf-Chefs: *duuti* und *sotiikèmöö*

Es gibt zwei gewählte Dorf-Chefs, die beide der Gründerfamilie Keïta angehören. Der erste, *duuti* genannt, ist die Kontaktperson des Dorfes gegenüber der Regierung oder der Regionalverwaltung. Der zweite Dorf-Chef ist der *sotiikèmöö,* ein älterer (meist der älteste), aber gesunder, erfahrener Mann von untadeligem Ruf, der für die inneren Angelegenheit des Dorfes zuständig ist und die Fähigkeit besitzen muss, die vielfältigen sozialen und wirtschaftlichen Probleme, die den Dörflern zu schaffen machen, mit Fingerspitzengefühl und gesundem Menschenverstand zu regeln.

Wenn Tiere geopfert werden, bekommt jeder Dorfteil seinen Anteil am Fleisch. Der *sotiikèmöö* bekommt immer die Brust. Er wird von der Gründerfamilie Keïta aus den eigenen Reihen gewählt. (Die übrigen Familien wählen nach den gleichen Kriterien einen Familienchef, *kabila kunti* genannt). Die beiden Dorf-Chefs stehen hierarchisch auf der gleichen Stufe. Wenn die Regierung der Hilfe einer Dorfgemeinschaft bedarf, nimmt sie Kontakt mit dem *duuti* auf. Dann zieht der Griot durch das Dorf, schlägt mit dem Stock auf seine *taman*-Trommel, ruft: Hört, was ich euch zu sagen habe! und lädt die männlichen Dorfbewohner für den nächsten Morgen zu einer Versammlung beim *sotiikèmöö* ein. Auf diese Weise werden seit eh und je wichtige Nachrichten und Informationen weitergegeben.

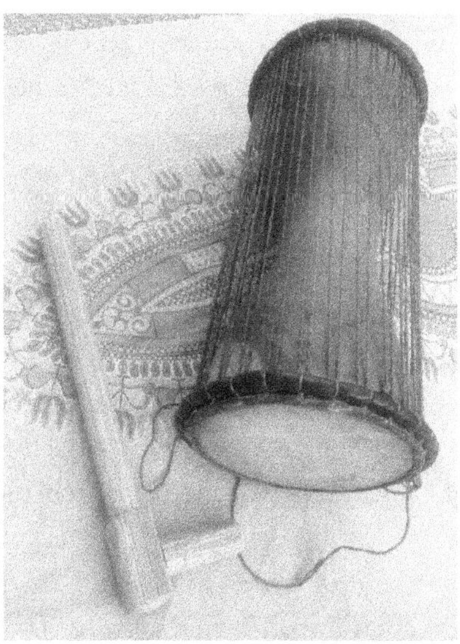

Taman (»Sprechtrommel«). Man hält sie unter dem Arm und variiert die Klanghöhe durch Druck auf die Bespannung.

Adel, Handwerker, Jäger

In den Dörfern von Hamana wissen alle Frauen, Männer und Kinder, zu welcher Gruppe sie gehören und welche Aufgaben sie in der Gemeinschaft haben.

Die *höròn* (die »Freien«, auch *sununke* genannt) sind der Adel. Sie sind die Regenten. Früher entschieden sie über Krieg und Frieden und waren selbst große Krieger. Sie regeln alles, was mit der Landwirtschaft zusammenhängt. Sie sind letztlich aber für die ganze Gemeinschaft und alle ihre Angelegenheiten verantwortlich.

Die *nyamakala* sind die »Handwerker« der Gesellschaft:

- Die *karanke* sind die Lederarbeiter
- Die *jeli* (Griots) sind die Historiker, Geschichtenerzähler und Lobsänger. Sie gehören ebenfalls zu den *nyamakala*. Ihr Arbeitsmaterial sind Worte (Sprache) und Töne (Musik).
- Wer Holz, Metall und Ton bearbeitet, gehört zu den *numun* (den Schmieden). Sie genießen großen Respekt, denn sie produzieren die meisten der alltäglichen Gebrauchsgegenstände. Sie bauen auch die Trommeln. Deshalb kommen die Trommler meist aus Familien der Schmiede. Früher waren sie auch für das Bäume Fällen und den Bau von Pirogen zuständig – Arbeiten, die heute auch von anderen übernommen werden, wie überhaupt die alten Ordnungen sich allmählich auflösen.

Traditionell aber blieben diese Gruppen unter sich: Sie vererbten ihre Funktionen und gaben ihr Handwerk in ihren Familien weiter. Man kann ihre Zugehörigkeit deshalb meist schon an ihren Namen erkennen. Die *höròn* heißen meist Coulibaly, Keïta und Konaté. Typische Namen der *numun* sind *Camara und Doumbouya*. Die Griots heißen Kouyaté, Diabaté, Diawara, Condé. Der Name Kanté findet sich sowohl bei den Schmieden als auch bei den Griots.

Wer Coulibaly, Keïta oder Konaté heißt, ist als Angehöriger der Oberschicht eigentlich nicht für das Trommeln zuständig. In meiner Familie musste er damit aufhören, sobald er heiratete. Mamady Keïta und ich wurden nur deshalb Berufstrommler, weil man uns für die großen staatlichen Ensembles rekrutierte. Der heutige Dorftrommler von Sangbaralla, Soli Keïta, ist ebenfalls eine Ausnahme. Sein älterer Bruder Lanciné wurde von der Familie der Braut unter Druck gesetzt: Entweder das Mädchen oder die Trommel! Da er sie liebte, gab er nach. Soli aber dachte gar nicht daran, das Trommeln aufzugeben. Inzwischen hat sich die Familie damit abgefunden.

Eine besondere Gruppe sind in unserer Gesellschaft die Jäger (*donso*). Die Jäger bilden keine Kaste wie die eben aufgeführten Berufe. Jagd, Fischfang, Handel und Landwirtschaft sind frei und stehen allen offen.

Schmied in seiner Werkstatt

Jäger

Die Jäger sind sehr selbstbewusst, denn die Versorgung der Gemeinschaft mit Fleisch ist eine wichtige Aufgabe. Die Jagd auf Wildtiere in Wald und Savanne ist voller Gefahren. Die Jäger schützen sich dagegen mit allen möglichen magischen Vorkehrungen. Sie bilden Bruderschaften, teilen miteinander viel Geheimwissen, haben eigene Rituale und eine eigene Musik (ihr Instrument ist die Jägerharfe *donso könin*). Mein Vater war Chef der Jäger von Hamana und ein großer Féticheur. (Darüber berichte ich an anderer Stelle). Auch mein Großvater und die meisten männlichen Familienmitglieder waren und sind Jäger.

Wenn der Jäger ein schweres Tier erlegt hat, das er nicht allein forttragen kann, geht er ins Dorf und holt Hilfe. Er muss aber beweisen, dass das Tier wirklich tot ist, sonst geht niemand mit, aus Angst, das verletzte Tier könnte noch angreifen. Der Jäger schneidet also dem Beutetier den Schwanz ab und zeigt ihn den Dorfbewohnern.

Als ich zwölf Jahre alt war, hat mein großer Bruder Malon Sory Konaté einmal ein Tier geschossen, ohne es genau zu erkennen. Es war nicht tot, sondern nur verletzt. Am nächsten Morgen gingen alle Jäger zu der Stelle – ohne das Tier dort zu finden. Nach langer Suche entdeckten sie zu ihrem Schrecken einen Panther mit einer Schusswunde im Bein. Das war hochgefährlich. Bei uns sagt man, dass die wilden Tiere es besonders auf diejenigen abgesehen haben, die es mit der ehelichen Treue nicht genau nehmen. Besonders wer mit einer Griotte geschlafen hat, ist in Gefahr. Wir haben ein Sprichwort: Wer untreu war, soll nicht auf die Jagd gehen! Da das praktisch jeden betrifft, gehen die Jäger nie allein in den Wald, sondern nehmen mindestens immer ihre Lehrlinge mit.

Kaum hatte der Panther die Jäger bemerkt, griff er an. Die meisten verletzte er bezeichnenderweise an den Hoden.

Alpha Condé, der gegenwärtige Präsident Guineas, hat den Jägern die Vollmacht gegeben, im Namen der Regierung Wilddiebstahl und Abholzung zu verhindern – auch mit Hilfe ihrer Zaubermittel (*köröte*). Sie tragen Karten um den Hals, die sie als Staatsbeauftragte ausweisen.

Griots und Griotten

Die Griots (*jeli*) haben viel zu erzählen: Als Historiker kennen sie unsere Geschichte bis zurück zu Soundiata Keïta, der im 13. Jahrhundert das Mali-Reich gründete. Sie wissen Bescheid über die vielen Kriege mit all ihren Schlachten und über andere wichtige Ereignisse. Ihr Wissen tragen sie singend vor, wobei sie sich auf ihren Instrumenten (vor allem: *köra* und *balafö*) selbst begleiten.

Da es in den meisten unserer Kulturen keine Schrift gibt, wüssten wir von vielen Geschehnissen gar nichts, wenn sie nicht in den Liedern der Griots aufbewahrt wären. So gibt es z. B. ein Lied über den Heerführer Almamy Samory Touré (1830–1900), der 1878 den Wassulu-Staat gründete (im Kapitel über meinen Großvater habe ich schon von ihm berichtet). Er galt als unbesiegbar. Aber die Stadt Sikaso (im Süden des heutigen Mali) konnte er nicht einnehmen, weil der dortige Herrscher Sikaso Kèèba einen großen Befestigungswall um die Stadt errichtet hatte, den niemand überwinden konnte. Das Lied heißt:

Baramen diabaji wurila Sikaso diaba tè damuna:
Eh! Samudu le, Ala le nö wo kèla, i bada mèn i dö jabaji wurila, Sikaso jaba tè wurila

Spottlied auf Almamy Samory und seine Niederlage in Sikaso:
He! Samory, Gott hat es so gewollt, du hast so viele Siege gefeiert, aber in Sikaso gibt es für dich nichts zu feiern.

Die Griots sind so etwas wie die große Bibliothek Afrikas, ohne die dieser Kontinent seine reiche Geschichte nicht lebendig halten könnte, denn es gibt fast keine Archive oder Dokumentationszentren zu seiner Kultur und zu seinen Traditionen.

Unter den Griots sind die Kouyaté die angesehensten und wichtigsten, sie sind sozusagen die maßgebenden Meister für die anderen, die Diabaté, Diawara und Condé.

Es gibt in Westafrika viele Bezeichnungen für die Griots, je nach Land, Region und Sprachgruppe: *dyeli, jali, gnara, fina, gnamakala, n'gawulo …*

Ursprünglich – in den Zeiten des Mali-Reichs – war das Spielen von Musikinstrumenten den Griotfamilien vorbehalten. Aber schon damals waren sie nicht einfach Musiker. Die Musik war und ist für sie nicht Selbstzweck, sondern Ausdrucksmittel bei ihren vielfältigen sozialen Aufgaben.

Die Griots sind bei allen Festen dabei. Sie kennen sich auch in den Familien ihrer Gemeinschaft aus, wissen woher sie stammen und welche Rolle jedes einzelne Familienmitglied spielt oder gespielt hat. All das tragen sie bei Familienfesten vor, angereichert mit besonderen sprachlichen Wendungen und Spruchweisheiten. Sie rufen damit starke Gefühle bei den Menschen hervor – angenehme und weniger angenehme, je nachdem um welche Personen oder Ereignisse es geht.

Woher wissen die Griots das alles? Von ihren eigenen Eltern und Vorfahren. Denn man wird Griot, wie schon gesagt, nicht durch eine Berufsentscheidung, sondern durch Geburt. Alle ihre Ahnen waren selber schon Griots. Sie verwenden viel Zeit darauf, ihre Kinder auf den Stand des Wissens zu bringen und sie musikalisch und rhetorisch zu schulen. Das ist sehr aufwendig und für die Heranwachsenden eine harte Lehre.

Griots stehen oft im Dienst einer Familie oder einer bedeutenden Persönlichkeit. Sie streichen dann bei jeder Gelegenheit deren Verdienste heraus. Solche Griots nennt man dann nach dem jeweiligen Namen der Familie *Mansaré jeli*, *Koroma jeli*, *Konaté jeli* etc.

Die Griots verstehen sich aufs Loben, wo immer jemand gefeiert wird – zum Beispiel bei Familienfesten – oder wo sie es mit einflussreichen oder wohlhabenden Personen zu tun haben, von denen sie sich eine Zuwendung erwarten. Wenn ein Griot jemandem zufällig begegnet, den er gut kennt, so muss man damit rechnen, dass er sofort ein Loblied anstimmt.

Für mich haben die Griots und Griotten oft Loblieder gesungen. Zum Beispiel dieses (zu dem ich einen eigenen Begleitrhythmus komponiert habe, *a nakan*):

N'bada n'sèbè di Sirinkalu (Kankankalu, Franakalu, Kurussakalu)! Ayee!
Ayi tolomalö Famudu nakanna! Ayee!
Eh Koriamudu tele dianinde aiye!

An euch, ihr Bewohner von Siguiri (Kankan, Faranah, Kouroussa), mein Ehrenwort! Ayee!
Horcht – der Klang kündet Famoudous Ankunft an! Ayee!
Ah, wie schön sind die Zeiten mit Koriamudu (Famoudou)! Ayee!

Man muss dem lobenden Griot dann etwas schenken – Geld oder sonst etwas, mit dem man ihm eine Freude machen kann.

Sie loben gelegentlich auch, wo es eigentlich nicht viel zu loben gibt. Sie sind aber auch für die Armen da. Die bedanken sich für ihren Auftritt damit, dass sie sich mit einem Messer den Arm einritzen und ein wenig von ihrem Blut fließen lassen.

Gern besuchen Griots die Familien, vor allem die wohlhabenden und einflussreichen, um sie zu beraten. Der Tradition nach können sie einfach kommen, wann sie wollen, sie müssen sich nicht anmelden. Sie haben das Recht dazu. Solche Beratungsgespräche nennt man *baro* oder *sumunin*. Natürlich bezahlt man sie anschließend dafür.

Als ich sieben Jahre alt war, kamen einmal zehn Griots zu meinem Vater, um ihn in einem *sumunin* zu beraten. Obwohl sie unangemeldet kamen, empfing mein Vater sie höflich, bewirtete sie mit guten Mahlzeiten und Getränken und gab ihnen zum Abschied Geld, Reis, ein Schaf und eine Kuh. Sie blieben vom Morgen bis in den späten Abend hinein. Und er dankte ihnen mit ausgesuchten Worten. Diesen Dank an die Griots nennt man *labilali*.

Lässt man es an dieser Dankbarkeit fehlen, so läuft man Gefahr, dass sie schlecht über einen sprechen und im Dorf böse Gerüchte streuen.

Die Griots spielten immer schon eine wichtige Rolle an den Höfen der Herrscher, berieten sie bei wichtigen Entscheidungen mit ihrem historischen Wissen oder dienten ihnen als Sprachrohr, um den Untergebenen und dem Volk Absichten des Potentaten zu erläutern.

Sie sind auch Streitschlichter und Friedensstifter. Besonders darauf spezialisiert ist eine Gruppe von Griots, die man *fadama jeli* nennt. Sie schlichten Streitigkeiten zwischen größeren Gemeinschaften, Dörfern oder Städten, meist mit Erfolg.

1997 besuchte ich meine Verwandten in Sangbaralla. Das Dorf stritt sich erbittert mit dem 2 km entfernten Nachbardorf Sanankörö um bestimmte Ländereien. Ich bekam gerade noch das Ende einer großen Redeschlacht der beiden Dörfer mit. Die *fadama jeli* erinnerten an die vielfältigen freundschaftlichen Beziehungen ihrer Bewohner und an gemeinsam Erlebtes und Erlittenes. Alle waren tief bewegt, und der Streit war danach erledigt.

Es gibt einen Rhythmus, der den Griots »gehört«: Nur sie und ihre Familien dürfen dazu tanzen. Er heißt *la lamban*. Man singt dazu:

Aa, jaliah – Allah leke jaliah!

Ah, die Kunst der Griots – Gott schuf die Kunst der Griots!

Die Griotten

Griotten sind nicht einfach nur weibliche Griots. Sie sind auch nicht mit deren Ehefrauen *(jeli moso)* vergleichbar, die eine eher unterstützende Funktion haben, wenn ihr Mann auftritt. Sie begleiten ihn dann auf dem *karinyan*, einem kleinen Eisenrohr, bespielt mit einem Eisenstab.

Eine Griotte arbeitet dagegen selbständig, sie hat im Großen und Ganzen die gleichen Aufgaben wie ihr männliches Pendant. Da das Spiel auf den eindrucksvollen Instrumenten *köra* und *balafö* den männlichen Griots vorbehalten ist, sind die Griotten in besonderer Weise auf die Ausdrucksfülle ihres Gesangs, auf Mimik, Gestik und Körperbewegungen angewiesen, um ihre Botschaft herüberzubringen. Sie beherrschen ihre Sprache durch und durch und verfügen über einen großen Reichtum an Redewendungen und rhetorischen Formeln. Bei ihren Auftritten sind sie hochelegant gekleidet.

Auch die Griotten entstammen den alten Griot-Familien. Es gibt praktisch keine Feste (Hochzeiten, Taufen), keine großen oder kleinen religiösen Feste, keine kulturellen Ereignisse ohne Griotten. Sie sind dabei unüberhörbar und unübersehbar. Auch sie verstehen es perfekt, ihren Adressaten mit Lobgesängen zu schmeicheln. Auch sie werden dafür mit Geld und Geschenken belohnt. Bleiben Belohnungen aus, so haben sie kein Problem damit, auf Schmähung und Beschämung umzuschalten, und zwar ebenso professionell.

Wenn man eine Griotte anredet, so fügt man ihrem Vornamen das Wort *jeli* hinzu (z. B. *jeli Fanta*).

Wenn eine Griotte zusammen mit der Djembe oder einem Trommelensemble auftritt, gibt es gelegentlich das Problem, dass sie in der Lautstärke nicht mithalten kann und dass ihr Gesang in den Trommelrhythmen unterzugehen droht. Dann ist eine gute Klangregie gefordert, sonst ist die Griotte in Gefahr, ihrer Stimme zu schaden. Manche benutzen ein Megaphon, um durchzudringen.

Ein bekanntes Lied singt das Lob der berühmten Griotte Saran. Ich habe dazu das Rhythmusarrangement *hamana mandenkönö* (CD »Hamana Mandenkönö«) erfunden. Gute Griots nennen die Malinké *könö* (Vogel). Sind sie besonders begabt, nennt man sie *mandenkönö* (Nachtigall).

Wassa wassaa ayeeh! Saran könö, Saran diara nelula!
Duula könö duulaba diani ne, mandenkönö böda wulala …

Große Freude! Saran die Nachtigall, Saran hat uns Freude bereitet! Die Nachtigall vom Norden hat uns Freude bereitet …

Berühmte Griots der Republik Guinea

Es gibt einige guineische Künstler mit internationalem Ruf, die ihrer Herkunft nach Griots und Griotten sind oder waren.

Sory Kandia Kouyaté war der berühmteste Sänger Guineas. Er hielt stets an der traditionellen Musik fest, die er von klein auf erlernt hatte. Er hatte eine unglaublich melodiöse, hohe Stimme, mit der er zum weltweiten Ruhm der Ballets Africains de Guinée und des Ballet Djoliba entscheidend beitrug. Später wurde er Direktor des *Ensemble Instrumental et Choral de la Radiodiffusion de Guinée.* Er war ein enger Freund des ersten Präsidenten Sékou Touré. Mit 44 Jahren starb er 1977 bei einem Autounfall.

Aboucar Demba Camara stammte aus Saraya in der Region Kouroussa. Er wurde schon als junger Mann erster Gesangssolist der Gruppe Bembeya Jazz National de la République de Guinée. Er beherrschte alle traditionellen Lieder aus Oberguinea und hatte großen Erfolg beim Publikum auf seinen Tourneen inner- und außerhalb Afrikas. Seine Stimme war ebenso weich und melodisch wie die von Sory Kandia Kouyaté, aber weniger stark. Ich war einer seiner großen Bewunderer. Ich kannte viele Lieder, die er sang, und er sang sie auf so anrührende Weise, dass Erinnerungen und Gefühle in mir aufstiegen. Auch die Lieder, die er selbst geschaffen hatte – obwohl er wie viele andere Künstler nicht lesen und schreiben konnte – waren voller Weisheit. Er starb 1973, erst 29 Jahre alt, bei einem Autounfall.

Hadja Kadé Diawara stammt aus meinem Heimatdorf Sangbaralla und wurde wie ich 1940 geboren. Sie starb 2020. Sie war eine der großen Gestalten der Musik Guineas, ja ganz Afrikas, und lange Zeit Mitglied im Ensemble de la Radiodiffusion de la République de Guinée. Ihre Gesangskunst entwickelte sich schon während ihrer Kindheit im Dorf. Ihre Stimme war ebenso strahlend wie die von Sory Kandia Kouyaté. Ich habe ihren Liedgesang immer sehr bewundert und mit großer Freude mit ihr zusammengearbeitet. So entstanden gemeinsame Tonaufnahmen (zu hören auf meinen CDs »Hamana Föli Kan«, »Hamana Kundo«, »Hamana Namun«), und 2002 machten wir zusammen eine sehr erfolgreiche Tournee durch Europa.

Hadja Kadé Diawara (Auftritt in meinem Haus, 2002)

Die Altersgruppen (Generationen)

Die Mädchen und Jungen und die jungen Erwachsenen im Dorf sind in Altersgruppen – wie wir sagen: Generationen (*sèdè*) – aufgeteilt. Jede der acht Generationen hat einen eigenen Vorstand (*sèdè kunde*), der aus der Gründerfamilie des Dorfes kommt. Die Generationen teilen sich die Verantwortung für viele Zeremonien, zum

Beispiel Hochzeiten, Taufen und Initiationsfeiern. Jedes Mädchen und jeder Junge durchläuft die Generationenhierarchie zusammen mit den ungefähr gleichaltrigen Kindern und Jugendlichen. Das schafft einen starken Zusammenhalt, ähnlich wie in der Familie: Man lebt miteinander, erlebt die eigene Entwicklung gemeinsam und ist mit seiner Gruppe für viele Aufgaben im Leben der Gemeinschaft verantwortlich. Manche dieser Aufgaben sind jeweils den Mädchen und den Jungen allein vorbehalten, andere erfüllt man gemeinsam. Das Generationenprinzip ist wichtig für die Erhaltung unserer Kultur. Dank dieser Struktur gibt es kein langweiliges Jugendalter, und die Mädchen und Jungen, die den Rhythmus und die Rituale dieser Erziehung durchlaufen haben, werden auf sehr wirksame Art und Weise in Verhaltensweisen eingeführt, die für unsere Kultur grundlegend sind.

Erste Generation: *baratii.* Dies sind jüngere, aber meist schon verheiratete Erwachsene. Sie sind für den Festplatz *bara* verantwortlich (daher der Name), wachen über die Trommeln, rufen die Dorfbewohner mit dem Rhythmus *bara duu* zusammen und tanzen bei den Festen die wichtigsten Rhythmen.

Wenn die *baratii* älter werden, machen sie der nächsten Generation Platz. Die Dorfältesten bestimmen rechtzeitig das Jahr und den Tag der Übergabe, die dann mit einem großen und aufwendigen Fest gefeiert wird (*bara bila* = Übergabe an die Jüngeren).

Die Kühe, die für das Fest geschlachtet werden müssen, kosten viel Geld, und dafür arbeiten die *baratii* mehrere Jahre im Voraus. Jedes Jahr wieder bestellen sie eine Woche lang das Feld eines Bauern, immer wieder eines anderen. Die Feldarbeit wird begleitet vom Gesang der Mädchen und den Trommelrhythmen *kassa, konkoba und dibon.* Am Ende der Woche schlachtet der Bauer, für den sie gearbeitet haben, ein Rind und gibt ihnen ein weiteres Rind für das spätere *bara bila*-Fest mit. Die Rinder, die sich auf diese Weise über die Jahre hin ansammeln, gehören den baratii als Gruppe.

Jede neue *baratii*-Gruppe gibt sich als erstes einen Namen, zum Beispiel:

- *hèrèmakönön* (in Erwartung des Glücks)
- *mööyaji* (die edlen Männer)
- *mansaji* (die Könige)
- *bènkadi* (Eintracht ist wohltuend)
- *sandiyanèn* (ein glückliches Jahr),
- *jamadiya* (wir machen die Leute glücklich)
- *sodiya* (wir machen das Dorf glücklich).

Vor allem aber müssen die neuen *baratii* eine *sankaramba* finden – ein Mädchen, bei ihrer Wahl etwa sieben Jahre alt, das die *baratii*-Gruppe dann durch ihre Amtszeit hindurch begleitet. Die *sankaramba* ist für ihre *baratii* eine sehr wichtige Person: Sie koordiniert (mit Hilfe ihrer Eltern) ihre Zeremonien, und ihre Familie schlachtet zu Beginn jedes großen traditionellen Festes eine Ziege oder ein Lamm, um den *baratii* eine Mahlzeit zu bereiten. Die *sankaramba* wird in einem besonderen Ritual ausgewählt: Zum Tanz der *baratii* wird ein Hähnchen getötet und auf den *bara*-Platz gelegt. Die wohlhabenderen Eltern, die sich in der Lage fühlen, die Arbeit einer *sankaramba* zu unterstützen, schicken ihre Tochter los, um das Hähnchen aufzuheben. Sobald dies geschehen ist, ertönt der Ruf *wasa wasa ayé*! (alles ist gut!) Sofort beginnt die Familie der *sankaramba* mit der Arbeit. Das Hähnchen ist Teil der ersten Mahlzeit, eines großen Gerichts, das sie für die neue Generation zubereitet.

Die Wahl einer *sankaramba* wird im Dorf gefeiert wie die Inthronisation eines Herrschers, man überschüttet sie mit Ovationen und platziert sie königlich im Schatten des großen Baumes auf dem Dorfplatz. Unter ihren bewundernden Blicken zeigen die Tänzer ihre Talente. Die *sankaramba* bekommt Gaben und Geschenke von überallher, vor allem auch von ihren Eltern. Im Verlauf des Festes tragen vier starke Männer aus der *baratii*-Gruppe das wunderschön gekleidete Mädchen in einer Sänfte durch das Dorf, begleitet von Trommelrhythmen, Liedern und Tänzen.

Dieses Ritual geht auf die Frühzeit des Kolonialismus zurück. Der französische Kommandant ließ sich, wenn er auf Inspektionsreisen ging, von vier starken Männern in einer Sänfte tragen. Das haben die *baratii* für ihre *sankaramba* übernommen.

Als ich noch klein, aber schon ein guter Trommler war, engagierte mich die *baratii*-Gruppe *mansaji*. Sie kamen mit Kolanüssen zu meinem Vater und baten ihn, mich bei ihren Festen trommeln zu lassen.

Zweite Generation: *baradömöö* (»kleiner Bruder« der *baratii*). Diese jungen Männer bereiten sich darauf vor, selbst *baratii* zu werden, und können die Übergabe kaum erwarten. Wenn einer von ihnen bei den *baratii* einen Bruder hat, der aus Altersgründen vorzeitig ausscheidet, rückt er für ihn nach. Oft provozieren die *baradömöö* die *baratii* bei den Festen oder attackieren sie aus dem Hinterhalt, um ihre Präsenz und Stärke in Erinnerung zu bringen, und weil sie sonst nichts zu tun haben. Gewinnen können sie dabei nicht. Aber es kann zu schlimmen Situationen führen. Als ich 15 war, trommelte ich einmal bei einem *gbalan la*-Fest (s. u. Feste), als die *baradömöö*-Gruppe plötzlich aus dem Wald kam und die *baratii* mit Flusspferdpeitschen attackierte. Die Angegriffenen wehrten sich, die Angreifer flohen – bis auf einen, den armen Kemodyan Keïta. Man hielt ihn fest – er wurde furchtbar zugerichtet und musste mit traditionellen Medikamenten behandelt werden.

Dritte Generation: *baramamaren* (»Enkel« der *baratii*). Sie haben keine besondere eigene Rolle im Gefüge der Altersgruppen. Man leistet den *baratii* Hilfsdienste und bereitet sich so darauf vor, selbst einmal ihre Aufgaben zu übernehmen. Wenn eine neue *baratii*-Gruppe gebildet wird, kann es sein, dass es nicht genügend Aspiranten bei den *baradömöö* gibt. Dann fügt man einige Jungen aus der dritten Generation hinzu, die eigentlich noch nicht dran sind.

Vierte Generation: *kondén ba* (die »Großen« der *kondén*-Maske). Während die ersten drei Altersgruppen schon zu den Erwachsenen gerechnet werden, sind die *kondén ba* in der Hierarchie die älteste Jugendlichen-Gruppe. Sie »besitzen« eine Reihe von Liedern und die Tanzrhythmen *kondén, balanin, soko, kadan*, die sie tanzen, wann immer sie Lust dazu haben. Der schwierigste dieser Rhythmen ist der *kadan*, benannt nach den Lianenringen, die die Jungen an den Fußgelenken tragen, und die einen charakteristischen Klang erzeugen. Dieser Sound ist das Erkennungszeichen der *kondén ba*, ebenso wie ihre hölzernen Trommeln (*kodo*), die im Verhältnis wie die drei Basstrommeln (*kenkeni, sangban, dunun*) gestimmt sind (siehe Kapitel Die Musikinstrumente: Instrumente der Kinder).

Baratii, die Herren des Festplatzes

Sie begleiten damit auch den Tanz der beiden Masken, die in ihrer Obhut sind: *kondén* und *balanin*. Jedes der fünf großen Feste endet feierlich und in heiterer Atmosphäre mit deren Auftritt (siehe das Kapitel über die Masken).

Die *kondén ba* sind auch für eine besondere Zeremonie verantwortlich: *danè riyi tè* (= einen großen Baum fällen). Ungefähr in der Mitte des Fastenmonats Ramadan gehen die *kondén ba*-Jungen in den Wald – die Regel ist: ungefähr 30 km weit – um einen besonders hohen und gerade gewachsenen Baum zu suchen. Wenn sie ihren idealen Baum gefunden haben, fällen sie ihn – unter Mut machenden Gesängen – und ziehen ihn mit vereinten Kräften ins Dorf, in Anbetracht der Entfernung eine sehr mühsame Aktion. Beim großen Fest zum Ende des Ramadans richten sie den Baum dann in der Mitte des Festplatzes auf. Sie bringen oben einen Keramikring an, von dem zwei waagerechte Bänder in Gegenrichtung ausgehen, die an hohen Bäumen befestigt werden. Erst wenn drei Monate später das Fest des Schafes (*tabaski*) naht, fällen und zerhacken sie den Baum in einer feierlichen Aktion um Mitternacht. Morgens finden die Dorfbewohner die Holzscheite auf dem *bara* vor und verteilen sie an die Dorf-Chefs *duuti* und *sotiikèmöö* und an die Alten im Dorf. Einige werden zurückbehalten, die dienen dann beim Fest als Sitzplätze, rund um den Dorfplatz, für die Alten.

Fünfte Generation: *kondén den* (die »Kleinen« der *kondén*-Maske). Sie sind die Anwärter darauf, in die *kondén ba*-Generation aufzusteigen. In der Nacht vor dem *sunkaro sali*-Fest am Ende des Fastenmonats Ramadan verbringen sie eine Nacht in der *bölön*-Hütte. Sie reden, haben Spaß und provozieren einander. Die *kondén ba* tanzen um die Hütte zum *kondén*-Rhythmus, um die Stimmung weiter anzuheizen. Am nächsten Morgen vor Sonnenaufgang führt man die *kondén den* durch das Dorf zum *bara*-Festplatz. Dabei singen sie:

Siran kurunèn, sin yèrè;
siran janba, sin yèrè;
ay di nyöön dösa bi,
kondén di nyöön dösa,
wa wa wa wa!

Kleiner kurzer Besen, sin yèrè (Geheimformel),
großer langer Besen, sin yèrè;
sie vertragen sich heute,
die *kondén*-Masken vertragen sich,
wa wa wa wa! *(lautmalerisch: Peitschenhiebe oder Stockschläge).*

Und tatsächlich peitschen sie sich dann gegenseitig – und die Spannungen, die sich das Jahr über zwischen ihnen aufgestaut haben, lösen sich auf.

Sechste Generation: *könkösön* (Widder-Maske). Diese Generation ist nach der gleichnamigen Maske benannt. Die Kinder gehen in den Wald und verhüllen eines von ihnen mit den Blättern eines Strauches namens *sindian*. Die Maske ist nicht angsteinflößend wie manche anderen. Dann gehen sie durch das Dorf, tanzen mit der Maske vor jedem Haus, und man gibt ihnen Erntefrüchte: Maniok, Fonio, Mais, Reis und Yamswurzeln. Wenn sie genug zusammen haben, macht ein Mädchen ihrer Generation daraus ein Essen, und danach bedanken sie sich bei allen Spendern und singen:

Könkösön, könkösön saajii,
Woo! kösön saajii!

Unsere Maske ist ein Widder,
der stößt zu, wenn man ihm zu nahe kommt!

Siebte Generation: *tinbadapa*. Das sind kleine Kinder mit wieder anderer Maskierung. Sie schmücken sich in einer abgelegenen Ecke des Dorfs mit Tierhäuten und Stofflappen. Dann ziehen sie tanzend durch das Dorf und singen dabei:

Tinbada pakisapa!
Tinbada pa! ay d'i tinbadi.

Wenn du das Geheimnis unserer Maske enthüllst,
werden wir dich ernsthaft verhauen!

Wie die Kinder der Sechsten Generation bitten sie bei ihrem Tanz durch das Dorf um Lebensmittel, aus denen dann eine ihrer Mütter ein gutes Mahl zubereitet. Sie bedanken sich mit dem Lied

Si bonba, alam'a dann'I ye!

Gott schenke dir ein langes Leben!

Achte Generation: *namfadimanèn* (Mädchen), *sulukunin* (Jungen). Dies ist die Generation der ganz kleinen Kinder. Die kleinen Mädchen schminken sich mit weißem Pulver das Gesicht und imitieren mit einem Stoffballen unter dem Rock eine schwangere Frau, und sie bewegen sich auch so, zum Vergnügen der Erwachsenen. Auch sie ziehen mit ihren Masken durch das Dorf und bitten um etwas zu essen.

Könkösön

Namfadimanèn

Sulukunin

Das Wort *sulukunin* für die Maske der Jungen bedeutet »kleine Hyäne«. Sie versammeln sich bei Vollmond, gleich nach dem Abendessen. Anders als bei den älteren Kindern sind die Eltern dabei. Ein großes Feuer wird angezündet, das in spielerischer Symbolisierung die Hyänen fernhalten soll, und die Kinder singen:

Möö ba sulukunin köröbö,
Wo na di kö börö.

Wenn jemand unsere Maske enthüllt,
muss seine Mutter ihm später den Rücken massieren
(ungesagt: weil wir ihn verprügelt haben ...)

(Wortspiel: *köröbö* = die Neugier, die etwas enthüllen will; *kö börö* = den Rücken massieren)

Die Feste

Bedeutung der Feste im sozialen Leben

Die Menschen in Hamana feiern jedes Jahr fünf große Feste: die beiden religiösen Feste *sunkaro sali* (Ende des Fastenmonats Ramadan) und *tabaski* (Fest des Schafes), die Erntefeste *gbalan la* (zur Hirse-Ernte) und *bara dösa* (zur Reisernte), und das Fest *dala mön* (zum Abfischen der Dorfteiche).

Die Feste bringen den Menschen Erholung und Entspannung. Man vergisst seine Probleme, genießt den Augenblick und nimmt das Leben von der guten Seite, wohl wissend, dass es viele Überraschungen bereithält, schöne und leidvolle. Im Feiern manifestiert sich menschliche, religiöse und kulturelle Zusammenhörigkeit, man zeigt einander Liebe und Solidarität und meint damit nicht nur die Verbundenheit der Dorfbewohner, sondern der Erdenbürger überhaupt. Musik, Gesang und Tanz symbolisieren diese Gemeinsamkeit, so dass alle sie spüren können – seelisch und körperlich.

Zu den festlichen Gefühlen tragen auch besondere Mahlzeiten bei. Die Väter sorgen dafür, dass ihre Familien Fisch oder gutes Fleisch von Huhn, Lamm, Ziege oder Rind zu essen bekommen, und sie helfen ärmeren Nachbarn, die sich das nicht leisten können. Zum *tabaski*-Fest bekommen die Kinder neue Kleider und ziehen – gut frisiert, die Mädchen auch schön geschminkt – von Haus zu Haus, um kleine Geschenke in Empfang zu nehmen. Auch die Erwachsenen gehen in ihrer Festtagskleidung zu den Gebeten.

Die fünf großen Feste enden alle in der gleichen Weise: mit dem Auftritt der Masken *kondén* und *balanin*, die sich in der Obhut der vierten Generation der Jungen befinden. Ihr Erscheinen am Nachmittag des letzten Festtags ist stets ein Höhepunkt der Festlichkeiten und zugleich ihr heiterer, freundlicher Ausklang.

In den Ländern außerhalb Afrikas, durch die ich gereist bin, habe ich immer wieder erlebt, dass die großen Feste nur noch dem Kommerz, dem Profit und dem Konsum dienen. Ich habe das nicht verstanden, denn für mich ist ein Fest Anlass zu gegenseitiger Hilfe, zu Gemeinschaftlichkeit und Entspannung, und der »Profit« ist rein subjektiv. Leider kann die heutige Welt vom Geld nicht lassen, der Kapitalismus drängt sich überall auf. Er macht das Leben kompliziert. Wir sollten uns davon nicht abhängig machen.

Sunkaro sali: Ende des Ramadans

Sunkaro sali ist das Fest am Ende des muslimischen Fastenmonats Ramadan (*sun karo = der Monat des Fastens, sali = das Fest*). Während der 29 Tage des Fastenmonats wird in der Zeit zwischen Sonnenauf- und untergang nicht gegessen und getrunken und auch sonst Enthaltsamkeit geübt. Man lebt in dieser Zeit so tugendhaft wie möglich. Auch das Musizieren soll unterbleiben. Nach Ansicht vieler Muslime liebt Gott die Musik nicht besonders, vor allem aber hat er etwas gegen die Instrumente »mit zwei Köpfen« (*kun fila matun*). Damit sind vor allem die drei Basstrommeln gemeint, die an jeder Seite ein Fell haben. Gott hat ja auch den Menschen mit nur einem Kopf geschaffen. Die Djembe hat nur einen »Kopf« (*kun kelen tun*). Im Gegensatz zu den Basstrommeln kann sie deshalb ins Paradies kommen, und in Ausnahmefällen (zum Beispiel bei Hochzeitsfeiern) ist sie auch während des Fastenmonats erlaubt.

Das Fest beginnt am 29. oder 30. Tag des Fastenmonats. Die Nacht davor feiern die Männer unter sich, dabei erklingt ausschließlich der Rhythmus *kondén*. Die Jungen der vierten Generation (*kondén ba*) richten um ein Uhr den Baum auf, den sie Tage vorher im Busch geschlagen und ins Dorf geschleppt haben. Auch die Jungen der fünften Generation (*kondén den*) haben in dieser Nacht ihr Ritual (siehe Generationen).

Am frühen Morgen (ebenso wie zu Beginn des *tabaski*-Festes) haben die Trommler ein besonderes Zeremoniell: Sie ziehen zum Rhythmus *sofa salikènèbö* vor Sonnenaufgang durch das Dorf, wünschen »*salimafo!*« (ein gutes Fest!) und lassen sich von den wohlhabenderen Familien beschenken. Über die Geschenke machen sie sich sofort lustig und weisen sie ironisch zurück: Diesen verbrauchten und zerrissenen Stoff, dieses zerschlissene Kopftuch lehne ich ab und gebe es sofort an die Kollegen und die Griotten weiter!

Tabaski: Das Fest des Schafes

Tabaski ist das Fest des Schafes (auf Malinké: *donkin sali*), auch Opferfest genannt. Es erinnert an den Propheten Ibrahim (Abraham), der auf Befehl Gottes bereit war, seinen Sohn Ismael (Isaak) zu opfern. Als Gott sah, dass er ihm gehorsam sein wollte, aber auch, welche Schmerzen ihm das bereitete, erließ er ihm das Opfer, und zum Dank opferte Ibrahim ihm einen Widder.

Das Tabaski-Fest wird zwei oder drei Monate nach dem Ende des Ramadans gefeiert. Jeder, der es sich irgendwie leisten kann, soll zu diesem Fest ein Schaf oder ein Lamm schlachten. Nie wird so viel Fleisch gegessen wie bei diesem Fest! Tabaski dauert ungefähr eine Woche und ist angefüllt mit allen möglichen Bräuchen unserer Tradition. Die Jungen der Generation *kondén ba* bauen den Baum wieder ab, den sie zum Ramadan-Fest auf dem Dorfplatz aufgestellt haben. Sie zerlegen ihn und verteilen die Stücke an die Alten im Dorf (s. Generationen).

Gbalan la: die Hirse-Ernte

Gbalan la heißt das Fest zur Hirse-Ernte. Die in ganz Westafrika verbreitete Hirse mit dem Namen *Fonio* ist die häufigste Getreideart meiner Heimat. Man versetzt die Foniohirse mit Maniok-Mehl, kocht die Mischung auf und erhält *tö*, eines unserer Grundnahrungsmittel, das mit Soße gegessen wird.

Im August, kurz vor dem Ende der Regenzeit, ist die Foniohirse reif. Man zieht hinaus und schneidet die dünnen Ähren büschelweise mit der Sichel *wöröto.* Zu Beginn des Festes bereitet die Kinderfreundin ein Essen für ihren Freund (mit Hilfe ihrer Eltern). Die baratii errichten auf dem Dorfplatz für die Musik- und Tanzdarbietungen eine Art Tribüne, nach der das Fest benannt ist (*gbalan* = der Sitz). Das Hirse-Fest kann mehrere Tage dauern, aber meistens ist wegen der Erntearbeit nicht so viel Zeit.

Bara dösa: die Reis-Ernte

Bara dösa ist das Reis-Erntefest, wörtlich bedeutet es »den Tanzplatz säubern«. Der Reis wird später reif als die Foniohirse. Es gibt doppelten Grund zur Freude: Der Reis ist reif, und man kann endlich wieder frisch geernteten Reis essen. Der Tanzplatz wird gefegt, und man feiert die Ernte mit Musik, Liedern und Tanz.

Dala mön: Fischen im See

Dala mön bedeutet »Fischen im See«. Es gibt in meiner Heimat eine ganze Reihe von Seen und Teichen. Sie gehören den Dörfern in der Nähe. Auch Sangbaralla hatte einmal einen See, nur 100 Meter vom Dorf entfernt. Er hieß *Souva.* Seine Dorfnähe wurde ihm – und den Dorfbewohnern – zum Verhängnis. Alle warfen ihre Abfälle hinein, bis der Geist, der in ihm wohnte (jeder See hat so einen Geist) beschloss, sich mitsamt dem See davonzumachen. Nun ist er acht km vom Dorf entfernt.

Normalerweise lässt man die Seen und die darin wohnenden Geister und Fische in Ruhe. Nur an einem bestimmten Tag im Mai, nicht lange vor Beginn der Regenzeit, ist der Fischfang erlaubt. Dieser Tag ist das *dala mön*-Fest. Die Dorfältesten bestimmen den Termin. Sie schicken einen Verantwortlichen zum See. Der opfert dem Geist einen roten Hahn und weißes Brot und handelt mit ihm (über das Werfen von Kola-Nüssen) aus, ob und wann das Fischfest gefeiert werden darf. Am Morgen des Festes wandern dann die Dorfbewohner mit Fischernetzen zu ihrem See. Sie tanzen zu den Rhythmen *dunungbè* und *mendianèn*, bis gegen Mittag der Besitzer des Sees das Startsignal gibt und ruft:

Das Fischen soll beginnen! Das Fest soll beginnen!

Worauf sofort alle jubelnd ins Wasser springen, um die besten Fische zu erwischen. Irgendwann ist der See leergefischt, und es wird weiter getanzt, gesungen und gefeiert. Wer Probleme irgendwelcher Art hat, bittet den Geist des Sees bei dieser Gelegenheit um Hilfe und Unterstützung, und verspricht ihm dafür, den See zu schützen und zu pflegen.

Beliebte *dala mön*-Seen sind die von Balato, Samankoro, Baro und Kumana.

Dala mön: Auf dem Weg zum See von Baro

Der See von *Baro* ist bei den Menschen in meiner Heimat besonders populär. Für ihn ist seit langer Zeit mein Freund Mansa Camio verantwortlich. Schon vor meiner Tätigkeit in den Ballets Africains lud er mich oft zum *dala mön*-Fest nach Baro ein, um mit ihm zusammen die Djembe zu spielen. Ich erinnere mich gut an den Rhythmus *kuraba dön*, zu dem die Menschen dort tanzten. *Dön* heißt Tanz, *Kuraba* ist der heilige Wald, der den See umgibt. Er ist voller Geheimnisse. Wer ein Problem hat, kann Kuraba um Hilfe bitten. Tritt man in seinen buschigen Schatten, überkommt einen sofort eine unbegreifliche Angst. Trotzdem soll man sein Anliegen sofort vortragen. Man pflückt dabei ein Blatt von einem Baum und nimmt es mit. Wenn Kuraba die Wünsche akzeptiert, werden sie nach und nach erfüllt.

Während des Festes kommen hunderte Menschen zu Kuraba und berichten ihm von ihren Problemen. Wer sich ein Kind wünscht, singt:

Eh! Nankura, n nanin denko le dö,
eh! kodi Nankura,
kuraba dön namaara eh!

He! Nankoura, ich kam her, weil ich ein Kind möchte,
he! weißt Du, Nankura,
der Tanz von Kuraba hat angefangen!

Nankura ist ein Fruchtbarkeits-Geist.

Auch das Fest am See von Baro wird mehrere Tage vorher angekündigt – mit Tanz, Gesang und Musik. Mein Freund Mansa Camio bringt dem Kuraba-Geist traditionelle Opfer dar und bittet ihn, den Dorfbewohnern einen guten Fischzug und ein fröhliches Fest zu schenken. Es kann allerdings auch passieren, dass der Geist sich diesen Wünschen verweigert.

Das ändert aber nichts daran, dass die Menschen im Kuraba-Wald eine gute Gottheit sehen, die ihnen zu Wohlbefinden und Freude verhilft.

Leider ist das Fest am See von Baro in den letzten Jahren zu einer Massenveranstaltung geworden. Auch ausländische Touristen kommen in großer Zahl. Da keine Ordnungskräfte vor Ort sind, herrscht eine totale Desorganisation.

Die Masken

Heilige und andere Masken

Masken sind in unserer kulturellen Tradition sehr wichtig. Ihre Auftritte sind Höhepunkte des sozialen Lebens. Bevor ich sie einzeln beschreibe, möchte ich ein paar Unterscheidungen treffen. Eine Maske ist nicht nur etwas, womit man das Gesicht verbirgt, sondern darüber hinaus auch ein Kostüm, das den ganzen Körper verhüllt.

Wichtig ist auch die Unterscheidung zwischen heiligen und anderen Masken. Heilig kann bedeuten, dass die Maske übernatürliche Kräfte hat, mit denen sie große Wunder im Guten und im Schlechten bewirkt, wie das bei der *koma*-Maske der Fall ist. Niemand wird sich ihr in den Weg stellen, ihr widersprechen oder ihr sein Missfallen zeigen. Aber eine heilige Maske muss nicht unbedingt Gris-Gris tragen und über Zauberkräfte verfügen. Sie kann auch deshalb heilig sein, weil alle in ihr ein Emblem, ein Sinnbild der Gemeinschaft sehen. Das ist zum Beispiel bei der *kondén*-Maske der Fall – alle begegnen ihr höflich und mit Bewunderung.

Jede Maske hat ihren besonderen Auftritt, zu dem immer auch ein bestimmter Tanz gehört, ebenso wie ein unverwechselbarer Trommelrhythmus, der den Namen der Maske trägt.

Was sonst noch Maske heißt, kann auch einfach nur eine Verkleidung sein – wie z. B. das *nanfadimanen*-Kostüm der kleinen Mädchen, mit dem sie eine schwangere Frau spielen.

Die *koma*-Maske

Von allen heiligen Masken ist *koma* der Männer die gefährlichste, sie hat die allerhöchste Zauberkraft. Sie gehört den Malinké-Familien Doumbouya und Kourouma – sie war schon im Besitz von Fakoly Kourouma, dem Chef-Féticheur von Soundiata Keïta im 13. Jahrhundert. Niemand mit einem anderen Familiennamen darf die Maske tragen. Wenn sie erscheint, schließen alle Dorfbewohner ihre Türen und Fenster, denn es ist nicht ratsam, sie anzublicken mit all ihren Gris-Gris verschiedenster Art. Sogar andere Masken, die selbst Gris-Gris tragen, haben Angst vor ihr wegen ihrer großen Fetischkräfte, die sehr viel mehr Böses als Gutes bewirken. Die Leute sagen:

Koma manjuu, a nyèbiladen
ne juuman.

Die Maske *koma* ist nicht bösartig,
bösartig ist ihr Führer.

Sie sieht nämlich nicht gut und braucht jemanden, der sie herumführt. Der *koma*-Führer tritt immer gemeinsam mit ihr auf. Ihm gehören alle ihre Gris-Gris, und er ist es, der sie dazu anhält, Gutes und (meist) Böses zu tun (z. B. jemanden zu töten). Im Umgang mit solchen Leuten ist äußerste Vorsicht geboten, denn sie besitzen das gesamte Geheimwissen über Fetischismus und Zauberei. Wenn die *koma*-Maske herauskommt, hat sie noch mehr Begleiter: die *djembeföla*, die ihren Rhythmus spielen, und die alten Dorfbewohner, die legitimiert sind, an diesem Ritual teilzunehmen, und die deshalb nichts zu befürchten haben. Sonst darf sich niemand in die Nähe wagen, der nicht seinen Tod riskieren will. Ich selbst habe die *koma*-Maske oft begleitet und ihren Rhythmus gespielt, ich war sogar der privilegierte *koma*-Spieler, solange ich im Dorf war. Heute wird das alles nicht mehr so ernst genommen wie früher. Als ich 2005 mit meinen Kursteilnehmern mein Dorf besuchte, sind wir auch in das Nachbardorf Kumana gefahren, wo man uns sehr freundlich begegnete. Zu meiner großen Überraschung erschien vor großem Publikum die Maske *koma*. Ich bekam sofort Angst – aber die Familie Doumbouya sagte mir, die Maske sei nicht mehr das, was sie einmal war. Das Fest ging weiter, bis zu seinem Ende. Kurz, gewisse Traditionen, wie auch diese, schwinden vor unseren Augen dahin.

Die »magischen« Masken *soliwoulén, kawa* und *wölö*

Soliwoulén bedeutet »roter Panther«. Sie ist eine sehr heilige Maske. Ihr Körper und ihr Kopf sind mit Pantherfell und rotem Stoff bedeckt, darauf befinden sich Kaurimuscheln und kleine Spiegelscherben, die den Zuschauern Angst machen. Beim Tanzen hält sie drei Stäbe mit Gris-Gris in den Händen, die unterschiedliche Funktionen haben. Der erste kann Böses bewirken, der zweite Kranke heilen, der dritte krank machen oder lähmen. Die Köpfe der drei Stäbe sind, wenn sie tanzt, immer nach oben gerichtet, nie gegen das Publikum, weil das gefährlich wäre. *Soliwoulén* kämpft sehr wirkungsvoll gegen die Hexer und Hexen, die die Menschen essen. Sie ist Beschützerin des Dorfes, auch der Kinder – vor allem bei der Beschneidung: Man führt die gesundheitlichen oder gar tödlichen Verletzungen, die nicht selten dabei auftreten, auf Zauberei zurück. Auch bei Alltagsproblemen hilft *soliwoulén*, z. B. wenn jemand im Beruf nicht vorankommt oder wenn eine Frau ihren Ehemann daran hindern will, eine Zweitfrau zu nehmen.

Manchmal organisiert man ein Fest für die *soliwoulén*-Maske, um den bösen Geistern zu demonstrieren, wozu sie fähig ist. Sie zeigt dann alles, was sie an Magie aufbieten kann.

Auch *kawa* ist eine heilige Maske mit ganz ähnlichen Funktionen wie *soliwoulén*. Sie ist aber ein wenig anders gekleidet: So trägt sie zwar auch viele Kauris und Spiegelscherben, der Kopf ist aber mit weißer Bockshaut umwunden und dichter mit Kauris besetzt. Außerdem trägt sie einen besonderen Lendenschurz.

Die Maske *wölö* ist neben *soliwoulé*n und *kawa* die dritte im Bunde der Zauber- und Schutzmasken. Sie ist mit den Federn des Rebhuhns (*wölö*) geschmückt.

Die Koma-Maske von Babila

Soliwulén

Kawa

Wölö

Kondén

Balanin

Die sozialen Masken der vierten Generation: *kondén*, *balanin*, die Maske *turanin gbanan*

Die beiden Masken *kondén* und *balanin* beschließen mit ihren Tänzen und Rhythmen jedes der fünf großen Feste im Jahresablauf: *sunkaro sali, tabaski, gbalan la, bara dösa* und *dala mön* (s. Feste). Kondén und balanin sind in der Obhut der vierten Generation der Jungen, *kondén ba*. Beide haben ihren besonderen Rhythmus. *Kondén* trägt ein Bastkleid und einen Kopf aus Holz oder Aluminium. *Balanin* (»Stachelschwein«) ist ihre ständige Begleiterin, mit einem Stachelkleid um die Hüften und den Federn eines großen Vogels um die Schultern. Ihren großen Auftritt haben die beiden Masken am Nachmittag des letzten (meist fünften) Festtags. Man nennt dieses Ereignis *kondén nabö le bi* (= heute ist der Tanz der kondén-Maske). Alle freuen sich darauf und ziehen sich dafür noch einmal besonders festlich an. Die *kondén ba* schmücken die Maske *kondén* im Wald und führen sie an der Hand (denn sie sieht schlecht) zum Festplatz. Die Trommler kündigen ihren Auftritt an, die Dorfbewohner stehen singend und klatschend im Kreis, und die *kondén ba* spielen auf ihren *kodo*-Holzblocktrommeln. Während *kondén* zu ihrem Rhythmus tanzt, wartet ihre Gefährtin *balanin* in der *bölön*-Hütte (einem Haus am Rande des Dorfplatzes) Sie zeigt sich aber schon manchmal und bringt das Publikum mit ihren hüft- und po-betonten, etwas schamlosen Bewegungen zum Lachen. Schließlich übernimmt sie den Tanzplatz, und kondén zieht sich in die Hütte zurück.

Bei ihrem ersten Auftritt wird die *balanin*-Maske mit Gesang begrüßt:

Iyo! balanin dona soo,
bala dona!

Das Stachelschwein ist ins Dorf gekommen
und hat seinen Auftritt!

Balanin schüttelt sich, bis eine ihrer Stacheln zu Boden fällt, und fordert dann die Jungen der Gruppe auf, sie aufzuheben. Sobald sich aber einer von ihnen nähert, schlägt sie ihn. Auch *kondén* schlägt die Jungen – wenn sie müde werden. Die Schläge, zu denen die beiden Masken belaubte Zweige benutzen, sind aber nicht besonders hart. Zum Schluss kommt *balanin* noch einmal heraus und tanzt – zum Vergnügen der Anwesenden – ihren eigenen Rhythmus. *Kondén* und *balanin* haben besondere Tanzpartner der *kondén ba*, ausgestattet mit Hüten, Schlipsen und feinen Anzügen (eine Erinnerung an die Kolonialzeit).

Die beiden Masken sind gutartig, allerdings werden sie leicht nervös, wenn man sich respektlos verhält – sie wehren sich dann mit ihren Zweigen. *Kondén* gilt darüber hinaus als heilig und genießt besonderen Schutz. Deshalb umtanzen sie die Jungen, denn der Maskenträger kann fast nichts sehen. Aber niemand außer den Jungen darf tanzen, wenn *kondén* auftritt.

Wenn ich mit meinen Studenten im Dorf bin, muss ich sie immer daran erinnern, beim Auftritt der *kondén*-Maske nicht zu filmen oder zu fotografieren. Man muss auf Distanz bleiben, um sich nicht selbst Schaden zuzufügen. Nicht einmal der Staatschef dürfte sich ihr nähern. Auch sollte man in ihrer Nähe nicht sprechen, und schon gar nicht darf verraten werden, wer in der Maske steckt. Wer das tut, bekommt die Peitschenhiebe der ganzen Gruppe auf seinem Rücken zu spüren.

Einen besonderen Auftritt hat die *kondén*-Maske am letzten Tag des Ramadans. Mit dem Schwirrholz (einem besonders geschnitzten Stück Holz, das an einem Band herumgewirbelt wird) erzeugt man zu ihrem Tanz ein Geräusch, das wie fernes Löwengebrüll klingt. Und man macht den kleinen Jungen Angst, dass man einen von ihnen dem Löwen zu fressen gibt. Man singt: *Kondén diarra (diarra = Löwe), töte mich nicht – ich bin das einzige Kind meiner Eltern!*

Auch die Maske *turanin gbanan* gehört zur Familie der *kondén* und *balanin* (es gibt sie nicht in Sangbaralla, sondern nur im Nachbardort Senenkoro). Sie ist sehr hässlich, besonders ihr Kopf, der aus drei verschiedenen Segmenten besteht. Sie tritt nur selten auf: höchstens einmal im Jahr zur Erntezeit, vorausgesetzt, dass die Ernte gut ist. Das ist – im Falle von Überschwemmungen oder Trockenheit – nicht immer der Fall. Wenn *turanen gbanan* aber erscheint, drückt sie damit die Freude der Dorfbewohner aus. Es gibt auch in dieser Zeit immer einige Schwangere im Dorf. Die müssen ihr Geschenke machen, um sich vor missgünstigen Dorfbewohnern oder bösen Geistern zu schützen, vor allem aber: damit der Kopf ihres Kindes nicht genauso hässlich wird wie der Kopf der Maske. Pech für die schwangeren Frauen, die keine Gelegenheit haben, *turanen gbanan* zu beschenken: Der Kopf ihres Neugeborenen wird genauso aussehen wie die Maske!

Die Maske *gnö könögbin wölö*

Diese Maske gehört – im Gegensatz zu der gleichnamigen Zaubermaske *wölö* – nicht zu den heiligen Masken. Sie ist mit Stroh und trockenen Bananenblättern ausstaffiert, ihr Kopf ist umhüllt von einem mehr oder weniger hübschen Phantasiegebilde aus bunten Stofflappen und –streifen. Sie ist eine Maske der *baratii*, der ältesten Generation der jungen Männer, und erfüllt nur eine einzige Aufgabe. Der Mais, im Juni ausgesät, braucht drei Monate bis zur Reife und wird gegen Ende der Regenzeit geerntet. Seine Reifeperiode fällt zusammen mit der Zeit des größten Hungers im Dorf: Die Speicher sind leer, die neuen Ernten sind noch nicht eingefahren. Was liegt also näher, als in der Nacht heimlich aufs Feld zu schleichen und den Hunger mit frischem Mais zu stillen? Es ist Aufgabe der baratii, das Feld zu bewachen. In die *gnö könögbin wölö*-Maske gehüllt, verstecken sich zwei oder drei von ihnen zwischen den Maispflanzen. Sobald ein Dieb erscheint, rufen sie:

Jon dun?

Wer ist da?

Der Ertappte muss dann seinen Namen nennen, und sie bestrafen ihn mit Peitschenhieben, halten ihn bis zum Morgen fest und stellen ihn im Dorf an den Pranger. Dazu wird gesungen:

Eh! MMawa, wölö jiba ye salila.

MMawa, Mutter der Masken, der wir vertrauen, danke für den Schutz vor Maisdieben!

Manchmal machen die *baratii*, wenn sie schon mal verkleidet sind, von ihrer Maske einen Gebrauch, der nicht ganz der Regel entspricht. Wenn sie nachts im Dorf oder auf ihrem Weg zum Maisfeld jemandem begegnen, mit dem sie eine Rechnung zu begleichen haben – einem Nebenbuhler, oder auch einem Mädchen, das ihnen einen Korb gegeben hat – rufen sie ihnen ihr *jon dun?* zu, und da es nun mal Tradition ist, müssen auch diese Armen ihre Namen nennen. Und Peitschenhiebe über sich ergehen lassen.

Es ist extrem gefährlich, an diesen Abenden und in diesen Nächten im Dorf unterwegs zu sein, deshalb bleiben die Menschen lieber zu Hause. Eine meiner Töchter ist in einer solchen Nacht einmal sehr ernsthaft verletzt worden.

Die Maske *tasaba*

... ist sehr populär. Auch sie hat ihren eigenen Rhythmus. Es gibt sie in einer weiblichen und einer männlichen Version, aber in beiden stecken junge Männer. *Tasaba der Männer* hat ein schwarzes, mit Kaurimuscheln verziertes Gesicht, trägt ein üppiges, buntes Kleid und hält einen Wedel aus Tierhaar in der Hand. *Tasaba der Frauen* sieht ganz anders aus: Das Gesicht ist glatt und schmucklos, entweder gelb oder weiß, mit gerader Nase – die Maske imitiert das Gesicht einer weißen Frau. Auch das Kleid ist schlichter gehalten als das der männlichen Tasaba-Maske.

Gnô kônôgbin wôlô

Tasaba

Sexualität und Ehe

Der Mythos von den beiden Königreichen

Die Alten in unseren Dörfern erzählen bis heute, dass Frauen und Männer sich ursprünglich nicht kannten, weil sie in zwei getrennten Königreichen lebten. Sie ahnten aber, dass es jenseits ihrer Grenzen noch andere Menschen gab – ihnen ähnlich, trotzdem irgendwie anders.

Eines Tages bekam die Königin der Frauen Besuch von einer Mitbürgerin, die ihr erklärte, dass es ein zweites Königreich gebe: das der Männer. Die Königin fragte: Bist du wirklich sicher? Sie antwortete: Ja, ohne jeden Zweifel. Und die Frauen des Hofstaats nickten und sagten: Ja, wir haben alle immer wieder gehört, dass es ein Königreich der Männer gibt!

Die Königin sagte: Das will ich selbst herausfinden. Sie übergab die Regierungsgeschäfte ihrer Stellvertreterin, ließ die nötige Verpflegung einpacken – auch eine Kalebasse mit Honig –, bestieg ihr Pferd und machte sich auf den Weg. Diejenigen ihrer Freundinnen, die schon mehr von dem anderen Königreich wussten, hatten sie als Mann verkleidet. Nach einigen Tagen erreichte sie die Grenze. Sie wollte direkt zum Königshof, aber ein Gardist hielt sie auf. Sie sagte: Ich habe etwas, wovon du unbedingt kosten musst, es wird dir sehr guttun! Sie nahm den Honig aus der Tasche und ließ ihn probieren. Er war sehr angetan. Sie sagte: Ich habe noch etwas, das ist sogar noch süßer. Ich werde es dir zeigen. Aber zuerst lass mich zum König! Der Gardist ließ sie ohne weitere Einwände durch.

Im Palast angekommen, bat sie um eine Audienz, die der König sofort gewährte. Sie nahm wieder den Honig aus der Tasche und bot dem König mit größter Höflichkeit eine Probe davon an. Der König staunte, wie gut der Honig schmeckte. Sie sagte: Majestät, lassen Sie mich die Nacht bei Ihnen verbringen, Sie werden dann etwas entdecken, was noch viel süßer ist als dieser Honig! Ohne Zögern nahm der König den Vorschlag an. Als sie zusammen im Bett lagen, gab sie ihm noch einmal von dem Honig, dann schlief sie mit ihm. Er war so begeistert, dass er den Honig vergaß und sich immer intensiver mit seinem Gast beschäftigte. Am Morgen verkündete er seinem Volk, dass er eine Frau gefunden hätte, die er nun heiraten wollte, um den Rest seiner Tage mit ihr zu verbringen. Die Hochzeit wurde mit großer Freude gefeiert. So wurde die Ehe erfunden, und seither ist es Brauch, dass Frauen und Männer heiraten.

Eine Jugenderinnerung: Besuch von Mädchen aus Nachbardörfern – *ka a labö*

Ich erinnere mich immer noch sehr gern an ein Ereignis, das wir *ka a labö* (= herausrufen) nannten, ein interessantes Liebesspiel zwischen den Mädchen und den Jungen zweier verschiedener Dörfer. Eine Gruppe junger Mädchen aus dem einen Dorf tat sich zusammen zu einer Reise in ein Nachbardorf. Dort wurden sie von den Jungen in Empfang genommen, die alles für den guten Verlauf des Ereignisses vorbereitet hatten.

Manchmal verband sich dieser Brauch auch mit dem Markttag in Kouroussa. Die Mädchen, die aus entfernten Dörfern auf den Markt zogen, machten abends bei uns in Sangbaralla Station, das nur 8 km von Kouroussa entfernt ist, und zogen früh am nächsten Morgen weiter. Sie kamen aus Balato, Kaato, Koumana, Fadama oder Babila. Alle von natürlicher Schönheit und für den Markttag hübsch angezogen.

Am Tag des Ereignisses zogen die Jungen sich elegant an, um die Mädchen aus den Nachbardörfern zu verführen. Jeder trug ein schönes Halstuch, um auch ja ein Mädchen abzubekommen, mit dem er dann die Nacht verbringen konnte.

Wenn die Mädchen da waren, saßen sie eine Weile mit den Jungen zusammen, um zu flirten und zu plaudern. Dann stellten sich die Jungen in einer Reihe vor ihnen auf und riefen: *Ka a labö*! Eines der Mädchen nahm sich nun ein weißes Tuch, ging wie auf einem Laufsteg die Reihe der Jungen entlang, schaute jedem in die Augen, entschied sich dann schnell für den, der ihr am besten gefiel, und legte ihm das Tuch um. Das bedeutete: In Dich habe ich mich verliebt! Man nennt diese Geste *diatikè mina* (= ich suche mir einen Geliebten aus). Geht ein Mann in dieser Weise auf eine Frau zu, so sagt man *diati mosso.*

Nun ging ein Mädchen nach dem anderen die Reihe entlang und machte es wie die erste. Wenn mehr Mädchen als Jungen da waren, gab es natürlich ein Problem. Die attraktiven und verführerisch aussehenden Jungen waren im Vorteil, und wer leer ausging, zog enttäuscht oder wütend ab.

Gegen halb zehn, wenn das Dorf sich zur Ruhe legte, gingen auch die Mädchen schlafen. Sie wohnten meist bei älteren Frauen des Dorfes. Jeder Junge versuchte nun, seine Freundin aufzuwecken. Wenn ihm das gelang, nahm er sie mit nach Haus, und sie verbrachten die Nacht miteinander. Die beiden durften sich aber nicht sexuell berühren. Sie durften nur mit dem Schmuckgürtel (*baya*) spielen, den das Mädchen um die Hüfte trug. – Ach, die schönen alten Bräuche! Wenn ich mich an die *ka a labö*-Situationen erinnere, bekomme ich immer noch eine Gänsehaut.

Anbandeln beim Rhythmus *diaa*

Diaa ist ein Gruppentanz – es gibt ihn in einer Version für die Frauen, in einer anderen für Frauen und Männer zusammen. Die Frauen allein tanzen ihn tagsüber, mit den Männern gemeinsam aber nur nach Sonnenuntergang. Auch daran habe ich schöne Erinnerungen. Manchmal kam eine Delegation der Dorfjugend zu mir mit der Bitte, für die Mädchen und Jungen den *diaa* zu spielen. Wenn ich von der Arbeit des Tages müde war, sagte ich nein. Bestanden sie auf ihrem Wunsch, konnte ich ihnen die Bitte nicht abschlagen. Ich erwartete dann aber eine Belohnung! Wenn die Mädchen wie üblich kein Geld hatten, versprachen sie mir, dass ich sie nach dem Tanz unter den Jungen aufteilen dürfte, damit sie zusammen die Nacht verbrachten. Für mich war das natürlich eine große Ehre! Und ich durfte mir sogar zwei Mädchen aussuchen.

Wenn wir nun die Nacht miteinander verbrachten, galt dieselbe Regel wie beim *ka a labö*: keine sexuelle Berührung!

Das Bett teilen, aber kein Sex: Kinder-»Ehen« als Enthaltsamkeitstraining

In unserem Dorf schliefen die Jungen zusammen in Junggesellenhäusern namens *kameren sibon*. Das waren große Rundhäuser speziell für Freundschaftscliquen, die auch abends und nachts gerne ihre Zeit zusammen verbrachten. Ich teilte so ein Haus mit meinen Brüdern und Cousins Fadama, Kanséréba, Kèfin, Kèkörö, Konson und einigen anderen. Jeder von uns hatte im Dorf seine Freundin, die die anderen nicht anrühren durften. Ich hatte sogar zwei, denn als *djembefòla* war ich eine Art Seele der Gemeinschaft und hatte bei den Frauen enormen Erfolg.

Wir schliefen oft mit unseren Freundinnen in demselben Bett. Man tauschte Zärtlichkeiten aus, aber der Geschlechtsverkehr war tabu. Die Dorfgemeinschaft hatte gar nichts gegen solche Beziehungen. Im Gegenteil. In den 1950er und 1960er Jahren gaben die Eltern ihnen oft ausdrücklich ihren Segen. Wenn ein Junge so eine Freundschaft mit einem Mädchen anfangen wollte, ging er mit sechs Kolanüssen und etwas Geld zu ihren Eltern und holte ihre offizielle Erlaubnis ein. Die Eltern des Mädchens gingen daraufhin zu den Eltern des Jungen und baten sie, ihrem Sohn einzuschärfen, dass er über die Jungfräulichkeit ihrer Tochter zu wachen hatte. Die Kinder wuchsen dann gemeinsam heran, bis die Zeit des Heiratens kam. Die Wahl des Ehepartners folgte aber meist anderen Gesetzen. Also mussten die beiden sich irgendwann trennen, oft sehr zu ihrem Kummer.

Diese Kinderfreundschaften hatten Vorteile. Sie trainierten Selbstbeherrschung und Enthaltsamkeit, außerdem schützten sie die Unberührtheit der Mädchen, damit sie als Jungfrauen in die Ehe gehen konnten. Letztlich funktionierte das alles aber nur, wenn man drakonische Strafen für Übertretungen androhte. Ein Mädchen zu entjungfern war streng verboten, es zu schwängern war die schlimmste Untat überhaupt.

Gegenseitiges Auspeitschen bei vorehelicher Schwangerschaft

Das bekamen mein Freund Sunukuba Camara und seine Freundin einmal auf furchtbare Weise zu spüren. Sunukuba und seine Freundin hatten das große Pech, dass sie schwanger wurde. Als es herauskam, lief die Nachricht wie ein schwerer Sturm durchs Dorf. Die Dorfältesten setzten für den nächsten Tag ein Tribunal an. Es war ein Freitag. Öffentliche Gerichtsverhandlungen und Bestrafungen finden immer nach dem Freitagsgebet statt.

Als die Stunde kam, verkündete die Nachrichtentrommel *kunan* das bevorstehende Ereignis. Sofort stürmten die Leute den Platz vor dem Haus des Dorf-Chefs N'fa Madicé Keïta. Solche Schauspiele waren selten – in jener Zeit der strengen Verbote wollte niemand gern seinen Namen in die Negativchronik des Dorfes eingetragen sehen.

Die Dorfältesten befragten die beiden nun nacheinander. Das Mädchen bestätigte, dass Sunukuba der Vater war, und er gab es zu. Sie wurden schuldig gesprochen. Auch seine Familie konnte nichts für ihn tun. Das Gesetz galt für alle, und die Erziehungsgewalt hatte damals noch die Dorfgemeinschaft und weniger die Eltern.

Sunukuba wurde am Armesünder-Pfosten (*molobalinèn-yiri*) festgebunden, den Bauch flach am Stamm, den Rücken gekrümmt. Man zwang seine schwangere Freundin, ihm 50 schwere Peitschenhiebe zu versetzen. Er überstand die Bestrafung ohne den geringsten Mucks, das war er seiner Ehre als guter Kavalier schuldig. Nun aber wurde das Mädchen festgebunden, und er sollte 25-mal ihren zarten Rücken peitschen – unter den strengen Blicken der Dorfältesten. Er brachte das einfach nicht fertig. Zwei starke Burschen schlugen ihn so lange, bis er es endlich tat – weinend und schreiend. Es ist furchtbar, die eigene Geliebte schlagen zu müssen.

Umso mehr hüteten sich die jugendlichen Zeugen dieser Szene, selbst in eine so demütigende Situation zu kommen.

Heiratsvorbereitungen und Hochzeit

Mit der schönen Zweisamkeit des Kinderpaars war es vorbei, wenn die beiden ins heiratsfähige Alter kamen. Dass sie einander heirateten, war verboten. Das Mädchen heiratete fast immer zuerst: Es war körperlich weiter entwickelt. Die Aussicht auf die baldige Trennung tat den beiden weh.

Die Freundinnen der Braut führten sie am Vorabend der Hochzeit zum Fluss, um sie zu waschen. Danach erwarteten sie im Dorf die Trommler zum Tanz. Der

Rhythmus *damba* (= Flussufer) erinnert an diese Situation, ebenso das Lied: Ich gehe und wasche mich am Fluss, wo das Wasser klar und sauber ist …

Dann saß man eine Weile vor dem Haus der Braut zusammen, der Griot setzte sich mit der Hochzeitsharfe *dan (köwörö)* dazu und sang und erzählte Geschichten aus dem Leben der Braut und ihrer Familie.

Wenn das Mädchen am nächsten Tag ins Nachbardorf zu ihrem Bräutigam gebracht wurde, musste der Kinderfreund sie begleiten. Der Griot sang dann ein Lied, das die Gefühle des Jungen ausdrückte.

A watö le, n yèrèbi watö le;
N yèrèbi kana wa ka n kelen to!

Meine Liebste geht fort!
Meine Liebste, geh nicht fort, lass mich nicht allein!

Das Lied wurde früher zum Rhythmus *diagba* gesungen. Ich habe dazu einen neuen Rhythmus (*n yèrèbi*) komponiert.

Der junge Mann musste mitgehen, so schwer es ihm auch fiel. Benahm er sich bei dieser Gelegenheit gut, vertraute ihm die Familie der Braut. Sie nahm dann an, dass er sie respektvoll behandelt und ihre Jungfräulichkeit geschützt hatte. Manchmal aber suchte der Kinderfreund auf halber Strecke das Weite oder kam gar nicht erst mit. Das war verdächtig: Es konnte ein Zeichen des schlechten Gewissens sein. Der eigentliche Test kam am Morgen nach der Hochzeitsnacht. Dann zeigten die alten Frauen dem Dorf das Bettlaken des jungen Paars. Wehe, es trug nicht die Spuren der Entjungferung. Die Brauteltern machten dann den Kinderfreund und seine Familie für die Schande verantwortlich. Ihn erwarteten Angriffe und schwere Strafen. Sein Ansehen war beschädigt, denn die Gemeinschaft gab immer der Brautfamilie recht. Aber auch die Familie des Bräutigams konnte sich auf die Hinterbeine stellen. Wenn es hart auf hart kam, wurde die Ehe aufgelöst.

Natürlich wussten schon junge Mädchen, wie man dem Ehemann vortäuschen konnte, dass man noch Jungfrau war. Auch die alten Frauen und die Hebammen kannten sich mit solchen Tricks aus. Aber kamen erst einmal Zweifel auf, traute man sich gegenseitig nicht mehr über den Weg.

Ein junger Mann, der heiraten wollte, besuchte als erstes mit zehn Kolanüssen die Familie des Mädchens und hielt um ihre Hand an. Die Familie beriet sich dann, und wenn es gut lief, fragte man auch das Mädchen. War man sich einig, so galt das als Verlobung. Dann traf sich auch im größeren Kreis der beiden Familien, um sich besser kennenzulernen – Voraussetzung dafür, dass man später bei Problemen gemeinsam eingreifen und vermitteln konnte. Alle mussten überzeugt sein, dass der junge Mann und seine Familie sich die Heirat leisten konnten. Denn die Eltern der Braut bekamen bei der Hochzeit zwei Kühe, vier Schafe, Kleidung und Wäsche für die Braut und vieles mehr (eine der Kühe hielten die Brauteltern immer für Notfälle in Reserve, falls es finanzielle Probleme in der neuen Familie ihrer Tochter gab). Manchmal dauerte es Jahre, bis der Aspirant das alles bezahlen konnte, wenn er keine wohlhabenden Eltern hatte. Dann musste er einige Jahre besonders hart arbeiten. Dafür erwartete der künftige Ehemann, dass auch die Braut alle Anforderungen erfüllte, vor allem, dass sie jungfräulich in die Ehe ging.

Familien konnten von Glück sagen, wenn sie mindestens ebenso viele Töchter wie Söhne hatten. Denn was sie für den Sohn ausgaben, konnten sie bei der Tochter wieder hereinholen. Es war auch unter ökonomischen Gesichtspunkten wichtig, dass die wechselseitigen Erwartungen nicht enttäuscht wurden.

Was in der Hochzeitsnacht geschieht, geht niemanden etwas an!

Der Brauch, dass der Bräutigam am Morgen nach der Hochzeitsnacht preisgibt, ob seine Braut noch Jungfrau war, ist mir seit eh und je verhasst. Denn dabei wird das Privateste nach außen gekehrt, ohne Rücksicht darauf, dass davon auch Menschen erfahren, die es überhaupt nichts angeht. Der Bräutigam informiert eine der alten Frauen des Dorfes oder des Viertels. Die setzen für den nächsten Tag eine Zeremonie an: Sie tanzen, begleitet von der Djembe, in den Händen die laut rasselnde Kalebasse *baladudu*, und singen dazu ein Lied, das die gesamte Gemeinschaft von der Entjungferung in Kenntnis setzt. Und das auch mitten in der großen Stadt Conakry!

Eines Tages lud mich meine Freundin Fanta Keïta, die schon einmal mit mir auf einer Konzertreise gewesen war, zu dieser Zeremonie ein – ohne mir zu sagen, um was es ging. Ich merkte es aber sehr schnell und weigerte mich mitzumachen. Ich war sehr wütend, dass sie mir das nicht vorher gesagt hatte, und habe nie wieder für ihre Leute gespielt.

Der Imam bekommt die Ehefrau geschenkt

Es gibt einen Brauch, den wir *Allah mandi* nennen. Das bedeutet: Die Frau als Geschenk. Gemeint ist eine Frau, deren Eltern nichts – weder Kuh noch Schaf – dafür bekommen haben, dass sie sie einem Mann in die Ehe gaben. Das ist selten – und ein umso größeres Geschenk an den Nutznießer. Meist ist dieser ein religiöser Würdenträger, ein Imam oder *karamoko*.

Worauf dieser Brauch zurückgeht, weiß ich nicht. Die Islamkundigen behaupten, es gäbe eine Passage im Heiligen Koran, die vorschreibt, diese frommen Männer mit Geschenken zu ehren, und sei es mit der eigenen Tochter. Also tut man das auch –

und erhofft sich dafür vom allmächtigen und gnädigen Gott einen Platz im ewigen Paradies als Belohnung.

So wie es der Arme sagt, wenn man ihm ein Almosen gibt: *Fissabidilaye, kabilabi, kabèn sinin.* Möge Gott dir im Paradies hundertfach vergelten, was du hier auf Erden Gutes getan hast!

»Gutes« muss man in diesem Fall wohl in Anführungszeichen setzen.

Bis zur Hochzeit dürfen die Mädchen nicht kochen

Ich sage oft, dass man die wichtigen Dinge nicht in der Schule lernt, auch nicht, wenn sie bloß erzählt werden, sondern durch Zuschauen und Imitieren. Ein schönes Beispiel sind die Kochkünste der Frauen. In der Küche sind die kleinen Mädchen immer an der Seite ihrer Mütter und schauen ihnen beim Kochen zu. Später treffen sie sich dann draußen mit leeren Büchsen und Kalebassen und spielen »kochen«. Aber vor ihrer Heirat kochen sie nie selber. Einige Tage nach der Hochzeit geht die junge Ehefrau zum ersten Mal einkaufen, und dann sind alle gespannt, ob sie bei ihrer Mutter gut aufgepasst hat. Wenn ihr das Essen gelingt, gratulieren ihr alle und machen ihr schöne Geschenke. Dann wird sogar eine Delegation losgeschickt, um ihre Eltern zu beglückwünschen und ihnen für die gute Erziehung ihrer Tochter zu danken.

Man nennt diese erste Kochaktion der jungen Frau *boloma fèlè gba.*

Heiraten unter Zwang

Bei der ganzen Prozedur rund um das Heiraten ist niemand wirklich frei. Der soziale Druck ist enorm und verursacht oft großes Leid. Was passiert, wenn das Mädchen den Mann nicht will, den ihre Familie für sie ausgesucht hat? Manchmal spielen nur wirtschaftliche Gesichtspunkte eine Rolle: Eine Familie hat bei jemandem Schulden und kann sie nicht bezahlen. Was liegt näher, als dem Gläubiger die Tochter als Ehefrau anzubieten? Wenn das Mädchen sich sträubt, versuchen viele Eltern ihren Willen zu brechen, und wenn nichts anderes mehr hilft, wird sie geprügelt wie ein störrischer Esel. Dann ist kein Entkommen.

Ein Fall aus meinem Dorf: Fadimagbè Kolosô war mit Madfin Koroda verheiratet, den sie nicht liebte. Schon in der Zeit der Verlobung, nachdem er ihren Eltern die zehn Kolanüsse gebracht hatte, verlangte er von ihr, mit ihm zu schlafen. Das ist eigentlich nicht erlaubt. Er ließ sie nachts holen, aber statt ihm zu gehorchen, kroch sie in eine Ecke und weinte. Nach der Hochzeit war sie verpflichtet, mit ihm zu schlafen. Aber jedes Mal, wenn er sie dazu zwang, weinte sie wieder.

Eines Tages wollte sie sich vergiften. Zum Glück kam eine Freundin darauf zu, sah die Giftflasche und redete ihr gut zu. In unserer Tradition ist der Selbstmord verpönt: Nichts kann so schlimm sein, dass man deswegen sein kurzes Leben beendet, das ein Geschenk Gottes ist. Am Ende akzeptierte sie ihre Ehe. Nach einem Jahr bekam sie eine Tochter. So geht es in vielen Ehen: Man fügt sich und nimmt das Schicksal an.

Manchmal, wenngleich selten, ist der Widerstand erfolgreich. Dabei kann ein Lied helfen, das die seelische Situation der Braut wirkungsvoll zum Ausdruck bringt. So war es bei Bootè Kandia, einem Mädchen aus dem Dorf Falandaba, deren Geschichte sich schnell herumsprach. Ich war damals noch ein kleiner Junge. Ihre Eltern hatten Bootè einem Mann namens Kankéba versprochen. Er liebte das Mädchen, aber sie erwiderte seine Gefühle nicht. Statt diesen Mann zu heiraten, beschloss sie in den Wald zu gehen, um sich von den wilden Tieren fressen zu lassen. (Damals gab es diese Tiere noch in großer Zahl, und es war wirklich gefährlich, ohne Schutz das Dorf zu verlassen). Bis heute ist es Brauch, dass sich die Mädchen bei Vollmond treffen und singend und klatschend miteinander teilen, was sie gerade bewegt. Bootè sang ein Lied zu den Worten:

I ba n di kèè ma, ni n kèè ma diya n nye,
N di wa waa rö, jara' n kèndè damun ;
I ba n di kèè ma, ni n kèè ma diya n nyè,
Suluku ye waa rö, wara' n kèndè damun, etc.

Wenn du mich an einen Mann verheiratest, den ich nicht mag,
gehe ich in den Wald, damit der Löwe mich lebend frisst,
wenn du mich an einen Mann verheiratest, den ich nicht mag,
gehe ich in den Wald, damit die wilde Hyäne mich verschlingt.

Das Lied bewegte die Mädchen sehr, es ging schnell im Dorf herum und erreichte auch Bootès Eltern. Sie respektierten die Gefühle ihrer Tochter und gaben ihr die Freiheit.

Die Zwangsheirat lebt weiter

Bei einem Dorfbesuch 2007 wurde ich eines Nachts wach: In der Nachbarschaft schrie eine Frau ganz schrecklich, Peitschenhiebe schwirrten. Ich stand auf und fand ein paar Häuser weiter eine ganze Familie, die eine junge Frau misshandelte. Ich ging dazwischen und forderte eine Erklärung. Ich erfuhr: Das Mädchen weigerte sich, zu ihrem künftigen Ehemann zu gehen. Sie behauptete, einen anderen Mann zu lieben. Man hätte schon mit allen möglichen Strafen versucht, sie zur Besinnung zu bringen, sagten die Eltern. Vergeblich. Wenn das Mädchen die Heirat nicht akzeptierte, würde ihnen die Mitgift entgehen, die Kühe und alle möglichen anderen Dinge. Sie seien arme Leute.

Ich wurde wütend, als ich das hörte, und sagte: Statt sie zu verprügeln, solltet ihr mit ihr sprechen! Und wenn der Mann die Mitgift noch nicht abgeliefert hat, sind die beiden doch noch gar nicht verheiratet! Es gibt keine religiöse oder sonstige Regel, dass sie schon zu ihm gehen muss. Und warum wollt ihr überhaupt, dass sie ihn heiratet, wenn sie absolut nicht will? Passt auf, dass ihr nicht zu weit geht!

Ich argumentierte mit unserer Tradition, die solche schrecklichen Prügel verbietet und die überhaupt fordert, alle Frauen zu respektieren. Ich sagte: Die Frauen sollten sich emanzipieren und selbst über ihr Leben entscheiden, vor allem wenn es darum geht, wen sie heiraten! Ihr dürft eure Tochter nicht zwingen irgendjemanden zu heiraten, nur weil ihr ihn vorgeschlagen habt.

Sie wurden etwas kleinlaut und sagten: Ja, wir sollten uns etwas überlegen, um ihr nicht zu schlimm zuzusetzen. Aber im Grunde akzeptierten sie nicht, was ich sagte, auch nicht als ich ihnen vorhielt, dass die Welt in ihrer Einstellung zu den Frauen inzwischen andere Wege geht als das rückständige Afrika.

Auf meinen Reisen um die Welt habe ich immer wieder Dinge gesehen, die ganz anders und meist viel besser geregelt waren als in meiner Heimat, vor allem auch was Ehe und Familie angeht. Seither erzähle ich den Leuten in Guinea, dass sie die frauen-, ja menschenverachtenden Heiratsbräuche endlich aufgeben sollen. Nicht gerade mit durchschlagendem Erfolg. Ich kenne die Mentalität der Menschen in meiner Heimat sehr gut und weiß, wie schwer es ist, kulturelle Praktiken zu verändern, auch wenn sie schädlich sind. Oft argumentieren die Menschen mit ihrer Armut, wie auch diese Familie. Natürlich ist die Armut in Afrika groß. Aber sie kann nicht alles entschuldigen.

Ich stellte dem Mädchen dann noch ein paar Fragen. Die Sache wurde immer komplizierter. Sie war nämlich schwanger. Aber von wem? Sie gab ganz offen zu: von ihrem Liebhaber, und nicht vom künftigen Ehemann. Für die Eltern war aber auch das kein Grund, sie endlich freizugeben. Sie musste den verhassten Mann heiraten.

Heiraten gegen den Widerstand der Familie

Es geht eigentlich auch anders. Das bezeugt die Geschichte von Lamdika Diabaran, die man sich bis heute oft erzählt. Sie war charakterstark, eigensinnig und weit davon entfernt, sich in das übliche Schicksal einer Braut zu fügen. Ihr Freund Kèmogbè Salon hatte ihren Eltern die zehn Kolanüsse gebracht und um ihre Hand angehalten. Der Familienrat sagte nein – im Dorf kannten sich alle, und manche meinten, Kèmogbè könne man nicht vertrauen, er sei ein zweifelhafter Charakter. Am Ende würden alle diese Heirat bereuen.

Aber die beiden waren längst ineinander verliebt, was die Familie nicht wusste. Vorhaltungen, dieser Mann sei nicht der richtige für sie, fruchteten nichts. Liebe ist blind – und stärker als alle Argumente. Schließlich heiratete sie ihren Freund, ohne Erlaubnis ihrer Familie.

Leider war es so, dass die Geschichte am Ende schiefging. Nach fünf Jahren – das Paar hatte inzwischen drei Kinder – fing Kèmogbè an, seine Frau zu beschimpfen und zu schlagen. Jedes Mal ging sie zu ihrer Mutter und beklagte sich über ihren Mann. Ihre Mutter sagte: Siehst du, das hast du nun davon. Nun weißt du, wie ungerecht die Männer sein können! Aber du hast es ja nicht anders gewollt.

Aus diesen Worten wurde ein viel gesungenes Lied über die Leiden der Frauen in ihrer Ehe:

Landika, oh!
ile le k'a fö ku i di wa eh!

Landika, oh!
Du warst es doch selbst, die gehen wollte!

Am Ende läuft es also doch wieder auf die alte Moral hinaus: Mädchen, hört auf eure Eltern!

Der Ehemann ist zu respektieren wie Gott

Verheiratete Frauen dürfen ihre Männer nie und unter keinen Umständen mit dem Vornamen anreden, wohl aber mit dem Nachnamen (Camara, Sylla, Touré usw.) Die Frau muss ihren Mann verehren wie Gott. Deshalb sagt man, dass die Frau bei uns zwei Götter hat: den allmächtigen Allah und ihren Ehemann. Wenn die Frau ihren Mann nicht respektiert, landet sie nach ihrem Tod in der Hölle. Es geht so weit, dass man glaubt: Die Frau muss nicht unbedingt Gott dienen, wohl aber ihrem Ehemann – aus einem einfachen Grund: Gott liebt jede Frau, die ihren Ehemann respektiert.

Die Frauen glauben selbst daran und handeln entsprechend – ohne zu sehen, dass sie sich dadurch klein machen und sich in der afrikanischen Gesellschaft ins Abseits stellen.

Ich habe mich oft gefragt, ob diese Regeln aus dem Islam stammen oder aus unserer Tradition, falls man das überhaupt voneinander trennen kann. Wahrscheinlich haben sie eher mit unserer Malinké-Kultur zu tun. Wie auch immer: Ich glaube, die Frauen sollten sich aus ihrer Sklaverei befreien und einsehen, dass sie nicht auf dieser

Welt sind, um Kinder zu kriegen, im Haushalt zu arbeiten und alle Launen ihres Ehemanns mitzumachen. Das sind in Afrika weit verbreitete Irrtümer. Ebenso wie es ohne die Frauen keine Geburten gibt, gibt es ohne sie auch keine gesellschaftliche, ökonomische und finanzielle Entwicklung. Alles läuft über sie. Leider liegt die Emanzipation der afrikanischen Frauen noch in weiter Ferne.

Respekt der Kinder für ihre Mütter

Immerhin ist der Respekt der Kinder für ihre Mütter immer noch ein hoher Wert. Es gibt ein Lied, das die Kinder dazu auffordert, bedingungslos zu ihren Müttern zu halten – selbst dann, wenn ihr Verhalten zu wünschen übriglässt, und sogar, wenn sie kriminell werden. Eines der Lieder zum Rhythmus *dyidanba* (einem traditionellen Tanz der Frauen) ermahnt einen Sohn namens Nankuma:

Nankuma i na bara na!
Möö na li na di!
Ina bara kè
dyulu ta la di
(somba körö di, dyalon ba körö di) –
Möö na li na di!

Nankuma, deine Mutter ist gekommen!
Die Mutter eines Menschen bleibt seine Mutter!
Auch wenn deine Mutter
Sich zu sehr verschuldet hat (zur Diebin geworden ist, eine Prostituierte geworden ist) –
Die Mutter eines Menschen bleibt seine Mutter!

Ein Dauerproblem: Polygamie

Wenn ein Mann und eine Frau heiraten, kommen bald Kinder. Nach ein paar Jahren bemerkt der Mann an seiner Frau Zeichen des Älterwerdens. Er kommt auf die Idee, noch einmal eine junge Frau zu heiraten. Das geht so weiter, bis er – ja nach Vermögen, denn er muss ja für jede Braut eine Mitgift an die Eltern zahlen – drei, vier oder mehr Frauen hat.

Die Frauen teilen den Mann und das Haus höchst ungern mit ihren Nebenfrauen. Aber die Tradition zwingt sie dazu. Sie können nichts gegen die Mehrehe machen.

Eine der Frauen wählt der Mann sich zur Lieblingsfrau (*badamösso*). Das ist meist die zuletzt Geheiratete, denn sie ist die Jüngste. Sie darf in allen Familienangelegenheiten mitbestimmen. Die anderen (*gbalamosso*) fühlen sich deklassiert. Auch sie tragen ja alle möglichen Familienprobleme auf ihren Schultern. Ihre Gefühle für ihren Mann und seine Lieblingsfrau sind nicht gerade die freundlichsten.

Mein Vater (siehe das Kapitel über meine Familie) hatte im Lauf seines Lebens zwölf Frauen, denn für seine ausgedehnte Landwirtschaft brauchte er viele Kinder als Arbeitskräfte. Sieben seiner Frauen habe ich noch kennengelernt. Einige waren ursprünglich mit älteren Brüdern meines Vaters verheiratet (es ist üblich, dass eine Witwe wieder heiratet, und zwar immer einen jüngeren Bruder ihres Mannes). Auch mein Vater hatte eine Lieblingsfrau. Sie hieß Nanfadima Kourouma. Sie traf für die ganze Familie wichtige Entscheidungen, an die man sich zu halten hatte, auch wenn man mit ihnen nicht einverstanden war. Mein Vater hatte sogar eine zweite *badamösso,* sie hieß Sadan Fadiga. Die übrigen fünf waren eigentlich nur da, um Kinder zu produzieren (über die besondere Rolle meiner Mutter habe ich im Kapitel über meine Familie berichtet).

Wenn man mehrere Frauen hat, muss die Arbeitsteilung bestens organisiert sein, damit es möglichst wenig Ärger gibt. Das betrifft auch die sexuellen Beziehungen. Umschichtig verbringen die Frauen zwei Nächte mit dem Ehemann. Die Frau, die gerade dran ist, übernimmt für die beiden Tage die gesamte Haushaltsorganisation, regelt also die Küchenarbeit, die Wäsche und vieles andere mehr. Die anderen erwarten währenddessen ungeduldig ihre beiden Nächte und Tage.

Wenn die Frauen in einer Mehrehe sich gut verstehen, ist das schlecht für den Mann. Sie können sich jederzeit solidarisch miteinander verbünden, wenn sie etwas beim Ehemann durchsetzen wollen, oder wenn eine von ihnen sich benachteiligt oder schlecht behandelt fühlt. Dagegen ist es für den Mann von Vorteil, wenn die Frauen dauerhaft miteinander im Konflikt liegen. Jede von ihnen wird dann nur Höchstleistungen erbringen, im Haushalt und im Ehebett, um die anderen Frauen auszustechen.

Natürlich müssen alle, Frauen und Männer, auf solche Probleme gefasst sein, wenn sie sich auf eine Mehrehe einlassen. Man kann nicht jeden Menschen lieben, auch wenn Gott das vorschreibt. Liebe spielt bei arrangierten Ehen sowieso keine Rolle, und man kann froh sein, wenn sie sich später einstellt, oder zumindest eine gewisse Sympathie. Der Mann wird nie die gleichen Gefühle oder das gleiche Begehren bei zwei oder mehr Ehefrauen entwickeln, und wenn sie umschichtig bei ihm die Nacht verbringen, werden sie am Morgen nie gleich glücklich sein. Und sobald eine Frau sich benachteiligt fühlt, in den sexuellen Beziehungen oder im täglichen Familienleben, nützt es ihr nichts, ihrem Mann Ungerechtigkeit vorzuwerfen oder auf das göttliche Gebot zu verweisen. Gott hat viele Gebote erlassen, und kein Mensch kann sie in jeder Situation befolgen. Ich habe Grund, Gott – und meiner Djembe – zu danken: Sie haben mich um die Welt geschickt, ich habe viele Kulturen kennen gelernt und nehme deshalb nicht mehr alles hin, was in meiner eigenen Kultur vor sich geht, und muss mich ihren Zwängen auch nicht mehr anpassen.

Die afrikanischen Frauen leiden enorm unter der Polygamie. Die Männer finden diese Leiden ganz in Ordnung. Sie mussten ja die materiellen Lasten der Ehe tragen und schwer für die Mitgift(en) arbeiten – da ist es nur gerecht, wenn die Frauen die seelischen Lasten auf sich nehmen. Meist schweigen sie darüber und begraben den Schmerz in ihren Herzen. Denn da die betroffenen afrikanischen Staaten sich nicht dazu durchringen können, die Mehrehe zu verbieten, hat es keinen Sinn, über die eigene Situation zu klagen.

Nach der Unabhängigkeit Guineas gab es in den 60er Jahren eine Art Frauenbewegung, unterstützt vom Präsidenten Sékou Touré. Er ließ die Polygamie sogar gesetzlich verbieten (ohne dass sich bis heute groß jemand daran hält). In der Stadt Kissidugu erfanden die Frauen ein Tanzspiel, zu dem sie sangen:

Eh! Kè bendo!
Oh laila!
Muso fila ta lu –
wo ma nyin!
Muso saba ta lu –
wo ma nyin!
Muso nani ta lu –
wo ma nyin!
Muso lolu ta lu –
wo ma nyin!
Muso wörö ta lu –
wo ma nyin!
Muso kelen ta lu –
wo ka nyin!!

He, Männerbande!
Oh laila!
Zwei Frauen heiraten –
das ist nicht gut!
Drei Frauen heiraten –
das ist nicht gut!
Vier Frauen heiraten –
das ist nicht gut!
Fünf Frauen heiraten –
das ist nicht gut!

Sechs Frauen heiraten –
das ist nicht gut!
Eine Frau heiraten –
das ist gut!!

Ich habe zu diesem Lied später einen Rhythmus komponiert (*kè bendo*).

Vernachlässigung und schlechte Behandlung durch den Ehemann

Es gibt viele Geschichten, die typische Probleme von Ehefrauen in der Mehrehe auf den Punkt bringen. Oft verbinden sich diese Geschichten mit Liedern, die alle kennen.

Ein Standardproblem ist die Vernachlässigung und Zurücksetzung durch den Ehemann. Sanan Ka Dounka hatte sechs Kinder und teilte ihren Mann mit fünf anderen Frauen. Irgendwann hatte er keine Gefühle mehr für sie. Wenn ihre beiden Tage kamen, bemühte sie sich, ihm alles hundertprozentig recht zu machen. Sie war eine gute Köchin und erfand immer neue Variationen seiner Lieblingsgerichte. Vergeblich. Bald war sie nur noch traurig. Aber sie behielt ihre Traurigkeit nicht für sich. Wo sie ging und stand, ob allein oder mit ihren Kindern, erfand sie immer neue Lieder, um ihren Schmerz auszudrücken. Zum Beispiel sang sie:

N ka kininèn tibi n kèè nyè,
Wo ma n kodiya n kèè nyè;
N ka sobonèn tibi n kèè nyè,
Wo ma n kodiya n k kèè nyè;
K'o ma bè a ma, ko'ko ma bè a ma fo n ba n yèrè tinye.

Ich habe meinem Mann ein kleines Reisgericht gekocht,
es hat nicht genügt, dass er mich liebt,
ich habe meinem Mann ein kleines Fleischgericht gekocht,
es hat nicht genügt, dass er mich liebt,
das alles passt ihm nicht.
Ihm passt wohl nur, dass ich ich mich umbringe.

Oder die Geschichte von Maramaba Kanté. Sie war mit Kayiba Doumba verheiratet, die Erstgeheiratete von neun Frauen. Sie hatte 13 Kinder, von denen vier starben. Doumba hatte enorme Probleme, weil seine Frauen sich überhaupt nicht verstanden. Maramaba war ihm nach so vielen Jahren und so vielen Kindern nicht mehr attraktiv genug, er vernachlässigte sie und zog die anderen Frauen in jeder Hinsicht vor. Er kritisierte auch ständig an ihr herum, sie konnte ihm nichts mehr recht machen.

Eigentlich müssen die Frauen die Erstgeheiratete besonders respektieren. Aber wenn nicht einmal der Ehemann das tut, sehen sie auch keinen Grund dazu. In so einer Situation schreiten normalerweise die Dorfältesten ein und rufen den Mann zur Ordnung. So auch hier. Aber auch das wirkte nicht.

Maramaba weinte den lieben langen Tag und klagte: Warum hat mein Mann mich fallen lassen? Wir haben uns doch einmal so sehr geliebt, nichts hat unser Glück getrübt. Für alle Probleme im Haus soll ich verantwortlich sein, ständig muss ich mir seine Vorwürfe anhören. Ich werde geschnitten und an den Rand gedrängt. Das muss aufhören, ich weiß nicht mehr weiter!

Sie beriet sich mit ihren engsten Freundinnen, gemeinsam suchten sie eine Lösung. Die afrikanischen Frauen sind hervorragend darin, für jeden Anlass Lieder zu erfinden. Als ihr Mann sie wieder einmal zu sich rief, um sie zu maßregeln, sang sie das Lied:

Eh! kiti, n tè kiti rö ;
Oh! kiti bè fan-fan fè, n tè kiti rö.

Eh! Vorwürfe und Strafen, ich will sie nicht!
Oh! Nichts als Vorwürfe und Strafen, ich will sie nicht mehr.

Sie sang das so laut, dass das ganze Dorf sie hörte. Viele Leute, Frauen und Männer, kamen gelaufen und waren so beeindruckt, dass sie den Mann zur Rede stellten und ihn aufforderten, mit den Schikanen aufzuhören und für geordnete Verhältnisse in seiner Familie zu sorgen.

Das beeindruckte ihn, und tatsächlich änderte er sein Verhalten gegenüber Maramaba. Sie konnte nun mit ihren Kindern in Frieden leben.

Das Martyrium der kinderlosen Ehefrauen

Lieder kann man natürlich auch gegen missliebige Mit-Ehefrauen erfinden. Wenn sie öffentlich gesungen werden, zum Beispiel bei Festen, ist das ein furchtbarer Angriff auf die betreffende Frau. Als Trommler habe ich oft aus nächster Nähe erlebt, wie sehr das Opfer sich schämte. Ich habe mich dann auch geschämt – aus Mitleid mit der armen Frau.

Eine besondere Zielscheibe sind Frauen, die keine Kinder bekommen. Sie werden auf alle erdenklichen Arten gedemütigt, beleidigt und diffamiert. So habe ich einmal das folgende Lied aus dem Mund von Frauen gehört:

Densörönbali bèè jalon;
Jalon tè wolola.
Densörönbali bèè jalon di, jalon tè wolola

Frauen, die keine Kinder bekommen, sind Flittchen,
Flittchen bekommen keine Kinder.

Oft werden solche Botschaften verschlüsselt, z. B. in Sprichwörter oder Geschichten verpackt, so dass man sie nicht gleich versteht. Die beleidigen Frauen schämen sich vor der Gemeinschaft, wenn so ein Lied vorgetragen wird und sich eindeutig auf sie bezieht. Eigentlich müssten sie sich dagegen wehren, aber das wagen sie nicht.

Wenn alle Frauen sich so heiß danach sehnen, Kinder zu bekommen, hat das auch mit der Angst vor dem Spott ihrer Mit-Ehefrauen zu tun.

Kinderlose Frauen werden nicht nur als Prostituierte diffamiert, sondern auch als Hexen und Verbrecherinnen – als Menschen, denen man jede Schlechtigkeit zutraut. Es gibt sogar ein schlimmes Wort für sie: *semba mösso* – Elefantenfrau. Manche führen die Kinderlosigkeit darauf zurück, dass die Frau jede Nacht mit einem Teufel schläft – und sei es im Traum. Andere sagen, sie hätten das Geheimwissen der Frauen vergessen, das den Mädchen bei ihrer Initiation anvertraut wird.

Manchmal sucht eine kinderlose Frau einen Féticheur auf, dem sie zutraut, ihr zu helfen. Oft aber ist dieser Féticheur ein Betrüger, der sich nur an der armen Frau bereichern will. Vielleicht behauptet er auch, er könne ihr nur helfen, wenn sie mit ihm Geschlechtsverkehr hat. Manche Frauen lassen sich darauf ein – beseelt von dem einzigen Wunsch: ein Kind zu bekommen. Oder er presst das letzte Geld aus ihr heraus und macht damit ihre missliche Lage nur noch schlimmer.

Auch kinderlose Frauen drücken ihre seelische Not oft in Liedern aus, die dann schnell die Runde machen. So auch Saran Danso, die mit einem Herrn namens Semké Kanta verheiratet war. Sie und ihre Nebenfrau Tènèmba Sensen blieben lange kinderlos. Dann bekam Tènèmba ein Kind, und der Ehemann begann Semké Vorwürfe zu machen und vernachlässigte sie gegenüber Tènèmba. Semké tat alles, um ihren Mann wieder für sich einzunehmen, vergeblich. Bei einer Taufe sang sie das Lied:

Sobo ye löö rö, malo ye löö rö, fani ye löö rö,
Jaba ye löö rö, fen bèè ye löö rö;
Koni den tè sörönna lööfè rö ;
Den moi ya di ba, mosolu ba, den moi ya di ba !

Es gibt Fleisch auf dem Markt, es gibt Reis auf dem Markt,
es gibt Kleider auf dem Markt, es gibt dort Zwiebeln
und alles was man braucht,
nur Kinder kann man auf dem Markt nicht kaufen.
Glücklich die Frauen, die Kinder bekommen.

Nicht selten fordert der Ehemann einer kinderlosen Frau die Scheidung und geht mit ein paar Kolanüssen zu ihren Eltern, um die Mitgift zurückzufordern. Meist lehnen die Eltern das ab und vergrößern damit die Schwierigkeiten der Frau in der Familie ihres Mannes. Wenn es aber wirklich zu einer Scheidung kommt, ist sie fast noch schlimmer dran. Geschiedene Frauen sind meist nicht gut angesehen.

Scheidung ist (fast) unmöglich

Die Ehe ist eben etwas Heiliges und Kostbares. Das bedeutet: Jeder Mann, jede Frau ist gehalten zu heiraten. Idealerweise lebt die Ehe vom gegenseitigen Respekt der Partner und ihrer Familien. Eine Scheidung gilt als Eingeständnis des Versagens und ist deshalb verpönt.

Die Männer haben bei der Heirat so viel für ihre Frau bezahlt, dass sie eine Scheidung als materiellen Verlust empfinden. Die Frau möchte ihre Kinder nicht verlieren, die man traditionell als Eigentum der Familie des Mannes ansieht. Der Ehemann wiederum befürchtet, dass er bei der Erziehung der Kinder ohne Unterstützung der Mutter überfordert ist.

Vor allem die Frauen erinnern die zerstrittenen Partner daran, wie verliebt und glücklich sie einmal waren und mit wieviel Freude sie einander das Ja-Wort gegeben haben – falls es wirklich so war.

Will man trotzdem die Scheidung, beginnt eine langwierige und schwierige Prozedur mit vielen Missverständnissen und Konflikten. Die können dann, wenn überhaupt, nur mit Unterstützung der Dorfältesten bewältigt werden. Diese aber haben nur ein Ziel: die Scheidung doch noch zu verhindern. Wenn ihnen das nicht gelingt, setzen sie schließlich Zeit und Ort für die öffentliche Scheidungszeremonie an, die immer außerhalb des Dorfes unter einem schattigen Baum stattfindet. Man sagt, dass der Baum nicht mehr lange leben wird, nachdem er Zeuge von so viel Unglück wurde. Es ist dann vor allem das Unglück der Frau. Sie verliert ihre Kinder, und sie schadet ihren Eltern, denn die müssen die Mitgift wieder herausgeben.

Wenn der Ehemann stirbt …

… geht es der Witwe ähnlich wie bei einer Scheidung. Sie soll dann möglichst einen jüngeren Bruder ihres Mannes heiraten. Will sie das nicht – weil sie z. B. einen anderen Mann heiraten möchte – muss sie ihre Kinder zurücklassen. Und auch in diesem Fall fordert die Familie die Mitgift von ihren Eltern zurück.

In meiner Heimat Hamana muss eine Frau unbedingt verheiratet sein. Stirbt ihr Mann, so muss sie schnellstens wieder verheiratet werden. Das kann vier-, fünf- oder sechsmal so gehen. Stirbt sie als unverheiratete Witwe, so verweigern ihr die Dorfältesten eine würdige Trauerfeier und ein anständiges Begräbnis, wie es den verheirateten Frauen zusteht. Eine Frau ohne Mann ist von allen verlassen und verraten.

Mädchen in die Schule!

Die Situation der Frauen wäre vollkommen anders, wenn man sie als Kinder zur Schule schickte. Es gibt eine typische Erfahrung der jungen Mädchen vom Lande, wenn sie in die Stadt ziehen, um ihre Feld- und Gartenfrüchte auf dem Markt zu verkaufen. Ihre Kundinnen sind oft gut gekleidete Ehefrauen von Beamten oder wohlhabenderen Geschäftsleuten. Diese Frauen sind zur Schule gegangen, sie haben gut geheiratet, sie können sich pflegen und man sieht ihnen an, dass sie nicht Tag für Tag auf den Feldern und im Haushalt schuften müssen. Von so einem Leben können die Dorfmädchen nur träumen. Zurück im Dorf, singen sie:

Sara l'e lèköli la, lèkölidennu, sara l'e lèköli la,
lèköli lammanyöön tè.

Die Schule führt zum Erfolg, ihr Schülerinnen, die Schule führt zum Erfolg,
nichts ist besser als die Schule!
(Das Wort *lèkoli* leitet sich vom französischen Wort l'école ab).

Weil ich diese Botschaft so wichtig finde, habe ich dazu einen Rhythmus (*lekoliden*) komponiert.

Lesbische Frauen am Pranger

Gleichgeschlechtliche Beziehungen sind in ganz Afrika verpönt. 2002 besuchte ich meine Eltern in Sangbaralla und machte einen Abstecher ins Dorf Sokuda zu meinem Freund Diafila. Seine vier Frauen empfingen mich herzlich, servierten mir einen Becher Wasser und erzählten, Diafila sei gerade bei einer Sitzung der Dorfältesten. Es gab ein Problem: Zwei Mädchen, Nyalamba und Sununkun, hatten sich heftig ineinander verliebt. Das war zwischen Männern und Frauen erlaubt, nicht aber zwischen Männern und Männern oder zwischen Frauen und Frauen. Diafila kam von der Sitzung zurück und erzählte: Die beiden Mädchen wohnten zusammen, das war schon sehr verdächtig. Eine alte Frau hatte sie beim Dorf-Chef angezeigt: Sie hätten Sex miteinander. Man benachrichtigte die Dorfweisen, die sofort auf Arabisch zu schreien anfingen: *Lai la ha I lai la ho Mohamadou la surlai*! Diesen Spruch bemüht man nur, wenn höchste Gefahr im Verzug ist. Das ganze Dorf war sofort alarmiert.

Das Wort *lesbisch* ist bei uns unbekannt, vielleicht nicht in der Stadt, aber auf dem Dorf (ebenso wie das Wort *vegetarisch*, denn alle essen Fleisch). Die beiden Mädchen sollten nun angeklagt werden, obwohl sie gar nicht wussten, was sie da Böses getan hatten.

Wie die Affäre ausgegangen ist, weiß ich nicht.

Auf Malinké gibt es den Spruch:

Kèè ni kèè y'i la, wo ye kèla di?
Moso ni moso y'i la, wo ye kèla di?

Mann und Mann schlafen zusammen – wie soll das gehen?
Frau und Frau schlafen zusammen – wie soll das gehen?

Religion, Animismus, Hexer und Féticheure

Was mir mein Bruder Malon Sory über den Islam erzählte

Von meinem älteren Bruder Malon Sory Konaté habe ich viel über unsere Heimat Hamana gelernt. Ich fühlte mich mit ihm wohl, auch er war gern mit mir zusammen, und viele unvergessliche Momente im Dorf verbinden sich mit der Erinnerung an ihn. Oft war ich ihm mit kleinen Diensten gefällig, und er erzählte mir dafür wichtige Dinge über unser Dorf und seine Geschichte, über unsere Region Oberguinea und über die alten Traditionen. Ich war sehr stolz auf ihn, denn niemand kannte sich in unserer Kultur besser aus als er. Für mich war er ein Weiser, einer, der über das Leben Bescheid wusste. Er sagte mir ganz offen, unsere eigentliche Religion sei der Animismus. Mit dem Übergang vom Animismus zum Islam war er überhaupt nicht einverstanden, wegen der großen Widersprüche, die sich daraus für die afrikanischen Gesellschaften und auch für unsere Hamana-Kultur ergaben. Er sagte mir: Wir nennen uns Muslime, glauben aber zugleich weiter an den Animismus und praktizieren ihn auch. Die Imame aber sagen uns, der Islam lasse sich mit keiner anderen Religion auf unserer Erde vereinbaren oder kombinieren. In seiner Jugend hätten die Menschen den islamischen Regeln oft ratlos gegenübergestanden, z. B. dem Brauch, sich in Reih und Glied zum Gebet aufzustellen. Sie fragten sich, was diese Religion aus Arabien bei uns sollte, denn wir hätten doch schon unsere eigene. Früher sei es oft zu absurden Situationen gekommen, erzählte mein Bruder. Ganz selbstverständlich hatte man sein Schutz-Zaubermittel (Gris-Gris) in der Tasche, wenn man zum Gebetsplatz ging. Man konnte ja nie wissen, ob da nicht böse Geister lauerten. Einmal kreiste ein Sperber laut krächzend über den Betenden – bis ein Alter rief: Wieso stört uns dieser blöde Vogel beim Beten? Er holte seinen Fetisch aus der Tasche und richtete ihn auf den Sperber. Der fiel sofort tot zu Boden. Ein anderer rief: Das ist unsere Religion! Was verstehen wir schon von der anderen! – Mein Bruder sagte: Die Araber haben es mit Intelligenz, List und know-how dahin gebracht, dass die Afrikaner zum Islam konvertiert sind. Viele afrikanische Länder haben ihn eingeführt, ohne seine Grundlagen wirklich zu kennen.

Natürlich kannte Hamana den Islam ursprünglich nicht. Aber es ist immerhin schon 600 Jahre her, dass die Araber ihn eingeführt haben. Das führte zu einer Anpassung der traditionellen Kultur an die Religion. Denn Gott liebt es nicht, dass die Menschen sich zu zwei Religionen bekennen. In der Tat respektieren die Muslime von Hamana den Islam sehr. Sie respektieren deshalb auch die Fremden. Diese sind immer willkommen, denn der Islam sagt, man soll seine Nächsten lieben. Alles, was man ihnen Gutes tut, wird später dort oben belohnt werden.

Aber die animistischen Traditionen wirkten auch nach dem Einzug des Islam weiter.

So kam es immer wieder zu gesellschaftllichen Konflikten zwischen Animismus und Islam. Viele praktizierende Animisten waren gegen die islamischen Gesetze, weil sie meinten, man wollte ihnen ihr Geheimnis rauben. Die religiösen Würdenträger wiederum übten Druck auf die Animisten aus, forderten sie auf, ihren Praktiken zu entsagen, und zerstörten ihre Kultstätten. Sie sollten den einen und einzigen Gott anerkennen und sonst nichts und niemanden. Das geht so bis heute.

Die Schmiede setzen sich gegen die Muslime durch und opfern dem Baumdämon

Ich erinnere mich an einen großen Streit zwischen den Schmieden und Agbémoudou Keïta, der gerade aus Arabien zurückgekehrt war, wo er den Koran gründlich studiert hatte. Die Dorfältesten ernannten ihn zum Imam. Er war besonders streng. Als erstes zog er mit einer Reihe von Verboten gegen die Animisten zu Felde. Die wehrten sich im Bündnis mit den Schmieden gegen den neuen Imam und forderten, er solle die islamischen Regeln und die Verbote wieder außer Kraft setzen. Ohne Erfolg. Denn der Islam beruht ja auf der Wahrheit! Deshalb konnte der Imam immer mehr Dorfbewohner überzeugen.

Am Fluss, dort wo sich die Frauen waschen, steht ein Baum namens *bandan*, bewohnt von einem Dämon. Eines Nachts erschien er im Traum einem Schmied. Er sagte ihm: Opfert mir in diesem Jahr eine rote Kuh! Sonst werden in den Familien der Schmiede viele sterben! Die Schmiede setzten sich zusammen und diskutierten das Problem. Opfern oder nicht? Die frommen Muslime unter ihnen waren strikt dagegen. Sie hatten große Angst, am Opfer teilzunehmen. Der Schmied Nouténen

Fodé Daman aber trat dem Imam furchtlos gegenüber. Er warf ihm vor, den Leuten die Religion ihrer Väter abspenstig gemacht zu haben. Er und eine ganze Reihe von Schmieden widersetzten sich dem Willen des Imams und kauften die Opferkuh. Viele Dorfbewohner, die sich gern an die alten Zeiten erinnerten, kamen zur Opferzeremonie. Den ganzen Tag tanzten sie mit den Schmieden zu ihren heiligen Rhythmen. Der Imam war vorsichtig genug, nichts dagegen zu unternehmen, um den offenen Konflikt mit der wichtigen Schmiedezunft zu umgehen. Eine vernünftige Haltung.

Opfergaben und ihre Bedeutung

Bei den Malinké in Guinea wird viel geopfert. Sie glauben daran, dass das Opfern ihnen dabei hilft, mit den verschiedensten Lebensproblemen fertig zu werden. Immer wenn jemand in Schwierigkeiten steckt, bittet er als erstes die Alten um Rat. Meistens empfehlen sie, etwas zu opfern. Nach dem Opfer sieht man dann, wie das Problem allmählich dahinschwindet.

Man opfert Gott, einem Dämon oder auch den Ahnen, deren Geister immer um uns sind und die uns bei all unseren tagtäglichen Aktivitäten begleiten. Geopfert werden die verschiedensten Dinge, je nach Art und Schwierigkeit des Problems: Kühe, weiße Lämmer, weiße Hähne, weiße Kolanüsse, weißes Brot, oder einfach sauberes Wasser. Weiße Lämmer mit schwarzen Flecken am Hals oder andersfarbige Lämmer mit weißen Flecken in Sternform sind auch zugelassen.

Wie läuft das Opfern ab? Und woran erkennt man, dass das Opfer angenommen wurde?

Wichtig ist, die Zeremonie gut vorzubereiten. Man informiert die weisen Alten, denn die kennen sich mit dem Opfern am besten aus. Sie treten zusammen und legen ein Datum für das Opfer fest. Ist der Tag gekommen, ziehen sie mit dem Opfernden zum Ort der Zeremonie in Begleitung des Imams, der zum Gebet aufruft, Koranverse rezitiert und nach der rituellen Schlachtung des Opfertiers das Fleisch unter den Anwesenden aufteilt.

Für manche Anwesende ist es nicht ungefährlich, das Opferfleisch zu essen. Wer eine unreine Seele hat, sollte davon Abstand nehmen. So sind Männer, die mit einer Griotte geschlafen haben, nach dem Verzehr von Opferfleisch in höchster Gefahr. Entweder sterben sie an einem der nächsten Tage, oder ihr weiteres Leben ist verpfuscht. Ich war als junger Mann bei den Frauen sehr beliebt, aber ich habe immer vermieden, mich mit einer Griotte einzulassen. So bin ich dieser Falle entgangen.

Wenn Aasgeier sich blicken lassen, nimmt man das als Zeichen, dass das Opfer angenommen wurde. Bleiben sie aus, so raten die Alten, das Opfer zu wiederholen, da es offenbar erfolglos war. Dieser Erkenntnisweg ist heute versperrt, da die Geier in unserer Gegend fast ausgestorben sind.

Es gibt fromme Kritiker des Opferns. Sie sagen, dass nur Gott uns helfen kann, wenn wir Probleme haben. Und Gott will nicht, dass wir ihm opfern, sondern dass wir zu ihm beten. Wenn das stimmt: Was wird dann aus unseren Traditionen? Denn sie gehören zu uns. Ich glaube, Gott liebt uns alle, ungeachtet unseres Geschlechts, unserer Hautfarbe, unserer politischen Überzeugungen – und ungeachtet auch der Traditionen, die uns wichtig sind.

Die Zaubermittel (Gris-Gris)

Zu diesen Traditionen gehören auch die verschiedenen Zaubermittel, die wir Gris-Gris nennen. Zuständig für die Herstellung der Gris-Gris und für ihre Verwendung ist eine besondere Gruppe von Experten, die Féticheure. Mein Vater war ein erfahrener und bewährter Féticheur. Er besaß ein kleines Rundhaus, ein sogenanntes *sambo*, zu dem nur er Zutritt hatte. Darin verwahrte er seine Talismane und Amulette. Es gibt drei Arten von Gris-Gris: Erstens die Mittel zur Behandlung und Vorbeugung von Krankheiten.

Zweitens die Schutzmittel gegen die Hexerei, die in Afrika allgegenwärtig ist. Jedenfalls glauben die Menschen seit eh und je, bis in unsere Tage hinein, fest an ihre Existenz. Hexen und Hexer können das Schicksal anderer negativ beeinflussen. Manche sollen sich sogar den Körper, das Blut oder die Seele der Menschen einverleiben. Drittens die Gris-Gris, die man bei der Jagd zum Schutz gegen die Gefahren des Waldes benutzt. So ging mein Vater, immer wenn eine Jagd angesetzt war, in den Wald und pflückte bestimmte Blätter, um daraus eine schützende Substanz zu gewinnen. Dazu knetete er die Blätter mit Wasser in einer Kalebasse, sprach dazu ein paar Verse und tauchte die Spitze seines Gewehrs in die Flüssigkeit. Er konnte dann voraussehen, welchen Tieren er bei der Jagd begegnen und welches Wild er erlegen würde.

Man spricht regelmäßig mit seinen Gris-Gris, nicht anders, als wenn man mit Menschen spricht. Jeden Montag verbrachte mein Vater ein paar Stunden allein mit seinen Gris-Gris in seinem *sambo* – manchmal nahm er mich mit, ein Zeichen seiner großen Liebe und seines Vertrauens. Dann sprach er ununterbrochen, etwa so:

> *Ich habe dir Colanüsse, ein Hähnchen, eine Kuh und eine Ziege gegeben. Du gibst mir Glück auf meinem Weg, die Zuneigung und das Vertrauen der Anderen etc.*

Wir, seine Kinder und seine ganze Familie, waren durch die Gris-Gris meines Vaters vor allem Übel geschützt. Ich selbst glaube an die Wirkung der Gris-Gris, denn ich habe ihren positiven und negativen Einfluss auf die Menschen immer wieder miterlebt. Auch ich habe mein Gris-Gris, zu dem ich regelmäßig spreche, etwa so:

> *Sei gegrüßt, meine Kraft. Auch wenn die Menschen mir eines Tages alles nehmen, so bist Du doch da, um mir zu helfen und meine Gesundheit zu schützen. Die Vögel erheben sich von der Erde, der Regen fällt vom Himmel. Der Himmel und die Erde, Sonne, Mond und Sterne wachen über die Menschen, so wie du über mich wachst. Halte Schaden von mir fern, du hast die Kraft.*

Eine besondere Erinnerung sagt mir, dass mein Vater die Rinde einer Pflanze namens *nyaman* in Fleisch verwandeln konnte, indem er sie einweichte und ausbuk. Das klingt unglaublich, aber ich habe es selbst erlebt.

An jedem ersten Mittwoch im Jahr wird in ganz Hamana das Gris-Gris-Fest gefeiert. Dann erklingt der Rhythmus *basii dön* (basii = Gris-Gris). Dieser Rhythmus hat auch eine praktische Funktion. Wenn zum Beispiel ein Féticheur mit Hilfe seines Gris-Gris einen Dieb aufspüren soll, muss er erst zu diesem Rhythmus tanzen.

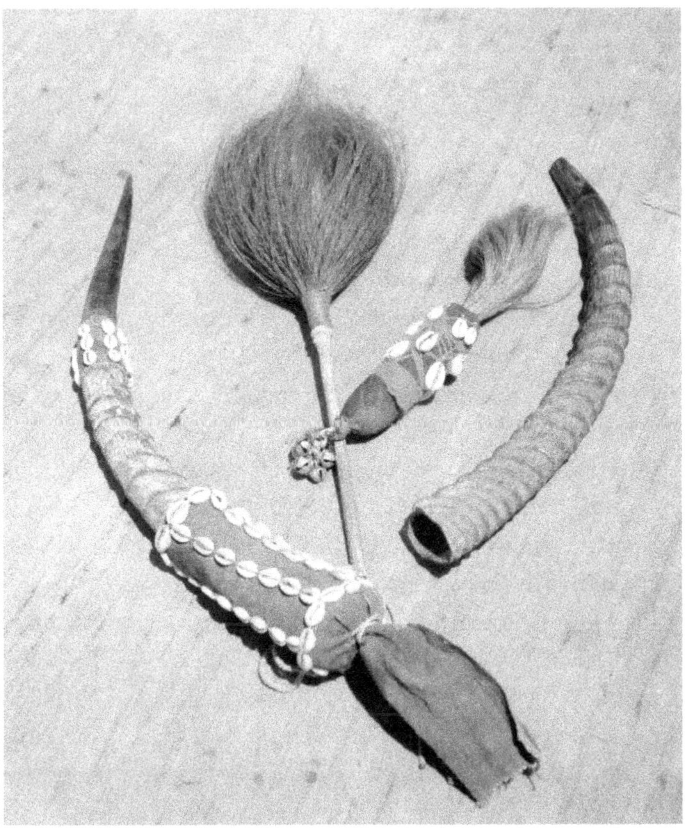

Gris-Gris. Mit soro (links), gefertigt aus kerebudu, dem Horn der Kuh-Antilope (rechts)

Gris-Gris sind überlebenswichtig bei der *gbara*-Zeremonie

40 Tage nach dem Tod einer wichtigen Persönlichkeit wird eine Zeremonie namens *gbara* abgehalten. Sie ist für die Menschen in Hamana die wichtigste Zeremonie überhaupt. Jeder darf dort das Wort ergreifen und etwas Ehrendes über den Verstorbenen sagen – in wohlgesetzten Worten, die bezeugen, dass der Redner über ein angemessenes Vokabular verfügt und die Regeln der Rhetorik beherrscht. Nach jedem Satz wirft der Griot das Wort *namu!* (ja!) ein, womit er die Aussagen des Redners bestätigt und ihnen zugleich eine besondere Würde verleiht. Außerdem hält der Griot damit das Publikum an, aufmerksam zuzuhören. Oft sagt er auch *tugna!* (das ist wahr, das ist richtig, genauso ist es!). Auch dieser Einwurf wertet die Rede des Vortragenden auf und ermutigt ihn, fortzufahren. Manchmal dauert so eine Rede eine Stunde oder mehr. Die Reden ziehen sich vom Morgen bis in den Abend hinein. Es ist eine Art Redner-Wettstreit, bei dem jeder den anderen zu übertreffen sucht. Eine gute Rede zieht oft eifersüchtigen, feindlichen Zauber auf sich, und die Redner tun gut daran, sich mit einem starken Gris-Gris dagegen zu wappnen.

Zauberei bei einem Treffen der Jäger

Als ich sieben Jahre alt war, wurde mein Vater Chef der Jäger in unserer Region. Eines Tages begleiteten meine Mutter und ich ihn zu den Trauerfeierlichkeiten für einen berühmten Jäger. Wir brachen um zwei Uhr morgens auf, der Vollmond erleuchtete unseren Weg über die Savanne, die in nächtlicher Kühle still und friedlich vor uns lag. Bei Sonnenaufgang, als der Tau noch auf den Blättern glänzte, erblickten wir die ersten Hüttendächer des Dorfes. Ich wusste, dass uns dort furchterregende Leute erwarteten. Mein Vater wusch sich 200 Meter vor dem Dorf mit seinem *djöbö*, einer mächtigen Essenz, hergestellt von Féticheuren unter Absingen und Rezitieren von Zauberversen. Außerdem trug er all seine Gris-Gris, mit den verschiedensten Abwehrfunktionen, auf dem Körper – denn der Chef der Jäger musste unverwundbar sein, gerade bei einem solchen Treffen. Als wir das Dorf betraten, donnerten Salutschüsse aus allen Gewehren. Sie teilten den Menschen mit, dass der sehnsüchtig erwartete Chef endlich eingetroffen war. Die Jäger nahmen meinen Vater in die Mitte und tanzten einen Kriegstanz, angefeuert durch weitere Gewehrschüsse. Die Feierlichkeiten dauerten drei Nächte, vom Abend bis zur Morgendämmerung. Hervorragende Jäger führten die Wunder und Geheimnisse ihrer okkulten Wissenschaften vor. Am dritten Tag schichteten sie in der Dorfmitte einen großen Stapel Holz- und Reisigbündel auf, und in der Nacht wetteiferten sie darin, ihn anzuzünden: Sie gingen um ihn herum und schossen in ihn hinein, bis er lichterloh brannte. Dazu spielte ununterbrochen die nur bei solchen Gelegenheiten erklingende Trommel *kéwulitandan* (siehe das Kapitel über die Instrumente), begleitet von der Djembe.

Das Jahresfest der Jäger

Gut erinnere ich mich auch noch an ähnliche Ereignisse bei einem regionalen Jägertreffen in der Stadt Kouroussa. Die Jäger stellten sich in eine lange Reihe und bewegten sich gleichmäßig in denselben Tanzschritten. Der stärkste von ihnen setzte sich an die Spitze und gab ihrem Tanz den Schritt vor. Dies war nur ihm erlaubt, niemand sonst durfte ihm diese Rolle streitig machen. Mein Bruder Malon Sory Konaté war ebenfalls ein sehr starker Jäger. Er vertraute auf seine starken Gris-Gris und platzierte sich selbst an die vordere Position. Das bekam ihm schlecht. Der Chef richtete seinen Zauber auf ihn und verbannte ihn in eine dunkle Ecke. Noch vor dem Ende der Zeremonie bekam er hohes Fieber, das mehrere Wochen andauerte. Er hatte Glück und überlebte die Strafe.

Die Jäger feiern ihr großes Fest einmal im Jahr nach der Reisernte, also wenige Wochen nach dem Ende der Regenperiode. Bei diesem Fest präsentieren und vergleichen sie die magischen Kräfte ihrer Gris-Gris. Die Teilnahme ist riskant, denn alle versuchen, sich gegenseitig in der Kraft ihrer Fetische zu übertreffen.

Schwangere Frauen dürfen nicht in der Nähe sein. Sie haben unkalkulierbare Wirkungen auf die Gris-Gris. Deshalb findet das Fest nachts und außerhalb des Dorfes statt.

Um ihre Gris-Gris zu stärken, opfern die Jäger ihnen vor dem Fest schwarze Katzen, rote Hähne, rote Ziegen und rote Stiere. Nicht erlaubt sind weiße Hähne, weiße Kolanüsse – und Schafe, die heiligen Tiere des Islams. Zum Fest selbst bringt jeder zwei bis vier Hühner verschiedener Farbe als Opfertiere mit. Nur der Chef der Jäger – das war lange Zeit mein Vater – kommt mit einem Bock. Alle kommen in einem Kostüm aus Hirschfell, unter dem sie ihre Zaubermittel tragen.

Ich habe bei den Festen der Jäger oft getrommelt. Sie versprechen sich vom Klang der Djembe größeres Geschick beim Bestehen ihrer Proben.

Nun ergreift der Chef das Wort: Wer sich der Probe stellen will, ist willkommen! Die Probe besteht darin, dass man sich freiwillig den *köröte* der anderen aussetzt – winzigen, unsichtbaren Kugeln, die man heimlich auf andere abschießt, um ihnen zu schaden. Wen solch ein Geschoss erwischt, der wird krank und gerät in Todesgefahr. Nur ein starkes Gris-Gris bietet davor Schutz.

Fasst sich keiner ein Herz, sagt der Chef: Nun, dann stelle ich mich selbst der Probe. Schießt eure *köröte* auf mich ab – habt keine Angst, ich übernehme die Verantwortung für alles, was passiert!

Dann geht er in seinem Hirschkostüm, mit den vielen Fetischen darunter, in den Wald und läuft darin hin und her wie ein gejagtes Tier. Die anderen bleiben ihm auf der Spur und beschießen ihn mit ihren magischen Kugeln. (Einmal habe ich erlebt, dass der *simbo* in einem Büffelfell im Wald verschwand und den ganzen Tag nicht mehr auffindbar war – mal ertönte sein Ruf da, mal raschelte es hier im Gebüsch – man schoss aufs Geratewohl in die jeweilige Richtung, traf ihn aber nicht und sah ihn auch nicht). Wenn das für den *simbo*, wie nicht anders zu erwarten, gut gegangen ist, bittet er eine Jägerin, ihm ein giftiges, normalerweise tödliches Essen zu bereiten. Er isst etwas davon – und beweist damit erneut seine magische Kraft. Dann befiehlt er seinen Lehrlingen, davon zu essen. Auch ihnen passiert nichts.

Jemandem, der das alles überlebt, wagt sich niemand mehr in den Weg zu stellen.

Soro, der Dämon meines Vaters

Mein Vater besaß ein besonderes Gris-Gris, einen *soro*. Er nahm ihn immer mit zum Jagen. Auch andere Jäger gehen nur in Begleitung ihres *soro* auf die Jagd. Er schützt sie nicht nur, sondern verspricht auch gute Beute.

Der *soro* ist ein geheimnisvolles Gris-Gris. Er erscheint seinem Besitzer im Traum und gibt ihm Handlungsanweisungen. Wenn man ihnen folgt, erfüllen sich alle Wünsche – man kann mächtig, reich und berühmt werden. Folgt man ihnen nicht, sind die Konsequenzen möglicherweise dramatisch. Es bedarf dann besonderer Anstrengungen der Heiler und Féticheure, um die ungehorsame Person vor der Verrücktheit zu bewahren. Mein Vater tat immer ganz genau, was sein *soro* ihm sagte. Für die Gespräche mit ihm reservierte er die Montagnacht – so wie er die übrigen Nächte für seine Frauen reservierte. Dann besprach er mit ihm die Jagd, die immer am Dienstag stattfand. Der *soro* tat meinem Vater bei der Jagd jeden Gefallen und bescherte ihm reiche Beute – jede Art von Wild, auch Antilopen und Hirsche. Nie kam er mit leeren Händen zurück. Auch bei seinen täglichen Aufgaben im Dorf half er ihm.

Manchmal erschien der *soro* seinem Partner nicht im Traum, sondern erwartete ihn als Inkarnation im Wald. Solche Treffen waren gefährlich. Der *soro* hasste Unpünktlichkeit. Kam man zu spät, so lief man Gefahr, von ihm getötet zu werden. Eines Nachts vergaß mein Vater das Rendezvous. Als es ihm einfiel, lief er zum Treffpunkt, aber der *soro* war schon da. Mein Vater hatte großes Glück, denn der *soro* war eingeschlafen. Er band die langen Haare des Dämons an einem Ast fest und weckte ihn abrupt. Der *soro* erblickte meinen Vater und wollte ihn anspringen – dabei brach er sich den Hals und starb auf der Stelle.

Mein Vater war damals schon im fortgeschrittenen Alter und gab das Jagen auf. In ganz Hamana sagte man, er hätte seinen *soro* verloren – einen außergewöhnlichen *soro*, der ihn in allem unterstützt und ihn berühmt gemacht hatte.

Der Dämon meines Großvaters, *kömö kudu nin*, der den Schnupftabak liebte

Erscheint jemandem ein Dämon im Traum, so sagt man, er wird krank. Und umgekehrt: Wird jemand krank, sagt man, ihm sei ein Dämon im Traum erschienen. Dann hilft nur, sich von einem Féticheur behandeln zu lassen. Denn der ist für diese Dinge zuständig und kennt sich damit aus.

Es gibt aber auch Dämonen, die nur als konkrete Person in Erscheinung treten. Mit einem solchen Dämon war mein Großvater befreundet. Er hieß *kömö kudu nin* (= das kurze Biest), wohnte im Wald und half ihm bei der Jagd. Wie schon der Name sagt, war er kleinwüchsig – nur einen halben Meter groß. Und er liebte den Schnupftabak. Ging mein Großvater auf die Jagd, lief er plötzlich neben ihm her, bat um Schnupftabak und zeigte ihm ein besonders schönes Beutetier. Im richtigen Moment gab er das Signal zum Schießen – nicht ohne vorher eine weitere Portion Schnupftabak erbeten zu haben.

Viele Jäger kennen einen solchen Schnupftabak liebenden *kömö kudu nin*. Sie haben immer genug Schnupftabak dabei, wenn sie zur Jagd gehen. Ist der Dämon enttäuscht, weil er zu wenig davon bekommt, macht er sich davon und kommt nie wieder. Die Männer in meiner Familie, darunter viele Jäger, waren allesamt selbst große Schnupftabak-Liebhaber.

Tierische Bewegungsorakel

In unseren Dörfern werden die alten Menschen sehr verehrt. Ihre Lebenserfahrung und ihre Kenntnis unserer Geschichte und unserer Traditionen sind den Jüngeren immer wieder eine Hilfe bei ihren Lebensproblemen. Sie suchen Rat bei den Alten, und die Alten warnen sie rechtzeitig, wenn sie Schwierigkeiten auf sie zukommen sehen.

Mit jedem Greis, der in Afrika stirbt, verbrennt eine Bibliothek, sagte 1960 der große Philosoph Amadou Hampâté Bâ aus Mali.

Die Weisheit der Alten zeigt sich auch in kleinen Dingen. Sie können zum Beispiel die Bewegungen der Tiere deuten. Wenn ein Hahn auf einem Bein stehenbleibt oder sich in den Sand wühlt, kann das unter bestimmten Bedingungen etwas bedeuten. Mein Bruder Malon Sory Konaté war Meister im Dechiffrieren solcher Tiersignale. Niemand im Dorf wusste, wie alt er war. Bei meinen Besuchen in Sangbaralla in den 1990er Jahren fragte ich ihn oft nach seinem Alter. Er sagte immer: 115 Jahre! Aber ich glaubte ihm nicht. Mit 115 Jahren konnte niemand so wendig und beweglich sein, körperlich und geistig, wie er. Wenn meine Abreise näher rückte, bat er mich, noch zu warten – er wollte erst die Bewegungen der Hähne studieren. Jedes Mal sagte er mir dann, wann ich gefahrlos fahren konnte – und wann lieber nicht, weil auf der Strecke Gefahren lauerten.

Mein Bruder Malon Kékörö entwindet bösen Geistern ein Stück Land

Es gibt Orte, die den Menschen in Hamana Angst machen: dichter Wald, große Felsen im Fluss, Seen, in denen das Wasser steht und nicht fließt. Auch in tiefer Dunkelheit haben sie Angst. Wirbelwinde sind ganz schlimm. In diesen Situationen fühlen sie sich umgeben von wilden Tieren, Dämonen oder Hexern. Es ist nicht geboten, sich all dem allein auszusetzen. Man sollte in Begleitung sein.

Mein Bruder Malon Kékörö Konaté war die große Ausnahme: Er hatte vor so etwas überhaupt keine Angst. Er sagte manchmal: Man soll an Gott glauben und nicht an irgendwelche Dinge, die man künstlich mystifiziert. Die Leute nannten ihn den »Weißen«, weil es normalerweise die Weißen sind, die vor nichts Angst haben.

Im Dorf gab es ein Stück Land, das *fadaba* genannt wurde. Man durfte auf ihm nichts anbauen, weil es angeblich der Lieblingsplatz aller möglichen Geister und Dämonen war. Mein Bruder entschloss sich eines Tages, daraus einen Acker zu machen. Er ging zu den weisen Alten, überreichte ihnen zehn Kolanüsse und kündigte an, das Land zu bestellen, da es ja sonst niemand tat. Sie fragten, ob er wüsste, dass es dort nicht geheuer sei. Ja, antwortete er. Und dass es verboten sei, solche Ecken zu beackern? Ja, sagte er und fügte hinzu: Ich möchte Euch beweisen, dass es trotzdem geht, und deshalb bitte ich um eure Zustimmung. Die Alten berieten sich lange und stellten ihm dann eine letzte Frage: Ob er denn keine Angst hätte? Er wiederholte: Ich bitte um eure Zustimmung.

Da er so hartnäckig war, gaben sie ihm schließlich grünes Licht. Er begann zu arbeiten. Allerdings hatte er schreckliche Alpträume: Dämonen erschienen ihm und forderten ihn auf, sofort mit dem Roden aufzuhören. Auch das machte ihm keine Angst, aber vorsichtshalber begann er den Geistern zu opfern. Eines Tages schlief er erschöpft unter einem Baum ein. Beim Erwachen erschrak er: Eine große Boa hatte sich auf seinem Schoß niedergelassen. Er murmelte ganz leise ein paar Koranverse, und die Schlange glitt davon. An einem Freitag, dem Tag des Gebets, erblickte er eine weiß gekleidete Gestalt, die in Windeseile sein Feld überquerte, ohne den geringsten Staub aufzuwirbeln. Kaltblütig rezitierte er seine Verse, und der Spuk war vorbei.

So gelang es ihm schließlich, das verbotene Stück Land urbar zu machen. Es erwies sich als sehr fruchtbar, und bis heute wächst dort eine große Pflanzenvielfalt.

Die Montagnacht-Boa

In der Region Hamana gab es zur Zeit meiner Kindheit Bauern mit einem großen Besitz an Ziegen, Schafen und Kühen. Auch ihre Getreideernten waren immer sehr ergiebig. Denn sie lebten mit einer Boa-Schlange zusammen. Manchmal kam eine solche Schlange ins Dorf, erschien einem nach dem anderen im Traum und fragte: Kann ich nicht dein Freund werden und bei dir bleiben? Wenn ja, darfst du aber niemandem davon erzählen. Es muss immer ein Geheimnis zwischen uns bleiben. Wenn du verheiratet bist, musst Du mir jede Montagnacht reservieren, dann darf keine Frau kommen und mit Dir schlafen. Dann wirst du bis zu deinem Tod nicht mehr arm werden. Also, bist du einverstanden? Das fragte die Schlange im Traum. – Der Schlangendämon ist sehr intelligent, aber man sieht ihn nicht, denn er ist in der Schlange versteckt. Schließlich sagt er vielleicht: Ich habe kein Vertrauen zu dir, und geht in der nächsten Nacht zu einem anderen. Am Ende findet er jemanden, dem er vertraut und bei dem er sicher ist, dass er das Geheimnis wahrt. Zu dem sagt er: Ich habe Vertrauen zu Dir, wir können Freunde werden. Aber denk an die Montagnächte, sie gehören mir. In der ersten Montagnacht gebe ich dir einen heiligen Stein – den musst du im Koffer *kankira* aufbewahren. Jede Montagnacht legst du ihn in eine kleine Kalebasse ins Wasser. Am nächsten Montag füllst Du das Wasser in eine größere Kalebasse, gießt zusätzliches Wasser dazu und lässt die Tiere daraus trinken. Dann werden sie viele hundert Junge bekommen. – Später wundern sich dann alle über die vielen Tiere, die der Betreffende hat, und sagen: Er ist *ninki-nankan baraböaye* (der, der mit dem Regenbogen lebt). Wenn man das Versprechen nicht einhält, ist man sofort wieder arm. Die Felder werden unfruchtbar, alle Tiere sterben, und man wird verrückt.

1964 kam ich nach einer zweijährigen Welttournee ins Dorf zurück. Zu meiner großen Trauer erfuhr ich, dass mein Bruder Kèkörönin gestorben war. Es gab noch eine schlimme Neuigkeit: Nounkouman Daman, der exzellente *sangban*-Spieler, der meinen Bruder oft bei Festen begleitet hatte, war verrückt geworden. Die Freunde und Nachbarn erzählten mir, dass *Ninki-nankan*, die Regenbogenschlange, ihm im Traum erschienen war. Nounkouman! hatte sie gesagt. Ich erwarte dich morgen, bei Sonnenaufgang, vor meinem Unterschlupf. Du gehst geradeaus nach Westen. Gleich hinter der Dorfgrenze siehst du zur Linken ein großes Loch, eine Stachelschweinhöhle. Dort warte ich auf dich, und sobald ich deine Schritte höre, stecke ich meinen Kopf heraus und öffne weit mein Maul. Auf meiner Zunge liegt ein Stein – nimm ihn dir, er wird dir großen Reichtum bringen! Du wirst nie wieder in Armut leben! – Die Schlange erläuterte auch ihm die Montags-Regel. Aber ich warne dich, fügte sie hinzu, du darfst auf keinen Fall unser Treffen verpassen! – Am Treffpunkt angekommen, erblickte Nounkouman tatsächlich die Schlange und den Stein in ihrem weit aufgerissenen Maul. Eine schreckliche Angst packte ihn, er rannte zurück in Richtung Dorf und sah gerade noch, wie die Schlange verschwand. In Panik verirrte er sich auf dem Rückweg und kam erst mittags im Dorf an. Schreiend erzählte er den Dorfbewohnern, was er erlebt hatte. – Ich besuchte ihn sofort, und er sagte immer nur: Famoudou! Ich war nicht dein *sangban*-Spieler, das war dein großer Bruder Kékörönin!

Mir kamen die Tränen, als ich mich daran erinnerte, wie viel Schönes wir seit unserer Kindheit zusammen erlebt hatten.

Die *lenké*-Geister verhelfen einem Funktionär zur Popularität

1995 besuchte ich meine Familie im Dorf Sangbaralla. Dort lernte ich Nankouma Keïta kennen, einen hohen Verwaltungsbeamten aus Kankan, der zweitgrößten Stadt Guineas. Er hatte ein Problem. Die Menschen in der Region Kankan brachten ihm nicht den Respekt entgegen, den ein wichtiger Funktionär wie er verdiente. Er glaubte sogar, dass sie ihn verachteten, und fragte sich, warum. In seiner Unzufriedenheit bat er einen meiner Brüder, der für seine spirituellen Fähigkeiten bekannt war, um Hilfe. Mein Bruder lud ihn ins Dorf ein und riet ihm, dem Geist des *lenké*-Baums zwei weiße Hähne zu opfern. Der Funktionär besorgte die Tierchen – sie waren ihm die Zuneigung seiner Untergebenen wert. Mein Bruder und ich begleiteten ihn zum *lenké*-Baum, wo mein Bruder niederkniete und den Geistern wortreich zu schmeicheln begann – mit Sprüchen, die sie gerne hörten, zum Beispiel:

> *Tu! bisimilayi, kö tèma sunsun, ba tèma sunsun;*
> *sunsun kadiko tè, fo a ladèko.*
>
> Tu! (*lautmalerisch: ausspucken*) – im Namen Gottes, *sunsun* am Ufer, *sunsun* im Fluss – es ist leichter, *sunsun* zu pflücken als *sunsun* aufzusammeln.

Sunsun, die Stachelanemone, ist eine süße Frucht. Alle Afrikaner mögen sie sehr gern. Es ist schwierig, sie aufzuheben, ohne sich zu stechen. Das Pflücken ist weniger gefährlich.

Dann begann die eigentliche Opferzeremonie. Mein Bruder schlachtete die beiden Hähnchen. Aus bestimmten Zeichen schloss er, dass die *lenké*-Geister das Opfer angenommen hatten.

Und wirklich: Im Lauf der Zeit verbesserte sich die Stimmung zwischen dem Funktionär und seinem Publikum. Er arbeitete intensiver mit den Menschen zusammen, und wenn er irgendwo eine Rede hielt, bekam er viel Beifall.

Kampf der Féticheure gegen die Hexerei

Hexerei ist eine besonders heimtückische Seite afrikanischer Kultur. Hexer und Hexen erkennt man nicht auf den ersten und auch nicht auf den zweiten Blick. Sie wirken wie ganz normale menschliche Wesen. Aber man sagt ihnen übernatürliche Fähigkeiten nach: dass sie sich vom Fleisch und vom Blut ihrer Mitmenschen ernähren und dass sie ihre Seelen stehlen, dass sie ihre Opfer krank machen und sie schließlich töten. Und dass sie sich in unglaublicher Geschwindigkeit von Ort zu Ort bewegen, zu Pferde, in selbstgebauten Flugzeugen und sogar auf Gewehrkugeln, die sie treffsicher an ihr Ziel bringen. Sie halten regelmäßige Geheimtreffen ab und haben strenge Regeln.

Heimtückisch an all dem ist, dass normale Menschen es nicht sehen. Schlimm ist auch, dass jede und jeder, auch ein Kind, in Verdacht geraten kann, eine Hexe oder ein Hexer zu sein. Früher versuchte man sogar, ihnen unter Folter ihr Geheimwissen abzupressen.

Die Féticheure, Experten für übersinnliche Kräfte, stehen auf der anderen Seite. Ihre Aufgabe ist es, die Hexen und Hexer zu enttarnen und ihre schmutzigen Machenschaften zu bekämpfen. Dazu setzen sie ihre diversen Gris-Gris ein. Sie haben alle Hände voll zu tun, und für viele von ihnen ist diese Tätigkeit ein Fulltime-Job. Hochkonjunktur haben die Féticheure in der Zeit der Beschneidung zu Beginn der Regenperiode. Sie müssen dann alle möglichen Geister abwehren, die den Jungen bei der Beschneidung schaden wollen. Nicht nur diverse Bakterien, auch Hexen und Hexer sollen in dieser Zeit der Schwüle in großer Zahl unterwegs sein, weil sie reiche Beute wittern.

Drei Geschichten von Hexerei

Ich habe in meinem Dorf immer wieder Situationen erlebt, in denen es um Hexerei ging.

Die erste Geschichte: Gleichaltrige Kinder schliefen in einer eigenen Rundhütte. Ich teilte die Hütte eine Zeitlang mit Siriman Keïta, Konigna Ténèn Keïta und meinem Bruder Kanséré Konaté. Konigna kam morgens sehr schwer aus dem Bett. Er ließ sich einfach nicht aufwecken. Sein Vater war darüber sehr wütend und versuchte es mit Peitschenhieben – vergeblich. Irgendwann schöpfte er Verdacht, dass Konignas morgendliche Trägheit mit Hexerei zu tun hatte. Wir stellten uns vor, dass er nachts, während wir schliefen, mit seinen Hexerfreunden auf Menschenjagd ging. Eines Morgens wachte er weinend und schreiend auf und rief: Helft mir! Helft mir! Ich habe schreckliche Probleme! Er erzählte uns, was er im Traum erlebt hatte. Er war mit Hexern unterwegs und erblickte an einem Ast des Fromager-Baums, unter dem das Dorf seine Feste feierte, eine riesige Goldkette. Er wollte sie verschlucken, aber sie war zu groß. Die anderen Hexer sagten: Hör zu! Diese Kette hängt schon sehr lange dort, und niemand hat gewagt, sie zu berühren. Wir werden dich jetzt töten, denn du hast gegen unsere heiligen Regeln verstoßen! Wir holten sofort einen Féticheur, dem es gelang, ihn zu beruhigen. Bald schlief er die Nächte wieder durch, stand rechtzeitig auf und war ein ganz normaler Junge.

Die zweite Geschichte: Eines Morgens im Jahr 1972 gingen die Frauen zum Fluss, um Wasser zu holen. Sie entdeckten im Gebüsch einen Säugling, der aus Leibeskräften schrie. Wo war die Mutter? Sie beruhigten das Baby, blieben eine Weile dort sitzen und warteten auf sie. Aber sie kam nicht. Also gingen die Frauen mit dem Kind ins Dorf und hörten sich um. Sie fanden heraus, dass die Mutter Tènèndjen Kanté hieß. Nachdem die Frauen alle möglichen Informationen zusammengetragen hatten, erzählten sie folgende Geschichte: Tènèndjen gehörte zu einer Gruppe von Hexen. Jede von ihnen lieferte reihum ein Familienmitglied, das sie zusammen aufaßen. Als Tènèndjen an der Reihe war, jemanden aus ihrer Familie zu töten, weigerte sie sich. Die anderen wurden böse und setzten sie unter Druck: Dann werden wir eben dich töten und aufessen! Eines Abends sah sie die Hexen auf ihre Hütte zukommen, um sie zu holen. Sie floh mit ihrem Baby und ertränkte sich im Fluss.

Die dritte Geschichte: Ich kam von einer Tournee mit den Ballets Africains zurück nach Guinea und fuhr zur Erholung ins Dorf. Dort erfuhr ich, dass ein Neffe schwer erkrankt und gestorben war. Man erzählte mir: Der Neffe sei ein Hexer gewesen. Er hätte versucht, ein Familienmitglied zu töten. Aber es gelang ihm nicht. Man holte rechtzeitig einen Féticheur, der ihn enttarnte und tötete. Der Féticheur sagte uns, wir sollten auf keinen Fall um ihn trauern. Wer auch nur eine Träne vergoss, würde selbst sterben. Also rissen sich alle zusammen und versuchten, jede Regung von Trauer zu unterdrücken.

Ich war sehr zornig auf meine Familie und auf den Féticheur. Ich hätte gern etwas gegen ihn unternommen, aber meine Brüder, meine Onkel und mein Vater, die sich darauf verstanden hätten, lebten schon lange nicht mehr.

Wenn ein Familienmitglied stirbt, geht der Familienvater zu einem Féticheur und holt sich ein sehr wirksames Gris-Gris namens *nama*. Er befestigt es an der Tür, und die Familie ist gegen jede Hexerei geschützt.

Gute und böse Féticheure

Die Hauptaufgabe der Féticheure ist es, ihren Klienten (Menschen, die sie um Hilfe bitten) bei ihren Lebensproblemen zu helfen. Das darf aber nicht damit verbunden sein, andere Menschen zugunsten ihrer Klienten zu manipulieren oder ihnen zu schaden. Féticheure, die das tun, nennt man *nyanyima* (Scharlatan). Beispiele:

Eine unverheiratete Frau verliebt sich in einen verheirateten Mann. Sie geht zu einem Scharlatan-Féticheur und bittet ihn, Unfrieden zwischen dem Mann und seiner Ehefrau zu stiften, damit er sie hinauswirft. Um seine Klientin vor den bösen Energien zu schützen, die dabei frei werden, gibt ihr der Scharlatan einen Pflanzenextrakt, mit dem sie sich waschen soll.

Zwei Menschen haben Streit miteinander. Der eine geht zum Scharlatan-Féticheur und beauftragt ihn, dem anderen eine tödliche Krankheit an den Hals zu schaffen. Leider gibt es immer wieder Féticheure, die solche Aufträge annehmen.

Jemand hat so hohe Schulden, dass er sie nicht zurückzahlen kann. Niemand gibt ihm mehr einen Kredit. Er bittet den Scharlatan, einen Reichen dazu zu bringen, ihm trotzdem Geld zu leihen. Der Scharlatan nennt dem Klienten eine konkrete Summe, um die er den Reichen bitten soll. Aber genau die! Wenn sie nur ein bisschen abweicht, wird der Reiche ihm nichts geben. Wenn die Summe stimmt, rückt er das Geld sofort heraus.

Ein Junge verliebt sich in ein Mädchen. Sie aber weist sein Liebesangebot oder gar seinen Heiratsantrag zurück, weil sie die Gefühle des Jungen nicht erwidert. Er versucht es mit allen möglichen Verführungskünsten – ohne Erfolg. Nun bittet er den Féticheur um Hilfe. Der beauftragt ihn, aus dem Wald die Rinde zweier kreuzweise hängender Äste zu holen, oder ein bestimmtes Vogelpaar zu fangen. Er zeigt ihm, wie er daraus Zutaten zu einem Gericht macht, das er der potentiellen Geliebten anbietet. Wenn sie davon isst, verliebt sie sich sofort in ihn. Er darf ihr nur nicht sagen, was er in das Essen getan hat, sonst ist die Wirkung sofort dahin.

Ich selbst lehne solche Machenschaften entschieden ab. Niemand darf durch physische Gewalt – das ist nämlich diese Art von Zauberei – zu etwas gezwungen werden. Wer von anderen etwas will, soll sich mit klarem Kopf, offen und ehrlich und mit den Mitteln, die er hat, darum bemühen.

Die Féticheure Karifa Konaté und Nantene Kourouma

Der Féticheur Frigan Douka verliert seine magischen Glocken

Féticheure sind auch nur Menschen. Ihnen können sehr menschliche Missgeschicke passieren, gegen die sie selbst machtlos sind.

Frigan Douka war einer der berühmtesten Féticheure im Land. Alle kannten seine Heldentaten. Außerdem war er ein bedeutender Landarbeiter. Bei allem, was er tat, konsultierte er seine Gris-Gris. Das sicherte ihm Erfolg auf der ganzen Linie.

Sein wichtigstes Arbeitsgerät war ein Fußglockenpaar. Links trug er die Glocken für die weiblichen Klienten, rechts die für die Männer. Eines Tages verschwand das linke Glockenband auf geheimnisvolle Weise. Frigan suchte es den ganzen Tag, vom Morgen bis zur Abenddämmerung, er suchte in den umliegenden Dörfern, in den Wäldern, auf den Feldern, in den Seen – und fand die Glocken nicht wieder. Sie blieben verschwunden. Er wäre fast verrückt geworden. Die verlorenen Glocken waren offenbar stärker als ihr Meister. Es nützte auch nichts, dass er die ganze Nacht hindurch den unbekannten Dieb verfluchte. Wo immer der sich auch aufhielt, er würde dadurch furchtbare Kopf- und Bauchschmerzen bekommen und am Ende von einem Blitz getötet werden.

Das Unglück des berühmten Féticheurs hatte sich sofort herumgesprochen. Schon am nächsten Morgen machte ein Lied die Runde, in dem jemand den Verlust seiner Fußglocken beklagt:

Wuren de Nanyuma sen na;
Wuren de, alu m'a ye?
Wuren tununna n ma, n n'a jida kamerenbalu la, tele bera.

Das ist eine Glocke, die Nanyuma am Fuß trägt,
eine Glocke, habt ihr sie nicht gesehen?
Ich habe sie verlegt oder verloren, die großen Jungen haben sie mit mir gesucht,
und jetzt ist es schon dunkel …

Die Kolonialisten glaubten nicht an die Zauberei

Zur Zeit der Kolonisation ließen die Franzosen sich in den Dörfern und Städten Westafrikas manchmal lokale Rituale vorführen. Sie waren ihnen ein Rätsel, denn sie beherrschten nicht die Sprachen der Afrikaner, und diese konnten kein Französisch. Das änderte sich, als die Kolonisatoren in den Dörfern Schulen bauten und die Kinder Französisch lernten. Bald waren ein paar Kinder in der Lage, den Franzosen Dinge wie Hexerei und die Kunststücke der Féticheure zu erklären.

Die Fremden weigerten sich aber, zu glauben, was die Kinder ihnen da erzählten. Also führte man ihnen ein paar spektakuläre Dinge vor. Zum Beispiel halbierte man eine Papaya und servierte sie dem Kommandanten. Kaum stand sie vor ihm auf dem Tisch, da verschwand ihr Fleisch wie von Geisterhand. Um die Verblüffung der Franzosen noch zu steigern, wurde die Papaya beim nächsten Mal von einem unsichtbaren Gebiss langsam aufgegessen. Die Franzosen sollten einfach begreifen, dass die Hexerei Realität ist.

Übrigens sind die Afrikaner überzeugt, dass auch die Europäer hexen können. Der Unterschied: Während die Afrikaner mit ihrer Hexerei Mitmenschen krank machen oder töten, haben die Europäer ihre magischen Fähigkeiten in die Erfindung und Konstruktion technischer Maschinen gesteckt.

Bräuche, damals und heute

Feldarbeit

Wenn die Regenperiode vorüber ist, muss der Boden für die Aussaat vorbereitet werden. An einem bestimmten Tag ziehen die Dorfbewohner auf die Felder, um den verklumpten Boden aufzuhacken – schwere Arbeit, die vollen Einsatz erfordert. Solche Arbeitsperioden auf den Feldern werden traditionell wie ein Fest gefeiert: Trommeln und Gesang unterstützen die Arbeit, Rhythmen synchronisieren die Arbeitsbewegungen und geben ihnen gleichmäßiges Tempo, Lieder loben die Arbeitenden und spornen sie an, nicht nachzulassen. Frauen bringen ihnen die Mittagsmahlzeit, und auch auf dem Rückweg und am Abend im Dorf wird getanzt und gesungen. In alldem spiegelt sich: Feldarbeit ist seit eh und je existentiell wichtig für das Wohlergehen der Gemeinschaft, ebenso wie die Jägerei.

Einige der berühmtesten Rhythmen und Lieder haben ihren Ursprung in der Arbeit auf den Feldern: *kassa, konkoba, dibon.* Heute spielt und singt man sie auch bei vielen anderen Gelegenheiten – überall dort, wo Menschen Freude am Tanzen und Musizieren haben. Auch bei meinen WorkshopteilnehmerInnen sind sie seit eh und je sehr beliebt.

Es gibt viele Lieder, die zum *kassa* gesungen werden:

(Alle:) E yahé, e koutountama hé, e yahé, e manden e
(Solo:) I ni war lé no kor solor, I ni war lé nama se néné mépélo

(Alle:) Männer von Hamana, Vögel von Hamana, mein Bruder,
(Solo:) Ich rufe euch zur Feldarbeit, das ist unser Beruf, wir arbeiten gut!

Köndön tibilalu köndön don, tele bada bö köndön ma

Wo bleibt das Essen der Landarbeiter, ihr Frauen, die ihr es zubereitet, das Essen kommt zu spät!

Illawuli woo konko daba, kondon tilu barama Illawuli woo konko daba, kolankoma sènekèlalu barama

Wach auf, Landarbeiter, das Essen ist da!

N donna soo n tèrè wa le dö, n donna soo

Ich war auf dem Feld, ich komme zurück ins Dorf!

Auch das Lied *wuren de* über die verlorenen Fußglocken wird gern zum *kassa* gesungen (siehe oben, die Geschichte über den Féticheur Frigan Douka).

Der *kassa* ist ein schönes Beispiel dafür, dass zu einem Rhythmus unterschiedliche Lieder gehören. Und dafür, dass sich je nach Lied auch der Rhythmus selbst immer etwas verändert. Wer verschiedene Aufnahmen des *kassa* vergleicht und aufmerksam zuhört, kann das heraushören.

Wo *kassa* gespielt wird, erklingt auch *konkoba,* benannt nach der Figur des starken Feldarbeiters, dessen Arbeitskraft die aller anderen übertrifft. Er hat sein Werk vollbracht, und nun kehrt er ins Dorf zurück, geschmückt mit Antilopenhörnern und einem Fell um die Lenden mit Glöckchen, Spiegeln und Kaurimuscheln. Wenn er zu seinem Rhythmus tanzt, drückt er mit seinen Bewegungen die enormen Kräfte aus, über die er verfügt. Man könnte ihn auch als Maske verstehen, obwohl er nur sehr spärlich bekleidet ist. Gefürchtet ist das *bödöfin* – das Gris-Gris, das er zu seinem Schutz bei sich trägt. Er ist kein Féticheur, aber die Menschen bekommen Angst, wenn das *bödöfin* ihn packt und hin- und herschleudert wie bei einem Erdbeben. Manchmal legt er es vor sich hin, und wer es anfasst, dem ergeht es ebenso.

Der dritte Rhythmus zur Feldarbeit ist *dibon.* Der Name steht für einen großen schwarzen Vogel mit breitem, langem Schnabel, der in sumpfigem Gelände lebt und sich von Fröschen und Kröten ernährt. Weibchen und Männchen sind tagsüber unzertrennlich, lassen sich zur Nacht aber auf zwei verschiedenen Bäumen nieder. Beim Erwachen beginnen sie einen Dialog: Das Männchen lässt einen tiefen Ruf hören, das Weibchen antwortet jedes Mal mit höherer Stimme. Es gibt in meiner Heimat Spezialisten, die Tierrufe in Menschensprache übersetzen können, auch den Dialog des *dibon*-Paars. Er ruft: Wach auf, wir wollen Futter suchen! Und sie antwortet: Ja, ich komme! – Im Rhythmus *dibon* imitieren die tiefen Basstrommeln den Ruf des Männchens. Die Stimme des Weibchens übernimmt die *kesedenen.* Auf meiner CD »Hamana Namun« habe ich den Dialog der Vögel mitgesprochen.

Zur Feldarbeit gehört auch der *sènèjeli,* der Feld-Griot, der mit seinen Gesängen und Sprüchen die Arbeiter anfeuert und sich dabei auf der kleinen Keramik-Trommel *tandanén* begleitet (siehe das Kapitel über die Musikinstrumente, Instrumente der Griots).

Feldarbeit der *baratii* und »Feldraub« (*sènè sunya*)

Besondere Bedeutung hatte die Feldarbeit früher für die *baratii*, die älteste Generation der jungen Männer. Sie arbeiteten jedes Jahr eine Woche für einen Bauern und bekamen dafür ein Rind für das *bara bila*-Fest am Ende ihrer Amtszeit (siehe oben, Die soziale Ordnung im Dorf / Die Altersgruppen). Und als Herren des Tanzplatzes (*bara*) waren sie für die Instrumente zuständig – wenn ab und zu eine neue Trommel beschafft werden musste, arbeiteten sie auch dafür auf dem Feld (siehe im Kapitel über die Djembe: Wie man früher zu einer neuen Djembe kam).

Oft fanden diese Arbeitseinsätze als »Feldraub« (*sènè sunya*) statt. Dabei wurde nicht etwa die Ernte gestohlen, sondern man guckte einen reichen Grundbesitzer aus, auf dessen Acker man ein paar Tage arbeitete, ohne dass er den Auftrag gegeben hatte – als angenehme Überraschung sozusagen. Die Hoffnung auf Entlohnung ging dann in den meisten Fällen auch in Erfüllung.

Auch diese Arbeitseinsätze auf den Feldern waren festliche Ereignisse, mit besonderen Mahlzeiten, Gesang und Tanz und natürlich den Rhythmen *kassa, konkoba* und *dibon*.

Die Beschneidung

Die Beschneidung gilt als das wichtigste Ereignis im Leben eines jungen Menschen. Sie ist nicht nur ein körperlicher Eingriff, sondern verbunden mit einer Unterweisung zum Verhalten in der Gemeinschaft und gegenüber dem anderen Geschlecht. Deshalb spricht man auch von einer Initiation, einem Ritual, das die Kindheit vom Erwachsenenleben trennt.

Das gilt heute nur noch bedingt. Früher wurden die jungen Männer beschnitten, wenn sie schon Anfang 20 waren und der Generation der *kondén ba* angehörten (siehe oben, Altersgruppen). Die Mädchen waren 16 oder 17 Jahre alt. Inzwischen finden die Beschneidungen für beide Geschlechter im Kindesalter statt, wohl weil die gesundheitlichen Probleme, die bei der Beschneidung auftreten können, dann weniger gravierend sein sollen.

Gegen die Beschneidung, vor allem der Mädchen

Wegen genau dieser Probleme bin ich heute ein Gegner der Beschneidung. Sie findet nämlich meist unter unhygienischen Bedingungen statt, die zu gefährlichen Infektionen führen können. Hinzu kommt die Gefahr von Blutungen, die mangels geeigneter Instrumente und Medikamente nicht gestillt werden können. Beides kann mit dem Tod enden, das passiert immer wieder, die Dunkelziffern sind hoch. Bei den Jungen sterben in jeder Beschneidungsgruppe einer oder zwei. Man führt solche Unfälle dann gern auf Hexerei und nicht auf mangelhafte Vor- und Nachsorge zurück. Hier hilft auf die Dauer nur gesundheitliche Aufklärung. Seit einigen Jahrzehnten kommt bei Gruppenbeschneidungen auch die AIDS-Gefahr hinzu. Auch Kinder sind schon infiziert, und wenn man ein einziges Messer benutzt, kommt es zu Ansteckungen.

Bei den Mädchen gibt es häufig Probleme, die lebenslang andauern: weniger sexuelle Empfindsamkeit, Schmerzen beim Geschlechtsverkehr, Inkontinenz, Anfälligkeit für Infektionen, Schwierigkeiten bei Geburten.

Die Begründungen für die Mädchenbeschneidung sind ziemlich absurd. Manche sagen, das sei ein Akt der Reinigung. Andere sagen, dass die Mädchen keusch und tugendhaft bleiben, wenn man ihr sensibelstes Organ entfernt. Das erhöhe die Chancen, dass sie als Jungfrau in die Ehe gehen. Meist sagen die alten Frauen, die über die Jungfräulichkeit der Mädchen wachen, dass ein unbeschnittenes Mädchen besonders liebeshungrig ist und sich damit zu leicht den Jungen ausliefert. Für die Eltern eines Mädchens ist es unehrenhaft, wenn bei der Hochzeit herauskommt, dass sie keine Jungfrau mehr ist. Sie verliert dann alle Vorteile und auch das Vertrauen ihres Ehemanns. Das ist für Eltern in bestimmten Milieus in gewissen Ländern die fundamentale Begründung dafür, ihre Töchter beschneiden zu lassen.

Die Beschneidung der Mädchen hat also ihren ganz simplen Grund darin, dass man das sexuelle Empfinden der Mädchen abtöten will. Und das wird als eine Frage der Ehre angesehen.

Aber trotz der Beschneidung lässt das Verhalten vieler Mädchen zu wünschen übrig, und sie werden vor der Hochzeit schwanger. Statt der Beschneidung sollte man lieber für frühzeitige sexuelle Aufklärung sorgen! Dass die in vielen afrikanischen Ländern nicht existiert, ist die Ursache vieler Probleme.

Auch die religiöse Begründung der Mädchenbeschneidung ist nicht haltbar. Man hat Islamgelehrte in Klausur geschickt, um den ganzen Koran daraufhin noch einmal durchzulesen. Sie haben nichts gefunden.

Oft wünschen sich die Mädchen selbst die Beschneidung, nicht ahnend, was auf sie zukommt. Sie haben Angst davor, als *bilakoro*, als unbeschnittene Frau, verspottet zu werden – das ist eine der schlimmsten Beschimpfungen. Oder sie haben Angst, keinen Mann abzubekommen. Denn viele Männer wünschen sich beschnittene Ehefrauen.

Wie tief die Beschneidungsmythen in Afrika sitzen, hat der senegalesische Regisseur Ousmane Sembène in seinem erschütternden Spielfilm »Moolaadé« gezeigt.

Ich habe fünf Töchter. Zwei von ihnen sind beschnitten worden. Die älteste starb nach Komplikationen bei einer Geburt. Ich hatte stets Reuegefühle wegen des Todes meiner ältesten Tochter. Nachdem ich begriffen hatte, dass dieser unmenschliche Brauch nicht zu rechtfertigen ist, habe ich mich strikt dagegen gewandt, dass meine drei jüngeren Töchter beschnitten wurden. Ich warnte alle meine Verwandten, sich daran zu beteiligen. Meinen beiden Ehefrauen habe ich das ebenfalls streng verboten. Eine von ihnen fragte mich:

Warum? Sie selbst sei ja auch beschnitten! Zuerst war ich böse über ihre Reaktion. Aber dann beschloss ich, es ihr nicht übelzunehmen, denn sie war Analphabetin, und sie wusste nicht genug von der Welt, um die Realitäten des Lebens zu begreifen. Ich diskutiere oft mit Frauen in Guinea über die Mädchenbeschneidung. Nicht selten fangen sie dann an zu polemisieren und mich zu beleidigen, fern jeder vernünftigen Argumentation. Es ist noch ein weiter Weg.

Auch für die Männer ist der Beschneidungszwang fast unentrinnbar. Vor einigen Jahren zog ein Mann ins Dorf Sangbaralla zurück, der schon als Kind mit seinen Eltern die ganze Welt bereist hatte. Nun war er verheiratet und hatte drei Kinder. Beim Baden im Fluss entdeckte jemand, dass er unbeschnitten war. Man packte ihn und schleppte ihn in ein Waldstück. Dann musste er gegen seinen lauten Protest die Beschneidungsprozedur über sich ergehen lassen.

Beschneidungsrituale

Nachdem ich meine Meinung zur Beschneidung dargelegt habe, kann ich nun, ohne missverstanden zu werden, über die Rituale schreiben, die mit der Beschneidung verbunden sind.

Es gab eine Zeit, in der die Beschneidung der Mädchen und Jungen eines Jahrgangs eine einzige Zeremonie war. Aber seit langem finden die Rituale für Mädchen und Jungen unabhängig voneinander statt.

Die Beschneidung ist in der Regel ein Gruppenereignis. Bis zu 40 Kinder durchlaufen das Ritual gleichzeitig.

Bei den Jungen findet die Beschneidung nach der Reisernte am Beginn der Trockenperiode statt. Dann ist es am kühlsten, die Wunden schließen sich schneller, und es gibt weniger schädliche Infektionen. Die Dorfältesten treffen sich rechtzeitig und legen den Termin der Beschneidung fest.

Die vierte Generation der Jungen (*kondén ba*), die früher die eigentliche Beschneidungsgeneration war, ist für die Organisation verantwortlich. Unter ihrer Leitung zieht die Dorfjugend hinaus, um Holz zu schlagen. Man braucht es für die Feuer in den Festnächten und für den Bau des *fafa* – das ist ein Haus, das aussieht wie ein Indianerzelt, in dem die Jungen nach der Beschneidung eine Zeitlang gemeinsam wohnen.

Die unbeschnittenen Junge (*bilakoro*) haben ihren eigenen Tanzrhythmus: *kadan*, benannt nach den Ringen um die Fußknöchel, die die Jungen aus einer Liane namens *wuluno* herstellen. An jedem Fuß tragen sie sechs bis acht dieser Ringe, die beim Tanzen ein lautes Rasselgeräusch im Rhythmus der Trommeln erzeugen.

Während der Tage und Nächte vor der Beschneidung spielen die Trommler am Tanzplatz immer wieder den Rhythmus *soli*, und die Jungen gehen dorthin, so oft sie können, und tanzen dazu. Die ganze Gemeinschaft ist dabei, vor allem aber die Verwandten und Freundinnen der Jungen und ihre Freundinnen.

Am Nachmittag vor der Beschneidung rasiert man den Jungen die Köpfe. Dann tanzen alle den Rhythmus *soko*, und die Jungen bekommen Geschenke. Man bringt sie zur *bolon*-Hütte, wo sie die Nacht verbringen. Der *bölönföla* singt zur Bassharfe *bölön* Lieder über mutige Menschen, die ihre Angst überwunden haben, und die Jungen stecken Nadeln in ihre Vorhaut, um Courage zu zeigen.

Sie sollen in dieser Nacht wach bleiben. Vom Nachmittag bis zum nächsten Morgen um zehn Uhr wird fast ununterbrochen getanzt und gesungen. Man nennt dieses Tanzfest *solibasi* (nächtlicher Tanz). Auch aus den Nachbardörfern kommen die Trommler. Immer wieder erklingen die Rhythmen *soli, bala kulandyan* und *balan sonde,* daneben nur wenige andere. Man singt dazu die verschiedensten Lieder. Zwei besondere Rhythmen sind dieser Nacht vorbehalten und erklingen nur je dreimal: *kéné föli* und *koba lama.*

Am nächsten Morgen führt man die Jungen zum *fua* – dem heiligen Ort außerhalb des Dorfes, wo die Beschneidung stattfindet. Man stellt sie in einer Reihe auf, und der Beschneider vollzieht an einem nach dem anderen die Prozedur. Der Kopf wird nach oben gedreht und festgehalten, damit der Junge den Beschneidungsakt und die Wunde nicht sieht. Um ihn abzulenken, massiert man leicht seinen Hinterkopf. Dann setzt er sich auf den Stein oder den Termitenhügel, vor dem man ihn aufgestellt hat.

Die Eltern sind bei dieser Prozedur nicht dabei. Sie haben die Vorbereitungen auf die Beschneidung mit starken Gefühlen verfolgt und sind nun besorgt, wie es ihrem geliebten Kind ergeht.

Bis zur Beschneidung tragen die Jungen nur einen Lendenschurz, den wir *bila* nennen. Danach tragen sie den *fongban,* das Kleidungsstück der Heranwachsenden. Wenn die Beschneidung vorbei ist, nehmen sich die älteren Jugendlichen den *bila* jedes Beschnittenen und bringen ihn den Eltern zum Zeichen, dass alles gut gegangen ist und dass die Jungen mutig waren. Die Boten rufen *fadi fadi*, und die Familie singt erleichtert:

Fadi fadi wo kèè fuwa,
Kudu böra n kan na,
N döönin böra kéé fuwa la kudu böra n kan na!

Mutig warst du am Beschneidungsplatz,
ich bin erleichtert, mein Kleiner ist von der Beschneidung zurück!

Man muss nun abwarten, bis die Blutung nachlässt. Dann bringt man die Beschnittenen direkt in die *fafa*-Hütte, wo sie drei Monate bleiben – zur Nachsorge und für den Unterricht in sozialem Verhalten. Oft kommen die Eltern zu Besuch und bringen Reisgerichte.

Nach etwa zwei Wochen sind die Wunden, wenn alles gut geht, geschlossen, und die Jungen dürfen zwischendurch das *fafa* verlassen. Aber wohin sie auch gehen, sie kehren immer wieder ins *fafa* zurück. Jeden Morgen um sechs Uhr wird kontrolliert, ob alle da sind. Etwa in der sechsten Woche sind alle geheilt.

Ein paar Tage vor ihrer Entlassung gibt es einen Tanzwettbewerb *(toro dön)*. Die ger tanzen am letzten Abend auf dem Dorfplatz als erste zum Rhythmus ***toro***. ihnen auch die anderen. Danach kehren die Jungen zu ihren Eltern zurück.

Ritual für die Mädchen ist bescheidener. Bei den Jungen nimmt die ganze chaft tagelang Anteil – von den organisatorischen Vorbereitungen über die e bis zum Rückzug in die *fafa*-Hütte. Die Beschneidung der Mädchen voll- h eher im Verborgenen. Man nimmt sie erst richtig wahr, wenn die Mädchen enesen sind, dass sie ihre Gemeinschaftsunterkunft, *bure* genannt, zwischen- erlassen können. Sie tragen dann ein schwarzes Hüfttuch mit langer weißer hleife, ein weißes Stirnband und einen zwei Meter hohen Handstock *(kènèn-* von ihren Brüdern fein und weiß geschliffen und mit blauen Farbspren- kt. Morgens gehen sie in einer Reihe zum Baden an den Fluss und er Schritte und zum Aufsetzen des Stocks:

'an kola ji min dö,

ist groß, das Wasser,
kalt.

fällt in die kühlere Jahreszeit – in die Monate Dezember

t, heftet vielleicht einen Geldschein an ihren Stock – Glück zu wünschen.

reiben sie den ganzen Körper mit Karité-Butter ein. Glanz.

Der Aufenthalt in der gemeinsamen Unterkunft dauert sechs Wochen. Dann feiert das ganze Dorf am Flussufer ein Fest. Die Mädchen kehren nun zu ihren Eltern zurück. Aber nicht für lange Zeit. Denn nach der Beschneidung werden sie bald verheiratet.

Das tön ta-Spiel

Gegen Ende ihres Aufenthalts in der Beschneidungs-Unterkunft absolvieren die Kinder, egal ob Jungen oder Mädchen, einen Brauch, den wir *tön ta* nennen. Sie legen Geldstücke oder andere wertvolle kleine Gegenstände an eine Weggabelung und verstecken sich in der Nähe. Sobald jemand nichtsahnend das Fundstück aufhebt, kommen die Kinder aus ihrem Versteck hervor – die Jungen mit ihren Rasseln *wasanba* und die Mädchen mit den Kalebassen *tasabadanin.* Sie machen großen Lär[illegible] und singen:

Tön ta, deni bara tön ta (wenn es ein Kind ist),
tön ta, moso bara tön ta (wenn es eine Frau ist) ou,
tön ta, kèè bara tön ta (wenn es ein Mann ist),
I di taama juu kè.

Das Kind (die Frau, der Mann) hat das Verbotene genommen,
es (sie, er) ist zu viel gelaufen!

Wer ertappt wurde, muss den Kindern nun etwas geben, das ungefähr [illegible] des aufgelesenen Fundstücks hat, das er natürlich nicht behalten darf.

Dies ist eine spielerische Anleitung zu moralischem Verhalten: N[illegible] das Dir nicht gehört!

Gegen die körperliche Bestrafung der Kinder

So, wie die meisten Malinké ihre Kinder erziehen, behin[illegible] entwicklung. Man kann sogar sagen: Sie zerstören, was die[illegible] ben. Man sieht afrikanischen Kindern an, ob sie auf eine[illegible] Haus in der Familie groß geworden sind. Wie sollen sie a[illegible] wenn sie nicht zur Schule gehen? Sind sie nur dazu da[illegible] aufzupassen, die Kühe zu hüten oder vor Sonnenaufg[illegible] von den Feldern zu vertreiben?

Viele Eltern erziehen ihre Kinder immer noch [illegible] Geschimpfe. Es gibt eine Art, Kinder anzuschreien[illegible] den.

2001 besuchte ich wieder einmal meine Verwandten in Sangbaralla und fuhr von dort aus in die Stadt Kankan. Ich kam in den Morgenstunden an und ging zu meinem Onkel, der in Kankan lebt. Aus einem Haus am Weg zu ihm drang schreckliches Geschrei. Ich betrat das Grundstück und sah, wie ein kleines Mädchen brutal von seinen Eltern verprügelt wurde. Wenn die Menschen in meiner Heimat so etwas mitbekommen, schreiten sie meist ein und sagen den Eltern: Hört auf! Ich tat noch etwas mehr: Ich legte mich neben die Kleine auf den Boden und fing an zu schreien wie sie. Sie ließen sofort von dem Kind ab. Sie glaubten wohl, ich sei verrückt oder krank, und fragten, ob sie mich ins Hospital bringen sollten. Ich stand auf und sagte ihnen: Nein, ich bin nicht krank, ich wollte bloß, dass ihr das Kind in Ruhe lasst! Ich bin viel in der Welt herumgekommen. In den meisten Ländern wird man schwer bestraft und kommt vielleicht sogar ins Gefängnis, wenn man sein Kind so misshandelt!

Schnell kamen Nachbarn dazu und fragten: Wer ist dieser Mensch? Wo kommt er her? Ich erzählte ein wenig aus meinem Leben, aber die Leute sind manchmal begriffsstutzig. Ich hatte nicht das Gefühl, dass sie mich verstanden. Ich ging mit der Kleinen auf den Markt – die Eltern hatten nichts dagegen –, kaufte ihr ein Geschenk und brachte sie wieder nach Haus.

Es gibt in Afrika viele Dinge, die nur sehr schwer zu verändern sind. Dazu gehören die schlechte Behandlung der Frauen in der Ehe, die Mädchenbeschneidung, die Misshandlung der Kinder in der Familie, und vieles andere mehr. Es ist eine Frage der Mentalität und damit der Bildung. Wie soll sich etwas ändern, solange 50 Prozent der Menschen (oder mehr) noch nicht einmal alphabetisiert sind?

Respekt der Kinder gegenüber den Älteren

Sehr wichtig finde ich es nach wie vor, die Kinder zu einer respektvollen Haltung gegenüber den Älteren zu erziehen. Es sollte auch heute selbstverständlich sein, dass ein Jüngerer einem Älteren, der eine schwere Last trägt und damit seine Mühe hat, unter die Arme greift. Diese Art Respekt ist bei den Malinké eine der wichtigsten Tugenden. Sie zeigt sich in vielen Dingen: Kinder reden ihre Eltern nicht mit dem Vornamen an, sondern sagen »Mutter« oder »Vater«. Sie sagen das auch zu Menschen außerhalb der Familie, die zur Generation ihrer Eltern gehören. Zu älteren Geschwistern sagt man »mein Bruder« oder »meine Schwester«. Man nimmt sich als Kind auch nicht das erste Stück Fleisch, wenn man gemeinsam um dieselbe Schüssel herum sitzt (meist haben die Kinder auch eine eigene Schüssel und essen getrennt von den Erwachsenen).

Ehrenworte und schriftliche Verträge

Unsere Vorfahren kannten noch keine Unterschriften. Stattdessen respektierten sie Versprechen und Ehrenworte. Wenn sie jemandem etwas versprachen, dann lösten sie das Versprechen auch in vollem Umfang ein.

Sie versprachen zum Beispiel ihre Tochter einem hart arbeitenden Mann oder jemandem, der sich bei der Beschneidung besonders mutig gezeigt hatte, ohne dass dieser ihnen eine Sicherheit geben musste. Damals gründete alles auf Vertrauen, Achtung des Anderen und Nächstenliebe.

Die Menschen von heute haben das weitgehend vergessen. Diese guten Seiten unserer Traditionen bedeuten ihnen nichts mehr. Sie missachten, was unsere Vorfahren uns aufgetragen haben.

Früher galten mündliche Versprechen als Verträge, und zwar auch über mehrere Generationen. Als mein Großvater nach Sangbaralla kam, übertrugen die Dorfältesten ihm Ländereien, die er und seine Kinder und Kindeskinder fleißig bestellten. Nachdem alle Vertragspartner von damals gestorben waren, wurden unserer Familie die Ländereien nach und nach wieder entzogen. Ich finde das unwürdig. Nachkommen müssen die Ehrenworte und Versprechen ihrer Eltern und Großeltern respektieren, auch wenn diese nicht mehr leben. Die guten Traditionen werden allzu oft dem materiellen Gewinnstreben geopfert. Zum Glück sind alle in meiner Familie sehr fleißig und strebsam. Wir kommen auch mit weniger Land zurecht. Für andere gilt das nicht, und sie meinen sich auf anderem Weg bereichern zu müssen. Die Familie Këita in meinem Dorf hat sich dabei besonders unrühmlich hervorgetan.

Gastfreundschaft und gegenseitige Hilfe

Das Leben im Dorf ist nicht einfach. Deshalb leben wir in einer geordneten Gemeinschaft, in der jeder weiß, was seine Pflichten sind. Niemals erlebt man, dass eine Familie um Essen bittet oder gar bettelt. Was die gemeinsame Arbeit auf den Feldern abwirft, wird gerecht verteilt. Von der Ernte, die ein Landbesitzer eingefahren hat, geht immer ein Teil an die ärmeren Nachbarn (man nennt diese Abgabe *dyambô*). Hat eine Familie den Tod eines Familienmitglieds zu beklagen, so bekommt sie vom ganzen Dorf Trost und Unterstützung. Nach dem Begräbnis muss sie sich eine Woche lang nicht um das Essen kümmern – die benachbarten Familien kochen für sie. Und jeden Morgen kommt eine andere Familie, um ihr Beileid auszudrücken.

Auch die Fremden, ob sie nun schwarz sind oder weiß, sind in den Dörfern von Hamana willkommen. Für die Zeit ihres Aufenthalts gibt man ihnen zu essen und zu trinken, man respektiert sie und bezieht sie in das soziale Leben ein. Wenn ein Fremder im Dorf ankommt, bekommt er als erstes frisches Wasser zu trinken. Damit drückt man aus, dass er willkommen ist. Dann bekommt er Wasser, um sich zu waschen, und während er seine Dusche nimmt, bereitet man ihm ein herzhaftes Essen. Man nennt dieses Mahl für den Gast *londa faa daa*. Dieser Willkommensbrauch ist nicht einfach ein Ritual. Er kommt von Herzen. Man sagt: Wer einem Fremden zu essen gibt, kommt ins Paradies. Dieser Glauben, und sie handeln danach, vor allem in den Dörfern.

In den letzten Jahren kamen immer mehr Weiße in mein Dorf Sangbaralla, um das Spiel auf der Djembe zu lernen. Manche hatten sich mit wenig Geld nach Afrika aufgemacht und konnten für den Unterricht nicht viel bezahlen. Selbstverständlich bekamen sie den Unterricht, und wenn sie gar nichts hatten, sogar umsonst.

Im Allgemeinen sind die Guineer sehr sozial eingestellt. Wir machen alles gern gemeinsam. Die Reichen helfen gern den Armen. Wenn die reichen Familien ein Fest feiern – Hochzeit, Taufe, Beschneidung – dann haben sie sehr viel mehr Gäste als die Armen. Manche Dorfbewohner sind so arm, dass sie sich die Kühe und Schafe nicht leisten können, die man für solch ein Fest braucht – um zu opfern und um der Familie und den Gästen ein Festessen zu bereiten. Sie sparen manchmal jahrelang, um eines Tages die Mittel dafür zu haben. Und trotzdem müssen die Wohlhabenderen ihnen dann noch helfen.

Begrüßungsrituale

In meiner Heimat liebt man endlose Begrüßungsrituale. Voller Anteilnahme fragt man nach dem Befinden der verschiedenen Familienmitglieder, der Nachbarn, der Dorfbewohner – und es ist ein Gebot der Höflichkeit und des Respekts, jede dieser Fragen zu beantworten. Das kann bis zu einer halben Stunde dauern, je nachdem, wie lange man sich nicht gesehen hat und von wie weit her man kommt. Wer sich dafür nicht die Zeit nehmen will, gilt als unhöflich und unkultiviert.

Abschiedslieder

Auch beim Abschied gibt es lange Redeformeln – und viele traditionelle Lieder. Hier eines davon (***m'be sööma***), zu dem ich einen Rhythmus komponiert habe:

M'be sööma m'be sööma le!
Hawa!
I ba wa yi nalu fo!
Hawa!
I ba wa yi falu fo!
Hawa!
Möö ni möö ba deri, alu bakè fadala
Kininkini dèri dö! Hawa!

Auf Wiedersehen, Hawa!
Überbringe deinen Vätern meine Grüße!
Überbringe deinen Müttern meine Grüße!
Wenn sich Menschen aneinander gewöhnt haben, ist die Trennung traurig!

Ehrenvolle Nennung des Nachnamens

Es ist bei uns eine Frage der Ehre, die Menschen mit ihrem Nachnamen anzureden. Die Familiennamen Keïta, Camara, Koulibaly, Kourouma, Touré, Douno, Traoré, Kanté, Condé, Kouyaté, Diawara haben bei uns einen guten Klang. Denn diese Familien haben in der langen Geschichte unserer Region eine ruhmreiche Rolle gespielt und spielen sie meist heute noch.

Wenn ein Griot jemanden in einem Lobgesang mit I Konaté (= du, Konaté) anredet, so fühlt der sich geehrt und respektiert und tief im Herzen berührt. Die ganze Familie ist dann stolz, dass sie diesen Namen trägt, und der Dank in Form einer Geldzuwendung bleibt nicht aus.

Zieht allerdings jemand in ein anderes Dorf um, wo seine Familie unbekannt ist, so kann er einen noch so angesehenen Namen tragen: Man redet ihn dann nicht mit seinem Familiennamen an, sondern nennt ihn *fudugnö* (= mein Schöner) oder *dinyöö* (= mein Lieber). Er selbst und die Mitglieder seiner Familie können auch keine Ämter übernehmen. Sie können zum Beispiel nicht Dorf-Chef werden, denn damit würden sie ja vor den alteingesessenen Dorfältesten rangieren. Als mein Großvater nach Sangbaralla zog, waren er und seine Familie dort fremd. Die Honoratioren, die ihn aufnahmen, taten dies nur unter der Bedingung, dass er und seine Familie niemals den Dorf-Chef stellen durften. Wie bei jeder Regel gab es aber auch hier eine Ausnahme. Mein älterer Bruder Malon Sory Konaté durfte eines Tages Dorf-Chef werden. Dies lag an seinem hohen Ansehen bei den tonangebenden Dorfbewohnern. Allerdings blieb er es nur zwei Jahre.

Bei den Vornamen gibt es die allbekannten muslimischen wie Mohamed, Ibrahim, Oumar etc. und die eher traditionellen, die oft nur regional gebräuchlich sind. Früher waren alle stolz auf ihre altehrwürdigen Vornamen, die manchmal auf bestimmte Malinké-Wörter und -Sprachformeln zurückgehen, wie Kèèwulen (= roter Mann), Kèèmöödjan (= großer Alter), Sununkun (= Müllhalde), Nyamakörö (stinkender Mülleimer), Dondon (= Hahn), Lenké (der Baum, aus dem die Djembe hergestellt wird). Frauen, die nach langer Kinderlosigkeit endlich schwanger wurden, nannten ihr Kind oft Allamako (= Diener Gottes) – so, wie sie es in ihren Gebeten um ein Kind versprochen hatten.

Heute bleiben die Menschen oft nicht im Dorf und reisen in Gegenden, wo diese Namen unbekannt sind; manche fürchten auch, dass ihr Name anstößig wirken könnte. Deshalb benennen sie sich um und nehmen einen Namen an, den alle Muslime kennen. So mein Cousin Nansady Keïta, der nach N'Zérékoré im Südosten Guineas zog und sich fortan Ibrahim Keïta nannte. Als er mich später in Conakry besuchte und sich mit seinem neuen Namen vorstellte, war ich etwas schockiert. Ich finde, wir sollten unsere alten Traditionen respektieren und stolz auf sie sein.

Angst vor Sonnen- und Mondfinsternis

Bestimmte Naturereignisse versetzen die Menschen in meiner Heimat in Panik. Wenn sie verstehen würden, was da geschieht, wären solche Erscheinungen für sie kein Problem. Bei Sonnen- und Mondfinsternissen denken sie immer gleich an den Weltuntergang und rechnen mit dem Schlimmsten – bis am Himmel alles wieder in Ordnung ist. Die Frauen singen und spielen auf ihren Wassertrommeln (*jidunun*, s.u. Instrumente der Frauen), um die Geister zu besänftigen, gleichzeitig erklingen die Djembe und die Nachrichtentrommel *kunan*, um die Geister zu verscheuchen. Es ist ein großes akustisches Durcheinander, man weiß nicht, auf welche Musik man sich konzentrieren soll. Bei Mondfinsternissen geht man erst wieder ins Bett, wenn alles vorbei ist.

Als ich zehn Jahre alt war, gab es einmal in demselben Monat eine Mond- und eine Sonnenfinsternis. Beide Male sah ich, wie die Dorfbewohner von Angst und Schrecken gepackt wurden. Dabei sind diese Erscheinungen völlig harmlos. Erst Jahre später erlebte ich, wie die Europäer damit umgehen. Für sie ist so eine Finsternis ein spannendes Schauspiel – und etwas, das man wissenschaftlich erklären kann. Im Juli 1969 war ich gerade in Europa und sah im Fernsehen zu meinem großen Erstaunen, wie Menschen auf dem Mond landeten und dort wissenschaftliche Geräte aufbauten. Alles lässt sich wissenschaftlich erforschen und erklären – auch Mond- und Sonnenfinsternisse! Und wieder muss ich beklagen, dass so viele Afrikaner in Unwissenheit dahinleben. Die afrikanischen Regierungen tun längst nicht genug, um das Bildungsniveau der Menschen anzuheben, weder im politischen noch im wissenschaftlichen Bereich. Längst nicht alle gehen zur Schule, und wenn, dann ist der Unterricht oft schlecht, vor allem in den Dörfern. Die Gebildeten gehen in die großen Städte, wo sie leichter Arbeit finden, manche auch in die industrialisierten Länder außerhalb Afrikas. Ihnen ist das wissenschaftliche Weltbild vertraut. In den Dörfern aber kann kaum jemand erklären, was bei einer Mond- oder Sonnenfinsternis geschieht. Viele Ängste entstehen aus Unwissenheit.

Die Vergiftung des Flusses Djoliba

Mein Dorf Sangbaralla liegt nah am Fluss Djoliba. Einmal im Jahr, und zwar am Ende der Trockenperiode, wenn der Fluss sein niedrigstes Niveau erreicht hat, wird das Fest *baa diaba dön* gefeiert. Es heißt nach der giftigen Pflanze *diaba,* die an den Feldrändern wächst. Die Dorfbewohner pflücken die Blätter, und die *baratii* (die jungen Männer der ersten Generation) kneten sie so lange im Fluss, bis das Wasser vergiftet ist. Die Frauen haben zuvor ihre Krüge mit Trinkwasser für einige Tage abgefüllt, denn so lange dauert es, bis der Fluss wieder sauber ist.

Die Vergiftungsaktion dauert einige Stunden. Nach und nach sterben die Fische, und die Teilnehmer der Zeremonie steigen ins Wasser, um sie einzusammeln. Die größten Fische kommen zuletzt aus ihren Löchern, sie sind für die *baratii.* Die Fische sind zwar vergiftet, aber trotzdem essbar, den Menschen schadet das Gift nur, wenn sie es direkt zu sich nehmen.

Die Zeremonie findet nur an einem einzigen Tag statt. Zu ihr gehört, dass Frauen und Männer sich – während die *baratii* den Fluss vergiften – gegenseitig mit unflätigen Liedern voller sexueller Anspielungen beschimpfen. Die Frauen singen:

Gbinyi gbanya, kènèn kaya,
Gbinyi gbanya, wusu bè börö dö.

Gbinyi gbanya, das Geschlechtsteil der Männer ist geschwollen,
Gbinyi gbanya, wie ein Sack Kartoffeln.

Und die Männer:

Mosolu bè fuduba!

Die großen Vulven der Frauen!

Wie die Familie vom Tod eines Abwesenden erfährt

Wenn ein Verwandter stirbt, der nicht mehr im Dorf lebt, gibt es ein besonderes Ritual, der Familie seinen Tod zu verkünden.

Falls jemand, der nicht zur Familie gehört, die Nachricht als erster erhält, ist es ihm verboten, die Familie zu informieren. Dies ist einem der Dorfältesten vorbehalten, den man für solche Fälle ernannt hat. Wer ihm zuvorkommt, der wird beschimpft: Du hast einen schweren Fehler gemacht! Du wirst nicht mehr lange leben! Stattdessen informiert man zuerst den Dorf-Chef, und der bittet den Beauftragten, der Familie die Nachricht zu überbringen.

Bevor er sich selbst auf den Weg macht, schickt der Beauftragte jemanden zur Familie mit der Aufforderung, sich zu versammeln und auf ihn zu warten. Die Familie ist natürlich beunruhigt. Die Unruhe steigt, wenn der Alte, statt die Nachricht sofort zu verkünden, pflichtgemäß zunächst eine Reihe von allgemeinen Ratschlägen formuliert. Das dauert mindestens fünf Minuten, und die Anspannung wird unerträglich. Ist er endlich zur Sache gekommen, beginnt die ganze Familie laut zu schreien, so schrecklich, dass es im ganzen Dorf zu hören:

Laila laila ilaha,
Muhamadu rasulu lahi !

Es gibt keinen Gott außer Gott,
Mohamed ist der Gesandte Gottes.

Das ist eine arabische Formel, die aber – wie viele andere Sprüche aus dem Koran – längst in die Malinké-Sprache eingegangen sind.

Der Suizid ist verpönt

Mein Bruder Malon Sory Konaté erzählte mir einmal, dass mein Vater, als er noch Junggeselle war, eine Zeitlang in Armut lebte. Eines Tages beschloss er, sich mit seinem Jagdgewehr im Wald zu töten. Er setzte sich unter einen Baum und sagte:

Gott! Ich werde mein Gewehr laden und mir eine Kugel ins Ohr schießen. Wenn ich Aussicht auf Reichtum habe, soll der Schuss nicht losgehen. Andernfalls soll die Kugel mich töten.

Der Schuss löste sich nicht. Mein Vater ging fröhlich nach Haus und dankte Gott für den Gefallen, den er ihm getan hatte. Und tatsächlich: Er wurde einer der reichsten Männer in Hamana und heiratete viele Frauen.

Mir ist nur ein einziger weiterer Fall eines Freitods bekannt: Eine Frau, die von Hexen bedroht wurde, tötete sich im Fluss (siehe das Kapitel über Hexerei).

Die alten Frauen und Männer raten uns, solchen Regungen auf keinen Fall nachzugeben – denn, so sagen sie, ein toter Körper kann keine Abenteuer und Überraschungen mehr erleben. Lieder, Sprichwörter, Geschichten und Anekdoten enthalten bei uns immer auch Lebensweisheiten, die von niemandem angezweifelt werden. Hier ein Lied, das die alten Frauen und die Griotten oft singen:

I kana i yèrè faa mönè ma,
su tè mönè bö.

Gib dir nicht den Tod, wenn dich etwas quält,
ein Toter kann sich der Herausforderung nicht mehr stellen.

Und auch die schlimmsten Leiden gehen vorbei. Das ist die Botschaft des Liedes zum Rhythmus *soro*, das sich besonders an die Feldarbeiter richtet:

Eh! soro, n k'a fö i ye ku i kan'i yèrè faa nyagba ma, nyagba tè na toli la; eh! kasa soro, n k'a fö i ye.

Eh! soro (anderes Wort für den Feldarbeiter), gib Dir, wenn das Leben schwierig wird, nicht den Tod – alle Schwierigkeiten gehen vorbei. Feldarbeiter auf dem Land, ich sage es dir.

Solche Lieder und Sprichwörter enthalten eine Philosophie, die den Menschen sehr hilft. Sie sollen sich nicht umbringen, weil nichts ewig ist, auch nicht das Leben der Menschen. Wie alt sie auch immer werden, irgendwann werden sie von einem Tag auf den anderen sterben. Das ist ein Naturgesetz.

Opfer für die Toten

Viele glauben, dass die Seele eines Toten in den Himmel aufsteigt. Manche sagen sogar, dass ein Mensch anderswo auf der Welt wiedergeboren wird, während sein früherer Körper sich mit der Erde vermischt und allmählich verschwindet. Das glauben auch viele religiöse Afrikaner. Es gibt auch die Vorstellung, dass die Toten gar nicht tot sind, sondern unter uns weiterleben und uns bei all unserem Tun begleiten – ohne dass wir davon etwas wahrnehmen.

Am vierzigsten Tag nach seinem Tod findet ein großes Opferfest für den Verstorbenen statt. Man betet und hört bestimmte Verse aus dem Koran, vorgetragen vom Imam und anderen religiösen Würdenträgern. Die Verwandten des Verstorbenen geben ihnen dafür Geld. Dann gibt es ein Reisgericht und Getränke für die zahlreichen Teilnehmer der Zeremonie. All das ist als Opfer für Gott gedacht, damit er dem Verstorbenen die Sünden vergibt und ihn ins ewige Paradies aufnimmt.

Einige Zeit nach diesem Fest kommt die engere Familie zu einer weiteren Feier zusammen und opfert den verstorbenen Verwandten, bis hinauf zu den Groß- und Urgroßeltern, Kolanüsse, Lendenschurze, Eier, Hähnchen, Lämmer und Rinder. Man spricht zu ihnen, als ob sie anwesend wären, und redet sie mit ihren Namen an. Man bittet sie um ihren Segen und um ihren Schutz, um Glück und ein langes Leben.

TEIL 3: DIE MUSIK

Funktionen der Musik – individuell und sozial

Musik hält die Gemeinschaft zusammen

Nichts hält eine Gemeinschaft besser zusammen (und drückt ihren Zusammenhalt besser aus) als Musik, Tanz und Gesang. Bei unseren traditionellen Festen sind alle, die in der Gemeinschaft leben, dabei. Alle machen mit: trommelnd, tanzend, singend, klatschend. Sie erleben die Gemeinschaft und sich selbst darin freudig und mit allen Sinnen.

Sie ist in der Natur verankert

Die Musik in Hamana ist tief in der Natur verankert. Die Instrumente sind aus natürlichem Material gefertigt. Rhythmen, Lieder und Tänze sind aus der Natur geboren. Deshalb sind sie alles andere als oberflächlich. Die Musik spricht von wichtigen Erfahrungen. Alle Menschen wünschen sich Gesundheit, Arbeit, Freundschaft, Liebe, innere Ruhe. Wenn sie das haben, herrscht Frieden.

Von alledem spricht die Malinke-Musik in ihren Liedern, Tänzen und Rhythmen. Wenn du etwas für dein Wohlbefinden tun willst, wende dich an die Djembe – geh zu einem Fest, bei dem du sie erleben kannst. Auch wenn du krank bist, wird es dir gleich besser gehen.

Wenn dir etwas Schlimmes widerfährt, so brauchst du nur zu singen. Dein Problem wird mit dem Wind verfliegen, und du bist frei.

Kunun taminèn, ani bii, sinin fanan,
ani dènyööya, tennya tennya.

Gestern ist vorbeigegangen, heute geht vorbei, morgen wird vorbeigehen – auch die Freundschaft, so ist es, so ist es.

Sie ist ein Heilmittel

Die Musik ist ein wirksames Heilmittel bei bestimmten Krankheiten, weil sie direkt in die Seele dringt und den ganzen Körper ergreift – bis hin zu den Bewegungen, die wir Tanz nennen. Sie beruhigt uns, wenn wir gestresst und in Not sind. Ihre Sprache verstehen alle. Sie veredelt unsere Seele, unseren Geist und unseren Körper. Ein Kranker muss ihr nur zuhören – und sie wird ihn erleichtern, vielleicht sogar heilen.

Sie hilft Menschen mit Behinderungen

Eine große Bedeutung hat die Musik auch für Menschen mit Behinderungen. Ich vergesse nie ein Konzert, das mein Freund Mansa Camio aus Baro, einem Nachbardorf von Sangbaralla, im Juli 2012 in der Stadt Grafenberg in Deutschland gab. Es war unverfälscht originale Malinké-Musik. Im Publikum saß eine behinderte deutsche Frau in ihrem Rollstuhl. Sie sah sehr glücklich aus, lachte und applaudierte begeistert. Sie klatschte den Rhythmus so perfekt mit wie eine Afrikanerin, die ihn genau kennt.

Ähnliche Szenen habe ich in Europa und Amerika immer wieder erlebt. Menschen mit Behinderungen, auch mit geistigen Behinderungen, sind gut versorgt, in eigenen Einrichtungen, mit den Hilfsmitteln, die sie brauchen, und sie nehmen, wo es geht, am täglichen Leben teil.

In Afrika führt man so eine Behinderung auf böse Geister zurück – oder auf eine Schuld, die der Betreffende oder seine Vorfahren auf sich geladen haben. Menschen mit Behinderungen werden ausgegrenzt. Zur Kolonialzeit, als ich noch ein kleiner Junge war, gab es in Sangbaralla einen Dorf-Chef namens Sadan Moudou Keïta, der die Leute zum eigenen Vorteil skrupellos ausbeutete. Wenn zum Beispiel die Franzosen vom Dorf ein Kilo Reis forderten, trieb er zehn Kilo ein, gab das eine Kilo ab und behielt die restlichen neun für sich. Man sagt bei uns, dass man als Chef, als Vorgesetzter oder als Familienvater seinen Untergebenen keinen Schaden zufügen darf. Andernfalls wird seine Familie nach seinem Tod Schaden nehmen, durch Krankheit oder Behinderung, und am Ende ganz dahinschwinden. Bei dem betrügerischen Moudou Keïta war das tatsächlich so. Am Ende blieb nur ein geistig behinderter Nachkomme übrig, der sich mit Diebstahl durchschlug und mit dem keiner etwas zu tun haben wollte. Bis heute ist er isoliert, allein und unglücklich. Nur wenn ich die Djembe für ihn spiele, vergisst er seine Leiden und ist glücklich. Natürlich heilt ihn die Musik nicht, aber es geht ihm deutlich besser. Wir sind Freunde – denn ich bin der einzige Mensch, der Mitleid mit ihm hat. Diese Haltung verdanke ich meinen Erfahrungen in den anderen Ländern, wo Behinderte wie Mitmenschen behandelt werden und nicht wie Aussätzige.

Musikverbot im Islam: Warum?

Man trifft in Guinea immer wieder fromme Muslime, die behaupten, dass Gott die Musik nicht liebt. An einem schönen Morgen im Jahre 2005 machte ich mich mit dem Auto von Simbaya-Gare, wo ich wohne, nach Conakry-Zentrum auf, um ein paar Dinge zu erledigen. Nicht weit von meinem Haus sah ich eine alte Frau, die offenbar zur Minibus-Haltestelle wollte. Da ich ein netter Mensch bin, fragte ich sie: N'na, kann ich dich ein Stück mitnehmen? (N'na oder auch n'fa ist die höfliche

Form von Mama, so redet man eine unbekannte ältere Frau an). Danke, mein Sohn, sagte sie und stieg ein. Wir redeten über dies und das, bis sie mich fragte: Und wer bist du? Ich sagte: Ich bin Künstler. Sie kannte das Wort nicht, also präzisierte ich: *djembeföla*. Sie sah mich mit großen Augen an. Offenbar war sie der Ansicht, dass ein *djembeföla* immer arm ist, jedenfalls fragte sie: Und wem gehört das Auto? Ich: Das ist meins! Sie: Wo ich das denn herhätte!? Ich erzählte ihr von meinen Reisen nach Europa und dass ich dort als Trommler genug Geld verdiente, um mir ein Auto zu kaufen. Sie lachte und wollte nicht glauben, dass ein *djembeföla* sich ein Auto leisten konnte. Ich hatte während des Gesprächs bemerkt, dass sie eine fromme Muslima war, und ahnte schon, was jetzt kam. Und tatsächlich, als nächstes wollte sie wissen: Warst du schon mal in Mekka? Ich verneinte. Da sollte ich aber schleunigst hinreisen, empfahl sie mir, und Gott um Verzeihung bitten. Und sofort mit dem Trommeln aufhören! Und viel beten! Ich wurde böse, hielt an und sagte ihr: N'na, darüber werden wir uns nicht einigen. Bitte: steig jetzt aus! – Sie war erschrocken und entschuldigte sich: Sie wollte mich nicht verletzen, sondern mir nur einen guten Rat geben. Sie tat mir leid. Ich sagte mir: Was soll's, das werden Leute wie sie sowieso nie verstehen, und nahm sie weiter mit nach Conakry.

Wie ich einmal einen musikfeindlichen Maninka-Mori umstimmte

Eine besonders fromme Gruppe in Guinea sind die Maninka-Mori aus Kankan. Man sagt sogar, sie hätten den Islam nach Guinea gebracht. Sie haben auch besonders große Vorbehalte gegenüber der Musik. Eines Tages lud mich eine Maninka-Mori-Familie in die Stadt Coyah ein, 50 km nördlich von Conakry gelegen, um bei einem Beschneidungsfest für ihre Kinder zu spielen. Wie sich später herausstellte, hatte der Familienvater Musik bei allen Festen streng verboten. Aber seine Frauen setzten sich in diesem Fall darüber hinweg. Sie kamen extra mit zehn Kolanüssen zu mir nach Conakry, um mich zu engagieren. Also fuhr ich mit meinen Söhnen nach Coyah, und das Fest begann. Bei meinen ersten Trommelschlägen erschien plötzlich der Familienvater und regte sich furchtbar auf. Er wollte uns davonjagen. Dann aber spitzte er die Ohren, hörte eine Weile zu und fragte: Woher kommt denn dieser Trommler? Seine Djembe klingt nicht normal. Mein ganzer Ärger ist plötzlich weg! Der bringt mich am Ende noch dazu, dass ich anfange zu tanzen. Und tatsächlich: Er konnte nicht mehr ruhig bleiben und fing an, sich zu bewegen. Am Ende kam er zu mir und sagte: Ich habe die Djembe nie gemocht, aber so wie du sie spielst, könnte ich mich daran gewöhnen. Seit ich ein kleiner Junge war, hat hier nie jemand die Djembe gespielt wie du.

Mich hat das nicht überrascht. Seit ich als Kind anfing zu trommeln, sagten mir die Leute, mein Trommeln hätte etwas Dämonisches. Alle liebten mein Spiel. Für mich ist das Djembe-Spiel etwas ganz Normales, wie das Wasser, das ich trinke. Ich muss aber gestehen, dass der Geist des *lenké*-Baums, aus dessen Holz die Djembe gemacht ist, für besondere Klänge sorgt. Wenn er dich liebt, lieben dich auch die Leute.

Verbietet der Koran die Musik?

Ich habe aber auch immer wieder erlebt, dass bestimmte besonders treue Muslime über meine Musik entsetzt waren. Sobald sie Djembeklänge hörten, fingen sie an, uns Musiker auf Arabisch zu verfluchen. Sie riefen dann zum Beispiel:

> *Lahi layi lanlaw Ahsaiduna Mohamad Rasulu lilayi, Alharham Alharham Saitan Saitan …*
>
> Ich bekenne, dass Gott der Größte ist, Friede mit Mohammed, seinem Gesandten. Eure Taten sind gottlos! Ihr seid Teufel!

Ich war immer wieder enttäuscht, wenn ich so etwas hörte, denn ich bin ein Moslem wie sie. Ich bete wie sie. Sie behandeln mich als Teufel oder als Ungläubigen, nur weil ich Djembe spiele. Diese Leute hassen die Musik, ganz egal welcher Art sie ist und worauf sie gespielt wird. Aber ist es wirklich der Koran, der die Musik verbietet? Nirgends steht geschrieben, dass die Musik des Teufels ist. Und die Araber, die uns den Islam gebracht haben, lieben die Musik sehr! Warum folgen wir ihnen nicht? Auf meinen Reisen durch verschiedene arabische Länder, wie Tunesien, Marokko und Saudi-Arabien, habe ich immer wieder erlebt, wie begeistert die Menschen von unserer Musik – und von Musik überhaupt – waren. Bei uns aber heißt es, dass ein Musiker nach seinem Tod direkt in die Hölle fährt. Dabei brauchen doch gerade die Künstler, damit sie kreativ bleiben, immer wieder Bestätigung, Ermutigung und die Freiheit, sich auszudrücken wie sie wollen.

Es gibt ein sehr populäres Lied, das mich darin bestärkt, so zu denken und den Gegenwind der allzu frommen Muslime nicht so ernst zu nehmen. Das Lied geht zurück auf einen großen Imam und Islamgelehrten, ElHadj N'fa Kabinè, der in Kankan lebte. Die Initiation seines ersten Sohnes war für ihn ein ein so großes Ereignis, dass er sich entschied, aus diesem Anlass zu tanzen, einfach aus Freude und aus Liebe zu seinem Kind. Dieses Ereignis fanden die Menschen so bemerkenswert, dass sie es in einem Lied festhielten:

> *Eh! Kabinè le, wo tè moriya sa,*
> *Eh! Kankan Kabinè, denko tè moriya tinyè.*

Eh! Kabinè, man kann trotzdem Marabut (islamischer Heiliger) sein.
Eh! Kabinè aus Kankan, es schadet dem Marabut nicht, wenn er mit seinem Kind tanzt!

Die Musikinstrumente

Allgemeines

In meiner Kultur gibt es eine große Vielfalt an Musikinstrumenten. Wo soll ich anfangen, wie soll ich sie ordnen? Die westlichen Musikwissenschaftler unterscheiden Blasinstrumente, Saiteninstrumente, Fellinstrumente und selbstklingende Instrumente (Aerophone, Chordophone, Membranophone und Idiophone). Unsere Instrumentennamen sind gar nicht so viel anders:

- *Fölifennuö* heißen die Musikinstrumente im Allgemeinen.
- *Könin* nennen wir Instrumente mit Saiten. Das sind meistens Harfen: Die Melodie entsteht durch Zupfen, ohne dass Töne abgegriffen werden wie z. B. bei der Gitarre. Um genauer zu unterscheiden, setzen wir noch etwas hinzu: *börö konin* ist z. B. die Harfe der Magier, Zauberer und Heiler (*börö* = Zauber), *donso könin* die Harfe der Jäger. Zwei weitere wichtige Harfen haben eigene Namen: Die *köra* der Griots und das *bölön* der Krieger. Ein harfenartiges Instrument ist auch der Mehrfachbogen *dan* oder *köwörö*. Ein ganz besonderes, sehr altes Instrument ist *duurokönin*, der Erdbogen der Kinder.
- Unsere Blasinstrumente sind *fule* (die Flöte) und *budu* (das Horn). Wenn *su* dabeisteht, hat das Instrument Löcher (*sufule*). *Tanbifule* ist die Querflöte aus Rattan, *böfule* die Bambusflöte.
- Bei den Trommeln gibt es die *kunkelentuu* (die an einem Ende das Fell haben und am anderen Ende offen sind wie die Djembe und die kleine Trommel *tandanèn* der Feld-Griots) und die *kunfilamatuu* (mit Fellen an beiden Seiten wie die drei Basstrommeln *kesedenen, sangban* und *dundunba*).
- Die selbstklingenden Instrumente sind nur aus einem Material gemacht, zum Beispiel Holz oder Eisen. Dazu gehören das Stabspiel *balafö*, die hölzernen Block- und Schlitztrommeln *kodo* und *kodo-kodo,* die Kalebasseninstrumente *kuden* und *badanin*, das Eisenrohr *karinyan* der Griot-Frauen und die Eisenglocken, die man auf den drei Basstrommeln befestigt.

Nicht zu vergessen die Rasseln: Das *wasanba,* die Kalebassenrassel *tasabadanin.* Auch die *sèèsèè,* die beringten Blechohren, die man an der Djembe befestigt, gehören dazu.

Wer spielt auf welchem Instrument?

Das alles sind technische Beschreibungen. Wichtiger und interessanter finde ich, wer welches Instrument spielt, und bei welchen gemeinschaftlichen Anlässen. In unserer Tradition gab es dafür klare Regeln. Jedes Instrument hatte bestimmte Funktionen in bestimmten Situationen. Und nicht jede(r) durfte jedes Instrument spielen. *Köra und balafö* waren weitgehend den Griots vorbehalten. Das Trommeln war Sache der Schmiede. Beide Gruppen bauten ihre Instrumente auch selbst. Es gab Instrumente für Frauen und Kinder, und – wie schon erwähnt – für Magier, Jäger und Krieger. Diese Regelungen haben sich in den letzten Jahrzehnten abgeschwächt. Zwar ist es noch nicht so wie in Europa oder Amerika, wo jede(r) jedes Instrument erlernen und spielen darf. Aber schon in meiner Kindheit gab es Ausnahmen. Meine Familie gehörte weder den Schmieden an noch den Griots, sondern dem Malinké-Adel, der die Familiennamen Koulibaly, Keïta, Konaté trug. Trotzdem wurde ich Trommler, ebenso wie mein Freund Mamady Keïta. Heute sind die Grenzen fließend geworden.

Trotzdem will ich hier die Instrumente nach den sozialen Gruppen ordnen, denen sie der Tradition nach »gehören«. Nur so wird ihr Geist und ihr gemeinschaftlicher Sinn deutlich.

Instrumente der Griots (Jeli)

Die wichtigsten Instrumente der Griots sind die *köra* und das *balafö* (*balo*).

Die *köra* ist eine große Stegharfe mit 21 Saiten (die über einen hohen Steg in der Mitte des Instruments laufen und an einem langen runden Hals mit Hilfe von umlaufenden Ringen aus Antilopenhaut befestigt sind). Der Klangkörper ist eine große, mit Tierhaut (Ziege oder Kuh) bespannte Kalebassenhälfte. Die Saiten sind dem Spieler zugewandt, der sie mit den Fingern beider Hände bezupft.

Das *balafö* besteht aus 19 bis 21 Klangstäben, die auf einem Rahmen so befestigt sind, dass sie frei schwingen können. Darunter hängen kugelförmige, nach oben offene Kalebassen zur Klangverstärkung. Sie sind außerdem mit dem Gewebe der Spinnenverpuppung (neuerdings auch: mit Zigarettenpapier) so präpariert, dass sie schnarrende Begleitgeräusche von sich geben (bei der *köra* gibt es etwas Ähnliches: ein beringtes Rasselblech auf dem Steg). Die beiden Schlägel haben Köpfe aus Kautschuk oder Tierhaut.

Beide Instrumente haben einen großen Tonumfang und klingen laut und durchdringend, außerdem entstehen durch das zweihändige Spiel dichte und komplizierte Tonmuster, fast wie beim Trommelensemble. Beide Instrumente können im Sitzen und im Stehen gespielt werden.

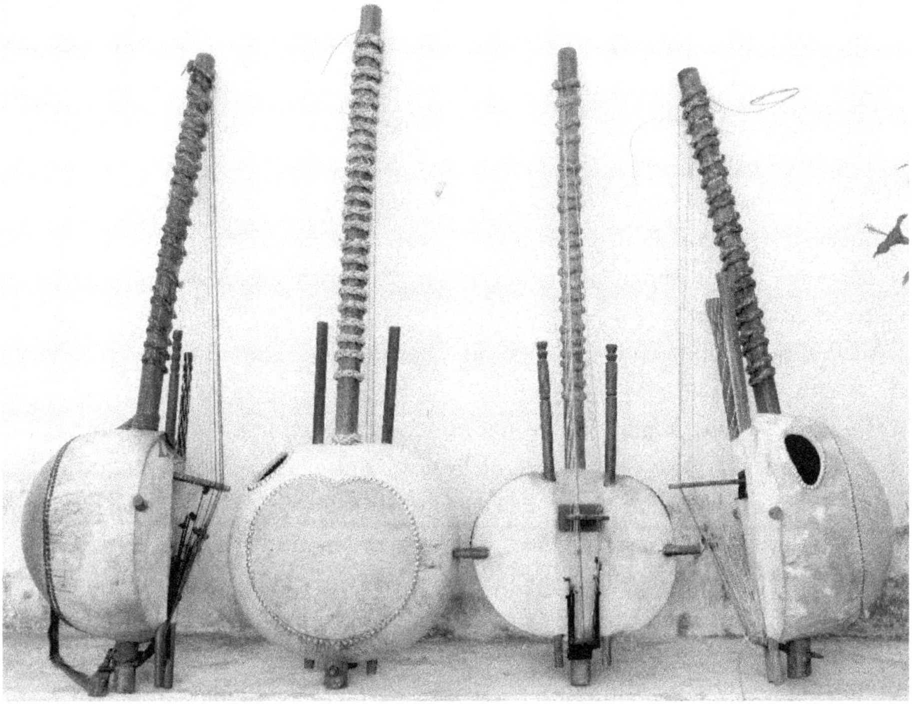

Köra, von allen Seiten. Ganz rechts das Loch zum Einwerfen von Geldscheinen für den Griot

Balafö. Auftritt eines Frauenensembles in meinem Haus in Conakry, 2002

Die Frauen der Griots sind bei den meisten Auftritten dabei: Sie singen die Refrains mit und spielen eine einfache Begleitung auf dem *karinyan*, einem kleinen Eisenrohr. Die Spielerin hat es mit einem Bändchen am Mittelfinger befestigt und lässt es dort kreisen, dabei schlägt es rhythmisch gegen einen Eisenstab, den sie in der anderen Hand hält.

Die köra gibt es inzwischen auch in modernerer Bauweise, elektrisch verstärkt, als Popmusik-Instrument. Die Saiten werden am Hals neuerdings auch mit Wirbeln befestigt und nicht mehr mit den Ringen aus Antilopenhaut. Man kann sie dadurch leichter stimmen.

Viele Griots benutzen heute auch die Gitarre, wie sie in westlichen Ländern gebräuchlich ist.

Tandanèn ist eine kleine, leichte Trommel in Kesselform – das Instrument der *sènèjeli*, der »Feld-Griots«. Sie gehören nicht der Griot-Kaste an – jeder kann ein Feld-Griot werden. Aber ihre Arbeit ist typisch für Griots. Sie begleiten die Feldarbeit mit ihrem Spiel und ihrem Gesang, feuern die Arbeiter an, motivieren sie zum Durchhalten. Sie kennen unzählige Geschichten, Sprichwörter und Redewendungen über Ackerbau und Landwirtschaft, erzählen Heldengeschichten von erfolgreichen Grundbesitzern und Feldarbeitern, rühmen die Landarbeit als Quelle von Leben, Glück und Reichtum. Sie holen oft die letzten Energiereserven aus den Arbeitern heraus, bis sie nicht mehr können. Sie werden auch von den Jugendgruppen engagiert, wenn die zeitweilig für einen Bauern arbeiten, um ihre Aktivitäten zu finanzieren.

Tandanèn

Dan oder *köwörö* (*ko* = Saite, *wörö* = sechs) ist ein sehr altes Instrument. Aus einer großen halbierten Kalebasse ragen sechs lange Bambusstäbe heraus. An jedem Stab ist eine Saite befestigt. Jede Saite läuft zu einer weiteren Befestigung an der gewölbten Seite der Kalebasse.

Ein eigenartiges Instrument, anders gebaut als die bekannten Harfen und Lauten, mit einem sehr charakteristischen Klang. Man findet es heute kaum noch. In meiner Jugend gab es im Dorf einen wunderbaren *köwörö*-Spieler, der mich sehr beeindruckte. 2001 habe ich ihn noch einmal aufgesucht, da war er müde und alt und nicht mehr in der Lage, auf seinem Instrument zu spielen. Auch Salé Kabine aus dem Nachbardorf Baro war ein berühmter *köwörö*-Spieler. Ich habe mir das Instrument immer wieder neu gebaut und spiele oft darauf. Vielleicht gerät es dadurch nicht ganz in Vergessenheit. (Auf meiner CD »Guinea: Malinké Rhythms and Songs« Vol. 2 singe ich die Geschichte von Balaké und Söna – siehe das Kapitel über den Kolonialismus – und begleite mich dabei auf dem *köwörö*). Das Instrument hat in alter Zeit manche Hochzeit vermasselt. Es ist das Begleitinstrument des Griots, der am Abend vor der Heirat Loblieder auf die Braut singt und aus ihrem Leben erzählt, unter anderem auch von ihrem Kinderfreund, mit dem sie viele Jahre verbracht hat und von dem sie sich nun trennen soll. Es war eine schöne, unbeschwerte Zeit, aber jetzt erwartet sie die Ehesklaverei: ein Mann, der sie herumschubst und sie vielleicht sogar schlägt, ohne dass sie sich dagegen wehren kann. Alle weinen, von Mitleid ergriffen, beim Gesang des Griots, vor allem die Frauen. Später in der Nacht, wenn alle schlafen, spürt das Mädchen umso mehr seine Verzweiflung – und flieht vielleicht, irgendwohin, mit unbekanntem Ziel. Die Eltern lassen nach ihr suchen. Wenn sie sie nicht finden, verlangen die Eltern des Bräutigams die gesamte Mitgift zurück: Geld, Kühe, Ziegen und was sie sonst gegeben haben.

Das passiert heute nicht mehr, denn das Instrument wird kaum noch gespielt.

Wenn es gerade keine Hochzeit zu besingen gab, vergnügten sich manchmal, in Vollmondnächten, die Jungen mit dem Instrument auf dem Dorfplatz *bara*. Sie tanzten den Rhythmus *bandyan*, einen Akrobatentanz. Einer von ihnen sang zur *köwörö*-Begleitung das Lied der Hyäne:

Nama toroko taraka suliku sunto!

Die Hyäne liebt den Ramadan nicht, weil sie immer Hunger hat!

Man sagt, dass der *köwörö*-Spieler vor seinem Tod oft erblindete.

Dan, köwörö

Instrumente der Mädchen und Frauen

Dies sind die Kalebassenrasseln *badanin* und *tasabadanin*, *die* Röhrenkalebasse *kuden*, die *kalama* der *lafé*, die *fè fö* (gespielt zum Initiationstanz der Mädchen) und die Wassertrommel *jidunun*.

Die Kalebasseninstrumente werden aus Kürbissen unterschiedlicher Form und Größe hergestellt. Einige von ihnen sind Zierkürbisse, die man nicht essen kann. Zu Beginn der Regenzeit pflanzt man ihren Stiel im häuslichen Gemüsegarten oder in verlassenen Termitenhügeln ein. Wenn sie reif sind, weicht man sie so lange in einem Wasserbad ein, bis man sie aushöhlen kann. Dann lässt man sie in der Sonne trocknen und bearbeitet sie weiter.

Badanin sind zwei kleine handliche Kugeln. Man bohrt je ein Loch hinein, füllt sie mit Getreidekörnern und verbindet sie mit einem Faden. Mit den Fingern einer Hand wirbelt man sie herum und lässt sie aneinanderklacken. Das ergibt eine kleine Melodie und einen hübschen Rhythmus.

Badanin werden oft von den gerade initiierten Mädchen gespielt.

Tasabadanin sind kugel- oder eiförmige Kürbisse von 10 bis 15 cm Durchmesser. Durch ein Loch füllt man Reis oder andere Getreidekörner hinein und schließt es wieder. Man bringt sie zum Klingen, indem man sie rhythmisch von einer Hand in die andere wirft, kurz festhält und schüttelt.

Kuden sind längliche Kalebassen in Gurkenform. Es gibt sie in drei Größen, entsprechend den Basstrommeln *kesedenen, sangban und dundunba.* An den beiden Enden haben sie größere Löcher, die rhythmisch mit den Handflächen oder durch Aufsetzen auf den Oberschenkel geschlossen und geöffnet werden. Das ergibt einen Puls aus sonoren Klängen unterschiedlicher Tonhöhe, umso interessanter, je mehr *kuden*-Spielerinnen beteiligt sind.

Bei Vollmond treffen sich die Mädchen und jungen Frauen, spielen auf ihren Instrumenten und singen Lieder auf ihre Geliebten. Und sie singen:

N na badanèn mèn ni, tasabadanèn, fudu kè bada le,
Ni n na tasabadanèn tera möö mèn bolo, ni n diyanamöö tè,
I d'a kara i nyarasi la mèrètètè.
E nifabala doundounya bara i töfö dia manake kebala dounya bara i töfö.

Mein Instrument ist ein Hochzeitsinstrument,
wer es zerbricht, ist nicht mein Freund,
du musst es dann mit deinen Schamhaaren reparieren,
Also passt gut auf, dass ihr es nicht zerbrecht!

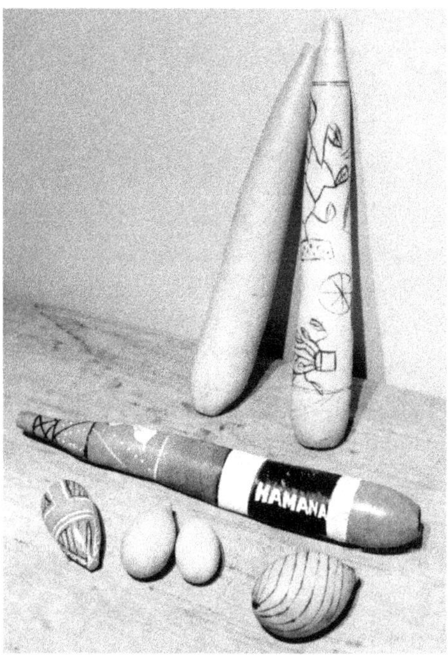

Kuden, tasabadanin

Die *lafé* ist die Begleiterin der *mendianèn*, der kindlichen Tanzkönigin (siehe Kapitel über die Rhythmen: Ein besonderer Rhythmus: *mendianèn*). Bei ihrem Tanz hält die *lafé* die *kalama* in den Händen, die beiden Hälften eines Flaschenkürbisses, die wie große Schöpfkellen aussehen. Sie sind um den Rand herum mit Perlen oder Kaurimuscheln behängt, ebenso wie *fè fö*, eine halbierte kugelförmige Kalebasse, die zum Gruppentanz der Mädchen gehört. Sie wird im Tanzrhythmus mit beiden Händen im Kreis bewegt, hochgeworfen und wieder aufgefangen.

Fè fö

Ein Instrument der Frauen ist auch die Wassertrommel *jidunun*, bei der eine halbierte Kalebasse (*felenin*) mit der offenen Seite auf das Wasser in einer größeren Kalebasse (*fè*) gelegt wird. Angeschlagen wird die Wassertrommel mit der *kalama* (s.o.) die man manchmal mit Stoff umwickelt. Der Klang ist voll, tief und weich. Eine Gelegenheit zum Spiel auf der *jidunun* ist die Neujahrsnacht. Am Abend isst man reichlich, bevor um Mitternacht Geister kommen und kontrollieren, ob alle genug wiegen. Wer zu leicht ist, könnte zum Sterben bestimmt werden. Man singt zum Klang der Wassertrommel:

San kura na wo, san körö bara wa i ye !
San kura ma ji, do ye faala, do ye balola.

Das neue Jahr soll kommen, das alte ist vorbei!
Das Wasser des neuen Jahres, einige sterben,
andere werden geboren.

Das bedeutet: Die Jahre lösen sich ab wie die Menschen. Manche lebten noch im vergangenen Jahr, in diesem Jahr nicht mehr. Manche in diesem Jahr, aber im nächsten Jahr nicht mehr. Jedes scheidende Jahr geht mit seinen Toten, und jedes neue kommt mit neuem Leben. Das ist der Kreislauf.

Traditionell spielen die Frauen auf der *jidunun* auch bei Sonnen- oder Mondfinsternissen. Man glaubt dann, dass die Götter zornig auf die Menschen sind. Alle geraten in Panik. Die sanften Klänge der Wassertrommel sollen die Götter beruhigen, damit sie das bedrohliche Himmelsschauspiel beenden. Das hat bisher auch immer hundertprozentig funktioniert.

Wassertrommel jidunun

Instrumente der Kinder

Die *duurökönin* soll der sagenhafte König Soumaworo Kanté – der Hauptgegner von Soundiata Keïta bei der Eroberung des Mali-Reichs im 13. Jahrhundert – erfunden haben. Als Kind hütete er das Vieh und baute sich zum Zeitvertreib ein einfaches Instrument aus einer Gerte, einer Liane und ein paar Blättern: einen Erdbogen. Das machen die kleinen Hirten bis heute, wenn sie stundenlang unterm Baum im Schatten sitzen. Die *duurökönin* ist schnell gebaut: Man hebt eine halbkugelförmige Mulde aus, steckt die Gerte oder einen halbwegs elastischen Stock daneben in den Boden, befestigt die Liane oder einen Bindfaden an der Stockspitze und mit dem anderen Ende tief in der Mulde (z. B. an einer Wurzel), und zwar so, dass der Stock sich hinunterbiegt. Die Mulde deckt man oben mit den Blättern des *tabafide*-Baums ab. Nun zupft man am Band oder schlägt mit einem Stöckchen dagegen. Die Tonhöhe kann man regulieren, indem man die Spannung des Bandes durch weiteres Biegen des Stocks verändert.

Ich habe aus dem Erdbogen ein tragbares Instrument gemacht, indem ich die Erdmulde durch ein größeres Gefäß – Blechkiste oder Kalebasse – ersetzt habe, an bzw. in der die Gerte und der Bindfaden befestigt sind.

Duurokönin

Kodo (aus dem Holz des Baumes *hörö*) sieht aus wie ein kleiner Einbaum mit einem dicken Stiel am hinteren Ende. Man hält die Trommel so, dass die Einbaumöffnung in der hohlen linken Hand liegt und der Stiel, auf den die rechte Hand mit einem Stock schlägt, vom Körper weg zeigt. Kodo ist ein Instrument der vierten Generation der Jungen, *kondén ba*, und wird nur beim Erscheinen der *kondén*-Maske am Ende der fünf großen Feste gespielt (siehe Kapitel Generationen und Masken). Es hat drei Größen mit jeweils eigener Klanghöhe, und zwar im Verhältnis der drei Basstrommeln *kesedenen*, *sangan* und *dundunba*.

Kodo

Die Rassel *wasanba* erklingt während der Beschneidungsrituale der Jungen, wenn die Jungen von einem Ort zum anderen gebracht werden: zum Beschneidungsplatz und später wieder zurück ins Dorf. Dazu gehören immer auch Rhythmen und Lieder, bei denen die begleitenden Erwachsenen die *wasanba*-Rassel spielen. Sie ist einfach konstruiert: Man nimmt eine stabile, unterarmlange Astgabel und schiebt eine Reihe von getrockneten, kreisrunden, in der Mitte durchbohrten Kürbisscheiben auf den einen Schenkel. Man klebt die letzte Scheibe an der Stockspitze fest (oder setzt dort einen Querstift ein). Der andere Schenkel dient als Griff. Meist hat der Spieler zwei Rasseln, in jeder Hand eine, und bewegt sie im Gegenrhythmus (zum Beispiel zwei gegen drei).

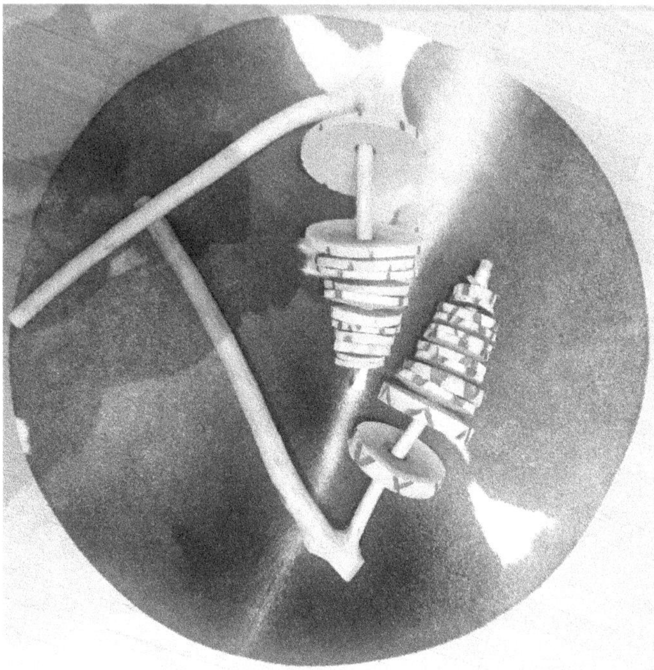

Wasanba

Kodo-kodo ist eine Schlitztrommel, hergestellt aus einem armlangen und doppelarmdicken Stamm des Baumes *gben*. Mit einem Beitel schlägt man über die Länge zwei Schlitze hinein und stemmt darunter eine Höhlung aus. Zwei fingerdicke Stöcke schlagen abwechselnd auf verschiedene Stellen der Trommel und erzeugen damit Klänge unterschiedlicher Tonhöhe. Die Lautstärke ist durchdringend, vor allem, wenn mehrere *kodo-kodo* zusammenspielen. Wenn die Zeit der Ernte nahte, schickte man früher die Kinder des Dorfes vor Sonnenaufgang auf die Felder, um Affen, Vögel und Agutis (kleine Nagetiere) zu verjagen, die sich gern plündernd über die Feldfrüchte hermachten, sobald es hell wurde. Heute erübrigt sich das weitgehend, weil es diese Tiere kaum noch gibt. Der Name *kodo-kodo* ahmt lautmalerisch den typischen Klang der Trommel nach.

Sie stammt ursprünglich von den Guerzé aus Guineas Waldregion (Guinée Forestiere) im Südosten des Landes, wo sie unter dem Namen *krin* als Nachrichtentrommel diente. Ein Ensemble aus Macenta machte sie bei nationalen Festivals in den Jahren nach der Unabhängigkeit landesweit bekannt. So kam sie auch in meine Heimatregion und trat dort neben ein ganz ähnliches Instrument mit nur einem Schlitz. Es gibt diese »einschlitzige« *kodo-kodo* (neben der Version mit zwei Schlitzen) bis heute.

Kodo-kodo

Ein Instrument der Jäger

Donso könin ist die siebensaitige Harfe der Jäger, die man besonders gern bei den festlichen Zusammenkünften der Jäger erklingen lässt. Man singt dazu Loblieder auf berühmte Jäger und ihre Heldentaten, oder man erinnert an die wichtigen berufsständischen Tugenden und an das professionelle Wissen. Ein solches Lied habe ich zur *donso könin*-Begleitung einmal aufgenommen (CD »Guinée Percussions et Chants Vol. 1«, Dönsökoni). Der Text lautet:

He jina! He sabou! Jada lönbali l'e a gbasila bonsan na!
I y'a faala le, i t'i kèl'a la, nötè a d'i faa.

He Teufel! He Glück! Wer den Löwen nicht kennt, schlägt ihn mit der Peitsche!
Du musst ihn töten, nicht nur verletzen, sonst tötet er dich!

Ich erinnere mich noch genau daran, wie der *donso könin*-Spieler Koulako Bory bei der Trauerfeier für meinen Vater dessen ganze lange Geschichte vortrug. Der berühmteste *donso könin*-Spieler heute ist Bankan Oussou.

Die *kèèwulitandan* (*kèè* = Mann, *wuli* = im Stehen) ähnelt einer Conga, ist etwa einen Meter hoch und wird mit einem Stock bespielt. Eine Djembe begleitet sie und markiert die Rhythmusphrasen.

Man spielt nicht einfach so auf dieser Trommel, sondern nur bei besonders festlichen Gelegenheiten der Jäger, wie bei der Trauerfeier für einen *simbo*, der sein Leben lang die sozialen Werte seiner Gemeinschaft mit Würde verkörpert hat.

Die *kèèwulitandan* ist sehr selten, man findet sie nur in den Hauptstädten der Krieger wie Kouroussa oder Siguiri. Ich habe sie zuerst in Dura, Kolonkan und Bassandö gesehen, Dörfern in ca. 50 km Entfernung von meinem Heimatdorf Sangbaralla.

Mein Vater, den ihr Klang bei einem Jägertreffen in einem dieser Dörfer tief berührte, nahm ein Exemplar der Trommel mit nach Sangbaralla. Seither befindet sie sich dort in der Obhut des jeweiligen Jägerchefs.

Donso könin

Ein Instrument der Féticheure

Wenn man einen Féticheur aufsucht, um sich gegen eine Krankheit behandeln oder sich die Zukunft weissagen zu lassen, dann beschwört er die Geister mit seinen Zaubermitteln (*börö*) und begleitet seine Sprüche während der Sitzung auf der *börö könin*, einer sechssaitigen Harfe. Sie hilft ihm dabei, die eigenen Kräfte zu bündeln und das Böse konzentriert zu bekämpfen. (Eine Aufnahme mit der von mir gespielten *börö konin* findet sich auf meiner CD »Guinée Percussions et Chants Vol. 2«).

Ein Instrument der Krieger

Das *bölön* ist eine früher drei-, heute viersaitige Harfe mit kugelförmigem Korpus. Es besteht aus zwei gleich großen, mit unrasiertem Ziegenfell bezogenen Halbkalebassen, die an ihren Schnittkanten fest verbunden sind, und einem leicht gebogenen Hals. Ihr Klang ist tief und durchdringend und zielt direkt ins Herz jedes dafür empfänglichen Mannes von Rang. In früheren Kriegen spielte es eine wichtige Rolle. Es war auf dem Schlachtfeld dabei und wirkte auf die Krieger wie eine Droge, besonders wenn der Spieler (der *bölönföla*) dazu das Lied *duwa* sang. Duwa ist der Geier, wie andere aasfressende Tiere gilt er als besonders anpassungs- und widerstandsfähig und sehr intelligent. Mit diesem Lied im Ohr und im Herzen ist es den Kämpfern unmöglich, zurückzuweichen oder zu fliehen. Zum *duwa*-Lied des *bölonföla* wurde auch getanzt, allerdings wagten das nur besonders erfahrene oder durch mächtige Gris-Gris geschützte Männer. Das Lied *duwa* hat die etwas geheimnisvollen Worte:

Jala ye kö duula, jala ye kö sandö,
Jala kabon jala di, jala makuna jala di.
Duwa tè föla cèba jitö nye, djembeföla oye borila le ka gbè rösan!
He! Jamori duwa, kèlèmaborila tè duwa dönna.

Der *khaya*-Baum (»khaya senegalensis«, »afrikanisches Mahagoni«), ob er nun im Norden oder im Süden des Flusses wächst, ob er groß oder klein ist – immer ist sein Geschmack bitter. He! *Jamori duwa*, ein Fliehender tanzt nicht zum *duwa*-Lied.

Das Lied *duwa* ist nichts für einen Ängstlichen, der schnell das Weite sucht. Ein anderes Lied des *bölönföla* lautet:

Kèè silanda, kèè di sa; kèè ma silan, kèè di sa.
Kèèba jitö borira kèlè mèn nyè, a fana fu! jusu yèrè-yèrènèn.

Wenn ein Mann Angst hat, muss er sterben.
Wenn er keine Angst hat, muss er sterben.
Der große Ängstliche ist vor der Schlacht geflohen,
er lügt! Der Angsthase. (Gemeint ist: Wer vor dem Krieg geflohen ist, kann darüber nichts Wahres berichten).

Mein älterer Bruder Malon Sory Konaté erzählte mir von einem *bölönföla* mit enormen übersinnlichen Fähigkeiten. Er konnte sogar Menschen in Vögel verwandeln. Der große Heerführer Almami Samory Touré (1830 bis 1900) war ein grausamer Mann. Er verurteilte eine Reihe von Männern zum Tode. Als der Henker sie einen nach dem anderen köpfen wollte, sang der *bölönföla* eines seiner Lieder. Die Todgeweihten erhoben sich in die Luft, verwandelten sich in Vögel und flogen davon.

Als ich sieben Jahre alt war, kam ein *bölön*-Spieler in mein Dorf Sangbaralla, um für die Familie Soriwulenna zu spielen. Er spielte in der Nacht, und weil es noch keinen Strom gab, rissen die Kinder Stroh aus den Hausdächern und zündeten es an, um die Szene zu beobachten. Mein Vater war damals der bekannteste Jäger der Region Hamana. Alle respektierten und fürchteten ihn. In dieser Nacht wagte niemand, zum Spiel des *bölön*-Spielers zu tanzen. Um das gefahrlos zu tun, musste man ihn um Erlaubnis bitten oder durch starke Gris-Gris geschützt sein. Nur mein Bruder Kékörö hatte keine Angst, er fühlte sich in Sicherheit, weil er unter dem Schutz unseres Vaters stand. Er begann zu tanzen, und ihm passierte nichts.

Durch sein Beispiel ermutigt, sprang ein anderer junger Mann, Noundiara Traoré, in den Kreis und tanzte mit – ohne Erlaubnis und ohne Gris-Gris. Kaum hatte er angefangen zu tanzen, traf ihn ein *köröte*, eines dieser gefährlichen kleinen Geschosse, die man nicht sieht und hört. Am nächsten Morgen hatte er Fieber. Er starb nicht an dieser Attacke, war aber für drei Monate gelähmt. Trotz der vereinten Bemühungen aller Féticheure konnte er nicht wieder gehen, bis schließlich eine Frau ihn heilte. Frauen im Besitz von Gris-Gris sind viel stärker als männliche Féticheure.

Der *bölönföla* ist auch bei der Beschneidung der Jungen dabei. Er ermutigt sie mit seiner Rezitation, den Schmerz auszuhalten, zugleich schmeichelt er den Beschneidern.

Die Nachrichtentrommel *kunan*

Die *kunan* ist kein simples Musikinstrument, sondern eine Trommel zur Nachrichtenübermittlung und zum Zusammenrufen der Dorfbewohner. Die *kunan* ist eine große Kesseltrommel mit aufgespanntem Kuhfell. Sie wird an gegenüberliegenden Schlingen von zwei Spielern mit den linken Händen getragen. Die rechten Hände schlagen abwechselnd mit stoffumwickelten Schlägeln auf das Fell.

Heute spielen auch Frauen das bölön

Kunan

Die Rhythmen und die Anzahl der Schläge signalisieren jeweils ein bestimmtes Ereignis. Vor allem die älteren Dorfbewohner verstehen sofort, worum es geht. Die *kunan* informierte seit jeher über Brände, Todesfälle, den Ausbruch von Kriegen, das große Freitagsgebet und andere wichtige Vorgänge im Leben der Gemeinschaft. In der Geschichte meines Freundes Sunukuba (siehe das Kapitel Sexualität und Ehe) habe ich dargestellt, wie die *kunan* die Dorfbewohner zusammenrief, wenn jemand in der Öffentlichkeit des Dorfes bestraft werden sollte. Zur Kolonialzeit warnte die *kunan* vor der Ankunft des Steuereinziehers. Denn wer nicht zahlen konnte, wurde an einen Baum gebunden und musste in der Sonne schmoren. Das konnte tödlich enden.

Die Flöten *tanbifule* und *böfule*

Die *tanbifule* ist die Querflöte aus Rattanrohr (*tanbin*), die auch bei den Peulh, unserer benachbarten Volksgruppe in Guinea, sehr beliebt ist, wo sie ursprünglich ein Instrument der Hirten war. Sie wird als Soloinstrument gespielt, ebenso wie die *böfule* (*bö* = Bambus).

Die Hörner *kerebudu* und *sulabudu*

Die *kerebudu* lässt sich leicht aus einem Tierhorn (*kere*) herstelln – besonders eignet sich das leicht gedrehte Horn einer Kuh-Antilope.

Ihr Ruf ist für die Angehörigen der *baradömöö* (der zweiten Generation der Jungen) das Signal zur Zusammenkunft. Sie ist auch das Instrument des *konkoba,* des starken Feldarbeiters (dem der gleichnamige Rhythmus gewidmet ist), wenn er zur Arbeit ruft.

Sulabudu ist ein europäisches Instrument, ein trichterförmiges Blechblasinstrument (*sula* = Bronze). Es wird in Europa bei der Jagd eingesetzt. Die Jäger blasen darauf, wenn sie sich zusammenfinden wollen. Bei uns benutzt es die erste Generation der jungen Männer, die *baratii*, um die Gruppe zusammenzurufen. Es gibt in meinem Dorf ein altes Exemplar, das wahrscheinlich noch aus der Kolonialzeit stammt. Ich selbst habe das Instrument mit Hilfe meiner Freundin Ursula Dittmar in Deutschland beschafft, in einem Geschäft für Jagdbedarf. Im Dorf habe ich es den *baratii* übergeben. Die haben das neue Instrument mit einem zweitägigen Fest gefeiert.

Dankaranfule, die Teufelsflöte

Mein Bruder Kékörönen Konaté, den ich schon erwähnt habe, war Jäger und Landwirt wie unser Vater, außerdem unser Dorftrommler, von dem ich das Djembespiel gelernt habe. Eines Tages erzählte er mir, es gebe im Wald ein besonders wohltönendes Instrument, das den Geistern und Dämonen gehöre. Man nannte es *dankaran fulé* (Teufelsflöte). Ich habe dieses Instrument nie zu sehen bekommen, erinnere mich aber an seinen süßen Klang über die weite Entfernung hinweg. Es war nur zwei- oder dreimal im Jahr zu hören, der Wind trug seine Melodie zu uns herüber, die Trommler nahmen sie auf, und ein neuer Rhythmus war geboren.

Meine Aufnahmen mit einigen der Instrumente

Balafö (Stabspiel)
CD *Hamana Föli Kan* (Fêdé-Fêdé)
Börö könin (Harfe)
CD *Guinée: Percussions et Chants Malinké* (Borokoni)
Bölön (Bassharfe)
CD *Hamana Föli Kan* (Namarâ);
CD *Hamana Kundö* (Tunkan);
CD *Guinée: Percussions et Chants Malinké Vol. 2* (Unkanu)
CD *Guinée: Percussions et Chants Malinké Vol. 2* (Dan Balaké)
Dan, köwörö: (Mehrfachbogen, Harfe)
CD *Guinée: Percussions et Chants Malinké Vol. 2* (Dan Balaké);
CD *Hamana Kundö* (Köwörö)
Jidunun (Wassertrommel):
CD/Buch *Rhythmen und Lieder aus Guinea* (Malin na kanin)
Donso könin (Jägerharfe)
CD *Guinée: Percussions et Chants Malinké* (Dönsökoni), auch:
CD *Hamana Kundo* (Kunfeko); auch:
CD *Hamana Föli Kan* (Namarâ; La Lamban); auch:
CD *Guinée: Percussions et Chants Malinké Vol. 2* (Unkanu);
Karinyan (Eisenrohr)
CD *Guinée: Percussions et Chants Malinké Vol. 2* (Unkanu)
Kerebudu (Blasinstrument aus Tierhorn)
CD *Hamana föli kann* (Konkoba)
Kodo (Holzblocktrommel)
CD *Rhythmen und Lieder aus Guinea* (N'Yèrèbi)
Kodo-kodo (Schlitztrommel)
CD *Guinée: Percussions et Chants Malinké Vol. 2 (*Gbada Wewe)
CD *Hamana Föli Kan* (Konkoba I; Naabö M'Bâra)
Tandanen (kleine Trommel der Feld-Griots)
Von mir gespielt im Konzert in Bonn 2017 zum Rhythmus *kassa*
Tasabadanin (Kalebassenrassel)
CD *Hamana Föli Kan* (Naabö M'Bâra)
Wasanba: (Rassel)
CD *Guinée: Percussions et Chants Malinké Vol. 2* (Wassamba)

Die Djembe

Wie die Djembe erfunden wurde

Die Djembe ist ein uraltes Instrument. Ausgrabungen in Niani, der Hauptstadt des Mali-Reichs im 13. Jahrhundert, haben gezeigt, dass es sie damals schon gab. Das Mali-Reich erstreckte sich über ein Gebiet von der Atlantikküste über die heutigen Länder Senegal, Guinea und Burkina Faso bis hinauf ins nördliche Mali mit der Stadt Timbuktu. Dies war bis in unser Jahrhundert hinein das Gebiet, in dem die Djembe hauptsächlich gespielt wurde.

Es gibt viele Geschichten über die Erfindung der Djembe. Sie haben meist damit zu tun, dass die Djembe auffällige Ähnlichkeit mit dem Mörser hat, in dem die Frauen bis heute die Getreidekörner zerkleinern. Wenn zwei, drei oder vier Frauen mit ihren Stößeln an einem Mörser arbeiten, hört man einen binären oder ternären Rhythmus, der fast schon wie Musik klingt. Einmal sollen, lange vor der Reichsgründung durch Soundiata Keïta, die Krieger des Königs Soumanworo Kanté auf die Mörserklänge der Frauen aufmerksam geworden sein. Sie baten um eine Audienz und berichteten: Majestät, der Mörser der Frauen ist ein Musikinstrument, das einen unglaublich schönen Rhythmus hervorbringt. Die Frauen singen dazu und klatschen sogar zwischen den Mörserstößen in die Hände. Das ist wunderbar anzuhören. Wenn wir nun einfach ein Loch in einen Mörser bohren, hätten wir vielleicht ein richtiges Musikinstrument. Der König beauftragte einen Schmied mit der Arbeit, der dazu ein bestimmtes Werkzeug benutzte: die Hacke, mit der er Baumstämme aushöhlte. Diese Hacke heißt *djée nin*, und nach ihr wurde das neue Instrument benannt: Djembe. Man probierte dann verschiedene Materialien aus, um die Trommel zu bespannen: zuerst ein Stück Stoff, das aber merkwürdig und nicht besonders gut klang. Am besten klang am Ende die Haut der Antilope. Später entdeckte man auch die Haut der Hirschkuh, und am Ende die der Ziege.

Nachdem die Form der Trommel und das beste Fell nun gefunden war, hielt man Ausschau nach einem Baum, aus dem man sie fertigen konnte. Man fand, dass das Holz des *lenké*-Baums besonders gut geeignet war.

Am Anfang kannte man nur einen Klang, wenn man im Tanzkreis auf der Trommel spielte. Erst mit der Zeit fand man heraus, dass man mit bestimmten Techniken mindestens drei verschiedene Klänge erzeugen konnte, die wir heute Slap, Ton und Bass nennen. Zugleich wurden die Tänze und Rhythmen immer differenzierter.

Trommelensemble, v.l. dundunba, kesedenen, sangban, Djembe

Die Mörser sollen Vorläufer der Djembe sein

Wie man früher zu einer neuen Djembe kam

Bis in die Zeit meiner Kindheit hinein baute man die Djembe nicht, um sie irgend jemandem zu verkaufen, wie es heute üblich ist. Sie blieb im Dorf, in der Obhut der *baratii*. Wenn diese fanden, dass eine neue Djembe nötig war, so war die Prozedur die folgende: Die *baratii* gingen zum Schmied und gaben ihm vier Kolanüsse und einen bunten Hahn (*mana don don*) als Opfergabe für den Baum, den er fällen musste. Der Schmied ging in den Wald, um einen geeigneten *lenké*-Baum zu finden. Vor dem Baum warf er die beiden Hälften der Kolanuss auf den Boden und tötete das Hähnchen. Die Kolanuss-Hälften mussten mit derselben Seite nach oben zeigen, und das Hähnchen in eine bestimmte Position fallen. Dies bedeutete, dass die Dämonen im Baum erlaubten, den Baum zu fällen. Wenn das Ergebnis negativ war, zog der Schmied zum nächsten Baum und wiederholte das Orakel. Fällte er den Baum trotzdem, so verkürzte das sein Leben, denn die Dämonen würden ihn töten. Manchmal dauerte die Suche nach dem Baum mehrere Tage. Hatte der Schmied ihn gefunden, sprach er ein paar geheime Worte, bevor er ihn fällte, um sich bei den Geistern zu entschuldigen:

> *I ka lenké sö, söli yiri le; i ma lenké sö,*
> *söli yiri le.*
>
> Ob du dem *lenké* ein Opfer bringst,
> oder ob du ihm kein Opfer bringst –
> er ist ein Baum, der das Opfer verdient.

Er brauchte dann noch einmal drei bis vier Tage, um den Trommelkörper herzustellen und trocknen zu lassen, bevor er das Fell aufspannte. Als Belohnung bekam der Schmied von den *baratii* traditionell eine Ziege, für die sie bei einem Bauern ein paar Stunden arbeiteten. Noch heute, da so viele Djemben zum Verkauf für Geld hergestellt werden, kennen die Schmiede diesen alten Preis: eine Ziege für eine Djembe.

Dann organisierten die *baratii* ein Fest für die neue Trommel, die jungen Mädchen kochten feine Gerichte, und alle bestätigten, dass die Trommel gut gemacht war.

Die verschiedenen Holzarten

Ich wurde geboren mit drei Arten Holz, um die Djembe zu machen. Vor allem *lenké*, dann *doda*, dann *diafilakaté*.

Lenké war früher das Standard-Holz für die Djembe – wegen seiner magischen Eigenschaften, aber auch seiner Härte, die hohe Spannungen bei der Fellbefestigung erlaubt. Gab man in alter Zeit einem Schmied den Auftrag, eine Djembe zu bauen, so nahm er ganz selbstverständlich das *lenké*-Holz. Altes *lenké*-Holz ist tiefrot. Wenn man es jung schlägt, ist es rot und weiß. Es bedarf besonderer Pflege, vor allem bei viel Sonneneinstrahlung. Man hält es feucht mit Karité-Butter, die man aus dem Öl der Pflanze *séé* gewinnt.

Das *doda*-Holz ist nicht rot und nicht weiß. *Diafilakaté* ist ein sehr weißer Baum, das Holz ist leicht, aber sehr hart.

Heute benutzt man alle möglichen Holzarten zum Bau der Djembe. *Diala,* ein rotes und sehr schönes Holz, das früher nur für den Bau der Mörser verwendet wurde. Oder das Holz des Baumes *gben*, mit dem die Schmiede und die Hausfrauen ihr Feuer machen, weil es schnell brennt. Es hat viele hübsche Farben und ist deshalb bei Djembe-Freunden in aller Welt sehr beliebt. Nachdem die Chinesen immer nur dieses Holz haben wollten und es immer weniger *gben*-Bäume gab, hat der Präsident Alpha Condé vor ein paar Jahren die Abholzung verboten.

In Côte d'Ivoire und Ghana habe ich bei den Trommeln wieder andere Holzarten gesehen, deren Namen ich nicht kenne. Auch in Asien werden inzwischen Djembe gebaut, deren Holz wieder ganz anders aussieht als das *lenké*-Holz.

Die verschiedenen Formen der Djembe

Normalerweise sind der Hals (oder auch Schwanz = queue) und der Kopf der Djembe ungefähr gleich lang. Das ergibt einen klaren Klang in der Höhe bei mäßigem Bass.

Es gibt aber vier Djembe-Formen, die sich in der Bauweise des Körpers und auch im Klang von der Normal-Djembe unterscheiden:

- Die *sulen* Djembe mit etwas größerem, innen stärker gewölbtem Kopf bei normaler Halslänge erzeugt einen etwas stärkeren Bassklang.
- Die *tassa* Djembe ist die größte Djembe und die lauteste in den Höhen, hat aber etwas weniger Bass.
- Die Djembe *diu kudun* hat einen kurzen Hals, die Höhen sind leiser, der Bass ist stärker als bei den anderen Formen (man kann diesen Effekt auch erzielen, wenn man bei einer normalen Djembe ein Stück vom Hals absägt). Sie eignet sich klanglich besonders gut zur Gesangsbegleitung, denn man kann die Stimme leicht mit ihr abstimmen und in Balance bringen.
- Der Klang einer Djembe hängt auch von der Größe des inneren Loches (zwischen Kopf und Hals) ab. Je größer der Durchmesser, desto stärker der Bass. So ist die vierte Djembe-Form, die *bran* Djembe, eine mit sehr kleinem innerem Loch – der Slap ist sehr stark, der Bassklang schwach.

Bei der heutigen Massenproduktion der Djembe kennt kaum noch jemand diese Unterschiede, niemand erklärt sie den Käufern. Man muss also beim Kauf sehr aufpassen. Ich selbst habe diese breiten Kenntnisse nur, weil ich mich seit meiner Kindheit damit befasse.

Welche Form die Djembe auch immer hat: Sie sollte so leicht wie möglich sein, damit der Trommler sie beim Spielen tragen kann, ohne Schmerzen im Kreuz oder in den Schultern zu bekommen. Das Spielen im Sitzen ist nicht die Normalform. In Hamana wurde die Djembe immer nur im Stehen gespielt und wog nie mehr als sechs oder sechseinhalb kg. Heute wiegt sie oft acht oder neun kg. Selbst für den Transport zu Fuß ist das zu viel. Ich habe sogar schon Djemben mit einem Durchmesser von 50 cm gesehen. Der Hals sieht aus wie ein Elefantenfuß. Benutzen kann man sie nur in den Workshops, im Sitzen. Ich appelliere an alle Hersteller, die Djembe leichter zu machen!

Die Ohren (*sèèsèè*)

Sèèsèè (die Ohren, also die drei ovalen Bleche mit den schnarrenden Ringen, die man der Djembe aufsteckt) sind nicht nur zur Verschönerung da. Sie machen ihr Geräusch genau im gespielten Rhythmus. Das Schnarren und die Klänge der Djembe verstärken sich gegenseitig in der Wirkung, die Djembeklänge kommen klarer heraus. Die großen alten Malinké-Trommler haben immer nur mit den *sèèsèè* gespielt. Ich empfehle jedem, das selbst auszuprobieren, und die *sèèsèè* dann auch bei Festen und Konzerten einzusetzen.

Verschiedene Felle für die Djembe

Wenn man früher als Trommler ein neues Fell brauchte, arbeitete man einen Nachmittag lang für einen Bauern auf dem Feld, man nannte diese Arbeit *wurandjan (*ein halber Tag*)*. Man legt das Fell in ein Wasserbad, damit die Fleischreste sich lösen, die man dann mit dem Messer abschabt – eine heikle Arbeit, bei der man das Fell nicht verletzen darf. Es wird feucht aufmontiert und rasiert und trocknet dann auf der Trommel. Man tut gut daran, es vorher gegen die Sonne zu halten, um kleine Risse oder Löcher zu entdecken, die das Messer vielleicht hinterlassen hat – sonst kann es nach der Bespannung reißen, und man ärgert sich über die vergebliche Mühe.

Normalerweise verwendet man heute für die Bespannung ein Ziegenfell. Es klingt sehr gut, und es tut den Händen nicht weh. Aber Vorsicht: Es ist ein Unterschied, ob man das Fell einer weiblichen Ziege oder eines Ziegenbocks aufzieht. Die Malinké sagen von alters her, dass man beim Bocksfell besonders aufpassen muss. Der Ziegenbock ist immer liebeshungrig, mehr als alle Männer dieser Welt, und man soll, bevor man das Fell aufzieht, Brust und Hinterteil eines Mädchens berühren und den Trommelrand gründlich säubern, sonst werden die Mädchen, wenn die Trommel erklingt, sehr erregt, und außerdem wird das Fell sehr schnell zerreißen, wobei das Bocksfell lacht und meckert. In Innenräumen verbreitet es außerdem einen furchtbaren Gestank. Mit der weiblichen Ziege hat man diese Probleme nicht. Heute liegen die männlichen und weiblichen Felle bei den Händlern meist durcheinander, aber ich habe genug Erfahrung, sie zu unterscheiden.

Schafsfelle soll man vermeiden. Denn – so sagten mir die Alten, als ich klein war – das Schaf ist ein himmlisches Tier. Auf jeden Fall, so finde ich, ist es ein sehr ruhiges Tier, und sein Fell erzeugt weniger Klang als das der Ziege.

Das Fell der weiblichen Antilope (*konanê*) war in alter Zeit Standard. Es klingt nicht so klar wie das Ziegenfell. Außerdem ist das Tier kleiner, und das Fell eignet sich nicht für eine größere Djembe. Wohl aber begegnet man ihm in anderen Landesteilen, wo die Trommeln kleiner sind, so bei den Sankaran in der Gegend von Faranah. Aber es reißt auch schneller. Das Fell der männlichen Antilope ist hart und unflexibel.

Das Affenfell ist fein und gleichzeitig sehr fest. Es hält lange, ohne zu zerreißen. Aber da die Affen ständig herumzanken, übertragt sich das auf die Leute: Sie geraten einander sofort in die Haare, wenn man auf einem Affenfell trommelt. Man muss dann das Fell sofort herunternehmen, sonst gibt es großen Ärger im Dorf. Besonders wenn das Fell vom Affen *gbon* stammt, der viel Sex hat.

Das Fell der Kuh verwendet man normalerweise nur für die drei Basstrommeln. Ich bin wohl der Einzige in Hamana, der es jemals auf die Djembe gespannt hat (in Burkina Faso dagegen machen das jetzt fast alle). Das ist mit viel Arbeit verbunden. Mit dem Ablösen des Fleisches, dem Trocknen und Rasieren des Fells hat man mehr zu tun als bei der Ziege. Ich nehme nur das Fell links und rechts vom Hals der Kuh, weil es den Fingern beim Trommeln am wenigsten weh tut. Wenn man sorgfältig arbeitet, bekommt man einen sehr guten Klang – etwas gedämpfter als bei der Ziege.

Da ich ein neugieriger Mensch bin, habe ich es auch mit den Fellen einheimischer Tiere in Amerika und Europa versucht. Die Organisatorin meiner Tournee durch die USA und Kanada im Jahre 2007 nahm mich mit zu ihren Eltern, die mitten in einem ausgedehnten Waldgebiet wohnen. Dort gibt es viele Rehe (deer), die ich zuerst für Antilopen hielt. Jedes Mal, wenn ich dort zu Gast war, gab es das hervorragende Fleisch dieses Tieres zu essen. Die Gastgeber gaben mir das Fell, mit dem ich aber nicht viel anfangen konnte, weil es so extrem behaart war. Ich versuchte alles, um die Haare zu entfernen – vergeblich. Es war eine Unterart des Rehs, die gut mit der Kälte zurechtkam, mit einer Fellfärbung zwischen rot und weiß. Auf den amerikanischen Highways töten die Autos viele dieser Tiere. Immer, wenn ich eines von ihnen tot am Straßenrand sah, hätte ich es am liebsten mitgenommen. Aber das ist streng verboten. Wenn du das tust, sagte meine Begleiterin, wirst Du von der Polizei verhaftet und musst eine Menge Geld bezahlen. Ich fand das sehr ärgerlich.

Als ich wieder in Deutschland war, sah ich mich nach Fellen europäischer Tiere um. In meinem Workshop in Bamberg saß ein Mathematiker namens Claus, der das Fell eines Rehs auf seine Djembe gespannt hatte. Ich probierte seine Trommel aus und war sehr angetan. Auf meine Bitte schickte er mir dann drei dieser Felle. eins habe ich aufmontiert. Die Schönheit dieses Klanges kann man sich kaum vorstellen. Ich spiele sehr gern auf diesem Fell. So lernt man nie aus.

Die Bauweise der Djembe – früher und heute

In meiner Jugend benutzte man für die Bespannung der Djembe noch nicht die synthetische Schnur wie heute, sondern Antilopenleder, in schmale Streifen geschnitten. Aus diesem Leder bestand auch der Gürtel, der rund um den oberen Trommelrand am Fell angebracht war und durch die Bespannung nach unten gezogen wurde, und der zweite Gürtel unter dem Kopf, der die Riemen hielt. Heute hat jede Djembe statt dieser Gürtel bekanntlich Ringe aus Eisen. In dem Video, das bei unserem Konzert anlässlich der UN-Generalversammlung in New York aufgenommen wurde, kann man die alte Bauweise deutlich erkennen.

Ihr großer Nachteil war, dass die Spannung des Fells schnell, schon nach 15 Minuten, nachließ. Bei den Festen im Dorf musste man die Trommel nach kurzer Zeit ans Feuer legen, damit die Brillanz des Klanges zurückkam. Die Tanzpausen waren lästig, und die Tänzerinnen wurden oft ungeduldig. In den Konzerten der Ballets konnten die Djemben, wenn die Spannung nachließ, sich nicht mehr gegen den Klang der Basstrommeln durchsetzen. In den ersten Jahren gab es noch keine Heizstrahler. Da wir aber in den Konzertsälen wegen der Brandgefahr kein Feuer machen durften, suchten wir uns dafür einen Platz unter freiem Himmel in der Nähe, und mangels trocknen Strohes zündeten wir Pappkartons an, die wir uns vorher zusammengesucht hatten. Das war auch nicht ungefährlich – einmal begann der Boden, der nicht feuerfest war, in kleinen Explosionen Funken zu werfen, die die Trommeln beschädigten. Zum Glück merkte das Publikum, das unsere Musik ja noch nicht kannte, nichts davon.

Bei meinen Konzertreisen mit den Ballets Africains de Guinée durch die USA wurde ich bei den Afroamerikanern schnell bekannt. Viele lernte ich gut kennen, darunter auch exzellente Djembe-Spieler. Einige wurden meine Freunde: Koyao, Allrun und Yomi.

1977 trafen wir uns alle beim großen Welt-Festival für Schwarze Kunst in Lagos (Nigeria) wieder, wo die Ballets Africains und das Ballet National Djoliba zusammen auftraten. Meine afro-amerikanischen Musikerfreunde betrachteten meine Djembe mit Interesse. Aber die ihren waren viel eindrucksvoller mit ihren geschmiedeten Ringen und der Bespannung mit synthetischer Schnur. Ich fragte sie, wie sie zu dieser Bauweise der Djembe gekommen waren? Sie waren so freundlich, mir das zu erklären. Wieder zu Hause fasste ich mir ein Herz und versuchte, eine Djembe nach ihrer Anleitung zu bauen. Zunächst ohne Erfolg, und ich ruinierte bei meinen vergeblichen Versuchen viele Ziegenfelle. Zum Glück war ein Ziegenfell damals nicht teuer. Ich glaubte zuerst, meine Freunde hätten Eisendraht benutzt. Aber nein, es waren sehr harte eiserne Ringe. Diese Herstellungsart war in Afrika vollkommen unbekannt. Meine Kollegen in den Ballets, Noumoudy Keïta, Salif Sylla, Ali Sylla und Arafan Touré, machten sich über mich lustig und sagten, ich würde damit niemals weiterkommen. Ich nahm das schweigend hin, denn ich wusste, am Ende würde ich etwas Neues und Eindrucksvolles zustande bringen. Mit viel trial and error kriegte ich die gewünschte Konstruktion schließlich hin und war stolz auf mich selbst. Nun kamen meine lieben Kollegen und baten mich, ihnen bei der Montage so einer Djembe zu helfen. Ich sagte ihnen: Ihr schämt euch wohl gar nicht! Aber ich half ihnen, denn ich bin ja ein gutmütiger Mensch.

Kurz, ich danke meinen afroamerikanischen Freunden dafür, dass sie mir geholfen haben, die neue Bauweise anzuwenden, denn sie haben sie erfunden. Aber wie oft bei solchen Fortschritten geht auch etwas verloren. Bei unserer traditionellen Bauweise hatten wir meist Antilopenfelle aufgespannt, die unbestritten die schönsten Melodien ergaben. Für mich ist das immer noch der ideale Klang, ich versuche ihm auch auf der modernen Djembe nahezukommen.

Das Spiel auf der Djembe

Spielen auf der Djembe

Um auf der Djembe kunstgerecht zu spielen, muss man die Grundklänge beherrschen: Bass (basse), Ton (tonique) und Slap (claque).

- Erster Grundklang: Bass. Ich spiele ihn in der Mitte des Fells mit der flachen Hand, wobei die drei mittleren Finger geschlossen bleiben. Daumen und kleiner Finger sind leicht aufwärts gespreizt und berühren das Fell nicht.

- Zweiter Grundklang: Ton. Dabei berühren nur meine locker zusammenliegenden drei mittleren Finger das Fell, aber nicht in voller Länge. Wo genau sie liegen, das ergibt sich aus einer klaren Regel: Wenn ich mir die Falte zwischen dem inneren und dem mittleren Glied meines kleinen Fingers über die anderen Finger verlängert vorstelle, dann habe ich in etwa die Linie, die mit dem Fellrand abschließt. Der Rest der Hand berührt das Fell nicht. Der Ton muss sehr deutlich klingen. Man muss alles tun, um ihn gut herauszuarbeiten. Auch manche afrikanischen Trommler könnten da noch viel lernen. Nur wenn der Ton gut klingt, kann er mit den drei Basstrommeln korrespondieren. Vor allem die Sangban und der Ton der Djembe müssen gut aufeinander abgestimmt werden, denn sie sollen miteinander sprechen. Auch die Abstimmung der Solo- und der Begleit-Djembe ist wichtig. Sie dürfen nicht gleich klingen, sonst ergibt sich zwischen ihnen keine Melodie. Natürlich spielt jeder Djembe-Spieler auf seine eigene Art. Aber ich möchte alle einladen, meine Art des Ton-Spiels zu studieren und auszuprobieren, sie ist praktisch und leicht zu erlernen.

- Dritter Grundklang: Slap. Meine Hand liegt hierbei in derselben Position zum Fell wie beim Ton. Aber die Finger berühren das Fell nur mit ihren Spitzen. Die Hand schlägt mit der Fellrand-Linie (siehe oben) auf den Trommelrand, und die Fingerspitzen schnellen auf das Fell – und gleich wieder hoch.

Die Position der Finger spielt eine entscheidende Rolle beim Hervorbringen der Melodie. Zwar sind kleinere Hände (wie meine) vorteilhaft, aber letztlich kann sich jeder Handtyp an die Djembe anpassen. Längere Finger bringen mehr Gewicht auf das Fell als kürzere. Wer also längere Finger hat, sollte auf ihre Position achten.

Weitere Klänge, die ich spiele

Außer den drei Grundklängen Bass, Ton und Slap spiele ich gelegentlich noch weitere Klänge mit bestimmten Techniken. Wenn ich alle meine Klänge zähle, komme ich auf 15.

- Vierter Klang: Ich spiele außer dem tiefen Bass in der Fellmitte oft auch einen mittleren Bass, der mehr zum Fellrand hin liegt und der nicht so weit trägt wie der tiefe Bass.
- Fünfter Klang: Der abgedämpfte Slap. Die jeweils andere Handfläche liegt ganz in der Mitte des Fells und hindert das Fell am Vibrieren.
- Sechster Klang: Der stumpfe Slap. Die Fingerspitzen schnellen nicht hoch, sondern bleiben auf dem Fell liegen.
- Siebter Klang: Der doppelte stumpfe Slap. Beide Hände spielen ihn gleichzeitig.
- Achter Klang: Slap oder Ton in der einen Hand, die fünf Fingerspitzen der anderen Hand, eng zusammengelegt, dämpfen das Fell in der Mitte und werden wieder aufgehoben.
- Neunter Klang: Der Super-Slap. Er wird mit besonderer Kraft gespielt und klingt deutlich lauter und höher.

- Zehnter Klang: Das Ein-Finger-Spiel: abwechselnd mit den Fingerspitzen am Trommelrand oder mit einem Finger am Trommelrand und dem anderen in Ton-Position.
- Elfter Klang: Spiel am Trommelrand: Eine Fingerspitze der einen Hand spielt am Trommelrand, der Daumen der anderen Hand spielt eine Art Ton in Drei-Uhr-Position, bei schnellem Wechsel der Hände.
- Zwölfter Klang: Wie elf, aber statt des Daumens der einen Hand am Rand spielt der ganze Handrücken in der Mitte des Fells.
- 13. Klang: Wie 11, aber statt des Daumens der einen Hand am Rand spielt die Hand einen Bass in der Mitte des Fells.
- 14. Klang: »Die Maus im Haus«: Die Finger der linken Hand machen Kratzbewegungen in der Mitte des Fells, ein Finger der rechten Hand spielt am Trommelrand.
- 15. Klang: »Wind und Wetter«: Die zusammenliegenden Finger der linken Hand machen eine kratzende Kreisbewegung über das ganze Fell, die rechte Hand spielt mittleren Bass und Slap.

Die Lage der Finger zur Vermeidung von Schmerzen

Vergleicht man einmal die Hand des Djembespielers und das Fell der Djembe mit Hammer und Amboss, so gibt es einen wichtigen Unterschied: Das glühende Stück Eisen fängt die Kraft auf und verbiegt sich, der Hammer berührt den Amboss nicht. Das Djembefell dagegen erleidet den Schlag direkt, und die Finger empfinden Schmerz. Aber wer zuhört, empfindet das reine Vergnügen.

Man kann die Djembe und den Spieler aber auch mit einem Paar vergleichen: Wenn man sich geliebt hat, ist man zuerst müde. Aber das ist eine süße Müdigkeit, die den Körper entspannt, wenn man ein wenig geruht hat.

Um den Schmerz der Finger beim Spielen abzumildern, muss man sie so halten, dass sich der Druck beim Aufschlag gleichmäßig auf sie verteilt. Der Spieler muss außerdem seinen Körper so positionieren, dass er die eigene Aufschlagkraft optimal auffängt. Wenn er das alles gut macht, dann entwickeln seine Spielbewegungen harmonisch die Arm-, Brust- und Bauchmuskeln. Auch das Herz des Spielers arbeitet dann immer sehr gut und beschert ihm eine perfekte Gesundheit.

Ein gutes Medikament gegen die schmerzenden Hände ist das Öl oder Fett, das man aus den Fruchtkernen des afrikanischen Karitébaums (*vitellaria paradoxa*) gewinnt: die Karité-Butter. Bevor man spielt, legt man die Hände eine Weile in warmes Wasser und reibt sie dann mit der Karité-Butter ein – vor allem, wenn man laut und mit viel Kraft spielt. Wer weniger laut spielt, kann darauf verzichten. Mein Bruder Kékörö Konaté hat mir außerdem gezeigt, wie man aus den Blättern des *yègbè fida-*

Baumes einen Sud aufkocht, der – wieder abgekühlt – ebenfalls den Schmerz lindert, wenn man die Hände in ihm badet. Wenn man das regelmäßig macht, schützt es die Hände vor Verletzungen. Übrigens wenden auch die jungen Feldarbeiter diese Mittel an, um ihre Hände zu schützen.

Eine weitere Methode: Man hält die eingeriebenen Hände um eine heiße Glühbirne herum – das hat den gleichen Effekt wie ein Dampfbad.

Blut im Urin nach langem Trommeln

Ein bekanntes Phänomen ist seit eh und je, dass sich der Urin des Trommlers nach längerem und intensivem Spielen rot einfärbt. Bei großen Festen, wenn ich den ganzen Tag und die ganze Nacht bis zum nächsten Morgen trommeln musste, ist mir das oft passiert, aber ich hatte damals noch keine Ahnung, was das bedeutete. Natürlich habe ich mich gefragt: warum? Bald war alles wieder normal, als ob nichts gewesen wäre. Ich wurde dadurch auch nicht krank. Bei den Kollegen war es genauso. Während einer Tournee mit den Ballets Africains nach Amerika wollte ich der Sache einmal auf den Grund gehen. Nach jedem großen Konzert war mein Urin tiefrot. In Philadelphia ging ich eines Morgens zu einem Arzt und fragte ihn um Rat. Er gab mir ein Glasröhrchen mit, und ich brachte ihm am Morgen nach dem Konzert eine Probe vom Abend vorher. Er rief seine Kollegen zusammen, zeigte sie ihnen und gab sie in die Analyse. Ergebnis: kein besonderes Ergebnis, keine Krankheitszeichen, die diese Anomalie erklären konnten. Alle Ärzte waren sehr beeindruckt, sie hatten einen positiven Befund erwartet. Seitdem ist mir klar: keine Gefahr für uns Trommler.

In den letzten Jahren haben Wissenschaftler den Grund für den roten Urin herausgefunden: Der Druck auf die Hände zerstört rote Blutkörperchen, und der Blutfarbstoff (Hämoglobin) wird dann über die Blase ausgeschieden. Wissenschaftler nennen das »Hämoglobinurie«. Die gibt es auch bei Langläufern: Deren Fußflächen müssen ähnliche Belastungen aushalten. Dagegen kann man praktisch nichts machen, außer langsamer zu laufen oder weniger intensiv zu spielen. Aber das will man ja nicht!

Zusammenspiel der Arme

Meine Schüler haben mich oft gefragt, wie das Zusammenspiel der Arme funktioniert. Manchmal bringen einen die Fragen der Schüler auf Dinge, die man sich selbst noch gar nicht klargemacht hat. So auch beim Zusammenwirken der Arme.

Mir ist klar geworden: Wenn ich anfange zu spielen, achte ich auf den Unterschied der Klänge, die ich mit dem rechten und dem linken Arm erzeuge. Sie spielen nämlich nicht dasselbe. Mein rechter Arm ist schwerer als mein linker Arm. Manchmal, wenn man mich beim Spielen beobachtet, kann es einem so vorkommen, als ob ich schlafe oder träume. Aber nein, ich höre auf den Klang meiner Arme. Der rechte Arm spielt lauter als der linke, der linke feiner als der rechte. Ich versuche deshalb ständig, eine Klangbalance herzustellen. Dabei behalte ich links die Lage bei, weil der Klang in Ordnung ist. Die Finger meiner rechten Hand dagegen muss ich etwas zurückziehen, dann klingt rechts wie links. Schon als ich noch im Dorf wohnte, war mir klar: Der rechte Arm ist schwerer.

Viele Fragen unserer Schülerinnen und Schüler sind wichtig und bringen uns erst auf richtige Ideen. Danke, dass ihr euch so für die afrikanische Musik interessiert!

Spielen im Sitzen und im Stehen

Die Haltung eines Musikers, der auf seinem Instrument spielt, zeigt einem professionellen Beobachter sofort, wie erfahren er ist. So ist unter Trommlern aus Hamana die bevorzugte und meistverbreitete Haltung beim Spiel die im Stehen. Ich habe dort seit meiner frühen Kindheit bis zu meinem Eintritt in die Ballets Africains de Guinée nie einen Trommler gesehen, der im Sitzen spielte. Wenn wir im Sitzen probten, war das sehr mühsam für mich. Mir fehlte dann die Energie, um mein Bestes zu geben.

Im Workshop muss man naturgemäß sitzen, weil man viel Zeit braucht – die ganze Zeit zu stehen wäre schwierig. Aber nach dem Workshop sollte man im Stehen spielen, weil man dann mehr Energie aufbringt. Wenn man das nicht lernt, hat man später große Schwierigkeiten, aus der sitzenden Position herauszukommen.

Vier Positionen beim Spielen im Stehen

Wenn man im Stehen spielt, gibt es vier mögliche Positionen.

- Bei der ersten hält man die Djembe rechts oder links (wenn man Linkshänder ist) vom Körper, dabei überträgt sich wenig von der eigenen Kraft auf die Trommel (ungefähr 15 Prozent).
- In der zweiten Position hält man sich ganz gerade und die Trommel in der Mitte zwischen den Beinen (25 Prozent).
- 50 Prozent erzielt man, wenn man die dritte Position einnimmt: wie die zweite, aber ein wenig nach vorne gebeugt.
- In der vierten Position beugt man sich so weit vor, dass der Hals der Djembe den Boden berührt. Die Djembe wird dann zusätzlich von den Oberschenkeln gehalten, und man kann 100 Prozent seiner Kraft auf die Trommel bringen. Die Djembe klingt so am besten. Aber man bekommt leicht Rückenschmerzen, und allmählich wird die untere Kante der Djembe beschädigt. Das war die bevorzugte Position von Noumoudy Keïta, der oft zu den Tischlern lief,

um seine Trommel reparieren zu lassen. Diese Position ist außerhalb unserer Region Hamana kaum verbreitet. Seit einiger Zeit spiele ich nicht mehr so – ich gebe nicht mehr so viele Konzerte, und ich komme in das Alter, in dem ich mich nicht mehr so anstrengen kann.

Die Gurte

Beim Spiel im Stehen benutzt man natürlich Gurte, die die Djembe halten. Früher hatte man nur einen Gurt, der entweder über der rechten oder der linken Schulter lag (in meiner Heimatregion ist das immer noch so). Heute hat man im Allgemeinen über der Brust gekreuzte Gurte, die wesentlich angenehmer sind, vor allem wenn man beim Spielen hin- und herläuft und dabei beträchtliche Strecken zurücklegt.

Die Basstrommeln

Herkunft und Bauweise

Seit dem Mittelalter stellten die Menschen Bienenstöcke her, indem sie besonders dicke Rinden bestimmter Bäume vorsichtig rundum von den Stämmen lösten. Diese zylindrischen Hohlkörper aus Baumrinde wurden rundherum und an beiden Öffnungen mit Stroh bedeckt. Dann entfernte man die Äste, und es entstanden Löcher, durch die die Bienen hineinkonnten, um ihren Honig zu produzieren. Diese Bienenstöcke nennt man *gbonkan*.

Die intelligenten und erfinderischen Schmiede hatten schon immer darüber nachgedacht, mit welchen Instrumenten man die Rhythmen der Djembe am besten begleiten könnte, so dass man richtige Melodien erhielt. So kam man auf die Idee, die Bienenstöcke als Modell zu nehmen. Also sägte man einen Baumstamm in Stücke und höhlte diese mit geeigneten Werkzeugen aus. Dann spannte man Fell über die entgegengesetzten Öffnungen. Schlug man darauf, so ergab das einen Klang, der ganz anders war als der Klang der Djembe. Er hörte sich an wie der Donner. Dun! Dun! Man hängte dann noch die Silbe *ba* (= groß) an und hatte den Namen des Instruments: *dundunba*, das große *dundun*. Man fand, dass das Fell der Kuh für diese Trommel gut geeignet war.

Bald baute man zwei weitere Instrumente, die sich von der *dundunba* nur in der Größe unterschieden: die mittelgroße *sangban* – der Name deutet auf den Baum *sandan* oder auch auf den Regen (*sandjii)* hin – und die kleine *kesedenen* (mit ihrem typischen Pattern *ke-seden, ke-seden*). Der häufig auch verwendete Name *kenkeni* ist neueren Datums.

Da die drei Trommeln mit zwei Fellen bespannt sind, nennt man sie bis heute *kun fila matun* (= mit zwei Köpfen, im Gegensatz zur einseitig bespannten Djembe, *kun kelen tun (*= mit einem Kopf).

Natürlich vergaßen die Schmiede nicht, ihr ureigenes Material einzusetzen: das Eisen. So erfanden sie die Glocken, die den Klang der drei Trommeln verschönern.

Seit der Kolonialzeit nimmt man als Trommelkörper auch die großen leeren Blechfässer, die aus Europa kommen: ein 200-Liter-Fass für die *dundunba*, 100 Liter für die *sangban*, und 50 Liter für die *kesedenen*. Die Blechfässer als Trommelkörper sind in ganz Guinea verbreitet. Sie mögen ausreichen, wenn man nicht die Mittel für hölzerne Trommeln hat. Aber es entspricht nicht der Tradition. Und wenn man den Klang vergleicht, gibt man den hölzernen Trommeln den Vorzug. Der Baum, aus dem man traditionell die Basstrommeln baut, heißt *sandan*. Aus seiner Rinde fertigt man die Bienenstöcke, und sein Holz klingt besonders gut und tief, wenn man daraus die Basstrommeln macht. Leider ist das *sandan*-Holz nicht nur bei den Trommlern beliebt, sondern auch bei den Holzwürmern.

Das Bespannen der Basstrommeln ist eine komplizierte Sache. Mit einem einzigen Kuhfell könnte man der Größe nach eigentlich eine *dundunba* und eine *sangban* bespannen. Aber so einfach ist das nicht. Das Fell am Hals der Kuh ist besonders gut geeignet, ergibt aber nur die Fläche für eine Seite der *dundunba*. Das Flankenfell ist sehr schwer zu bearbeiten. Will man also die beste Qualität haben, so braucht man schon zwei Kuhfelle für eine *dundunba*, und viele Stücke der beiden Felle bleiben übrig. Wenn man sparen muss, schneidet man ein Fell für die beiden Trommeln in vier passende Stücke. Das ist sehr schwierig. Für die *kesedenen* verwendet man ein Kalbfell.

Das Aufziehen eines neuen Fells ist eine feierliche Sache. Am Vorabend wird es ins Wasser gelegt. Am nächsten Tag nach dem Frühstück versammeln sich alle, um beim Aufziehen dabei zu sein. Zuerst stampfen die jungen Mädchen das Fell eine Weile im Mörser, bis es ganz weich ist. Dann löst man sorgfältig die Fleischreste ab. Nur so bekommt die Trommel ihren typischen Klang: Sie muss wie ein schweres Gewitter klingen. Schließlich behandelt man das Fell, bevor man es aufzieht, mit Karité-Öl. Die Trommel wird in die Sonne gestellt, noch am selben Abend ist das Fell trocken, und zu ihrer Einweihung feiert man ein Fest.

Die Trommelstöcke

Wie die drei Trommeln haben auch die Stöcke ihre Namen:

- gbondö (für die dundunba),
- banfudu (für die sangban) und
- gbeleké den nin (für die kesedenen).

In meinen Workshops habe ich immer wieder das Problem, dass man für alle drei Instrumente Stöcke mitbringt, die die gleiche Form und Größe haben. Ihr Material oder ihre Form führen oft dazu, dass sie die Felle beschädigen.

In meinem Dorf Sangbaralla machen wir die Stöcke traditionell aus einer Bambusart, die es nur dort gibt, und die vielfältig nutzbar ist. Ihre Frucht kann man essen, und man kann sogar einen guten Weißwein daraus herstellen. Dieser Bambus bildet im Wachstum einen Kopf aus, rund wie ein Menschenkopf. Ein Stock mit so einem Kopf ist ideal für die *dundunba*, auch wenn man ihn aus praktischen Gründen nicht mehr aus der genannten Bambusart herstellt, denn die ist schwer zu finden und nicht überall zu haben. Der Stock ist bis zu 45 cm lang. Die Länge variiert: Spielt man die *dundunba* im Sitzen, kann der Stock länger sein – wenn man sie stehend (umgehängt) spielt, wie es der Tradition entspricht, ist der Stock kürzer.

Der *sangban*-Stock, ungefähr 35 cm lang, besteht aus zwei Teilen: Man montiert ein kürzeres Stück (ca. 9 cm) rechtwinklig an das Ende des längeren Teils.

Diese Form hat auch der Stock für die *kesedenen*, allerdings ist er entsprechend kleiner.

Material, Größe und Form der Trommelstöcke sind entscheidend für einen guten Klang.

Die Armbewegungen beim Spielen

Die Armbewegungen der Bass-Spieler erinnern an jemanden, der vor seinem heißen Essen sitzt und in der linken Hand einen Fächer hält, mit dem er die Speise kühlt, während er mit der rechten Hand weiter isst. Genauso ist es, wenn man mit der linken Hand auf der Glocke und gleichzeitig mit der rechten Hand auf dem Fell der Trommel spielt.

Die Rhythmen

Was »Rhythmen« sind, und woher sie kommen

Wenn wir von einem »Rhythmus« reden, dann meinen wir eine bestimmte Kombination von ineinandergreifenden Spielfiguren (Pattern) der beteiligten Instrumente: meist zwei Djemben, drei oder vier Basstrommeln und drei oder vier Glocken. Andere Instrumente kommen hinzu. Für jedes dieser Instrumente kann man eine große Zahl von Pattern erfinden. Im Zusammenspiel ergibt das eine unendliche Zahl von Möglichkeiten, einen Rhythmus zu gestalten. Kein Wunder, dass wir in unserer Tradition Hunderte davon haben – jeder mit seinem eigenen Ausdruck, seiner eigenen Energie und seiner eigenen Geschichte und Funktion. In meiner Kindheit und Jugend im Dorf habe ich als *djembefóla* eine Unmenge dieser Rhythmen kennen und spielen gelernt. An viele habe ich mich später erinnert. Längst nicht alle konnte ich aufarbeiten und rekonstruieren. Ich versuche es aber immer wieder, auch weil die Schülerinnen und Schüler in meinen Workshops stets neugierig auf Rhythmen sind, die sie noch nicht kennen.

Schon in meiner Jugend hat sich das Repertoire der Rhythmen ständig verändert. Manche gerieten in Vergessenheit, andere kamen neu hinzu. Von vielen Rhythmen wusste man, dass sie uralt waren. Aber wer sie einmal erfunden hatte oder woher sie kamen, war meist vergessen – denn in unserer afrikanischen Kultur wurde nichts aufgeschrieben, und das Gedächtnis der Gemeinschaft reichte nicht weit zurück. Es sei denn, ein Rhythmus verband sich mit geschichtlichen Ereignissen oder Persönlichkeiten, von denen die Griots erzählen. So ist es z. B. beim Rhythmus *sofa,* den schon Soundiata Keïta kannte, der Gründer des Mali-Reiches im 13. Jahrhundert (siehe das Kapitel über den Tod meines Vaters und den Rhythmus *sofa*). Auch der Rhythmus *diadi* scheint sehr alt zu sein, denn er ist nach dem großen Tänzer Diadi benannt, der ebenfalls schon zu Zeiten von Soundiata Keïta lebte. Er war so gut im Tanzen, dass er die Eifersucht eines anderen ehrgeizigen Tänzers erregte, Mamady Tirankè. Als die beiden gemeinsam in den Krieg zogen, tötete Mamady seinen Konkurrenten im Kampfgetümmel. Diadis Familie hatte versäumt, zu seinem Schutz zu opfern. Noch in meiner Jugend war es für gute Tänzer eine Herausforderung, so gut wie Diadi zu tanzen. Das Lied erinnert an ihn:

E den nu Diadi minara nkayé,
kele mansa den nu Diadi minara nkayé,
Diadi nama saraka bö kodiadi yena nkayé,
Tiranke den Mamady lenö
Diadi manala kawulukunte ka saa kunte
ka bakunte ko tiala tiama Diadi labö.

Eh, Kinder, Diadi ist tot, ich habe ihn gesehen!
Kinder der Krieger, Diadi ist tot, ich habe ihn gesehen!
Diadis Vater hat nicht geopfert, um ihn vor seinen Feinden zu schützen,
Diadis Mutter hat nicht geopfert, um ihn vor seinen Feinden zu schützen,
Mamady, Sohn des Tirankè hat ihn getötet, wie einen Hund, wie ein Lamm, wie eine Ziege …

Es gibt uralte Lieder wie dieses. Aber genau wie die Rhythmen entstehen auch Lieder ständig neu, im Alltag oder bei besonderen Ereignissen, oder sie kommen von weither und werden willkommen geheißen.

Als ich zehn Jahre alt war, sagte mir einmal ein alter Mann: Es gibt Lieder, die sehr alt sind und die alle kennen. Bei anderen ist es wie bei einem Tier, das jedes Jahr ein Horn verliert und dem jedes Jahr wieder ein neues wächst. Solche Lieder sind plötzlich da – und bald wieder vergessen. Oft entstehen sie spontan in bestimmten Situationen.

Einer meiner Söhne brachte aus dem Dorf das *lolo*-Lied mit – für ihn und für mich ganz neu.

N`na hawa, lolo ye san ma, horoya le bö nin i nyè!

Mutter Hawa, der Stern steht am Himmel, der Tag deiner Freiheit ist da!

Woher war das Lied gekommen? Vielleicht ging es einer wirklichen Mutter Hawa lange schlecht – ein Wahrsager hatte ihr baldige Genesung versprochen, und das wurde nun von allen aufgenommen und gesungen, um ihre Genesung zu unterstützen.

Lieder verbinden sich mit bestimmten Rhythmen, oder neue Rhythmen werden zu ihnen erfunden. So habe ich zum *lolo*-Lied gleich einen Begleitrhythmus komponiert.

Manchmal wechselt ein Lied auch von einem Rhythmus zu einem anderen über. Je nach dem Charakter oder Inhalt des Liedes verändert sich dann der Rhythmus ein wenig oder bekommt sogar den Namen des Liedes.

Ich selbst habe immer wieder Rhythmen zu Liedern erfunden, die ich schön und wichtig fand, und habe Rhythmen umgestaltet oder neu arrangiert (eine Liste dieser Rhythmen findet sich im Anhang).

In meiner Jugend waren viele Rhythmen und Lieder viel enger an bestimmte soziale Situationen – z. B. Feste oder Maskentänze – gebunden als heute. Heute kann man fast alle spielen oder singen, wo und wann man will.

Wenn ich zum Beispiel in diesem Buch die Rolle der Rhythmen *kassa, konkoba und dibon* bei der Feldarbeit beschrieben habe, so ist das fast schon Vergangenheit – denn die alten Bräuche schwächen sich ab, und die Rhythmen sind auf Reisen gegangen. Sie tragen aber die Spuren dieser Situationen in sich, und deshalb ist es gut daran zu erinnern, woher sie kommen.

Ich sagte schon, dass das Repertoire an Rhythmen in Bewegung ist. Man kann deshalb auch nicht genau feststellen, wie viele es eigentlich gibt. Ich selbst komme etwa auf 150, wenn ich an die denke, die ich im Laufe meines Lebens kennengelernt oder die ich selbst geschaffen habe. Etwas mehr als 100 davon habe ich auf CDs eingespielt. Erweitert man das Blickfeld, also über meine Heimatregion hinaus auf das ganze Land Guinea oder auf die Länder, die zum westafrikanischen Kulturkreis gehören, so ändert sich natürlich das Bild. Man findet jede Menge Varianten und auch unzählige ganz andere Rhythmen.

Die drei rhythmischen Grundtypen

Hört man einen unserer Rhythmen, so kann man ihn mit etwas Übung leicht einem von drei Grundtypen zuordnen. Man hört zunächst deutlich, ob es sich um eine Zweier- oder um eine Dreier-Pulsation handelt. Das eine Mal werden zwei, vier, acht oder 16 Pulse (das sind die kleinsten Zeiteinheiten) als Perioden erlebt, das andere Mal drei, sechs oder zwölf Pulse. Abendländische Ohren hören entweder einen Vier-Viertel- oder einen Sechs-Achtel-Takt. Afrikanische Musiker und die tanzenden und singenden Dorfbewohner können mit solchen Bezeichnungen nichts anfangen, sie spielen, tanzen und singen einfach drauflos, wie sie es gelernt haben. Als ich die ersten deutschen Schülerinnen und Schüler hatte, musste ich ihnen die Rhythmen erklären, und sie selbst schenkten mir dabei die Taktbegriffe. Bis heute spreche ich von 4-4 (quatre-quatre) oder 6-8 (six-huit) und kann mich damit immer verständlich machen. Obwohl das importierte Begriffe sind, von denen man eigentlich in Afrika keine Ahnung hat. (Westliche Musikwissenschaftler sprechen übrigens auch von binären und ternären Rhythmen).

Der dritte Rhythmus-Grundtyp hat ebenfalls das 6-8-Maß, bildet aber eine besondere Klasse, die wir *dunun* nennen. Erkennbar ist er am ständig wiederholten kurzen Pattern der kleinen Basstrommel *kesedenen*. Die mittlere Basstrommel *sangban* spielt ebenfalls eine besondere Rolle. Wir nennen diesen Rhythmustyp auch »danse des hommes forts« *(Tanz der starken Männer)*. Tatsächlich haben alle *dunun*-Rhythmen eine besondere, unwiderstehliche Kraft und Energie, die sich allen Beteiligten sofort mitteilt. Selbst hochbetagte Männer und Frauen fühlen sich gedrängt zu tanzen – wenn nicht körperlich, dann doch in ihrer Phantasie.

Ich kenne den *dunun*-Rhythmus in ca. 30 verschiedenen Varianten, die ich alle auf CDs aufgenommen habe.

Ein besonderer *dunun: dunungbè*

Ein besonderer *dunun ist der dunungbè.* Für mich ist er der wichtigste. Ich habe ihn in meiner Jugend im Dorf sehr oft gespielt. Er ist besonders vorantreibend, ja aggressiv. Ich habe ihn auf meiner CD »Guinée: Percussions et chants Malinké Vol. 2« einmal so eingespielt, dass die Grundstruktur gut hörbar wird. Man erkennt deutlich die durchlaufende kleine Rhythmusfigur der *kesedenen* und dagegen die leicht verschobene Figur der Begleit-Djembe, ebenso wie die Grundpattern der Solo-Djembe, vor allem aber die langen Phrasen der *sangban*, die jedes Mal in eine Art rhythmischen Refrain auslaufen.

Wie starke Männer tanzen

Der Tanz der starken Männer war ursprünglich Sache der *baratii*, der Ersten Generation der jungen Männer. Sie sind ja die »Herren des Festplatzes« (*bara*), und ohne ihre Einwilligung läuft dort nichts. Niemand darf auf dem Festplatz tanzen, dem sie es nicht ausdrücklich erlaubt haben, und der erste Tanz gehört immer ihnen. Typisch für den Tanz der starken Männer sind ausgreifende Spreiz- und Drehbewegungen, die Füße stampfen im gleichen Rhythmus. In der einen Hand halten die Tänzer eine Peitsche oder Gerte aus Nilpferdhaut, in der anderen eine Axt, die abwechselnd geschwungen und mit der Spitze auf den Boden gestoßen wird.

In meiner Jugend konnte es böse ausgehen, wenn ein Unbefugter sich in den Tanzkreis wagte. Dann wurde aus dem Tanz bitterer Ernst.

Heute wird er meist als Gruppentanz ausgeführt, mit synchronen Schritten und Bewegungen, wodurch er noch bedrohlicher wirkt. Aber ursprünglich war auch der Tanz der starken Männer ein Einzeltanz wie alle anderen Tänze auch. Die Gruppenchoreografie ist das Erbe der Unabhängigkeitszeit, als man die kulturellen Traditionen der verschiedenen Volksgruppen in besonderen Show-Darbietungen präsentierte.

»Starke Männer« mit Horn sulabudu

Söma Sandyi gegen Fabu Condé

Dies ist ein sehr alter *dunun*-Rhythmus, er geht auf eine Malinké-Geschichte über zwei besonders starke Männer zurück. Der eine trug den Namen Söma Sandyi (= Morgenregen), weil der morgendliche Wolkenbruch in der Regenzeit mit solcher Kraft auf die Haut klatscht, dass es schmerzt – vergleichbar der Peitsche, mit der dieser Kraftprotz auf seine Gegner losging. Er stammte aus der Stadt Kalikambaya In Hamana. Einmal kam es zum Kampf mit Fabu Kondé aus der Stadt Koumandou. Beide hatten ihre Anhänger. Beide Gruppen behaupteten, ihr Idol sei stärker als der andere.

Söma Sandyi bekam zur Stärkung ein ganzes Lamm serviert, zubereitet auf vier Tellern, die er nacheinander leer aß. Dann trank er 200 Liter Wasser. Fabu Kondé vertilgte 250 Kilo Erdnüsse und spülte sie ebenfalls mit 200 Litern Wasser hinunter. Dann begannen die beiden sich gegenseitig zu attackieren – mit ihren furchtbaren Peitschen aus Flusspferd-Haut. Der Kampf dauerte 75 Minuten. Söma Sandyi gewann. Fabu Kondé brach zusammen und gab die Riesenmenge Erdnüsse, die er gegessen hatte, wieder von sich. Man brachte ihn in sein Haus, und trotz besonderer Pflege brauchte er lange, um sich zu erholen.

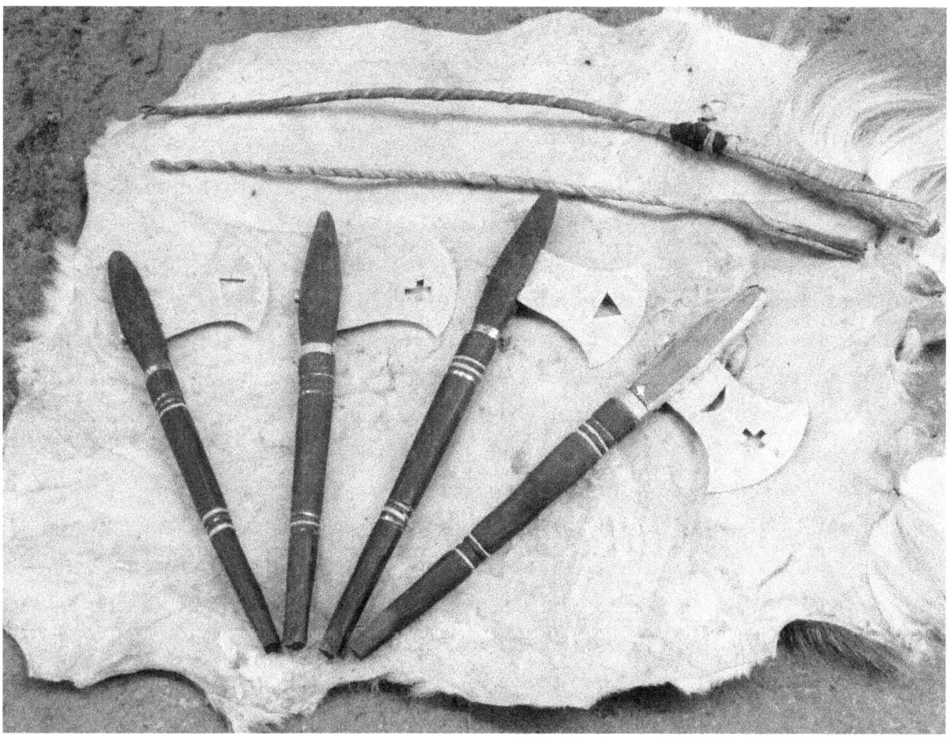

Utensilien der starken Männer

Tanz der starken Männer

Ein besonderer Rhythmus: *mendianèn*

Mendianèn (auch *boundianèn* oder *den* genannt) ist ein Tanzrhythmus der Frauen, vielleicht der schwierigste Rhythmus von allen. Er stellt höchste Anforderungen an die Tänzerinnen, aber auch an die Musiker, vor allem an den *djembeföla*, der seine komplizierten Soli genau mit den ebenso komplizierten Tanzschritten synchronisieren muss. Beides, Tanz und Trommelrhythmen, erfordern ein spezielles Training – während es bei den meisten anderen Rhythmen und Tänzen ja so ist, dass die Musiker und die tanzenden und singenden Dorfbewohner einfach in die Musik »hineinwachsen«.

Meine Workshopteilnehmerinnen bitten mich immer wieder, ihnen den *mendianèn*-Rhythmus beizubringen – aber ich rede ihnen das jedes Mal aus. Er ist zu schwierig.

Die *mendianèn* ist ein Mädchen aus dem Dorf. In meinem Heimatdorf gibt es vier Dorfteile. Jeder sucht ein kleines Mädchen aus, dem man den schwierigen Tanz zutraut. Eine Frau, selbst ehemalige *mendianèn,* nimmt das Mädchen in ihre Obhut und übt mit ihr in Vollmondnächten die Tanzschritte.

Mendianèn

Lafé

Die vier kleinen *mendianèn*-Kandidatinnen treten auf dem Dorfplatz gegeneinander an, und die Dorfgemeinschaft wählt eine von ihnen aus. Die repräsentiert dann das ganze Dorf. Ihre Amtszeit endet, wenn sie heiratet.

Natürlich ist bei dem Wettbewerb Eifersucht im Spiel. Deshalb bittet jede der vier Parteien einen Féticheur um Hilfe. Der braut in einer umständlichen Prozedur einen Sud (*dyöbö*), mit dem man die Kleine vor dem Tanzwettbewerb wäscht. Die Siegerin wird dann aber von allen anerkannt.

Die *mendianèn* tritt stets mit ihrer Begleiterin *lafé* auf, die ihren eigenen Rhythmus hat. Die beiden Mädchen werden vor ihrem Tanz sorgfältig geschminkt und geschmückt, während das Publikum und die Musiker gespannt warten. Zwei starke Männer tragen die beiden auf ihren Schultern zum Tanzplatz und setzen sie vorsichtig ab. Die *lafé* lässt ihre *kalama* (die beiden Hälften eines Flaschenkürbisses, die wie große Schöpfkellen aussehen, behängt mit Perlen oder Kaurimuscheln) über dem Kopf der *mendianèn* kreisen. Dabei ruft sie: *massalibaa*! Das Publikum antwortet: *ayeeh*! und der Tanz beginnt, und das Publikum achtet genau darauf, ob die Musiker wirklich ihr Bestes geben und den hohen Anforderungen des Tanzes gewachsen sind. Bald kommen auch die ehemaligen *mendianèn* dazu und zeigen, dass sie den schwierigen Tanz immer noch können.

Die musikalische Gestaltung im Zusammenspiel

Die Arbeitsteilung der Instrumente

Die *sangban* ist der Kopf in den Rhythmen. Sie führt sie an und kommandiert sie. Auch der Mensch kann ohne seinen Kopf nichts hervorbringen. Er macht den Plan und setzt ihn dann um.

Die *dundunba* ist das Instrument des Herzens. Wenn das Herz krank ist, wird es gefährlich. Ohne das Herz kann der Mensch nicht leben.

Die *kesedenen* ist im rhythmischen Geschehen der Bauch. Wenn der Bauch leer ist, geht gar nichts.

Die Solo-Djembe ist ein Orientierungsinstrument, sie markiert die Schritte der Tänzer, und sie koordiniert sie mit ihren Soli.

Die Begleit-Djembe sorgt dafür, dass der Rhythmus rollt und vorankommt. Sie weckt die Rhythmen, arbeitet in ihnen hält sie aufrecht bis zum Schluss.

Die Instrumente »spielen« nicht, sie sprechen

Bei uns Malinké in Guinea sprechen die Instrumente. Der Musiker ist ein Sprecher, ein Redner und kein »Spieler« eines Instruments. Das Wort Trommler (batteur) ist aus dem Französischen importiert und trifft nicht die ursprüngliche Bedeutung des entsprechenden Wortes in unserer Sprache: *djembeföla*. Wenn man es wörtlich übersetzt, heißt es »Redner« oder »Sprecher« der Djembe. Wenn man einen Malinké in seiner Sprache fragt, ob er dieses oder jenes Instrument spielen kann, dann fragt man ihn, ob er es sprechen oder reden kann, und er wird dann sagen, ja ich kann es sprechen oder nein, ich kann es nicht reden. In meiner Sprache »schlägt« man nicht auf die Djembe. Natürlich gibt es Leute, die einfach nur auf die Djembe schlagen – das sind diejenigen, die sich nicht dafür interessieren, was die Instrumente zu sagen haben. Aus diesem Grunde habe ich es lieber, wenn man mich *djembeföla* und nicht Trommler nennt. Denn man spielt bei uns die Djembe nicht für das bloße Vergnügen, ihre Melodie zu hören, sondern der *djembeföla* lässt sein Instrument sprechen und spricht selbst durch sein Instrument zu den eingeweihten Zuhörern, die ihm zuhören und manchmal auch antworten. Die Djembe kommuniziert mit dem Herzen eines Malinké wie ein menschliches Wesen. Jeder Rhythmus ist eine Botschaft, auf die man vorbereitet wird, sobald man die ersten Schritte außerhalb der Wiege tut. Die rhythmischen Variationen bei den Festen richten sich nicht nur an die Tänzerinnen und Tänzer, sondern auch an das große Publikum, das zuhört. Die Djembe spricht außerdem zu sich selbst – wenn der Tanz *endiablée* (von einem Geist beseelt) ist, wie man bei uns sagt. Ich habe dieses Phänomen bei der alten Djembe meiner Familie, von der ich schon erzählt habe, beobachtet. Die Familie hat überliefert, dass diese Djembe unter dem Schutz eines Geistes stand, das mit ihr durch den Wind sprach. Nur der *djembeföla*, der die Tradition respektiert, ist in der Lage, diese Botschaft aufzunehmen und weiterzugeben, sobald sie durch sein Herz als Meister der Djembe hindurchgeht. Ich selbst habe mit dieser Djembe in bestimmten Situationen eine Art Vibration erlebt, die mich bei der Erfindung meiner Phrasen inspirierte. Ich glaube, ich habe nicht als einziger *djembeföla* diesen Eindruck gehabt. Jedenfalls drückt jeder *djembeföla* aus, was er im Herzen trägt, und was dann zur Melodie wird.

Warum sprechen die Instrumente bei den Malinké wie die Menschen? Das ist den Frauen zu verdanken, die ja wahrlich viel singen. Und die Instrumente antworten ihnen und sprechen mit ihnen.

Die Instrumente unterhalten sich miteinander

Wie die Menschen, so sprechen auch die Instrumente miteinander. In ihrem Gespräch entsteht der Rhythmus. Ihre Dialoge sind so gut ineinandergefügt, dass alles durcheinandergerät, wenn eines von ihnen nicht so spricht, wie es vorgesehen ist. Beispiele: Die *dundunba* und der Bass-Klang der Djembe spielen »*m'ba*« als Antwort auf das »*bonjour*« des Publikums. Die *sangban* sagt »*Ten! Ten!*« Das bedeutet: So ist es. Dann spielen die drei zusammen und sagen: »*Ten – nya lé*«: Das ist so, ganz genau – als ob sie ausdrücken wollten: Wir sind uns nun einig, wir können anfangen. Nun kommen die anderen Instrumente (*kesedenen* und Begleit-Djembe) hinzu, und alle zusammen fordern die Tänzer auf, ihre Füße in Bewegung zu setzen, mit den Worten »*sen, sen ta*«: Fang an zu tanzen, ich bin bei Dir! Setze deine Füße gut, der Tanz beginnt. Die *kesedenen*, die immer ein wenig gegen den Takt der anderen spielt, dankt dem Publikum: »*Iniké! Iniké! kesedenen ko iniké!*« Sie dankt damit vor allem den Frauen, die in die Hände klatschen und singen, um ihre Liebesgefühle oder ihr Leiden am alltäglichen Leben auszudrücken.

Wenn sich die Instrumente, vor allem *dundunba* und *kesedenen*, zu einem gemeinsamen Rhythmus zusammenfinden, sagen sie ganz unterschiedliche Dinge. Wenn man den Rhythmus als einen Satz betrachtet, fügt jedes Instrument mindestens ein Wort hinzu.

Früher mussten die Trommler nicht jedes Instrument beherrschen, sondern es gab Spezialisten für jede der drei Basstrommeln. Sie spielten nur das Instrument ihrer Wahl und gravierten ihm ihre Namen ein.

Die gemeinsame Melodie von Basstrommeln und Djembe

Wie gehen die Trommeln zusammen? Ich wähle als Beispiel das Grundmuster der verschiedenen Rhythmen des *dunungbè* (Tanz der starken Männer). Der Ton der Djembe folgt auf den offenen Klang der *sangban*, sie stehen sozusagen über Kreuz. Dann geht der geschlossene Klang der *sangban* (bei dem der Stock auf das Fell drückt) zusammen mit dem Anfangsklang (Slap) des Djembe-Patterns. Also: wenn die Klänge ähnlich sind, erklingen sie nacheinander, wenn sie unterschiedlich sind, hört man sie gut heraus, auch wenn sie gleichzeitig erklingen.

Wie geht die *dundunba* in der Regel mit der *kesedenen* zusammen? Man kann sie gut unterscheiden, auch wenn sie gleichzeitig spielen, denn die *dundunba* hat einen tiefen, schweren Klang, während die *kesedenen* hoch und spitz klingt.

Aus dieser Art des klanglichen Zusammenwirkens entsteht das, was ich die Melodie nenne. Man muss den melodischen Ablauf, der sich aus den unterschiedlichen Klängen der Instrumente ergibt, gut kennen und beim Üben herausarbeiten. Die *dundunba* mit ihrem tiefen, die *sangban* mit ihrem mittleren und die *kesedenen* mit ihrem hellen Klang, die dominierenden Klänge der Djembe, die metallischen Klänge der Glocken: Man kann sie klar unterscheiden – und man kann hören, wie sie sich in einem bestimmten Ablauf zusammenfinden.

Damit man die Melodie hören kann, müssen die drei Basstrommeln gut aufeinander abgestimmt werden. Nur dann kann auch die Solo-Djembe richtig improvisieren. Leider sind manche Liebhaber der Malinké-Musik nicht sehr gewissenhaft, wenn es um das Aufeinander-Abstimmen der Trommeln geht – in Workshops erlebe ich immer wieder, dass sie nicht gut gespannt sind. Dabei ist es eigentlich nicht schwer, herauszufinden, wie sie klingen sollen. Man erkennt es mit dem Ohr. Schwierig ist nur das Spannen der Trommeln, denn es erfordert viel Kraft. Besonders straff muss die *kesedenen* gespannt werden.

Spielen auch die Glocken eine Melodie?

Müssen auch die Glocken melodisch aufeinander abgestimmt werden? Es gibt bei uns zwar keine Musikhochschule und keine Musikwissenschaft, die das verbindlich sagen könnten, aber ich bin mir sicher, dass es in unserer Tradition keine Rolle spielt, ob die Glockenklänge eine Melodie ergeben. In meinem Dorf haben immer alle auf den Glocken gespielt, ohne auf deren Melodie zu achten. In meinem Workshop in Conakry 2001 fragte mich ein deutscher Teilnehmer, ob er einen Satz Glocken mit unterschiedlichen Klanghöhen haben könnte. Ich saß eine Weile stumm da, weil mich die Frage so überraschte. Ich wäre nie darauf gekommen, dass man die Glocken vielleicht ebenso abstimmen könnte wie die Klänge der drei Basstrommeln. Aber vielleicht probiere ich das noch einmal aus.

Die Introduktionen (Einleitungen)

In Hamana kennt man bis heute nicht die Art von Arrangements, die wir gerne vor Publikum spielen: mit besonderen unisono-Einleitungen, die sich in der Mitte und am Ende des Stücks wiederholen. Diese Arrangements sind das Produkt unserer Reisen mit den Ballets Africains in andere Länder, wo wir auf der Bühne auftraten. Bei den dörflichen Tanzgelegenheiten ist dazu keine Zeit, denn die Menschen wollen sofort tanzen und nicht die Einleitung abwarten. Außerdem kann man zu diesen Passagen nicht tanzen. Bei Konzerten und in den Workshops mit Anfängern und Fortgeschrittenen aus aller Welt möchte ich sie nicht missen: Sie bereichern die Musik und sind von besonderem Reiz für die Schülerinnen und Schüler.

Die Bloquagen (»appels«)

Auch sie gab es nicht in der Tradition. Die Trommeln fingen an zu spielen, wenn das Lied vorbei war. Zuerst setzte die *sangban* ein – oder auch die *kesedenen*, die beiden lösten sich in dieser Rolle ab – und die anderen Instrumente traten hinzu. Wohl aber gab es Bloquagen innerhalb des Rhythmus, und zwar direkt vor dem Échauffement. Das ist alles mit Worten schwer zu erklären.

Diese Art des offenen Einstiegs war vielen Musikern in den Ballets Africains unbekannt. Deshalb wurde die Anfangs-Bloquage der Djembe eingeführt. Für mich war das neu und ungewohnt, aber es hat gut funktioniert, und ich habe es bis heute beibehalten. Besonders sinnvoll ist es beim Unterrichten, um die Orientierung zu erleichtern. Aber wenn ich in mein Dorf zurückkomme, mache ich es so wie die

Dorftrommler. Jemand, dem der ursprüngliche Stil nicht vertraut ist, braucht viel Zeit, um ihn zu verstehen.

Die Soli

Zu den Rhythmen gehören Soli, die einander von Rhythmus zu Rhythmus ähneln. Anders gesagt, das Solo eines binären Rhythmus kann sich in einem anderen binären Rhythmus wiederfinden. So ist es beispielsweise bei *kassa* und *bala kulandyan*. Ebenso ist es in der Familie der ternären Rhythmen. So sind die Soli beim Rhythmus *konkoba* kompatibel mit denen beim Rhythmus *soli*. Es stimmt, dass viele Soli eines Rhythmus diesem vorbehalten sind, aber da es keine Regel ohne Ausnahmen gibt, können die *djembeföla* bestimmte Soli aus einem Rhythmus auch in einen anderen übertragen – wenn die Rhythmen derselben Familie angehören. Die *djembeföla* sind in ihrem Spiel nicht allzu sehr an Regeln gebunden, sie können entsprechend der Situation entscheiden, was sie spielen. Allerdings genügt es nicht, ein Solo einfach zu spielen, sondern man muss wissen, an welchen Stellen es im jeweiligen Rhythmus platziert wird, damit es zur Melodie der Basstrommeln passt.

Improvisieren

In jedem Rhythmus improvisiert der *djembeföla*. Er benutzt dabei die Soli, die zum gerade gespielten Rhythmus gehören. Wir sagen in Hamana, dass man das Spielen afrikanischer Musik so erlernt, wie ein Kind seine Muttersprache lernt, beiläufig, und ohne dass man ihm die grammatischen Regeln erklärt. Wenn man sich in Hamana umschaut, begegnet man überall Kindern, die im richtigen Rhythmus tanzen und singen, ohne zu zählen. Sie lernen dies auf natürliche Weise, denn sie tragen viele natürliche Talente in sich. Ich muss sagen, dass das natürliche Lernen sich sehr vom Lernen in der Schule unterscheidet. Auch der *djembeföla* erlernt das Improvisieren auf natürliche Weise.

Die Unterrichtssituation in den Workshops unterscheidet sich natürlich von der Situation im Dorf. Im Workshop folge ich dem didaktischen System der Weißen und vermittle alles wohlüberlegt und aufbauend, bis die Schülerinnen und Schüler die grundlegenden Muster beherrschen. Wenn sie dann aber ins Dorf kommen, sehen und hören sie sofort den Unterschied: Dort folgt der *djembeföla* nicht irgendwelchen standardisierten Abläufen, sondern den Füßen der Tänzerinnen und Tänzer. Diese Art des Improvisierens lernt man nur in der Praxis.

Die Échauffements und das Verhältnis von Solotrommel, Tanz und Gesang

Die Soli münden immer in die Chauffe oder das Échauffement, eine intensive, schnell gespielte Solopassage am Ende eines Abschnitts, die auch die Tanzschritte beendet. Das war schon vor meiner Geburt so. Wenn man gut zuhört, wird man finden, dass die Échauffements innerhalb der Rhythmus-Familien (binär und ternär) einander ähneln. In den ternären Rhythmen sind zumindest die *dundunba*-Échauffements gleich oder ähnlich, nicht aber unbedingt die der *sangban*. Wie ich schon erwähnte, sind die Djembe und die Basstrommeln *dundunba, sangban und kesedenen* Gesprächspartner, die sich heimlich unterhalten – nur so können sie einander in einem und demselben Rhythmus ergänzen.

Die Échauffements stehen in direktem Zusammenhang mit dem Tanz: Der *djembeföla* muss dabei den Schritten der Tänzerin oder des Tänzers folgen. Das geschieht ohne Worte – wenn hier jemand spricht, dann ist es der Geist der Musik und des Tanzes. Das gute Zusammenwirken von Tanz und gespieltem Échauffement sichert auch den gemeinsamen Wechsel von Dichte und Intensität. Immer wenn die Tänzerin oder der Tänzer sich dem Échauffement nähert, intensiviert auch der Trommler sein Spiel. Er muss mit den Tanzenden übereinstimmen und darf sie nicht hemmen. Das funktioniert nicht immer. Deshalb habe ich auf meiner CD »Rhythmen der Malinké« beispielhafte Échauffements als Referenzen eingespielt. Man hört in diesen Aufnahmen den Wechsel der Intensität. Im Échauffement lege ich zu, dann kehre ich in das normale Spiel zurück. Wenn der Gesang beginnt, muss ich wieder in der Spur sein, damit die Sängerinnen nicht vom Wege abkommen. Es ist ohnehin schwierig, gegen ein laut gespieltes Instrument wie die Djembe anzusingen. Wenn dieses Zusammenwirken nicht funktioniert, kommt alles durcheinander.

Die Roulements

Wir afrikanischen Musiker lieben es sehr, in den Rhythmen »Roulements« anzubringen. Selbst ein Spieler, der eigentlich nicht viel von der Djembe versteht, spielt Roulements, weil er hofft, dass man sagt: Er ist ein guter *djembeföla*. Die Roulements müssen sehr schnell gespielt werden. Bevor man beginnt, muss man physisch und spirituell gut darauf vorbereitet sein.

Um einen Anfang zu machen, spielt man am besten den dreifachen Ton: rechts – links – rechts (Linkshändler umgekehrt). Beim vierfachen Roulement, wie es oft in den danses des hommes forts vorkommt, schließt sich an die drei Tons, ebenso schnell gespielt, ein Slap an. Ein anderes häufig gespieltes Roulement besteht aus sieben Tons in zwei Gruppen: rechts – links – rechts / rechts – links – rechts – links. Es gibt noch eine ganze Reihe anderer Roulements, die ich schwer im Einzelnen darstellen kann. Ich beherrsche viele Dinge in den Hamana-Rhythmen, sozusagen auf ganz natürliche Weise, weil sie meinem Können eingeschrieben sind, ohne dass ich sie genau benennen und erklären kann.

Ein Mathematiker, der an einem meiner Workshops teilnahm, zeigte mir einmal, wie man meine Roulements genau beschreiben kann. Er sagte: Famoudou, spiel doch mal ein sechsfaches Roulement. Ich habe es gespielt, und er hat es genau analysiert. Ich habe lange gebraucht, um seine Analyse zu verstehen. Dann aber habe ich mir gesagt: Dieser Mann ist ein Genie.

Ich bin nicht der einzige afrikanische Lehrer, der solche Details in den Rhythmen nicht mathematisch genau erklären kann. Bei uns in Afrika vollzieht sich das Lernen über das Hören, der Lehrer geht dabei nicht in die Einzelheiten und erklärt nichts, der Lernende muss einfach nur nachspielen, was der Lehrer ihm vorspielt.

Meine Erfahrungen in der Welt außerhalb Afrikas haben es mir ermöglicht, bewusster in die Methoden des Djembe-Unterrichts einzudringen – und zum Beispiel auch die Roulements und die Soli so zu lehren, dass die Details deutlich werden. Das habe ich von den Europäern gelernt, die großen Wert auf Klarheit und Präzision legen, vor allem auch in der Musik.

Der *djembeföla*

Was bedeutet »*djembeföla*«?

Oft werde ich gefragt, was das Wort *djembeföla* eigentlich bedeutet. Es heißt ganz einfach »Djembespieler« (*afö* = spielen). Das Wort ist also weder eine Berufsbezeichnung noch deutet es auf eine besondere Meisterschaft hin. Wer immer auf einer Djembe spielt, ist *djembeföla*. Wenn der Spieler außerordentliche Fähigkeiten im Spiel und das zugehörige Wissen erworben hat, nennt man ihn *karamö* (Meister, *karamö ba* = großer Meister). Das Wort *karamö* ist nicht zu verwechseln mit dem gleichlautenden männlichen Vornamen, der damit nichts zu tun hat.

Geringes Ansehen bei den Dorfbewohnern, Geduld als Tugend

Früher hielt man in Hamana von den Trommlern nicht viel, obwohl sie aus der angesehenen Kaste der Schmiede stammten. Sie galten als Taugenichtse und Faulpelze, die nichts aus ihrem Leben gemacht hatten. *djembeföla* war kein richtiger Beruf. Zu einem Beruf gehörte, dass man ihn täglich ausübte. Da das beim Trommler nicht der Fall war und er kein reguläres Einkommen hatte, gab man ihm ungern die eigene Tochter zur Frau, weil er keine Familie ernähren (und natürlich auch die Mitgift nicht bezahlen) konnte.

Das alles hat sich mit der Zeit geändert. Ein *djembeföla* verdient heute oft mehr als jemand aus einem anerkannten Beruf. In den Städten werden die Trommler häufiger als früher für private Feste und Feiern engagiert. Anders als zu meiner Jugendzeit sind viele *djembeföla* heute als Lehrer gefragt, vor allem bei Ausländern, die sich für afrikanische Musik interessieren. Viele *djembeföla* leben selbst im Ausland und haben ein gutes Auskommen. Auch ihr allgemeines Image hat sich geändert: Sie gelten als zupackend, gut organisiert und fleißig.

Ich werde nicht müde, die Frauen von Hamana zu loben – für ihre Tapferkeit, ihre Intelligenz, ihre musikalische Kreativität – und vor allem für ihre Geduld. Ich schulde ihnen Dank, denn sie haben mir zu meiner großen Karriere als *djembeföla* verholfen. Ihnen verdanke ich auch die große und unerschöpfliche Sammlung der Rhythmen, die ich beherrsche.

Ich habe den Frauen einen Rhythmus gewidmet: *sabari*. Das ist das Malinké-Wort für Geduld.

Ein Sprichwort sagt: Je geduldiger jemand ist, desto erfolgreicher wird er in all seinen Aktivitäten sein, desto länger wird er leben und bei guter Gesundheit bleiben. So schlecht es einem auch geht, mit Geduld wird er es überwinden.

Das ist auch die Botschaft des Liedes »Sabari«, zu dem ich den Rhythmus komponiert habe.

Die Musiker, das ist meine Erfahrung, sind besonders geduldig. Nie habe ich von einem Musiker gehört, der sich etwas mit Gewalt geholt hätte. Die meisten verdienen nicht viel, begnügen sich mit ihrer geringen Gage und hoffen darauf, eines Tages Karriere zu machen und berühmt zu werden.

Die Botschaft der Künstler ist letztlich immer, den Frieden zu bewahren. Würde man ihnen gut zuhören, gäbe es weder Krieg noch Rassismus noch Ethnozentrismus. Sie wollen, dass wir alle in einer besseren und friedlichen Welt leben und uns über die Sprachgrenzen hinweg verständigen. Aber man scheint ihnen nicht zuzuhören.

Damit die Völker sich einander nähern, ist Geduld nötig. Nur mit Geduld werden sich auch die Einzelnen verstehen, die aus unterschiedlichen Kulturen stammen.

Das Lied »Sabari« hat den Text:

Ko bèè dan ne sabari di, kuma mèn fönèn jenbefölalu ma,
Ko bèè dan ne sabari di.

Allem setzt die Geduld eine Grenze, den Vorwürfen an die *djembeföla* setzt sie
eine Grenze, allem setzt die Geduld eine Grenze.

In diesem Lied geht es um die schlechte Behandlung der *djembeföla*, denen die Leute viel Ubles in die Schuhe schieben und über die sie in beleidigenden Worten sprechen. Das Lied rät den *djembeföla*, trotzdem die Geduld nicht zu verlieren.

Bei allem Spott, den sie erdulden mussten, ließen die *djembeföla* ihre Arme nie untätig sinken. Die meisten von ihnen führen heute ein besseres Leben als früher und beschämen damit die traditionellen Djembe-Gegner. Selbst die schicken heute ihre Kinder zum Djembe-Unterricht, weil sie sich für sie eine bessere Zukunft wünschen – vielleicht sogar ein Leben in einem westlichen Land.

Mit Gris-Gris gegen die Konkurrenz

Afrikanische Trommler benutzen regelmäßig Gris-Gris – solche, die anderen schaden, und natürlich die, die einen selbst beschützen. Zuerst habe ich das in meinem Dorf bei einem Schmied namens Kalimba erlebt, einem exzellenten Trommler, der nicht nur bei uns, sondern auch in den umliegenden Dörfern und sogar in Kouroussa auftrat. Jedes Mal opferte er vorher seinen diversen Gris-Gris – rote Kolanüsse und rote Hähne. Das sicherte ihm Schutz und Erfolg.

Solcher Schutz, so die Alten, war nötig. Denn wenn wir abends länger spielten und es gegen Mitternacht ging, warnten sie uns: Achtung, wir sind von Dämonen umzingelt! Der Klang von Djembe, *kesedenen*, *sangban* und *dundunba* trug sehr weit und lockte sie an. Wenn die Musik ihnen gefiel, halfen sie uns und gaben uns Kraft. Aber die Alten erzählten uns auch, dass die Dämonen bei solchen Gelegenheiten oft Menschen einfach mitnahmen. Sogar Kinder seien auf Nimmerwiedersehen verschwunden. Also taten wir gut daran, uns mit Gegenkräften davor zu schützen. Obwohl der gute Geist des *lenké*-Baums, aus dessen Holz die Djembe früher fast immer geschnitzt war, uns zur Seite stand.

Die Kunst der *djembeföla* ist wie eine Art Leistungssport. Jeder möchte der Beste sein, deshalb grassiert die Eifersucht, wo immer ein möglicher Konkurrent auftaucht. Eines unserer Sprichwörter sagt: Vielleicht hältst du dich für den Stärksten – du kannst aber nie sicher sein, ob es nicht vielleicht auf Erden einen noch Stärkeren gibt! Davor möchte man sich schützen. Geheime Zaubersprüche dienen als Quellen der Inspiration beim Spiel und, im Zusammenspiel mit bestimmten Gris-Gris, als Schutz vor den magischen Machenschaften eifersüchtiger Konkurrenten. Solche Sprüche habe ich schon früh von meinem Bruder Kékörö Konaté gelernt. Ich selbst habe nie irgendwelche Gris-Gris zum Schaden Anderer eingesetzt. Es genügte mir, mich selbst zu schützen, und ansonsten mein Bestes zu geben. Aber die Gegenkräfte können gewaltig sein. Manche ziehen ihrer Djembe ein doppeltes Fell auf, um sich dagegen zu wehren.

Als ich heranwuchs, spielte ich einmal im Nachbardorf Fadou, 14 km von Sangbaralla entfernt. Dort gab es ein Problem mit dem Trommler Karinka Doumbouya, der sehr eifersüchtig auf mich war, weil die Leute sofort den Klang meiner Djembe und meine Solo-Melodien liebten. Ein Freund, der mich begleitete, erkannte Karinkas Feindseligkeit und warnte mich vor ihm. Ich sprach ganz leise, mit fast unbewegten Lippen, meine geheimen Verse. Auch ein großer Féticheur war anwesend und bekam Wind von der Situation, die für mich gefährlich werden konnte. Er zog mich beiseite und wusch mich mit seinem *djöbö*-Wasser, das er in einer Flasche bei sich trug. Da das Zeug schon mehrere Jahre alt war, stank es fürchterlich. Ich hatte Vertrauen zu ihm, und alles ging gut.

Ein andermal war ich zusammen mit dem Beschneider Kèkörö Daman zu einem Beschneidungsfest im Dorf Gydilan eingeladen. Dort wohnte der in ganz Oberguinea berühmte Trommler Mamadou Keïta. Er war zugleich ein großer Féticheur und verfügte über alle möglichen Gris-Gris, um die Leute – vor allem auch andere Trommler – in Angst und Schrecken zu versetzen. Seine Trommelkunst hatte etwas Magisches. Er lud mich gleich nach der Ankunft in sein Rundhaus ein und zeigte mir seine unzähligen Zaubermittel – er hatte von meinen Fähigkeiten gehört und wollte mich einschüchtern. Das gelang ihm aber nicht, denn ich hatte genug Vertrauen in meine Kunst und fürchtete niemanden. Nachdem wir am Feuer unsere Trommeln aufgeheizt hatten, hörte ich ihn seine Zaubersprüche murmeln – sie galten mir und einer ganzen Reihe anderer Trommler, die auf ihren Auftritt warteten. Dann trank er eine ganze Flasche Rotwein. Er spielte die ganze Nacht ununterbrochen – seine endlosen Soli ließen niemandem eine Chance auf einen eigenen Einsatz. Ich begriff: Er wollte mich einfach daran hindern, meine Soli zu spielen, aus Angst, ich könnte ihn übertreffen. Was sollte ich machen? Ich ließ ihn einfach spielen.

Ein angeblicher Eifersuchtskonflikt zwischen Mamady Keïta und mir

1977 fand das große Weltfestival für Schwarze Kunst in Lagos statt. Aus den beiden großen Ensembles (Ballets Africains und Ballet National Djoliba) wählte man die besten Musiker und Tänzer für einen gemeinsamen Auftritt aus. Als die Proben begannen, bekam ich furchtbare Gallenbeschwerden und konnte kaum spielen. Mamady Keïta sagte: Mein Bruder, ruh Dich aus und mach Dir keine Sorgen, ich übernehme deinen Part und probe für dich mit. Das war sehr großzügig von ihm. Ich war ihm dankbar und gab ihm sogar meine Djembe. Nach ein paar Tagen gab es ein kleines Problem. Bei den abendlichen Nachbesprechungen lobten alle Mamady für seine Leistung. Von mir war natürlich nicht die Rede, ich hatte ja nicht mitgeprobt. Ich hatte tatsächlich das Gefühl, etwas abseits zu stehen. Die anderen aber fingen bald an zu tuscheln, es gäbe einen Konflikt zwischen Mamady und mir. Davon konnte natürlich keine Rede sein. Um dem Geschwätz zu begegnen, beschloss ich eines Morgens wieder einzusteigen, Galle hin oder her. Ich sagte Mamady: Wir spielen jetzt wieder jeder seinen Part, du für Djoliba, ich für die Ballets. Ich finde es immer besser, dem Klatsch durch Taten den Wind aus den Segeln zu nehmen und ihn nicht durch Worte weiter anzuheizen.

Der *djembeföla* und die Frauen

Besonders stark wirkt die Djembe auf die Frauen, deshalb haben so viele Trommler bei ihnen so großen Erfolg!

Wenn der *djembeföla* auf dem Dorfplatz spielt, sind die Mädchen immer dabei. Sie lieben die Musiker, vor allem die Trommler. Ich erinnere mich daran, dass sie – sogar als ich erst zehn Jahre alt war – sofort angelaufen kamen, wenn ich anfing zu trommeln. Bei Festen waren sie aber auch verpflichtet zu kommen, und der Trommler hatte sogar das Recht, ihnen fünf Schläge mit dem kleinen Peitschchen zu versetzen, wenn sie zu spät kamen. Ich erließ ihnen die Strafe – sie mussten sich nur entschuldigen: Famoudou, ich konnte nicht eher kommen, ich musste meiner Mutter noch beim Abwasch helfen! Dann hatte ich sofort Mitleid.

Sprichwörtlich ist die erotische Spannung zwischen *djembeföla* und Tänzerin. In der Nacht vor der Beschneidung der Jungen, beim *solibasi*-Fest, tanzt man fast ununterbrochen auf dem Dorfplatz. Das Tanzfest beginnt um 21 Uhr und endet um acht Uhr morgens. Für die Trommler ist das extrem anstrengend, immer wieder lässt die Energie nach, und am Morgen ist man halbtot vom Trommeln. Zwischendurch erlebt man Momente höchster erotischer Stimulation. Der Tänzerin fährt die Energie der Trommelrhythmen in die Glieder, ihr ganzer Körper kommt in ekstatische Bewegung, der Anblick ihres wirbelnden Hinterteils wiederum erregt den *djembeföla*, der ihr ja direkt gegenübersteht. Nun sendet er ihr eine musikalische Botschaft: einen Rhythmus, der die Worte *diou ba, diou ba, moso diou ba (= Frau mit dickem Hintern)* nachahmt, was sie sofort versteht. Unter dem Vorwand, dass die Djembe aufgeheizt werden muss, macht er eine Pause, und die beiden ziehen sich für eine Weile ins Gebüsch zurück. Währenddessen übernehmen die anderen Trommler. Auf diese Situation bezieht sich das Lied, gsungen zum Rhythmus *bala kulandyan*:

Tununna moso juba tununna,
Jene k'a wö diya lön ;
Tununna solisi moso juba tununna,
Jene k'a wö diya lön ?

Sie ist verschwunden, die Frau mit dem großen Hinterteil,
wer weiß, wohin sie gegangen ist?
Sie ist verschwunden, die *soli*-Tänzerin mit dem großen Hinterteil, wer weiß, wo sie geblieben ist?

Die *solibasi*-Nacht ist lang, und es tut sich viel auf amourösem Gebiet.

Trommeltricks, um Widersacher zu bestrafen und den Widerstand der Angebeteten zu brechen

Wenn man früher tanzen wollte, war man auf die Trommler angewiesen – es gab keine andere Musik bei den Dorffesten.

Hatte der *djembeföla* mit jemandem aus dem Dorf einen Konflikt, so konnte er sich an ihm oder ihr leicht rächen. Angenommen, ein Mädchen wies ihn als Liebhaber zurück oder er lag im Streit mit einem anderen Mann. Er verfügte dann über ein bequemes Mittel, diese Personen zu demütigen: Sobald sie zum Solotanz ansetzten, hörte er einfach auf zu trommeln, und sie standen vor der Dorfgemeinschaft dumm da. Ein wenig war das, als ob man jemanden abwürgte.

Wen das traf, die oder der ging sofort nach Haus, um ein Hühnchen zuzubereiten. Das bekam der Griot, zusammen mit zehn Kolanüssen, damit er den *djembeföla* stellvertretend um Entschuldigung bat. Bei einem Mädchen reichte es auch, den Wünschen des *djembeföla* nachzugeben, und das Problem war erledigt.

Als ich klein war, haben die damaligen Dorftrommler das oft so gemacht.

Einmal wollte auch ich diese Methode anwenden, aber es blieb bei der Planung. Ich bemühte mich vergeblich um die Gunst eines Mädchens namens Koulako Keïta aus dem Viertel Lanceyaro. Ich unternahm alles, um sie zu gewinnen, damit sie die Nacht mit mir verbrachte. Bei jedem Fest wartete ich darauf, dass sie erschien. Ich wollte sie dann vorführen, so wie die Alten das immer machten. Aber sie kam nicht. Sie war ein besonderes Mädchen. Sie hatte keine Lust zu tanzen und wollte nicht einmal zuschauen. Da es mit dem Tanz nicht klappte, nahm ich ihr das Taschentuch weg (eine andere beliebte Methode des Anbandelns). Nichts funktionierte. Schließlich heiratete sie und zog mit ihrem Mann davon, ohne dass sich meine Wünsche erfüllt hatten.

Erinnerungen an eindrucksvolle Kollegen

Bakarenèn Tintan Keïta war ein djembeföla, der sein Leben lang nicht heiratete, weil er sein Instrument so sehr liebte, dass für eine Ehefrau keine Gefühle übriggeblieben wären. Keine Dorfbewohnerin konnte mit seiner Djembe mithalten, die er über die Maßen bewunderte.

Mit ihm verbinden sich viele schöne Erinnerungen. Wir spielten zusammen auf vielen Festen in Kouroussa und Umgebung. Normalerweise rivalisieren die Trommler miteinander, wenn sie gemeinsam auftreten. Sein Verhältnis zu mir aber war frei von Eifersucht und Konkurrenzgefühlen. Er war älter als ich und lebte ausschließlich von seinem Djembe-Spiel. Er hatte seine Familie früh verlassen, um sich ausschließlich der Djembe zu widmen, denn er hatte keine Lust, mit seinen Verwandten auf dem Feld zu arbeiten. Obwohl er also »nur« ein *djembeföla* war, liebten ihn alle Mädchen in den Städten und Dörfern unserer Region und freuten sich, wenn sie ihn bei einem Fest wiedersahen. So fiel es ihm nicht schwer, Freundinnen zu finden. Er war ein hervorragender Trommler. Seine Spezialität waren die Roulements, für die ihn alle bewunderten. Er trat meist zusammen mit einem *sangban*-Spieler auf, der nach seinem Heimatort Banko genannt wurde. Auch er lebte nur für die Musik. Beide starben im gleichen Jahr, 1956. Möge die Erde ihnen leicht werden, amen.

In Hamana gab es schon damals nicht nur hauptberufliche *djembefölas*, sondern auch Spezialisten für die Basstrommeln *sangban* und *dundunba*. Einige von ihnen habe ich in sehr guter Erinnerung, unter anderen:

die *sangban*-Spieler Nunkuman Baro, Diarra Daman und Mamady Bankan,

den *dundunba*-Spieler N'fa Lancinet Daman,

N'fa Mory Daman, der wie ich zugleich Djembe- und *sangban*-Spezialist war. Er war ein sehr guter Freund von mir, wir waren gleichaltrig. Leider starb er viel zu früh bei einem Verkehrsunfall auf dem Weg nach Conakry – in einem Minibus vom Typ Toyota Hiace (der auch *magbana* hieß). Dieses Auto hat Hunderte von Guineern das Leben gekostet.

Mögen die Seelen der großen afrikanischen Trommler in Frieden ruhen.

Für einige bekannte und mit mir befreundete Djembespieler, mit denen ich oft aufgetreten bin, habe ich den Rhythmus und das Lied *bèè ni danya* (= jeder Mensch ist eine besondere Schöpfung) komponiert, und zwar inspiriert vom Gesang der *bidimafin*, der guineischen Waldtaube. Gewidmet habe ich das Lied Soungalo Coulibaly, der 2004 gestorben ist.

Ah Famoudou (Mamady, Faduba, Soungalo, Bruno), I bolo bila Djembe dò! Bèè ni danya!*
Famoudou Konaté I bolo bila Djembe dò! Bèè ni danya!

*(*Mamady Keïta, Fadouba Oulare, Soungalo Coulibaly, Bruno aus Italien)*

Ah Famoudou (etc.), tauche deine Hände in die Djembe! Jeder Mensch ist eine besondere Schöpfung!
Famoudou Konaté (etc.), tauche deine Hände in die Djembe! Jeder Mensch ist eine besondere Schöpfung!

Alleskönner und Spezialisten

Ein guter Künstler muss in seiner Kunst und in seiner Kultur gut Bescheid wissen. Manchen hilft dabei eine besondere Begabung. Es gab einen früh verstorbenen Kollegen namens Sékou Camara. Man nannte ihn *tanaka* (die Kobra). Er trat zusammen mit Mamady Keïta ins Ballet National Djoliba ein, sie waren gute Freunde. Auch ich mochte ihn sehr. Er beherrschte nicht nur die Djembe, sondern auch die anderen Malinké-Instrumente, und er konnte auch sehr gut singen. Solche vielseitigen Menschen nennt man auf Malinké *nankama*. Sie lernen alles wie im Flug. Das ist eine besondere Gabe der Natur. Sékou Kobra war wirklich ein sehr vielseitiger Künstler. Er starb sehr früh. Der Tod ist unvermeidlich, aber ich hätte den allmächtigen Gott gebeten, ihn noch ein wenig leben zu lassen. Seine Musik war zu schön.

Ich selbst habe mich immer bemüht, so vielseitig wie ein *nankama* zu sein. Ein hoher Anspruch. Ob ich damit erfolgreich war, müssen andere beurteilen. Ich kann nicht sehr gut singen. Aber ich spiele eine ganze Reihe von Malinké-Instrumenten und habe damit auch CD-Aufnahmen gemacht (eine Übersicht findet sich im Kapitel über die Musikinstrumente). Sehr gern spiele ich auf manchen Instrumenten aus anderen Kulturen: Gitarre und Conga, und ich liebe auch sehr die Kalimba aus dem östlichen Afrika. Die Conga lernte ich 1978 auf Kuba kennen, gespielt vom wunderbaren Quartett *Los Papines*, wir haben sofort miteinander musiziert. Ich habe nie Conga-Unterricht genommen, mich aber von vielen Aufnahmen inspirieren lassen.

Ich experimentiere oft mit dem Klang der Instrumente. In meinen Aufnahmen kann man das hören. Bei Trommeln hängt der Klang sehr von der Art des Fells ab. Einige Djemben habe ich mit Kalbs- und Antilopenfellen bezogen – die Soli klingen besonders gut darauf, ganz anders als auf den üblichen Ziegenfellen. Auch die *sangban* klingt mit solchen Fellen interessant, zwei oder drei habe ich immer in der Nähe, ebenso wie ein paar Congas und einen Nachbau der Boucarabou-Trommel, die bei den Djola in Gambia und im Senegal gespielt wird.

Es wäre nun aber falsch, nur die Vielseitigen in der Musik gelten zu lassen. Es gibt auch den ganz anderen Typ: den Spezialisten, der mit seinem Instrument verschmilzt. Ein Beispiel: Der *dundunba*-Spieler Lancine Daman, ein Freund meines älteren Bruders Kékoro Konaté. Er heiratete nie, man sagte, die *dundunba* ersetze ihm Frau und Kinder gleichzeitig. Nie spielte er *sangban* oder Djembe. Aber die Fülle und Vielfalt der Klänge, die er seiner *dundunba* entlockte, war für mich wie ein Traum. Obwohl ich damals ein Kind war, habe ich diese Klänge noch im Ohr. Er spielte bis ins hohe Alter, auch noch, als er nach einem Schlaganfall halb gelähmt und stark gehbehindert war. Er war ein Charismatiker. Nach allen Festen, bei denen er gespielt hatte, begleitete man ihn ehrenvoll nach Haus. Dort baten ihn die Mädchen, noch einmal auf seiner *dundunba* zu spielen und dazu zu singen. Dann sang er:

Sunkudunnu, jamanakè sunkudunnu,
bèè ye wa i kè bara dö.

Ihr Mädchen eurer Generation, jede von euch soll ihren Mann finden!

Die Mädchen antworteten mit Gesang, und zwischen ihnen entspann sich ein Gespräch, das alle im Gedächtnis behielten.

Der Nachwuchs

Ich sollte aber auch darüber sprechen, wie der afrikanische Nachwuchs die Traditionen aufnimmt und weiterentwickelt – meine eigenen Kinder, aber auch die jüngeren Musiker und Tänzer in meiner Region.

Ich sage immer: Die Hamana-Kultur ist gefährdet, durch das moderne Leben, die moderne Musik und die allmähliche Zerstörung der Lebensgrundlagen. In der Region gibt es Goldminen – sie schaden der Landwirtschaft und es wird immer schwieriger, die Bevölkerung zu ernähren. Die Gewinne kommen nicht den Menschen zugute, sondern internationalen Konzernen. Durch das Eindringen der westlichen Lebensformen weiß man manchmal nicht mehr, wer man ist: kein Weißer, aber eigentlich auch kein Afrikaner mehr.

Viele Trommler sind in die Stadt abgewandert, weil sie dort mehr verdienen und eher die Möglichkeit zum Absprung in die westlichen Länder sehen, wo sie sich ein besseres Leben erhoffen – in Deutschland, Frankreich, Amerika, Japan und anderswo. Vielen gelingt der große Sprung, denn das Interesse an unserer Musik ist weltweit groß. Das ist wunderbar. Aber die lokale Kultur leidet darunter. Und viele der weltreisenden *djembeföla*, die meist gar nicht mehr ihre Dörfer besuchen, verlieren den Kontakt zu ihren kulturellen Wurzeln. Sie unterrichten Rhythmen und Trommeltechniken – aber können sie ihren Schülern noch den kulturellen Hintergrund ihrer Musik erklären?

Meine Kinder, Töchter und Söhne, sind nicht im Dorf groß geworden wie ich, sondern in meinem Haus in der Hauptstadt Conakry. Sie sind dort in die Djembe-Musik, die Lieder und Tänze meiner Kultur von klein auf hineingewachsen. Einige von ihnen geben heute selbst Unterricht, in Guinea und weltweit.

Das dörfliche Leben ist bei ihnen aber nicht in Vergessenheit geraten, dafür habe ich gesorgt. Regelmäßig sind sie mit mir zu längeren Aufenthalten in mein Heimatdorf Sangbaralla gefahren und haben viel vom kulturellen Hintergrund der Musik kennen gelernt. Ich habe das große Glück, dass sie mir in der Musik und allem, was damit zusammenhängt, nacheiferten. Meine Verwandtschaft im Dorf hatte das Djembe-Spiel lange aufgegeben. Das Interesse der ausländischen Djembe-Freunde und das Beispiel meiner Söhne haben inzwischen die musikalische Tradition im Dorf wiederbelebt. Trotzdem muss man sich fragen: Kann sie auf die Dauer überleben? Denn auch eine Reihe meiner Kinder haben ihren Lebensmittelpunkt inzwischen woanders.

Hier ein Überblick über die Kinder aus meiner Familie, die gute Musiker geworden sind:

Meine eigenen Kinder:

- Billy Nankouma Konaté (Deutschland)
- Diarra Konaté (Deutschland)
- Fodé Konaté (Deutschland)
- Ibrahima (Ibro) Konaté (Deutschland)
- 2 Adoptivkinder (*susu*), mit meinen Kindern zusammen groß geworden, große *djembefölas*

Kinder meiner Brüder:

- Kaba Konaté (Landarbeiter im Dorf)
- Kèkoro Konaté (Landarbeiter im Dorf)
- Mamady Konaté (Japan)
- Mohamed Konaté (*sangban*-Spieler und Chauffeur, Conakry)

Kinder meiner Schwestern:

- Namory Keïta (USA)
- Nansady Keïta (England)
- Solo Keïta (Japan, verheiratet)

Außerdem gab es immer wieder begabte junge Musiker aus den Nachbardörfern in der Region Kouroussa, die meisten am Fluss Djoliba gelegen, die ich unterrichtete und die über die Jahre den Kontakt zu mir gehalten haben. Sie sind alle gute Dorftrommler geworden:

- Mamady Kourouma, genannt Wadaba (= Löwe)
- und Sayon Camara, beide aus Sankaran, beide waren wie meine Söhne
- Sékou Condé aus Sènènkoro
- Mamady (Mbandi) Koroma aus Babila
- Noundiara Koroma aus Koumana
- Nansady Koroma aus Babila
- Iya Sakoh aus Siguiri (England)
- Sidafa Koita aus Babila (*dundunba*-Spezialist, Kanada)
- Mamadou Camara, genannt Mansa Camio, aus Baro

- Condé Lanciné (Tänzer, Kanada)

Ich wünsche ihnen allen, dass sie die Malinké-Kultur erfolgreich weiterführen!

Aber wo bleiben die Trommlerinnen?

Man sagt, Frauen sollten die Finger von der Djembe lassen. Warum?

Erster Grund (so sagen es die Männer): Sie könnten sich aus Versehen auf die Djembe setzen, und das könnte ihnen Unglück bringen. Die Alten sagten: Wenn ein Mädchen sich auf eine Djembe setzt, wird sie das Geschirr zerbrechen, wenn sie das nächste Mal zum Spülen an den Fluss geht. Sie wird sich damit den Zorn ihrer Mutter zuziehen.

Zweiter Grund (so denken es die Männer, sagen es aber nicht laut): Sie möchten nicht, dass die Frauen sich in ihre Angelegenheiten mischen und dabei ihre Geheimnisse kennenlernen, denn sie würden sonst auch in allen anderen täglichen Angelegenheiten das Heft in die Hand nehmen.

Die Männer fürchten die Intelligenz und die Fähigkeiten der Frauen. Immerhin sind sie es, die die Musik erfunden haben – mit Fingerschnipsen, Händeklatschen und dem Rhythmus der Stößel in ihren Mörsern. Alle ihre Körperbewegungen sind auf eine besondere Art rhythmisch, und alle ihre Aktivitäten sind mit Musik verbunden.

Ich finde, sie sollten auch die Djembe spielen – wir Männer könnten dabei sogar von ihnen lernen. Sie leben ja schon in der Musik, aber man hemmt sie in ihrer Kreativität und lässt sie zu viel arbeiten, und sie lassen sich das gefallen, weil sie in der schwächeren Position sind. Man bürdet ihnen und den Kindern zu viel auf. Und bestimmte Dinge lernen sie deshalb nicht kennen. Das liegt in der Tradition, und die ist bekanntlich mächtig.

Ich halte viel von unseren kulturellen Traditionen. Viele davon verdienen Respekt. Andere sollte man schnellstens vergessen und verbieten, um den individuellen und gesellschaftlichen Fortschritt nicht zu behindern.

Ein paar ernste Ratschläge an junge Djembe-Spieler

Stellt Fragen

Nach den kulturellen Hintergründen unserer Musik fragen mich in meinen Workshops nicht die Afrikaner, sondern nur die Weißen – weil sie sich viel mehr für die afrikanische Kultur, und besonders die guineische, interessieren als meine Landsleute. Die sollten sich ein Beispiel nehmen, denn sonst verlieren sie den Kontakt zu ihrer eigenen Kultur. Die westlichen Länder haben ihre großen Bibliotheken, in de-

Meine Tochter Diaka 1995

Meine Töchter beim Üben

nen ihr enormes Wissen aufbewahrt ist. Afrika hat an ihrer Stelle die alten Menschen, die man fragen kann, besonders, wenn sie Experten sind wie Mamady Keïta und ich.

Mamady Keïta und – in aller Bescheidenheit – auch ich sind große *djembefölas*, an denen niemand vorbeikommt. Es gibt aber junge Kollegen, die uns den lieben langen Tag kritisieren. Natürlich ist die Djembe auf der ganzen Welt erfolgreich, und es gibt überall viele talentierte junge Trommler. Sie sollten aber nie vergessen, dass wir ihre großen Meister sind, die die Djembe weltweit erst zum Erfolg geführt haben. Ich nenne als Beispiel den Film »Djembefola« von Mamady Keïta. Er hat zu dieser Blüte entscheidend beigetragen. Auch ich habe mich bemüht, die Vielfalt unserer Instrumente in vielen Ländern bekannt zu machen.

Den Weißen ist zu danken, dass sie unsere Musik mit so viel Begeisterung angenommen haben, und dass sie sich so sehr darum bemühen, die Musik besser zu verstehen, indem sie nach der Kultur fragen, aus der sie kommt.

Viele der jungen *djembeföla* glauben, dass sie die lange und reiche Geschichte der Djembe kennen, aber sie verfügen nur über einen kleinen Ausschnitt dieses Wissens. Sie sollten ehrlicher und sorgfältiger damit umgehen und sich um den kulturellen Hintergrund ihrer Musik bemühen. Und dieses Wissen in ihre Musik und in ihren Unterricht einfließen lassen. Ein Malinké-Sprichwort sagt: *N'kussan ani n'ka agnalon kelente* (es gibt einen Unterschied zwischen kennen und können).

Natürlich haben sie Recht, wenn sie sagen, wir seien nicht ihre Lehrer. Aber ein Alter genießt bei uns hohen Respekt, besonders wenn er das gleiche Metier ausübt wie die Jüngeren. Und mit Hilfe von uns Älteren könnten sie den Blick in die Geschichte ihrer Kultur zurückgewinnen.

In einem Video sagt Mamady: »Wenn die jungen Leute uns auch nicht dankbar sind, so sollten sie uns wenigstens nicht herabsetzen und uns in Ruhe unsere Arbeit machen lassen«.

Spannt eure Trommeln nicht zu hoch

Zur Qualität der Djembe gehört ihr Klang. Deshalb bestehe ich immer wieder darauf, dass die Djembe *normal* klingt, und das bedeutet: nicht zu hoch und nicht zu tief. Erst dann gibt es eine Harmonie zwischen den verschiedenen Instrumenten. Leider sind die Europäer inzwischen angesteckt von gewissen jungen afrikanischen Trommlern, die ihre Djembe so hoch spannen, bis es nicht mehr geht. Meine eigenen alten Lehrer haben das nie gemacht. Natürlich war die Bauweise der Djembe damals auch noch ganz anders, und man konnte das Fell gar nicht so hart spannen. Diese alten Klänge habe ich immer noch im Ohr. Eine zu hoch gestimmte Djembe ist schwer zu spielen. Es ist also nicht nötig, sie so hoch zu ziehen.

Also, liebe Freunde, spannt Eure Djembe nicht zu hoch, sonst verderbt Ihr die Melodie. Danke für das Befolgen meines Rats.

Spielt langsam. Und nicht so laut

Manche spielen die Djembe heute so schnell und so laut, dass ich das nur verrückt nennen kann. Wenn sie zusammen spielen, glaubt man, sie sind im Krieg. Wenn man in ihrer Nähe ist, muss man sich etwas in die Ohren stecken, damit das Gehör nicht beschädigt wird. Man kann solche Spieler mit einem schlechten Fahrer vergleichen, der mit seinem Auto durch die Stadt rast. Manchmal liegt das auch an den angespannten Nerven. Sobald man das Publikum vor sich hat, verliert man die Kontrolle.

Diese Unsitten gehen letztlich auf die Ballets Africains zurück. In meinen 26 Jahren dort habe ich mich nie daran gewöhnen können, was aus den traditionellen Rhythmen gemacht wurde. Sie wurden viel zu schnell gespielt, so dass man kaum danach tanzen konnte. Der große Tänzer Mamady Kourouma beispielsweise, der gewohnt war, im traditionellen, ruhigeren Stil zu tanzen, war gezwungen, sich dem neuen Tempo anzupassen. Eigentlich hätten die Choreographen bei Einführung eines neuen Rhythmus die Künstler aus der Herkunftsregion um Rat fragen müssen. Aber nein, sie unterwarfen sofort alles gleichermaßen ihrem Stil. Sie wären auch gar nicht fähig gewesen, solche Vorgaben zu berücksichtigen.

Auch ich musste mich anpassen und viel üben. Ich hatte zwar viel Mühe damit, meinen Stil zu verändern, aber schließlich ist mir das gelungen. Ich kann sogar sagen, dass ich Glück hatte, denn damit überrundete ich die anderen Trommler, die nur die Susu-Rhythmen aus Niederguinea kannten. Am Ende habe ich auch ihre Rhythmen gelernt.

Die Art und Weise, wie die Ballets die traditionelle Musik zurichteten, wurde mit der Zeit maßgebend für die jungen Trommler, Tänzerinnen und Tänzer in Conakry, und nicht die originale, traditionelle Musik, die in den Regionen des Landes ja immer noch lebendig war. Sie gingen kaum je dorthin, um sie zu studieren. Das Publikum war zufrieden, wenn es eine leidenschaftliche und schöne Show auf der Bühne geboten bekam. Wenn man genau hinschaut, wird man bemerken, dass die Jugendlichen alle auf dieselbe Art und Weise tanzen. Es ist ein Einheitsstil – und der wird dann auch den Weißen angeboten, wenn sie Unterricht nehmen.

Bedenkt: Zum Musizieren braucht man einen gelassenen und ausgeruhten Geist

Das gilt für die Musik auf der ganzen Welt. Ein Djembe-Meister muss es verstehen, seine Djembe zum Publikum sprechen zu lassen, so als ob Individuen miteinander kommunizieren. Das geht nur, wenn die Djembe nicht zu hastig gespielt wird, wenn sie nicht zu hoch und zu aggressiv klingt, und wenn sie mit der Melodie der Basstrommeln harmoniert. Jene jungen Trommler wissen genau, dass sie nicht auf der Höhe der Kunst sind, aber sie geben das nicht zu, weil es ihnen nur darum geht, möglichst viel Geld zu verdienen. Das Geld verdirbt alles, sogar die Kultur und die Traditionen. Nichts ist ewig, deshalb habe ich es mir zur Aufgabe gemacht, gute Anweisungen zu hinterlassen, damit die Schüler solche Irrwege erkennen.

Manchmal führen die weißen Schüler mir vor, was sie schon gelernt haben, und fragen mich, ob es richtig ist. Ich sage dann oft ja, obwohl es falsch ist. Ich möchte sie nicht verwirren und in ihrem Lernfortschritt behindern. Ich bin den jungen Lehrern nicht böse, aber ich verlange von ihnen, dass sie sich ernsthaft um die Malinké-Rhythmen bemühen und nicht irgendetwas Beliebiges anbieten. Die jungen Weißen können meist nicht beurteilen, ob der Lehrer seriös ist oder nicht, sie trommeln ihm alles nach, mangels Alternativen, ohne die tiefere Bedeutung der Musik zu kennen. Natürlich haben sie immer auch die Absicht, etwas für Afrika zu tun, wenn sie zu uns kommen. Das nützt uns sehr. Leider wenden sie sich manchmal nicht an die Richtigen.

Lernt eure Kultur kennen

Lieder und ihre Rhythmen sind für die Menschen in Hamana sehr wichtig – sie drücken das aus, was das Sprichwort *Gyönen kani yèrè fa suu témönèbö* auf den Begriff bringt: Der Mensch begegnet in seinem Leben vielen Problemen.

Ein guter Djembe-Meister ist vor allem jemand, der darüber Bescheid weiß, der seine Kultur aus eigener Erfahrung sehr gut kennt, der nicht nur trommeln, sondern auch tanzen und singen kann. Wenn man diese Hintergründe kennenlernen will, muss man sich einen guten Lehrer suchen, der einem hilft, die Rhythmen und ihre Hintergründe zu verstehen.

Aber es gibt eben auch Djembe-Lehrer, die nie im Dorf waren, die die kulturellen Normen und die Regeln des Spiels nicht kennen. Das sind dann diejenigen, die ihre Djembe viel zu hoch spannen und viel zu schnell spielen und damit die Melodie der Djembe nicht nur, sondern auch der Basstrommeln vollständig verderben. Solche Djemben sind in meinen Konzerten und Workshops nicht zugelassen. Wenn die Musik gelingen soll, muss der Klang der Djembe den Rufen der Basstrommeln antworten. Sonst hört man das, was wir in der Sprache »bla bla bla« nennen.

Vielen dieser Lehrer ist es gleichgültig, was die Rhythmen eigentlich bedeuten, und dass sie auf eine ganz bestimmte Art und Weise, in einer bestimmten Ordnung der verschiedenen Trommelparts und der improvisierten Soli gespielt werden müssen. Wenn die jungen Lehrer in ihrer Weise manche alten Rhythmen den Menschen in den Dörfern vorspielen würden, jagte man sie davon. Sie spielen zum Beispiel einen Rhythmus, und bevor er richtig beendet ist, kommt schon der nächste. Die weißen Musiker, die sich um die afrikanische Musik bemühen, wollen sie aus ihren sozialen Zusammenhängen heraus verstehen, und so wie sie dort erklingt. Wenn man ihnen etwas Falsches vorführt, betrügt man sie um diese guten Absichten. Man darf nicht unterschätzen, wie wichtig ihr Interesse für unsere Musik für ihre Pflege und Erhaltung ist.

Geht sorgfältig mit den Rhythmen um

Auch die Rhythmen haben ihre Ordnung, die man gut kennen muss, wenn man nicht alles durcheinanderbringen will. Sie haben immer drei Abschnitte, die aufeinander bezogen sind: Eine Einleitung, den eigentlichen Rhythmus, und einen Schluss. Eine gute Einleitung und ein guter rhythmischer Verlauf genügen nicht. Wenn der Schluss nicht gut ist, kann er das Vorangegangene entwerten, der Rhythmus wäre um eine entscheidende Partie amputiert. Der *dunungbè* zum Beispiel verzeiht es nicht, wenn man sein Ende verdirbt – wer das tut, bringt das System der Rhythmen durcheinander. Es gibt 30 Varianten des *dunun*, und jede hat eine andere Einleitung und einen anderen Schluss. Das lernt man nur an der Quelle. Deshalb ermutige ich meine Kinder nicht nur, häufig ins Dorf zu reisen, sondern ich lege auch großen Wert auf eine musikalische Ausbildung, die den Besonderheiten von Hamana entspricht. Viele junge Künstler in Afrika machen einen Bogen um die Dörfer und orientieren sich an CD-Aufnahmen. Aber das genügt nicht.

Deshalb kämpfe ich, solange ich lebe, immer dafür, dass es Ordnung in unserer Musik gibt. Dabei helfen mir die europäischen, amerikanischen und asiatischen Freunde. Bei aller Enttäuschung über unsere jungen afrikanischen Künstler empfinde ich Stolz und eine gewisse Gelassenheit angesichts der Tatsache, dass unsere Musik die Grenzen und Meere überwindet und weiterlebt, sich weiterentwickelt und dokumentiert wird. Vielleicht wird es einmal so kommen, dass unsere Kinder und Enkelkinder dieselben Grenzen und Meere überqueren, um unsere traditionelle Musik zu studieren! Deshalb kann ich nur allen Workshopteilnehmern und Studenten danken, die aus aller Welt kommen, uns finanziell unterstützen und uns den Respekt entgegenbringen, der für die Weisen in Afrika selbstverständlich ist. Wir werden uns ihnen öffnen und ihnen ohne Bedauern unsere Kunst übereignen. In unserer hochtechnisierten Welt, in der Afrika immer hinterherhinkt, kann so die Kunst zu einem Element werden, das Afrika bestätigt und fördert. Es wird oft gesagt, dass die Musik in das afrikanische Leben verwoben ist. Aber die Musik ist dabei eine abhängige, traditionelle Größe – sie kann Afrika nicht entwickeln. Sie kann auch sich selbst nur dann weiterentwickeln, wenn sie sich auf die wissenschaftlichen Möglichkeiten einlässt, die aus den abendländischen Kulturen kommen. Durch die Kurse, die ich in allen Erdteilen gebe, hoffe ich zu einem wechselseitigen Erfahrungsaustausch beizutragen. Mein Leben umspannt meine Jugend als abhängiger *djembefòla* bis hin zu meiner Arbeit als professioneller, selbständiger Kursleiter. Ich glaube, das ist auch in Afrika der richtige Weg, um unsere Musik zu erhalten, zu verbessern und weiterzuentwickeln, um sie weltweit noch glaubwürdiger zu machen.

TEIL 4: ERFAHRUNGEN UND GEDANKEN

Tradition, Notation, Lernen, Unterrichten …

Wer hat unsere Musik erfunden?

Ich frage mich oft: Wer waren die Schöpfer unserer Musik? Wir wissen es nicht – es sei denn, sie stammt aus unserer eigenen Lebensspanne. Unsere Musik ist dicht gewoben, reich an großartigen Melodien, an immer neuen Varianten und Arrangements voller Leidenschaft. Aber unsere Vorfahren hinterließen in ihr keine persönlichen Spuren. Wenn es uns nicht gelingt, tiefer in die Geschichte unserer Musik einzudringen, werden wir weiter im Dunkeln tappen, wem wir sie zu verdanken haben.

Das Aufbewahren afrikanischer Musik

Früher gab es keine Möglichkeit, die Musik Afrikas aufzubewahren. Es hing ganz von der Intelligenz der Musiker ab, wie sie sich die Melodien, Töne und Rhythmen einprägten. Heute kann man die Musik, bis hin zu den Tanzbewegungen, festhalten – denn man kann sie notieren und elektronisch aufzeichnen. Musik und Bild warten abrufbereit, bis man Lust hat, sie anzuhören und zu -sehen. Wir Künstler erleben dabei Momente großer Genugtuung. Denn wir wissen: Wenn wir nicht mehr sind, leben unsere Werke für die künftigen Generationen weiter. Viele große Trommler, die ich kannte und deren Musik ich noch im Ohr habe, sind gestorben, bevor es diese Aufzeichnungsmöglichkeiten für sie gab. Ich denke an

- Kékoroni Konaté (aus Kouroussa Sangbaralla)
- Nankoni Barra (aus Kouroussa Sangbaralla)
- Alamako Daman (aus Kouroussa Sangbaralla)
- Mamadou Keïta (aus Kouroussa Centre)
- N'fa Soumana Keïta (aus Kouroussa Centre)
- Bakary Keïta (aus Kouroussa Centre)
- Dougoufana Keïta (Ballets Africains, aus Siguiri)
- Bakary Keïta (aus Kouroussa Djonkola)
- Mamady Keïta (aus Kouroussa Samani)

Sie alle hatten nie die wunderbare Möglichkeit, sich hinzusetzen und die eigenen Djembeklänge anzuhören und zu genießen. Sie haben diese Klänge mit ins Grab genommen. Heute erinnert man sich nicht mehr an sie. Wer sie, wie ich, noch hören durfte, der weiß, was sie geleistet haben – und dass Kouroussa die Wiege der großen guineischen Trommler ist.

Arbeiten ohne Arbeitsplan

Es ist interessant zu beobachten, wie Afrikaner arbeiten: ohne sich vorher einen Arbeitsplan zu machen, in den sie dann bei jedem Schritt hineinschauen. Das funktioniert sehr gut. Ich nenne das die »afrikanische Methode«. Ein Beispiel dafür sind die Musiker und Tänzer. Sie komponieren oder choreographieren ohne schriftliche Vorbereitung. Statt vor Beginn der Arbeit einen Plan oder ein Szenario zu schreiben, arbeiten sie spontan und aus dem Moment heraus. Das bedeutet aber nicht, dass sie alles schnell wieder vergessen! Auch die künstlerischen Direktoren der Ballets Africains arbeiteten so: Sie entwickelten alles direkt auf der Tanzfläche. Die Ballets waren damit weltweit erfolgreich. Wenn ich an die berühmten Orchester denke, die nach der Unabhängigkeit gegründet wurden (Bembeya Jazz de Beyla, Horoya Bande de Kankan u.a.), so kamen sie alle ohne Noten aus. Aber auch wenn die afrikanische Methode gut funktioniert, sollte man die Methoden der Anderen studieren.

Lernen durch Aufschreiben und Lernen mit Kopf und Körper

In meinen Kursen erlebe ich ständig, dass die Europäer meine Rhythmen und Lieder aufschreiben. Mir kommt das wie Magie vor. Einige können nicht spielen, ohne vorher alles aufzuschreiben, andere müssen beim Spielen sogar ständig aufs Papier schauen. Nach meiner Erfahrung ist das Notenschreiben sehr nützlich, wenn man sich später daran erinnern will, was man mit seinem Lehrer gelernt hat. Aber beim Lernen selbst und beim Musizieren sollten Kopf und Körper ganz frei sein. Wir Afrikaner sind es gewohnt, Kopf und Körper gemeinsam einzusetzen. Am Ende ist alles in unserem Gedächtnis, und wir beherrschen es beim Spielen. Wenn man uns sagt, wir sollten stattdessen Noten benutzen, gibt man uns eine harte Nuss zu knacken.

Natürlich habe ich die vielen Rhythmen und ihre Varianten im Kopf, aber manchmal ist es auch für mich nicht leicht, sie auf Anhieb korrekt und präzise abzurufen, und das Gedächtnis ist manchmal unzuverlässig. Gäbe es Notationen, die die traditionellen Rhythmen korrekt festhielten, so könnte ich sie sofort wohl geordnet in allen Abwandlungen wiederfinden.

Lehrreich war für mich eine Situation im Jahre 2004. Ich war mit meinen Söhnen Diarra und Billy Konaté, Nansady Keïta und Solo Keïta zu Aufnahmen in Deutschland. Beim Rhythmus *bandon dyeli* behaupteten sie plötzlich: Papa, du setzt die Bloquage falsch! Ich hielt ein wenig verärgert dagegen, dass niemand die Tradition und das richtige Spiel seit seiner Kindheit im Dorf besser kannte als ich. Außerdem ist es nicht üblich, dass Kinder ihre Eltern kritisieren, die doch viel mehr Lebenserfahrung haben als sie selbst. Aber sie blieben dabei: Du irrst dich, Papa! Also experimentierten wir mit beiden Versionen. Am Ende musste ich zugeben: Meine Söhne hatten recht.

Ich habe das Notationsproblem oft mit Kollegen diskutiert, die aus der europäischen Tradition kommen, z. B. dem Musiker Johannes Beer, der sich mit der modernen deutschen Musik auskennt, mit dem Musikpädagogik-Professor Thomas Ott aus Berlin und dem Musiklehrer Bernhard Jörg vom Gymnasium Ansbach.

Heute ist unsere Musik, die früher nur das Dorf kannte, weltweit verbreitet und beliebt. Viele, die sie in unseren Workshops kennenlernten, bei mir und meinen Söhnen, bei Mamady Keïta und anderen, haben sie aufgeschrieben und weiterverbreitet – in Büchern, aber auch im Internet. Man kann sie auf der ganzen Welt studieren und erlernen. Dazu braucht man die Notation. Denn wenn man nur Tonaufnahmen oder Videos hat, so ist es fast unmöglich, die komplexe Struktur hörend zu erkennen.

Beide Wege haben also ihre Vorteile. Jede Kultur hat ihre Traditionen und Lerngewohnheiten. Am besten ist es, wenn sie voneinander lernen.

Die Schule ist wichtig, auch für die späteren Künstler

Ich habe immer wieder erfahren, wie wichtig der Schulbesuch für alle Menschen ist. Auch für die Künstler. Die Musiker hätten dann auch weniger Probleme, die Notenschrift zu verstehen, und die Musik wenigstens in ihrem Kopf zu ordnen. Deshalb bedaure ich es sehr, dass ich als Kind nicht zur Schule gegangen bin. In unserem Dorf gab es keine Schule, nur in den größeren Städten. Mein Vater hielt sehr darauf, dass alle in der Landwirtschaft mitarbeiteten. Nur eins von seinen 45 Kindern ging zur Schule. Alle anderen waren für ihn in erster Linie Arbeitskräfte. Bis heute ist dies die Mentalität der meisten Eltern in den Dörfern. Ich war selbst Opfer dieses Denkens, deshalb habe ich frühzeitig beschlossen, meine eigenen Kinder zur Schule zu schicken, damit sie Lesen und Schreiben und alles andere lernen, was sie fürs Leben brauchen. Das afrikanische Drama ist, dass die Kinder die Lebensziele noch gar nicht beurteilen können, die ihre Eltern sich für sie vorstellen – ob das ein Leben mit oder ohne Schulbildung ist. Viele Eltern baden in ihrer Unwissenheit und stellen sich gar nichts vor, sie überlassen es dem Schicksal, was aus ihren Kindern wird. Ich glaube, meine Kinder haben verstanden, was ich mir für sie wünsche.

Lernen und Lehren ohne Pädagogik

Ein Rat an alle, die in Afrika unsere Rhythmen erlernen wollen: Wenn ihr, zum Beispiel in Hamana, zu einem *djembefóla* geht, und sei er noch so gut, erwartet nicht unbedingt eine gute Pädagogik. Fragt ihn nie: Wo ist die Eins? Er weiß es nämlich auch nicht. Ihr müsst selbst herausfinden, wie ein Rhythmus funktioniert – ohne den Meister zu fragen. Wenn ihr das nicht beachtet, werdet ihr nichts verstehen.

Unsere Musik ist nicht intellektuell, aber sehr intelligent und raffiniert gemacht, gleichzeitig lebendig und voller Lebensfreude. Sie bringt den Menschen Glück und Gesundheit, aber man spricht nicht darüber, wie sie gemacht ist. Wenn sich in einem Ensemble ein Musiker irrt und einen Fehler macht, gibt es keine Kritik der Art, dass jemand sagt: Du hast den und den Fehler gemacht! Im täglichen Leben kann sich jeder irren, auch in der Musik. Es gibt große Meister in der Musik – aber nicht im Sinne des Lehrmeisters, der auf Fehler achtet und sie dann mit Worten korrigiert.

Die Musiker spielen einfach, ohne dass ihnen die technischen Details der Musik bewusst sind. So ist ihnen gar nicht klar, dass es den Unterschied der 4-4 und 6-8 Rhythmen gibt. Nur ein Intellektueller ist zu dieser Unterscheidung in der Lage. Auch ein *djembeföla*, der ein Solo spielt, macht sich nicht in jedem Moment klar, was er da gerade spielt.

Ich selbst habe gelernt, die Rhythmen zu analysieren, um sie dann sehr überlegt zu unterrichten, Element für Element. Zu diesem Lehrstil haben mir die jungen Schülerinnen und Schüler aus Europa verholfen, durch ihre Fragen und Vorschläge – wofür ich ihnen sehr dankbar bin. Bevor ich anfing Workshops zu geben, hatte ich davon keine Ahnung. Deshalb kann ich mich gut in einen Dorftrommler hineinversetzen, der plötzlich gebeten wird zu unterrichten.

Eine junge deutsche Frau kommt nach Guinea, um Djembe-Unterricht zu nehmen. Sie geht zu einem jungen *djembeföla* in Conakry. Nach ein paar Tagen beginnen sie mit dem Unterricht. Der junge Afrikaner ist noch unerfahren darin, Fremde zu unterrichten. Er fängt also an, seiner Schülerin etwas vorzuspielen, und hört gar nicht wieder auf, ein Solo nach dem anderen. Irgendwann sagt sie: Stopp! Das kann ich nicht alles behalten. Fang bitte nochmal von vorne an! Aber der junge Lehrer erinnert sich nicht mehr daran, welche Soli er da in welcher Reihenfolge gespielt hat. Und die Schülerin hat nichts gelernt. Wenn das so weiter geht, wird es für sie sehr mühsam.

Deshalb noch mal mein Rat: Erwartet nicht zu viel Pädagogik von den afrikanischen Trommlern, vor allem den jungen. Man kann ein guter Musiker sein. Ein guter Lehrer zu sein ist etwas anderes.

Probleme mit dem Unterrichten der Soli

Als ich 1987 nach Deutschland kam und meine ersten Workshops überhaupt gab, hatte ich große Schwierigkeiten, die Solophrasen der Djembe zu unterrichten. Das hatte einen einfachen Grund. Die Soli waren in meinem Kopf dort nicht in der

Weise geordnet, dass ich sie weitergeben konnte. Mit den Begleitstimmen der Basstrommeln und der zweiten Djembe hatte ich da weniger Probleme. Mit der Zeit gelang es mir immer besser, sie zu systematisieren und entsprechend zu unterrichten. Dabei haben mir die vielen Erfahrungen mit den europäischen Schülerinnen und Schülern und ihren Lernschwierigkeiten geholfen. Deshalb bin ich für diesen Austausch sehr dankbar. Was die Soli angeht, so ist es aber nicht damit getan, sie dem Meister einfach nachzuspielen. Die große Herausforderung ist die selbständige freie Improvisation.

Die Weißen und unsere Musik

Musik kennt weder Farben noch »Rassen«

Musik ist Musik. In meine Workshops kommen Asiaten, Europäer, Nord- und Südamerikaner, nicht zuletzt auch einige Afrikaner (viel zu wenige übrigens). Sie lernen und musizieren problemlos miteinander. Vielleicht finden wir unsere Kultur eines Tages eher außerhalb Afrikas wieder als in unseren Ländern selbst.

Die Melodie in der Musik ist universell

Wenn ich meine Musik unterrichte, lege ich immer großen Wert darauf, dass die Lernenden die Melodie beachten. Daran muss man sehr intensiv und sorgfältig arbeiten. Die Instrumente müssen gut gestimmt sein, damit ihre Tonhöhen zueinander passen. Sie sprechen dann miteinander, genau wie die Malinké im täglichen Leben miteinander sprechen. Die Melodie ist ein wichtiges Element in der Musik aller Länder und Kulturen. Selbst die großen Orchester der Weißen, manchmal mit 200 Musikern, spielen schöne Melodien!

Fragen in den Workshops

Meine Workshopteilnehmerinnen und -teilnehmer stellen viele Fragen. Manche davon kann ich nur sehr schwer beantworten.

Eines Tages fragte ein Schüler: Können Nicht-Afrikaner die Malinkérhythmen überhaupt jemals korrekt spielen? Ich antwortete ihm: Ja – sie nehmen die Musik übers Ohr sehr schnell auf und können sie auch sehr gut nachspielen. Nur mit den Soli haben sie ihre Probleme. Vor allem ist es für sie schwer, die Soli korrekt mit den Stimmen der drei Basstrommeln und der Begleit-Djembe zu synchronisieren, also richtig einzusetzen und wieder aufzuhören. Nach meiner Beobachtung haben sie weit weniger Schwierigkeiten mit anderen afrikanischen Musikstilen, zum Beispiel mit Musik aus Ghana. Die Musik der Malinké ist eben besonders kompliziert.

Die weißen Schülerinnen und Schüler sind sehr wissbegierig, sie analysieren und erforschen alles mit großer Genauigkeit. Probleme,

denen sie begegnen, lassen ihnen keine Ruhe. Sie schreiben alles auf und machen immer wieder Aufnahmen, damit ihnen nur nichts entgeht.

Besonders wichtig beim Hören und Spielen ist die Konzentration auf die rhythmischen Schwerpunkte. Hat man sich einmal darauf eingestellt, kann nicht viel passieren, denn das Metrum bleibt von Anfang bis Ende gleich. Erschwert werden das Erkennen und Festhalten des Metrums durch die »Melodie«, also die Akzente der verschiedenen Begleittrommeln auf unterschiedlichen Tonhöhen. Jedes Instrument hat seinen speziellen Part. Zusammengehalten wird das alles durch die rhythmischen Schwerpunkte.

Es ist kein Problem, wenn man das nicht immer gleich versteht.

Eine andere häufige Frage: Gibt es Unterschiede im Lernen bei den Schülerinnen und Schülern unterschiedlicher Nationalität? Da ich in vielen Ländern unterwegs bin, ist die Frage für mich nicht schwer zu beantworten. Ich glaube, die Italienerinnen und Italiener lernen am leichtesten und schnellsten. Es ist für mich immer sehr anstrengend, in Italien zu unterrichten. Manchmal kommen sie auf vier Rhythmen pro Tag, das ist sehr viel, und ich komme kaum nach. Ich sage ihnen dann: Nehmt Rücksicht auf mich, ich bin nicht mehr der Jüngste!

Die Franzosen sind ebenfalls sehr schnell, auch die Israelis, die mit sehr viel Ehrgeiz und Leidenschaft lernen. Auch die Amerikaner und Kanadier sind sehr intensiv dabei. Traurig finde ich nur, dass so wenige Afroamerikaner in meine Workshops kommen, wenn ich dort bin. Die Musik kennt eigentlich keine Hautfarben und Nationalitäten. Was mir auffällt: In den genannten Ländern scheint sehr viel die Sonne – mag sein, dass sie das Lernen erleichtert. Aber ich arbeite mit allen gern. Die Musik ist die Musik. Sie ist dazu da, unser Leben zu verschönern, sie hilft, unsere Probleme zu vergessen. Rassismus ist ihr fremd.

Studierte Musikerinnen und Musiker aus Europa haben größere Probleme mit unserer Musik als Laien

Bei meinen Workshops in Europa habe ich oft bemerkt, dass sich die studierten Musikerinnen und Musiker von den Teilnehmern ohne musikalische Vorbildung unterscheiden. Die letzteren verstanden die Musik sehr viel schneller und konnten sie auch leichter nachspielen. Im Gegensatz zu ihnen hatten Profis damit oft große Probleme, bis hin zur absoluten Hilflosigkeit. Ich verstehe bis heute nicht, woran das liegt. Ich weiß, dass unsere Djembe-Musik nicht leicht zu verstehen ist. Aber wer ein europäisches Musikstudium hinter sich hat, wer gelernt hat, Musik zu notieren, zu analysieren und aufzuführen, sollten doch eigentlich in der Lage sein, auch unsere Musik zu verstehen und nachzuspielen.

Das europäische Publikum versteht unsere Musik heute viel besser als noch vor 50 Jahren

Auf der ersten Europa-Tournee der Ballets Africains de Guinée Anfang der 1960er Jahre hatten wir alle das Gefühl, dass das Publikum unsere Musik nicht verstand – weder die Rhythmen noch die Tänze. Wir hatten viel Erfolg, und nach den Konzerten wurde begeistert applaudiert – aber man verstand nicht, was es mit der Musik auf sich hatte und was sie für uns bedeutete. Vielleicht lag es auch daran, dass wir alles in rasendem Tempo aufführten, wie es bei den Ballets üblich war, im Gegensatz zu unseren dörflichen Situationen.

Bei meiner Tournee 2002 dagegen war alles ganz anders. Die Menschen, so erlebte ich es, folgten unseren Konzerten mit großem Interesse für alle Details. Ich fand bei meinen Ansprachen immer sofort Kontakt und Resonanz. Das ist nicht verwunderlich, denn die heutige Generation hat gelernt, mit unbekannter Musik aus der ganzen Welt umzugehen und sie zu genießen.

Besonders schöne Erinnerungen habe ich an das Konzert in Toulouse, im Juni 2002. Die Tournee war überall sehr erfolgreich, aber unser Auftritt in Toulouse war unvergleichlich. Nach dem Konzert wollten alle meine Hand schütteln, ich kam mir vor wie der Papst. Vor unserem Auftritt spielte eine französische Gruppe namens Djoliba. Wenn man die Augen zumachte, konnte man kaum glauben, dass es Europäer waren, die hier die Djembe-Musik der Malinké spielten.

Die Kolonisatoren interessierten sich nicht für unsere Kultur

In meiner Jugend, während der Kolonialzeit, habe ich nie erlebt, dass ein Franzose Interesse an unserer Kultur gezeigt oder gar mit uns getanzt und musiziert hätte. Die Franzosen waren nur dort, um das Land auszubeuten und seine Schätze mitzunehmen. Nie ist einer zu unseren Festen gekommen, ich habe auch nie davon gehört.

Der französische Kommandant residierte in Kouroussa. Es gab damals zwei Feste: das Jahresfest der Region Hamana und den 14. Juli, den französischen Nationalfeiertag. Am 14. Juli mussten alle Afrikaner dabei sein. Umgekehrt kam nie ein Franzose zu einem Hamana-Fest. Es gab praktisch keinen persönlich-menschlichen Kontakt zwischen Afrikanern und Franzosen. Die Distanz war unüberwindlich. Was für ein Unterschied zu heute: Menschen aus Europa, Amerika und Asien kommen zu uns, nur aus Interesse an uns als Menschen und an unserer Kultur, ohne die Absicht uns auszubeuten. Sie kommen in unsere Dörfer, essen ohne Angst unser Essen und nehmen gesundheitliche Gefahren in Kauf – und manche erkranken tatsächlich an Malaria. Sie lieben Afrika. Welch ein Unterschied zu den kolonialen Zeiten.

Die Djembe verbindet die Kulturen

Es ist eigentlich unglaublich, was die Djembe und der *lenké*-Baum, aus dem sie gemacht ist, für die Annäherung der Kulturen geleistet haben. Ihre Musik hat Menschen aus allen Weltgegenden, mit den verschiedensten Horizonten, zusammengebracht – bis hin zu Eheschließungen. Verständnis, Sympathie und Zusammenarbeit von Menschen aus allen Erdteilen – durch das vorbildliche Wirken einer Trommel. Afrika war jahrhundertelang isoliert, an den Rand der Welt gedrängt und nichts als eine Geisel der Kolonialmächte. Heute reisen die Menschen in großer Zahl nach Afrika, um seine Kulturen kennenzulernen – dank der Djembe, dem Stolz des schwarzen Kontinents, auf der ganzen Welt gespielt und geliebt. Vielen jungen Afrikanern hat sie den Weg in die weite Welt gebahnt, ihnen Ehre und Geld eingebracht.

Haben Afrikaner die Musik im Blut?

Viele Nicht-Afrikaner sagen das. Manche meinen damit, die besondere Musikalität der Afrikanerinnen und Afrikaner sei ihnen angeboren. Aber die Kinder erleben die Musik ja schon im Bauch ihrer Mütter: Sie hören ihren Gesang und bekommen ihre Tanzbewegungen direkt mit. Nach der Geburt tanzt die Mutter meist mit dem Baby auf dem Rücken. Es ist schön, das anzusehen. Und sobald das Kind anfängt auf allen Vieren zu krabbeln, sucht es schon nach Gegenständen, kleinen Dosen und Kalebassen, auf denen es trommeln kann. Mit fünf oder sechs Jahren tut es sich mit anderen Kindern zusammen, und man kann beobachten, wie sie die Erwachsenen und ihr Trommeln, ihren Tanz und ihren Gesang nachahmen. Die Menschen leben einfach in der Musik, wo immer sie gerade sind, und die Kinder wachsen in die Musik hinein, ohne dass man sie speziell unterrichten muss. Die Fremden müssen sich die Musik erst mühsam aneignen. Vielleicht kommt es ihnen deshalb so vor, als sei die Musik uns angeboren.

Wie Afrikaner und Weiße mit afrikanischer Kultur umgehen

Die Afrikaner gehen unachtsam mit ihren Kulturschätzen um

Ich erzählte von den beiden »heiligen« Djemben unserer Familie, die mich durch meine Kindheit hindurch begleiteten und die mich zu Höchstleistungen inspirierten – eine davon sogar bis in die Anfangszeit bei den Ballets. Leider überließ ich diese Trommel, als die Ballets auf eine zweijährige Tournee gingen, zur Aufbewahrung einem befreundeten Trommler in Beyla – dem sie aber abhandenkam. Bei meiner

Rückkehr nach Guinea bat ich ihn, sie mir zurückzugeben, aber er wusste nicht, wo er sie gelassen hatte. Ich war sehr wütend, vor allem auf mich selbst, denn ich hatte den Wert dieses ehrwürdigen Erinnerungsstücks nicht genügend beachtet, als ich es aus der Hand gab.

Ich muss von noch einem weiteren Fehler dieser Art erzählen. 1989 besuchte ich meine Verwandten in Hamana und traf mich auch mit meinem Freund Fadama Traoré in einem kleinen Nachbardorf von Sangbaralla. Bei einem Dorfrundgang erblickte ich in einer versteckten Ecke eine offenbar vergessene alte Djembe. Sie hatte die gleiche Form wie die Djembe unserer Familie. Ihr Anblick gab meinem Herz einen Stich. Sofort erwachte in mir der Wunsch, sie zu besitzen. Ich wagte kaum zu fragen – aber es war kein Problem, der Besitzer gab sie mir sofort. Ihr Hals war beschädigt, sie musste also sehr oft in der typischen Haltung, gestützt auf den Boden, gespielt worden sein. Sie stammte von demselben Schmied, der schon unsere Familien-Djemben gebaut hatte. Ich habe sie dann selbst repariert. Ich war sehr glücklich. In demselben Jahr nahm ich sie mit nach Europa. Weil ich so viel über sie erzählte, liebten sie alle meine Freunde bald genauso wie ich.

Dann passierte das große Malheur. Bei einem Workshop in Südfrankreich lernte ich eine deutsche Frau kennen. Wir wurden für einige Zeit ein Paar. Sie verliebte sich auch in meine alte Djembe. Willst du sie mir nicht schenken? fragte sie eines Tages. Meine Freunde warnten mich: Gib sie nicht weg! Ich sagte, halb im Scherz: Ich gebe dir die Djembe, aber nur wenn du mich wirklich liebst. Damit saß ich in der Falle. Nach unserer Trennung habe ich sie wieder und wieder um die Djembe gebeten. Aber sie sagte: Geschenkt ist geschenkt! Ich war sehr wütend. Ich sagte ihr: Es war doch eigentlich nur ein Scherz, und Du nimmst das jetzt nachträglich ernst! Es war alles umsonst. Sie hat die Djembe immer noch.

Durch meine vielen weltweiten Reisen ist mir der Wert solcher alten Gegenstände bewusst geworden, vor allem, wenn sie deutliche Gebrauchsspuren trugen. Wenn man die verschiedenen europäischen Museen besucht – z. B. das Ethnologische Museum in Berlin, das meine erste CD produzierte – begegnet man solchen Objekten, Masken und anderen Kostbarkeiten aller Art, die aus Afrika stammen, in großer Zahl. Auch in meinem Dorf ist es passiert, dass man wertvolle Masken an die Fremden verkauft, oder besser: sie für nichts und wieder nichts verhökert hat. Meine alten Djemben stehen in keinem Museum – sie gingen durch meine Unachtsamkeit verloren. Es ist ein großes Unglück, dass wir Afrikaner uns nie klar gemacht haben, wie wichtig diese alten Gegenstände sind. Sonst hätten wir sie gesammelt und selbst Museen gegründet, um künftigen Generationen an solchen Spuren die kulturelle Höhe ihrer Vorfahren zu zeigen.

Was macht die *kondén*-Maske in Detroit?

Im Jahre 2001 besuchte ich mit meiner amerikanischen Agentin und einem Freund in Detroit das Charles A. Wright Museum of African American History. Ein interessantes Museum. Ich wusste nicht, was mich dort erwartete, war also sehr erstaunt, dort als erstes eine Maske zu sehen, die mir aus meiner Region von Kindheit an vertraut war: *kondén*. Die Metallbeschläge waren aus Gold – normalerweise ist das bei uns Aluminium. Sie hing direkt über dem Eingang.

Wir gingen hinein zur Kasse. Der Besuch des Museums kostete zehn Dollar Eintritt. Ich sagte zu meiner Agentin: Bitte übersetze mich mal. Sag der Kassiererin, dass diese Maske aus meiner Heimatregion kommt. Die Kassiererin zeigte sich erstaunt. Dann entschied sie, dass ich umsonst hineingehen konnte. Die beiden anderen mussten bezahlen.

Ich stellte dann fest, dass eine zweite *kondén*-Maske, ebenfalls mit Gold beschlagen, über dem Ausgang hing. Ich war schockiert. Was tun? Die ganze Zeit dachte ich: Die Afrikaner geben einfach alles weg, auch ihre kulturellen Schätze. Und im Westen meint man offenbar ganz selbstverständlich, dass sie Allgemeingut sind und dass man sie beliebig verwerten kann. Es gibt zwar ein Urheberrecht, aber für Kunst aus Afrika scheint es nicht zu gelten. Es gab weder am Eingang noch sonst irgendwo im Museum eine Erklärung zur Maske und ihrer Bedeutung. Eine verpasste Chance.

Ton- und Filmaufnahmen, Bücher – wer bekam das Geld?

Bei unserer großen erfolgreichen Auftrittsserie mit den Ballets Africains in Paris 1964 war ein Filmteam anwesend, das alle unsere Programmnummern aufnahm. Bis heute weiß ich nicht, was mit diesen Aufzeichnungen passiert ist. Wir haben das Management oft darum gebeten, diese Aufnahmen ausfindig zu machen und uns zu zeigen. Leider, und zu unserer großen Enttäuschung, vergeblich. Dass diese Aufnahmen verschollen sind, ist auch deshalb so schade, weil ein paar ganz große Musiker zu diesen Konzerten extra aus Guinea eingeflogen wurden, unter ihnen Sory Kandia Kouyaté und Hadja Kadé Diawara.

Auch Tonaufnahmen entstanden in diesen Konzerten. Ich weiß noch, dass die Leitung der Ballets darüber einen Vertrag abschloss. Wir haben dann nie wieder etwas davon gehört. Es war reiner Zufall, dass ich Jahre später in Paris eine Schallplatte entdeckte, die genau diese Aufnahmen enthielt. Kouyaté, Diawara und ich waren namentlich genannt.

Auch in München drehte man einen Film mit uns, das war 1964 oder 1966. Die Aufnahmen entstanden in einem Studio, die Produzenten ließen es uns gegenüber an nichts fehlen, man verwöhnte uns geradezu mit guten Mahlzeiten und begegnete uns mit Respekt. Auch diesen Film haben wir nie gesehen.

1977 engagierte man uns, um in Kenia einen Spielfilm mit dem Titel »Tina« zu drehen. Es war eine internationale (deutsch-italienisch-amerikanische) Produktion. Wir wohnten in einem Hotel in Nairobi und fuhren nach dem Frühstück zum Drehort weit außerhalb der Stadt, in der Nähe eines Vulkans. Außer uns spielte eine Massai-Gruppe mit, die sich sehr hochnäsig verhielt. Die Massai wollten eigentlich nichts mit uns zu tun haben, weil wir ihrer Ansicht nach nicht zivilisiert genug waren. Sie lachten über uns, aber wir auch über sie.

Nach ein paar Tagen beschloss der Regisseur, mir eine besondere Rolle zu geben. Ich sollte ein paar Szenen mit der Hauptdarstellerin drehen. Drei Tage lang probte man nur mit mir und meiner Djembe und dann auch mit der Hauptdarstellerin, die besondere Kleider – besser: Lumpen – trug und dabei eine unglaubliche Erotik ausstrahlte. Es fiel mir sehr schwer, die Rolle zu lernen. Man flog mich per Hubschrauber zum Drehort, und ich hatte einen wunderbaren Blick über die Savanne mit all den wilden Tieren.

Nach dem Ende der Dreharbeiten riefen die Ballets-Chefs uns zusammen, und jeder bekam 100 Dollar. Wir waren alle wütend, denn wir hatten viel mehr erwartet als dieses lächerliche Honorar.

Und wieder ist es so gekommen, dass niemand von uns je wieder etwas über diesen Film gehört hat.

In einer Buchhandlung in Paris entdeckten meine Freundin Uschi Dittmar und ich 1995 zufällig zwei Bücher über westafrikanische Trommler, auch über mich, und kauften sie. An den Büchern war inhaltlich nichts auszusetzen. Sie waren gut geschrieben und alle Informationen waren korrekt. Es wurde sogar erklärt, wie ich mit den Melodien des Trommelensembles umging. Was ich mich aber fragte: Die Bücher wurden doch verkauft. Wer bekam das Geld? Ich habe das nicht verstanden. Meiner Ansicht nach dürfte so ein Buch nicht verkauft werden, ohne dass man die Trommler, von denen es handelt und ohne die es nicht geschrieben worden wäre, am Gewinn beteiligt. Aber die Autoren hatten mich niemals kontaktiert, und wahrscheinlich auch die anderen Musiker nicht, die im Buch vorkamen. Außerdem hatten die französischen Autoren in diesem Buch ihr Wissen ausgebreitet, ohne den Afrikanern eine einzige Frage zu stellen (mir jedenfalls nicht). Ich bin kein Intellektueller, aber so ein Vorgehen verstehe ich nicht. Es zeugt nicht gerade von Respekt, weder für die afrikanischen Musiker noch für die afrikanische Musik.

Ein Gegenbeispiel

Einer meiner amerikanischen Schüler, Dave Kobrenski, kam nach Sangbaralla und recherchierte für ein Buch über unsere Musik. Als er das Buch fertig hatte, kam er extra aus Chicago angereist und bat mich um Erlaubnis, das Buch zu veröffentlichen. Ich sah es mir genau an und stimmte zu. 2015 kam er wieder und zeigte mir das gedruckte Buch, das nun in den Verkauf gehen sollte. Er gab mir 400 Dollar. Ich war sehr zufrieden. Das Geld teilte ich mit denen, die auf den Abbildungen zu sehen waren. Die Dorfältesten bekamen 100 Dollar. Sie opferten für ihn, weil er so ehrlich war.

Das ist ein Beispiel dafür, dass das Recht auch eingehalten werden kann. Er hat nicht nur mich respektiert, sondern auch die Kultur meines Landes. Diesen Respekt vermisst man nur allzu oft.

Ein unerwarteter Geldregen für den Trommler Soungalo Coulibaly

1998 lud Mamady Keïta mich ein, in einem großen Konzert beim jährlichen Weltmusikfestival Couleur Café in Brüssel mitzuspielen, zusammen mit ihm, Adama Dramé und Soungalo Coulibali, den ich bei dieser Gelegenheit erst kennenlernte (und der leider 2004 an Krebs starb, knapp 50 Jahre alt). Wir probten einen ganzen Tag lang. In den Pausen hatten wir Zeit, und Soungalo erzählte mir seine Lebensgeschichte – und einige interessante Erfahrungen als Afrikaner mit Europa. Gab es eigentlich schon einmal einen *djembeföla*, der in Afrika reich geworden ist? fing er an. Und dann fuhr er fort:

»Großer Bruder, jetzt muss ich dir was erzählen. Einmal gab es für mich einen wahren Geldregen. Ein Europäer kam zu mir nach Bouaké in Côte d'Ivoir und machte viele Aufnahmen für ein Album. Zum Schluss fragte er mich, wie viele Sous ich denn für die Aufnahmen haben wollte. Ich sagte: 200.000 Francs CFA wären sehr schön, damit könnte ich meine Familie eine Weile ernähren (nach heutigen Maßstäben wären das vielleicht 500 Euro, F. K.). Er gab mir das Geld, reiste ab, und ich hörte nichts mehr von ihm. Fünf Jahre danach fuhr ich in die Hauptstadt Abidjan, um ein Visum zu beantragen. Ein Angestellter las meinen Namen und sagte: Ach, Sie sind das! Seit ein paar Jahren liegt hier eine Menge Geld für Sie. Warum haben Sie es nie abgeholt? – Was für Geld? fragte ich ihn. Er erklärte es mir. Das war das Honorar für das Album, das der Europäer vor 5 Jahren bei mir aufgenommen hatte! Es waren 800.000 Francs CFA (also etwa 2.000 Euro). Glücklich über so unglaublich viel Geld fuhr ich nach Hause. Sofort kaufte ich einige Rinder zusammen und begann in großem Stil eine Zucht aufzubauen. Ich blieb zwar weiter djembeföla (eine Tätigkeit, mit der man ja fast nichts verdient), ließ mich aber bei den großen Festen bald von meinen Schülern vertreten. Seither frage ich mich: Wann hat ein Trommler in Afrika je so viel Geld verdient?«

Schlechte Erfahrungen in den USA

Zwischen 2001 und 2009 bereiste ich mehrmals die USA und gab Konzerte und Workshops. Ich hatte viel Erfolg – fühlte mich dabei aber auch oft wie ein Sklave behandelt. Das lag an den Managerinnen, mit denen ich dort zu tun hatte.

Die erste, mit der ich von 2001 bis 2003 arbeitete, war eine gute Organisatorin, alles lief in dieser Hinsicht ohne Probleme. Allerdings passten wir charakterlich überhaupt nicht zusammen. Ihr Verhalten – auch gegenüber den Workshopteilnehmern – war für mich nicht akzeptabel. Das verschlimmerte sich im Laufe der Zeit. Deshalb brach ich die Zusammenarbeit schließlich ab.

Anders als die zweite Managerin, mit der ich von 2006 bis 2009 zusammenarbeitete. Ich hatte unbegrenztes Vertrauen zu ihr und kam nicht einmal auf die Idee, einen Vertrag mit ihr zu machen. Aber unsere Freundschaft ging in die Brüche, und die Zusammenarbeit endete im Streit.

Sie ließ mich arbeiten wie einen Esel. Sie mutete mir unglaublich lange Autoreisen zu – von Portland nach Montreal (fast 5.000 km) und wieder zurück nach Chicago (1400 km), ohne daran zu denken, dass mich das in meinem Alter überforderte.

Normalerweise ist man dankbar, wenn einem ein Gefallen getan wird. Dabei genügt ein einfaches »Danke« als Anerkennung. Unwürdig ist es, jemanden zu beschimpfen, dem man Dank schuldet.

Nach all diesen schlechten Erfahrungen habe ich einen Rhythmus komponiert, den ich *walinyumalömbaliya (*die Undankbarkeit*)* nannte. Das drückt aus: Zu tadeln sind die Undankbaren, die nicht wissen, dass sich auf dieser Erde alles rächt – auch undankbares Verhalten.

Solist: *Walignuma lafili kuntè, walignuma kun t'a la*

Man soll Wohltaten nicht leugnen, denn dann waren sie vergeblich.

Der Chor antwortet: *Möö ye ko kè möö le ye, i y'a kè a lömbaa ye, walignumalombaliya*

Man soll jemandem wohltun, der es zu würdigen weiß – oh! Undankbarkeit.

Ich liebe die Dankbarkeit. Immer wieder habe ich gesagt, wie dankbar ich den Menschen aus Europa, aus den USA und vielen anderen Ländern dafür bin, dass sie uns geholfen haben, unsere traditionelle Musik zu entwickeln. Niemals werde ich ihnen undankbar sein, denn sie haben unsere Musik und unsere Kultur geachtet und verbreitet. Mamady Keïta und ich sind unseren Schülerinnen und Schülern auf der ganzen Welt dankbar. Die Situation der *djembeföla* in unseren Dörfern war beklagenswert. Wir wurden als arme Taugenichtse betrachtet und durften noch nicht einmal heiraten. Heute hat sich die Situation der Trommler entscheidend geändert, dank den *tubabu*, wie wir die Weißen nennen. Und ebenso bringen uns die *tubabu* großen Respekt entgegen, denn sie haben bei uns großen Meistern das Djembespiel gelernt.

Eine Hilfsaktion für mein Heimatdorf

Die Teilnehmerinnen und Teilnehmer meiner Workshops in Guinea kommen aus der ganzen Welt. Ich bin mit ihnen immer wieder in mein Heimatdorf Sangbaralla gefahren. Das Dorf ist arm und hat kaum eigene Ressourcen. 1998 hat Uschi Dittmar den Dorfbesuch organisiert. Wie immer waren sie dort alle begeistert, und obwohl es Ramadan war und eigentlich nicht musiziert werden durfte, haben sie es tagsüber erlaubt, nur nachts musste die Ruhe eingehalten werden.

Die Gäste kauften den Dorfbewohnern Handwerksarbeiten ab, die sie in ihren Hütten verwahrten, und bekamen mit, dass man dabei war, ein Dispensaire (Medikamentendepot) zu bauen, mit dem es aber nicht weiterging. Das Geld war ausgegangen. Also sammelten die Gäste, damit das Haus zu Ende gebaut werden konnte. Sie brachten das Geld den Dorfältesten, und das ganze Dorf kam zusammen und bedankte sich begeistert bei den Spendern.

Auch ich bin unseren Gästen für solche Hilfen immer wieder dankbar. Oberguinea ist eine sehr arme Region, der Boden ist trocken, und bis auf wenige Areale funktioniert die Landwirtschaft nicht mehr. Es gibt enorme Bodenschätze, Gold, Diamanten, die aber von ausländischen Gesellschaften ausgebeutet werden, ohne dass die Bevölkerung etwas davon hat. Warum lässt man die Menschen, die auf einem solchen Schatz an Ressourcen sitzen, in Armut leben? Obwohl ich kein Intellektueller bin, fällt mir die Antwort nicht schwer. Es liegt an der schlechten Verwaltung und Aufteilung der Einnahmen aus diesen Bodenschätzen, und an der Korruption. Hamana ist in dieser Hinsicht arm.

Umso größer ist sein Reichtum an kulturellen Ressourcen.

Afrikanische Musiker in die Prüfungskommissionen!

In Paris beklagten sich Workshopteilnehmer, sie hätten an der Akademie Prüfungen über afrikanische Musik nicht bestanden. Ich fragte nach der Prüfungskommission. War denn kein afrikanischer Musiker dabei? Nein, sagten sie. – Mir ist es ein Rätsel, wie so etwas funktionieren kann. Sie hätten doch Mamady Keïta, Adama Dramé oder auch mich fragen können. Es wäre uns eine große Ehre gewesen, auch wenn es uns Umstände gemacht hätte. Was soll man darüber denken?

Konzerte mit afrikanischer Musik sind zu laut

Am 14. Oktober 1999 war ich in Nürnberg bei einem Konzert von Sékouba Bambino. Das Konzert an sich war gut – trotzdem war ich unzufrieden. Ich saß mitten im Publikum und hörte einige Kommentare: Die Musik ist zu laut! Vor allem auch die beiden Sängerinnen! Ich fand das auch. Dass die Griotten zu laut singen, kenne ich auch aus Guinea. Dort singen sie meist unbegleitet, manchmal mit Megaphon. Vielleicht ist das der Grund, dass ihrem Gesang die Ausgewogenheit und Differenziertheit fehlt, im Gegensatz zum Gesang der männlichen Griots. Als Sékouba Bambino auf die Bühne kam, war das Publikum von seiner schönen Stimme sehr angetan. Aber die Musik, elektronisch verstärkt, war immer noch viel zu laut. Einige meiner Schüler, mit der Musikelektronik ebenso vertraut wie mit afrikanischer Musik, waren im Saal. Sie fragen, warum die Musik denn bloß so laut aufgedreht war. Sie hatten Recht. Die afrikanische Musik, die ja auch meist im Freien produziert wird, verliert dadurch ihre Ausgewogenheit.

Tradition und Moderne in Afrika

Tradition und Moderne – eine gemischte Bilanz

Der Anschluss an die moderne westliche Welt hat uns manche Fortschritte gebracht. Die Kindersterblichkeit sinkt, die meisten Kinder gehen zur Schule, bei manchen Problemen, die in unserer Tradition liegen (Unterdrückung der Frauen, Beschneidung der Mädchen, Aberglauben) gibt es Fortschritte. Andererseits: Die Gemeinschaftlichkeit und Verbundenheit der Menschen sind geschwächt, die Traditionen – auch die musikalischen – verblassen, die Jagd nach dem Geld beherrscht alles. Trotzdem geht es wegen der materiellen Ausbeutung unserer Länder ökonomisch nicht voran. Unsere Städte ersticken in den Abgasen der uralten Import-Autos. Die Straßen sind voller Schlaglöcher, Eisenbahnen gibt es keine. Überall Müll und Plastikabfall. Selbst in meinem Heimatdorf gibt es jetzt Bars und Kneipen, wo die Männer herumsitzen, während die Frauen sich um Kinder, Haushalt und Feldarbeit kümmern. Die Armut hält an, die Unzufriedenheit der Menschen ist groß, viele machen sich auf den gefährlichen Weg nach Europa. Sie bekommen ja dessen »Reichtümer« ständig im Fernsehen gezeigt.

Warum ist Afrika so rückständig?

In meinen Kindertagen erzählten die Alten eine Geschichte, die erklären sollte, warum Afrika im Vergleich zu den anderen Kontinenten so rückständig ist. Ursprünglich gab es nirgends auf der Welt eine industrielle Fabrikation. Nur in Afrika existierte ein geheimes Buch mit Anleitungen zur Herstellung von Gegenständen aller Art. Ein afrikanischer König bewahrte es auf. Davon hörte eines Tages ein Europäer namens Fatalaba. Er bestieg eine kleine Piroge und segelte nach Afrika, um den König zu treffen. Am Hof des Königs wurde er mit der typisch afrikanischen Gastfreundschaft und mit großem Respekt empfangen. Man bemerkte schnell, dass er dienstfertig, arbeitsam, geduldig und vor allem hochintelligent war. Man machte ihn zum Berater des Königs, und er hatte nun Zeit und Gelegenheit, sich in den

Besitz des Buches zu bringen. Wo der König das Buch aufbewahrte, wusste nicht einmal seine Familie. Der König kontrollierte jeden Tag dreimal, ob das Buch noch da war, denn er traute niemandem. Trotzdem fand der raffinierte Fatalaba eines Tages das Versteck. Bevor der König es erneut kontrollierte, machte Fatalaba sich mit dem Buch aus dem Staub. Der König schickte sofort seine Krieger hinterher. Doch Fatalaba hatte sich schon nach Anweisung des Buches ein Fahrrad gebaut und ließ die Verfolger weit hinter sich zurück.

Zu Hause angekommen, begann er mit Hilfe des Buches sofort mit der Produktion aller möglichen Gegenstände – Messer, Gewehre, Regenschirme, Autos …

Afrika aber hatte die Chance verpasst, sich selbst an die Weltspitze des technischen Fortschritts zu setzen.

Eine hübsche Geschichte, die natürlich überhaupt nicht erklärt, warum kein einziges afrikanisches Land sich mit den modernen und industrialisierten Ländern der übrigen Welt vergleichen kann. Einfache Antwort: Die Afrikaner selbst haben ihre Länder nach dem Ende der Kolonialzeit so weit heruntergewirtschaftet, dass die reichen Länder und die internationalen Konzerne sich zu moderaten Kosten und zum Nachteil Afrikas in den Besitz der afrikanischen Rohstoffe bringen können. Wir können uns noch nicht einmal ausreichend ernähren und sind auf Importe aus der ganzen Welt angewiesen. Ist es nicht eine Schande, dass wir uns in ethnischen Konflikten und Religionskriegen gegenseitig umbringen, während die übrigen Länder auf dem Mond landen – und wir dazu noch Freudentänze aufführen?

Ich frage mich: Wird Afrika sich eines Tages entwickeln – nicht nach dem Modell irgendwelcher Länder in der übrigen Welt, sondern nach seinem eigenen Bild?

Traditionelle und moderne Medizin

Die Natur bietet uns viele Möglichkeiten, uns zu ernähren, uns fortzubewegen, Wohnungen zu bauen und uns zu kleiden. Dieselbe Natur hält eine Fülle von Heilmitteln bereit. Traditionell sind es die Heiler, die den Kranken helfen. Früher konnten sie nicht lesen und schreiben, denn sie hatten keine Schule besucht. Ihr ganzes Wissen und ihre Berufsgeheimnisse hatten sie von ihren Eltern oder Großeltern.

Als Kind wuchs ich in die Kultur meiner Heimat Hamana hinein und war schon früh nicht nur mit der Musik, sondern auch mit den Pflanzen und ihren Heilwirkungen vertraut, denn die Konaté sind eine Familie von Jägern, Heilern und Féticheuren. Vor der Kolonialzeit kannte man die Medikamente aus den pharmazeutischen Laboren noch nicht. Auch ich bin als Kind nie damit in Berührung gekommen. Aber die Namen der Pflanzen, mit denen man bestimmte Krankheiten heilte, habe ich bis heute nicht vergessen. Als ich elf Jahre alt war, erkrankte ich an Gelbsucht. Man behandelte mich erfolgreich mit einer Reihe von Pflanzen, darunter eine namens *néré*

– eine in Afrika verbreitete Abart von Parkia Biglobosa. Deren Früchte sind gelb, trocken und süß, sie enthalten kleine essbare Kerne, mit denen man ein beliebtes Gericht namens *lafidi* zubereitet. Mit Kuhfladen oder Ziegenexkrementen verknetet, ergab die *néré*-Frucht ein wirksames Medikament. Ich erinnere mich auch an eine Augenkrankheit, die mit der Pflanze *wanyaka fida* geheilt wurde. Mit diesem Kraut schützen sich auch die Jäger vor den Gefahren der Jagd.

Heute vertrauen die Afrikaner mehr auf die moderne Medizin des Westens. Wenn ich ins Dorf komme, bitten mich die Bewohner häufig um Tabletten gegen Kopfschmerzen, Übelkeit oder Bauchweh. Wenn ich die richtigen Medikamente dabeihabe, gebe ich sie ihnen gern. Ich denke dann aber oft daran, dass um das Dorf herum doch unzählige Pflanzen wachsen, mit denen man solche Wehwehchen schnell lindern könnte.

Allerdings schwindet das Wissen darum – viele Heiler können diese Pflanzenwirkstoffe nicht mehr richtig dosieren und richten oft Schaden an, statt ihren Patienten zu helfen. Außerdem stellen sie ihr Wissen nicht der Allgemeinheit zur Verfügung. Das sind Nachteile der traditionellen Medizin, abgesehen davon, dass sie gegen bestimmte Krankheiten nach wie vor machtlos ist. Es gibt aber auch Krankheiten, bei denen die moderne Medizin nicht hilft. Manchmal liegt die Lösung darin, dass man moderne und traditionelle Heilmethoden kombiniert.

Der Nachteil der modernen Medikamente ist natürlich, dass die meisten Menschen in meinem Land sie sich nicht leisten können. Von Krankenhausbesuchen ganz zu schweigen. Viele Kranke, auch Schwerkranke, bleiben unversorgt. Oft sagen die Menschen: Ob jemand krank wird oder stirbt, liegt in Gottes Hand, da kann man sowieso nichts machen. Gehen sie trotzdem mit einem kranken Verwandten ins Hospital, weist man sie nicht selten ab, weil sie das Honorar nicht aufbringen können. In den Krankenhäusern fehlt es oft an den notwendigen Medikamenten, Heilmitteln und medizinischen Geräten. Oft fällt der Strom aus. Wenn die Ärzte intelligent und mutig genug sind, operieren sie in Notfällen trotzdem. Wir haben sehr gute Ärzte, die ihr Bestes geben, aber oft genug stoßen sie an materielle Grenzen.

2016 fuhr ich mit 16 Schülern in mein Dorf. Einer von ihnen hatte einen Motorradunfall. Zum Glück nicht tödlich, aber er war verletzt. Ich fuhr mit ihm ins Krankenhaus nach Kouroussa, aber man konnte ihn dort nicht behandeln. Dann nach Kankan – das gleiche Problem. Schließlich brachte ich ihn nach Bamako, der Hauptstadt Malis, wo man ihn schließlich aufnahm und versorgte. Bamako ist 350 km von Kouroussa entfernt.

Tod eines englischen Touristen

Vor ein paar Jahren reisten fünf junge Engländer mit einem Mercedes über Gambia und den Senegal nach Guinea. Als sie in meinem Dorf Sangbaralla ankamen, waren sie sehr erschöpft. Meine Familie nahm sie gastfreundlich auf. Sie waren Schüler meines Neffen Nansady Keïta, der in England lebte. Sie hatten mich dort einmal bei einem Festival gehört und wollten nun drei Monate im Dorf bleiben und Unterricht nehmen. Ich war zu dieser Zeit in Conakry und erfuhr erst von ihrem Besuch, als einer von ihnen ernsthaft krank wurde. Er hatte offenbar Malaria. Aber er schwor auf Naturheilmittel und hatte deshalb auch keine Prophylaxe-Medikamente eingenommen. Auch jetzt nahm er nur traditionelle afrikanische Mittel, die aber nicht halfen. Meine Schwester Nassou Konaté riet den Gästen eindringlich, für eine Intensivbehandlung nach Conakry zu fahren. Aber der Kranke wollte nicht, und die anderen respektierten seinen Wunsch. Sein Zustand verschlimmerte sich so sehr, dass sie ihn schließlich gegen seinen Willen ins Auto setzten und nach Conakry chauffierten. Sie gingen zuerst zu einem chinesischen Arzt, der aber nicht helfen konnte. Dann kamen sie zu mir. Ich erblickte einen völlig erschöpften Kranken, vom Fieber geschüttelt und kurz vorm Koma. Wir brachten ihn in die Ambroise-Klinik im Stadtzentrum. Die Ärzte behandelten ihn sofort und behielten ihn dort. Am nächsten Morgen rief die Klinik mich an: Der Kranke war gestorben. Ein sehr bewegender und deprimierender Moment. Mir blieb nur noch, für die Überführung des Leichnams nach England zu sorgen. Seine Eltern nahmen ihn in Empfang und richteten das Begräbnis aus. Friede seiner Seele.

Viele Gäste aus Europa misstrauen der westlichen Medizin und lassen sich lieber auf »natürliche« Heilmethoden ein – aus Prinzip, ohne das nötige Wissen.

Zwei Damen aus Deutschland sind entsetzt über Afrika

Die Djembe spricht zu den Menschen. Versucht nur zu verstehen, was sie zu sagen hat! Sie stiftet Beziehungen zwischen den Menschen und nähert die Kulturen einander an. Aber manchmal führt sie auch auf Abwege.

Das folgende Erlebnis hat mich sehr berührt, und ich denke bis heute oft daran.

1999 hielt Rainer Dörrer aus Stuttgart einen seiner Kurse bei mir in Conakry ab. Daran nahmen auch zwei ältere Damen aus Deutschland teil, die offenbar vollkommen ahnungslos waren, was sie in Afrika erwartete. Sie kamen nachts am Flughafen an und wurden gleich zu mir nach Simbaya Gare chauffiert. Da es stockdunkel war, sahen sie nicht viel. Als sie erwachten, erblickten sie als erstes Frauen, die im Hof barfuß herumliefen, mit kaum bekleideten Babys auf dem Rücken. Sie sahen die Kieselsteine vor meinem Hoftor. Dann mussten sie zur Kenntnis nehmen, dass der Weg zur Straße vollkommen unbefestigt war. Sie sahen das ganze bunte und chaotische Leben in meiner afrikanischen Vorstadt. Sie beklagten sich: Wo sind wir denn hier gelandet? Sie hatten den Kurs für vier Wochen gewählt, aber nach wenigen Tagen buchten sie den Heimflug und verlangten ihr Geld zurück. Ich fragte Rainer: Sind sie denn als Touristinnen gekommen, oder wollten sie unsere Musik kennenlernen? Natürlich haben wir sie ausgezahlt und ihnen eine gute Reise gewünscht. Aber wir waren beide ratlos und erstaunt, was es alles gibt auf der Welt.

Demütigung wegen traditioneller Kleidung

Ich bin in einer dörflichen Familie groß geworden. Die Traditionen haben mich geprägt. Sie haben mein Auftreten und mein Verhalten bestimmt, wo immer ich war und mit wem ich es auch zu tun hatte. Man hat das auf der ganzen Welt respektiert. Nur nicht immer in unserer Hauptstadt Conakry.

Eines Tages ging ich dort mit einem Herrn, von dem ich Geld bekam, zur Bank. Während er das Geld abhob, wartete ich in der Eingangshalle. Ich trug meine ländliche Kleidung – Pluderhose und ein einfaches Hemd, auf herkömmliche Art genäht. Plötzlich näherten sich zwei Polizisten und fragten mich: Was machen Sie hier? Höflich erklärte ich es ihnen. Da fuhr mich einer von ihnen an: Raus hier! Ich blieb ruhig und fragte ihn, warum. Er sagte: Du kannst hier nicht herumstehen, auch nicht für ein paar Minuten. Er sah mich von oben bis unten an, wurde noch wütender und befahl mir zu gehen, andernfalls würde er mich dem Sicherheitsdienst übergeben.

Inzwischen waren einige Kunden und Bankangestellte aufmerksam geworden und hatten sich neugierig genähert, unter ihnen eine Frau, die mich kannte. Es gelang ihr, die Wogen zu glätten. Kennen Sie den Herrn denn nicht? fragte sie die Polizisten. Das ist ein großer, Künstler, international bekannt! Statt gleich ausfallend zu werden, hätten Sie ihn erstmal nach seinen Personalien fragen sollen. Sie können einen Menschen doch nicht so behandeln, nur weil er traditionell angezogen ist! Das ist beschämend. Wir sind doch alle Afrikaner! Der Bekannte kam mit dem Geld, und ich verließ zornig das Gebäude. Diese Demütigung hat sich für mein ganzes Leben in meine Erinnerung eingegraben.

Etwas ähnliches passierte mir noch einmal 1993. Mamady Keïta hatte mich gebeten, zusammen mit Moussa Keïta, der sich um alle seine Angelegenheiten in Guinea kümmerte, einen japanischen Agenten vom Flughafen abzuholen. Der Agent hatte ihn zu einer Konzertreise nach Japan eingeladen. Wir brachten ihn ins Hotel Camayenne. Die beiden gingen vor mir hinein, während ich noch die Autotüren zumachte. Wieder trug ich meine traditionelle Kleidung. Am Eingang standen zwei junge Männer, die mir deshalb den Zugang versperrten.

Ich, Famoudou Konaté, träume davon, auf traditionelle Art zu leben. Mein Dorf Sangbaralla und das Land Guinea sind meine Heimat. Ich orientiere mich an ihren

Traditionen, das gilt für die Musik ebenso wie für viele andere Lebensbereiche. Auch deshalb respektiert man mich dort und anderswo auf der Welt. Es ist paradox, dass das ausgerechnet in der Hauptstadt meines Landes nicht gelten soll. Leider lassen sich viele von importierten Werten und Verhaltensweisen davontragen und vergessen darüber die eigene Kultur.

Die Griots singen nur noch Loblieder

Sie mögen offenbar die alten Lieder nicht mehr – außer einer bestimmten Art von Lobgesängen auf bestimmte Personen, meist reiche und mächtige, die sie dafür mit Geld belohnen. Ich kann das verstehen: Die Musiker verarmen immer mehr. Aber meiner Meinung nach hat alles seine Grenzen.

Die alten Gesänge der Griots und Griotten waren und sind mir sehr wichtig. Sie waren für die ganze Gesellschaft wichtig. Wir lernten daraus viel über die Welt, über unser Verhältnis zueinander, über Gut und Böse und über die Traditionen. Wir erfuhren viel über unsere gemeinsame Geschichte, über alte und neue Konflikte, über vorbildhafte Menschen. Es waren nicht irgendwelche Lieder, sondern die ganze Gemeinschaft konnte aus diesen Erzählungen lernen. Früher sangen die großen Griots in dieser Weise auch im Radio. Heute geht es in ihren Radiogesängen nur noch um irgendwelche Gönner. Manchmal sogar um den Staatschef. Namen, Namen, Namen … Ich persönlich würde mir wünschen, dass es wieder um unsere Geschichte und um unser Leben geht.

Kann man vom Djembe-Spiel leben?

Als ich geboren wurde, war meine Familie reich an Land und Vieh, aber Geld spielte keine Rolle, weder in bar noch als Bankeinlage. Bis ich 20 Jahre alt war, lebte ich zwischen Kühen, Ziegen und Schafen und hatte keine Ahnung von Papiergeld, seiner Bedeutung und seinem Wert. Ich sah nie einen Geldschein und hätte gar nicht gewusst, was ich damit machen sollte.

Erst als ich zu den Ballets Africains kam, wurde mir klar, dass Geld lebenswichtig ist. Das war für mich völlig neu. Man brauchte mindestens 100.000 Francs Guinéens zum Leben – es war damals nicht leicht, diese Summe zu verdienen. Ein *djembeföla* verdiente damals gar nichts, er hatte ja in der Regel einen Hauptberuf – meistens war er Schmied – oder eine andere Beschäftigung, die seinen Lebensunterhalt sicherte. Kein Mensch dachte, dass ein Trommler samt seiner Familie nur von seiner Musik leben könnte.

Heute wissen schon die kleinen Krabbelkinder, was Geld ist und wozu man es braucht. Die jungen Leute wollen das schnelle Geld, sie wollen keine große Energie ins Erlernen profitabler Fähigkeiten investieren, manche rutschen in die Kriminalität ab. Auch den jungen Trommlern, die ihre Dörfer verlassen haben und die nur von der Musik leben wollen, geht es nicht darum, tiefer in die Musik einzudringen und ihre musikalischen Fähigkeiten auszubauen. Das ist ihnen egal, wenn sie nur schnell an ihr Geld kommen.

Ich rate ihnen, ihr Metier langsam und Schritt für Schritt zu erlernen und ihre Fähigkeiten gewissenhaft, im Einklang mit den Traditionen ihres Berufs, zu entwickeln. Im Blick auf ihre Zukunft ist das der bessere Weg. Die afrikanische Musik, vor allem auch die Djembe-Musik, ist keine leichte Sache. Es braucht Zeit und Geduld, um sie zu beherrschen. Dann aber bringt sie allen Gewinn, nicht nur den Musikern. Schlechte Arbeit zahlt sich auf die Dauer nie aus.

Ich bin als Afrikaner geboren, aber …

… mein Leben ist, seit ich 20 Jahre alt war, zwischen Afrika und der übrigen Welt geteilt. Ich habe die afrikanische und die westliche Kultur in mir, beide bestimmen meinen Alltag. Die Musik hat es mir ermöglicht, in alle vier Himmelsrichtungen zu reisen und mit Menschen aus allen Nationen zu arbeiten. Aus aller Welt sind diese Menschen auch zu mir nach Afrika gekommen, um an meinen Workshops teilzunehmen. Davon lebe ich bis heute.

Meine Erfahrungen mit den vielen Kulturen bestimmen mein Weltbild, ich habe sehr viel für mein Leben gelernt. Ich bin reich an menschlichen Kontakten. Ich bin sehr glücklich damit, und den westlichen Ländern und ihren Menschen bin ich sehr dankbar.

Aber ich bin nie auf die Idee gekommen, mich in Europa niederzulassen. Letztlich bin ich in Afrika geblieben – trotz der schwierigen politischen und ökonomischen Verhältnisse, die viele Afrikaner dazu bringen, ihre Länder zu verlassen. Es gibt tausend Probleme auf unserem Kontinent – Kriege, Armut, Arbeitslosigkeit, Krankheiten – und viele Menschen haben nur einen Wunsch: nach Europa und in andere industrialisierte Regionen aufzubrechen, um angemessen leben zu können.

Ich habe niemals nach einem dauerhaften Aufenthaltsrecht in Deutschland gestrebt, zum Beispiel durch eine Heirat. Aber ich hatte auch Glück: Gott hat mir die Chance gegeben, mein Leben zwischen Afrika und Europa zu teilen. Der Westen bietet die größten Chancen, dauerhaft seinen Lebensunterhalt zu sichern, in Afrika ist das fast unmöglich. Die Afrikaner, die in ihren Ländern bleiben, können nicht darauf hoffen. Deshalb verlassen sie Afrika und machen sich auf nach Europa, Amerika, Asien und Australien – trotz hoher Risiken in diesen Ländern und auf dem Weg dahin.

Lebensbedingungen und Ökologie, damals und heute

Kinder singen Lieder gegen die Abholzung

Die meisten unserer Kinder gehen heute zur Schule. Dort erfahren sie von den Umweltproblemen: vom Wassermangel und seinen Ursachen, vom zerstörerischen Holzeinschlag und von anderen ökologischen Problemen. Ich habe selbst gehört, wie einmal eine Kindergruppe die Maske *kondén* umringte und ein selbst komponiertes Lied sang, ungefähr mit diesem Inhalt:

> *Früher gab es im Dorf riesige Bäume. Heute sind sie nicht mehr zu sehen. Die Leute im Dorf haben sie alle gefällt, dabei sollten sie sie doch schützen und nicht zerstören. Wir brauchen diese Bäume dringend, damit wir leben können. Wir wollen nicht, dass die Natur weiter zerstört wird.*

Die Erwachsenen lachen, wenn sie so etwas hören, weil sie solche Kindergesänge nicht besonders ernst nehmen. Die Kinder wollen aber gerade die Erwachsenen für die Probleme sensibilisieren. Denn die sind zumeist nicht zur Schule gegangen und erkennen nicht die Tragweite des Problems. Heute leidet ganz Hamana unter dem Wassermangel. Zur Zerstörung fast aller großen Bäume tragen auch die Buschfeuer bei. Unsere Felder sind fast nicht mehr kultivierbar.

Plastikmüll

In meiner Jugend war alles, was wir aßen und tranken, natürlich und traditionell erzeugt. Alles Bio sozusagen. Das war gesund, und wir wurden selten krank. Selbst die Bestecke, Teller und Schüsseln waren Natur: Kalebassen und Keramik. Heute gibt es auch bei uns fast nur noch Plastikgeschirr.

Unsere Kleidung war früher aus Naturmaterial und -gewebe. Mittlerweile gibt es überall nur noch billige, synthetische Importware, die schon nach dem ersten Tragen abgenutzt aussieht. Ausländische Firmen betreiben bei uns Fabriken zur Herstellung von Schuhen, die nach kurzer Zeit auseinanderfallen. Gemüse, Obst und Fleisch werden auf den Märkten in Plastiktüten verpackt. Was passiert mit all diesem Schund, wenn man ihn nicht mehr haben will? Man entsorgt ihn in die Natur. Es gibt weder Mülltrennung noch Recycling. Langsam, aber sicher vermüllen unsere schönen Landschaften.

Unsere Kühe sind unsere unverzichtbaren landwirtschaftlichen »Maschinen«. Während der Regenzeit müssen sie hart arbeiten, haben aber auf den satten Weiden genug zu fressen. Wenn der Regen aufhört und die Felder durch Brandrodung auf die nächste Anbauzeit vorbereitet werden, finden sie immer weniger Grünfutter. Dann fressen sie vor lauter Hunger den Plastikmüll, die Tüten und die weggeworfene

Kleidung. Das Material ist zum Teil giftig, das Verdauungssystem gerät durcheinander, sie werden krank und magern ab bis auf die Knochen.

Einige afrikanische Länder haben es geschafft, Plastik zu verbieten und zu verbannen. Unsere politischen Führer haben ihre Verantwortung noch nicht erkannt.

Das Wasser wird immer knapper

Ich wurde in Manina geboren, einer kleinen Siedlung, an einem Flüsschen gelegen, in der Nähe von Sangbaralla. Während meiner ganzen Kindheit führte dieser Bach reichlich Wasser, das ganze Jahr über. Heute trocknet er spätestens im März aus. Meine Geschwister können also ihre Felder nur während der Regenzeit bestellen. Nach der Ernte, wenn es kein Wasser mehr gibt, verlassen sie Manina und wohnen in Sangbaralla, bis die nächste Regenzeit kommt. Hätte das Flüsschen immer genug Wasser, könnten sie das ganze Jahr über dort bleiben.

Wenn das Wasser in der heißen Jahreszeit allmählich eintrocknet, ist das Flussbett Brutstätte für alle möglichen gefährlichen Bakterien, zum Beispiel für den Erreger der Flussblindheit – nicht nur in meiner Heimat, sondern in ganz Afrika. Sehr viele meiner Verwandten, die ständig dort leben, sind im Laufe ihres Lebens erblindet. Manche Dorfbewohner trifft es als Erwachsene, andere schon im Kindesalter. Ich selbst war die meiste Zeit meines Erwachsenenlebens auf Reisen und blieb verschont.

Ich hatte immer den Plan, in Manina einen Brunnen zu bauen. Aber mein Geld reichte nicht, und vom Staat gab es keinen Zuschuss. Die verschiedenen Regierungen hatten Besseres zu tun, nämlich sich die Taschen zu füllen, statt an das Volk und seine Überlebensprobleme zu denken.

Gorillageschichte

Wir Afrikaner haben immer noch nicht begriffen, dass die Tierwelt geschützt werden muss. Die Europäer lieben ihre Tiere, ob wild oder domestiziert. Wir aber sind weit davon entfernt. Wir jagen sie Tag für Tag und schlachten sie ab, obwohl wir wissen, dass die meisten von ihnen schon die letzten ihrer Art sind. Viele Tierarten, die vor einem halben Jahrhundert noch unsere Flüsse, Wälder und Wiesen bevölkerten, sind dahin. Leider, um ehrlich zu sein, ist meine Jäger-Familie daran auch nicht ganz unschuldig…

Viele unserer Geschichten erzählen von Tieren, die es bei uns nun nicht mehr gibt. Von den Gorillas zum Beispiel. Sie wohnten nah am Flüsschen, außerhalb des Dorfes, wo die *kobi*-Bäume wachsen. Deren Früchte sind bei unseren Frauen begehrt. Man gewinnt daraus die berühmte Karité-Butter, die der Haut gut tut. Die Frauen machten sich oft auf den weiten Weg, um die *kobi*-Früchte zu pflücken. Irgendwann freundeten sie sich mit den Gorillas an und schenkten den Weibchen Milch für ihre Jungen. Bald forderten die Gorillas jedes Mal, wenn die Frauen kamen, ihr Milchgeschenk. Sie belagerten die *kobi*-Bäume und ließen die Frauen erst heran, wenn sie ihre Milch bekommen hatten. Die Gorillamännchen sind sehr stark und sehr intelligent, dabei eigentlich nicht bösartig. Man erzählt, dass sich einmal ein Gorilla durch meinen Bruder bedroht fühlte, den Jäger Kösiné Kondé. Bevor der noch zur Waffe greifen konnte, griff der Gorilla ihn an. Es kam zu einem Ringkampf. Die übrigen Jäger wagten nicht zu schießen, weil die beiden zu sehr ineinander verknäult waren. Alle schrien in Panik, auch die Hunde bellten. Also kämpften die beiden so lange, bis sie nicht mehr konnten, und taumelten dann in verschiedene Richtungen auseinander.

Elefantengeschichte: Der Jäger Senba Faa Mamady Kourouma

Der Jäger Mamady Kourouma aus Sangbaralla jagte nur Elefanten, deshalb gab man ihm den Beinamen: Elefantentöter *(senba:* Elefant, *faa:* töten*)*. Elefanten sind unaggressive Tiere, sie greifen Menschen nur an, wenn sie selbst angegriffen werden oder sich bedroht fühlen. Die Menschen in Hamana aßen (neben dem Fleisch von Schlangen, Schimpansen, Flusspferden, Geflügel) auch Elefantenfleisch – als es all diese Tiere in ihrer Gegend noch gab. Mamady Kourouma hatte, so sagte man, 99 Elefanten getötet. Diesen Erfolg verdankte er seinen starken Zaubermitteln (*Gris-Gris*), die er bei der Jagd bei sich trug. Am Ende blieb ein einziger Elefant übrig. Diesen Elefanten wollte er erst zum Beschneidungsfest seines jüngsten Sohnes erlegen. Normalerweise opfert man bei diesen Festen eine Kuh. Mamady Kourouma aber opferte den Elefanten. So tötete Mamady Kourouma, als das Fest heranrückte, den letzten Elefanten von Hamana.

Stachelschweingeschichte: Der Jäger *Bala Faa* Sory Doumbouya

So wie Mamady Kourouma nur Elefanten jagte, hatte sich Sory Doumbouya auf das Töten von Stachelschweinen (*bala*) spezialisiert. Er hatte darin eine besondere Kunst entwickelt. Das Stachelschwein ist sehr gefährlich: Es stellt sein Stachelkleid auf und attackiert damit den Gegner, wenn es sich bedroht fühlt. Die Stacheln bohren sich ins Fleisch, man kann sie wegen ihrer Widerhaken nur unter größter Verletzungsgefahr herausziehen. Sory Doumbouya konnten die Stachelschweine nichts anhaben, er trug ein starkes Gris-Gris gegen ihre Stachelattacken. Er hatte außerdem eine Methode entwickelt, sie mit ausgelegten Schlingen zu fangen. So trug er entscheidend zum Aussterben dieses Tieres in unserer Gegend bei.

Wahre Geschichte eines Flusspferdes

Als ich 1965 nach einer Tournée mit den Ballets Africains mein Dorf besuchte, erzählte man mir von einem Flusspferd, das nahe beim Dorf Sènèkörö entdeckt worden war. Es hatte beide Augen verloren, niemand wusste wie, und versteckte sich vor den Menschen flussaufwärts im undurchdringlichen Ufergestrüpp. Es schien zu ahnen, dass es eines Tages entdeckt würde, und schickte eine Botschaft in die Träume der Dorfbewohner: die eindringliche Warnung, es nicht zu jagen. Wer sein Fleisch verzehrte, dem würde großes Unglück widerfahren. Eines Tages entdeckte jemand das Flusspferd und alarmierte sofort die Jäger. Die zogen schwer bewaffnet zum Fluss und erlegten das Tier mit unzähligen Schüssen. Die meisten Dorfbewohner schlugen die Warnung des Flusspferds in den Wind und aßen von seinem Fleisch. Sie alle starben, unter ihnen auch die Jäger und Schmiede, die es erlegt hatten.

Die Geschichte vom kleinen Mädchen und dem Flusspferd

Die Geschichte habe ich durch das Mädchen Saran Camara kennengelernt, ein Waisenkind aus meinem Dorf, das ich aufnahm, als sie zwölf Jahre alt war. Sie hatte die Geschichte von ihrem Vater. Eines Tages sang sie uns die Geschichte vor, und ich erfand dazu eine Begleitung auf der Wassertrommel. Wenn sie es sang, erinnerte sie sich wohl an ihren Vater, jedenfalls liefen ihr am Ende immer die Tränen übers Gesicht. Eine Aufnahme von Sarans Liedgesang findet sich auf meiner CD »Rhythmen und Lieder aus Guinea«. Die Geschichte:

Eines Tages ging eine Frau am Fluss ihre Wäsche waschen. Sie war schwanger, und die Geburt ihres Kindes stand kurz bevor. Da näherte sich ein Flusspferd und spritzte sie nass. Ich sehe, sagte das Flusspferd, dass du bald ein Kind bekommst. Ich will diesem Kind, egal ob Mädchen oder Junge, ein guter Freund sein. Bald danach bekam die Frau ihr Kind, es war ein Mädchen. Das Kind lernte sitzen und krabbeln, bekam Zähne und lernte laufen – und eines Tages ging es zum Wäschewaschen an den Fluss. Da kam das Flusspferd und spritzte das Kind nass. Es erzählte ihm, was es seiner Mutter versprochen hatte, und gab ihm Goldstücke in die Hand – als Geschenk für seine Mutter und seine Großmutter. Es sagte: Dies soll ein Zeichen meiner Freundschaft und Liebe sein!

Das Kind lief schnell ins Dorf und brachte seiner Mutter und seiner Großmutter die Geschenke und die Grüße des Flusspferds.

Da ertönte vom Fluss her der Schuss eines Jägers.

Das Kind lief schnell zum Fluss und fand das Wasser blutrot gefärbt. Der Jäger Sory stand am Ufer. Er hatte das Flusspferd getötet. Da sagte das Mädchen zu ihm:

Eh! Sory wo, n'bara n'kari fa sory la!

Eh! Sory – ich vertraue mich dir an!

Damit wollte es sagen:
Du hast meinen Freund getötet. Jetzt musst du dich um mich kümmern.

Ja, auch wir haben unsere Tiere getötet. Es gibt niemanden, der sie uns zurückgeben kann.

ANHANG 1

Liste wichtiger Rhythmen, mit Verweisen auf ihre Erwähnung im Text

Zur Erklärung (s. auch Kap. (3) Die Rhythmen):

4-4 (quatre-quatre) und 6-8 (six-huit) sind in Famoudou Konatés Wortgebrauch die binären bzw. ternären Rhythmen. Eine Sonderform von 6-8 sind die *dunun*-Rhythmen, hier gekennzeichnet als 6-8 (*dunun*). Erkennbar sind sie am ständig wiederholten kurzen Pattern der kleinen Basstrommel *kesedenen*. Die mittlere Basstrommel *sangban* spielt in diesen Rhythmen ebenfalls eine besondere Rolle. Dieser Rhythmustyp heißt auch »danse des hommes forts« (Tanz der starken Männer).

Es folgt jeweils ein Hinweis auf die CD(s), auf denen sich Aufnahmen des jeweiligen Rhythmus finden. Das Gesamtverzeichnis der CDs von Famoudou Konaté findet sich in Anhang 2. Erläuterungen zu dem Rhythmus finden sich im angegebenen Großkapitel des Buches. Es folgt der Titel des jeweiligen Abschnittes und, in Klammern, des Unterabschnittes, sowie die Seitenangabe.

Schließlich folgt eine kurze Erläuterung des jeweiligen Rhythmus.

Bala kulandyan

4-4, CDs *Rhythmen der Malinké* und *Rhythmen und Lieder aus Guinea*

Kap. (2) Bräuche, damals und heute (Beschneidungsrituale), S. 157–160

Der Rhythmus wird auch *soli lent* (*langsamer soli*) genannt. Das Lied *bala kulandian* wurde früher zum Rhythmus *dyidanba* (s. dort) gesungen. Die Frau trägt dem Vogel *bala kulandyan* (Fischreiher) ihren Kinderwunsch vor:

Bala kulandyan! Den de ka fissa! Kèmè ta iye n'sö dan na!
I ba kèmè kè den kelen sonko di. Kèmè ta iye n'sö dan na!

Bala kulandyan! Ein Kind ist besser als alles auf der Welt!
Nimm hundert Dinge von mir und schenke mir ein Kind!
Ich schenke dir hundert Dinge als Gabe, um ein Kind zu bekommen!
Nimm hundert Dinge von mir und schenke mir ein Kind!

Balan-sondé

6-8 (*dunun*), CD *Rhythmen der Malinké*

Kap. (2) Bräuche, damals und heute (Beschneidungsrituale), S. 157–160

Von Männern und Frauen beim *solibasi*-Fest in der Nacht vor der Beschneidung der Jungen getanzt. Das Lied dazu beschuldigt die Bewohner des Nachbardorfes *Balan*, Diebe (*sondé*) zu sein.

Balanin

6-8, CD *Hamana Namun*

Kap. (2) Die Masken (Tanz der gleichnamigen Maske), S. 110–118

Bandon dyeli

6-8 (*dunun*), CD *Rhythmen der Malinké*

Kap. (4) Tradition, Notation, Lernen, Unterrichten … (Lernen durch Aufschreiben und Lernen mit Kopf und Körper), S. 238–239

Tanz der *baratii. Bandon dyeli* ist eine Affenart mit weißem Schwanz. Die Tänzer tragen einen Ring mit weißen Büscheln um den Hals, den sie auf und nieder wippen lassen.

Bara duu

6-8 (*dunun*), CD *Hamana Namun*

Kap. (2) Die soziale Ordnung im Dorf (Die Altersgruppen – Erste Generation: *baratii*), S. 100–101

Rhythmus zum Zusammenrufen der Dorfbewohner auf dem Festplatz *bara.*

Basii dön

4-4, CD *Hamana Kundö*

Kap. (2) Religion, Animismus … (Die Zaubermittel – Gris-Gris), S. 140–141

Tanz zu Ehren der Gris-Gris an deren Fest (1. Mittwoch im Jahr)

Buru Yelera

4-4, CD *Hamana Kundö*

Kap. (1) Erinnerungen an die koloniale Herrschaft (Der Kommandant in der Sänfte), S. 44

Rhythmus zur Begrüßung des französischen Kommandanten, der in einer Sänfte herumgetragen wurde.

Damba

6-8 (*dunun*), CD *Guinée: Percussions et Chants Malinké*

Kap. (2) Sexualität und Ehe (Heiratsvorbereitungen und Hochzeit), S. 122–124

Rhythmus und Lied mit Bezug zur Situation am Abend vor der Hochzeit: Die Braut wird am Flussufer (= *damba*) von ihren Freundinnen gewaschen.

Diaa

6-8, CD *Hamana Föli Kan*, Mosso-Diâh (*diaa* der Frauen)
Kap. (2) Sexualität und Ehe (Anbandeln beim Rhythmus *diaa*), S. 121
Gruppentanz der Frauen (oder, in anderer Version, der Frauen und Männer)

Diadi

6-8, CD *Hamana Kundö*
Kap. (3) Die Rhythmen (Was »Rhythmen« sind, und woher sie kommen), S. 206–209
Rhythmus und Lied über den großen Tänzer Diadi zur Zeit des Soundiata Keïta, der von einem eifersüchtigen Rivalen getötet wurde.

Dibon

4-4, CD *Hamana Namun*
Kap. (2) Bräuche, damals und heute (Feldarbeit / Feldarbeit der *baratii* und »Feldraub«), S. 155
Rhythmus zur Feldarbeit
S. auch **Kassa** und **Konkoba**

Dunungbè

6-8 (*dunun*), CD *Guinée: Percussions et Chants Malinké Vol. 2*, CD *Hamanah* (Mamady Keïta mit Famoudou Konaté)
Kap. (3) Die Rhythmen (Ein besonderer *dunun: dunungbè*), S. 209
Kap. (2) Die Feste (*Dala mön:* Fischen im See), S. 108–110

Dyidanba

6-8, CDs *Rhythmen der Malinké, Rhythmen und Lieder aus Guinea*
Kap. (2) Sexualität und Ehe (Respekt der Kinder für ihre Mütter), S. 129
Traditioneller Frauentanz

Kassa

4-4, CD *Rhythmen der Malinké* / CD *Hamana Namun*
Kap. (2) Bräuche, damals und heute (Feldarbeit / Feldarbeit der *baratii* und »Feldraub«), S. 155
Rhythmus zur Feldarbeit
S. auch **Dibon** und **Konkoba**

Kadan

6-8 (*dunun*), CD *Guinée: Percussions et Chants Malinké*

Kap. (2) Die soziale Ordnung im Dorf (Die Altersgruppen – Vierte Generation: *kondén ba*), S. 102–103

Kap. (2) Bräuche, damals und heute (Beschneidungsrituale bei den Jungen), S. 157–159

Rhythmus der unbeschnittenen Jungen (*bilakoro*), benannt nach den beim Tanz an den Fußgelenken getragenen Lianenringen *kadan*.

Kawa

6-8, CD *Hamana Namun*

Kap. (2) Die Masken (Tanz der gleichnamigen Maske), S. 110–118

Kéné föli

6-8, CD *Rhythmen und Lieder aus Guinea*

Kap. (2) Bräuche, damals und heute (Beschneidungsrituale), S. 157–160

Rhythmus und Lied, beide sehr alt, erklingen beim *solibasi*-Fest in der Nacht vor der Beschneidung der Jungen. Das Lied:

Nakura bara na kabo dyinda la – eh!
Demba ti lu ko: ko i niké!

Nakura ist vom Beschneidungsplatz zurückgekommen. Die Eltern sagen: Danke – seid gegrüßt!

Koba lama

Kap. (2) Bräuche, damals und heute (Beschneidungsrituale), S. 157–160

F. K.: »Ein sehr heiliger Rhythmus mit gefährlicher Zauberkraft, der viele Geheimnisse in sich birgt. Er wird nur bei einer Gelegenheit gespielt: beim *solibasi*-Fest in der Nacht vor der Beschneidung der Jungen. Ich war oft in Versuchung, den *koba lama*-Rhythmus zu unterrichten, bin dann aber jedesmal davor zurückgeschreckt. Er führt sehr tief in die geheimnisvollen und tragischen Seiten unserer Kultur hinein«.

Koma

Kap. (2) Die Masken (Tanz der gleichnamigen Maske), S. 110–118

F. K.: »Ebenso wie den Rhythmus *koba lama* habe ich den Tanz der gefährlichen und heiligen Maske *koma* nie unterrichtet oder aufgenommen.«

Koma der Frauen

6-8, CD *Hamana Föli Kan*

Trotz des gleichen Namens hat dieser Rhythmus nichts mit dem Tanz der *koma*-Maske zu tun. Er geht auf den Brauch der Frauen zurück, am Ende eines Festes die Trommler auf ihrem Heimweg zu begleiten.

Konkoba

6-8, CD *Hamana Föli Kan* / CD *Guinée: Percussions et Chants Malinké*

Kap. (2) Bräuche, damals und heute (Feldarbeit / Feldarbeit der *baratii* und »Feldraub«), S. 155

Rhythmus zur Feldarbeit

S. auch **Dibon** und **Kassa**

Kondén

6-8

Kap. (2) Die Masken (Tanz der gleichnamigen Maske), S. 110–118

Kondén diarra

4-4, CD *Guinée: Percussions et Chants Malinké Vol.2*

Kap. (2) Die Masken (Die sozialen Masken der vierten Generation: *kondén*, *balan-in*, die Maske *turanin gbanan*), S. 115–116

Kuraba dön

6-8 *(dunun)*, CD *Hamanah* (Mamady Keïta mit Famoudou Konaté)

Kap. (2) Die Feste (*Dala mön:* Fischen im See), S. 108–110

Rhythmus, der am *dala mön*-Fest am See von Baro getanzt wird.

La lamban

4-4, CD *Hamana Föli Kan*

Kap. (2) Die soziale Ordnung im Dorf (Griots und Griotten), S. 94–97

Rhythmus und Tanz der Griot-Familien

Lafé

4-4, CD *Guinée: Percussions et Chants Malinké Vol.2*

Kap. (3) Die Rhythmen (Ein besonderer Rhythmus: *mendianèn*), S. 212–214

Kap. (2) Die Feste (*Dala mön:* Fischen im See), S. 108–110

Rhythmus der *lafé,* Begleiterin der *mendianèn*

Mendianèn

6-8, CD *Rhythmen der Malinké*

Kap. (3) Die Rhythmen (Ein besonderer Rhythmus: *mendianèn*), S. 212–214

Kap. (2) Die Feste (*Dala mön:* Fischen im See), S. 108–110

Rhythmus der *mendianèn*, der kleinen »Tanzkönigin« des Dorfes

Moriba diassa

4-4

Kap. (1) Mein Abschied von den Ballets Africains (Die weißen Teufel spielen Djembe!), S. 76–77

Rhythmus, den man zum Dank für eine Wunscherfüllung tanzt.

Numun

4-4, CD *Hamana Föli Kan*

Kap. (2) Die soziale Ordnung im Dorf (Adel, Handwerker, Jäger), S. 92–94

Numun: Schmied

Siran kurunén

4-4, CD *Guinée: Percussions et chants Malinké*

Kap. (2) Die soziale Ordnung im Dorf (Die Altersgruppen – Fünfte Generation: *kondén den*), S. 103–104

Kampfritual der Jungen in der Nacht und am Morgen des Festes zum Ende des Ramadan

Sofa

4-4, CD *Rhythmen der Malinké* (= *sofa*).

Kap. (1) Meine Anfänge als Trommler (Der Tod meines Vaters / Geschichte eines besonderen Rhythmus: *sofa*), S. 38–40, 41–42

Uralter Rhythmus der Krieger

Sofa salikènèbo

4-4, CD *Hamana Mandenkönö*

Kap. (2) Die Feste (*Sunkaro sali:* Ende des Ramadans), S. 107

Der Rhythmus hat trotz des Namens nichts mit dem obigen Rhythmus *sofa* zu tun.

Trommler ziehen mit diesem Rhythmus am Morgen der Feste *sunkaro sali* und *tabaski* durchs Dorf.

Soko

6-8, CD *Rhythmen der Malinké*

Kap. (2) Bräuche, damals und heute (Beschneidungsrituale), S. 157–160

Der Rhythmus erklingt, nachdem man den Jungen am Tag vor der Beschneidung den Kopf geschoren hat.

Soli

6-8, CD *Rhythmen der Malinké*

Kap. (2) Bräuche, damals und heute (Beschneidungsrituale), S. 157–160

Der Rhythmus wird an den Tagen und in den Nächten vor der Beschneidung der Jungen gespielt.

Solibasi

Kap. (2) Bräuche, damals und heute (Beschneidungsrituale), S. 157–160

Tanzfest am Nachmittag und in der Nacht vor der Beschneidung der Jungen, bei dem eine Reihe verschiedener Rhythmen gespielt und getanzt werden (*soli, bala kulandyan, balan sonde, kéné föli, koba lama* und einige – wenige – andere).

F. K. nannte einen selbst komponierten Rhythmus ebenfalls *solibasi.*

Soliwulén

4-4, CD *Hamana Namun*

Kap. (2) Masken (Tanz der gleichnamigen Maske), S. 110–118

Tasaba

Kap. (2) Masken (Tanz der gleichnamigen Maske), S. 110–118

Toro

4-4, CD *Hamana Namun*

Kap. (2) Bräuche, damals und heute (Beschneidungsrituale bei den Jungen), S. 157–159

Den Rhythmus gibt es in 4 Versionen. 3 davon sind in der CD-Aufnahme zu hören.

Eigene Kompositionen und Arrangements Famoudou Konatés (*)

A Nakan*

4-4, CD *Hamana Mandenkönö*

Kap. (2) Die soziale Ordnung im Dorf (Griots und Griotten), S. 94–97

Begrüßungslied der Griots, wenn Trommler aus einem anderen Dorf zu erwarten sind.

Bèè ni Danya*

6-8, CD *Hamana Mandenkönö*

Kap. (3) Der *djembeföla* (Erinnerungen an eindrucksvolle Kollegen), S. 225–226

Inspiriert ist dieser Rhythmus vom Gesang der guineischen Waldtaube.

Bolo könöndö II*

6-8 (*dunun*), CD *Guinée: Percussions et Chants Malinké Vol. 2*

Von Famoudou Konaté neu geschaffener Rhythmus, angelehnt an ***bolo könöndö*** (CD *Rhythmen der Malinké,* CD *Hamanah (Mamady Keïta mit Famoudou Konaté)*

Der Name des Rhythmus bedeutet 9 Hände (oder 9 Finger, *bönöndö* = 9) und bezieht sich auf bestimmte formale Eigenheiten des Rhythmus.

Concert Djembe*

CD *Hamana Föli Kan*

Kap. (1) Besonders wichtige Freunde und Kollegen (Noumoudy Keïta), S. 89

auch: Kap. (3) Das Spiel auf der Djembe (Spielen auf der Djembe / Weitere Klänge, die ich spiele), S. 199–200, 200–201

Eine Zufallskomposition, entstanden beim Üben in den Ballets Africains mit den Kollegen Mamady Keïta und Fancis Magloire Camara, die viele Spielfiguren, Soli und Intros enthält.

Daaba*

6-8, CD *Guinée: Percussions et chants Malinké (Vol 2)*

Kap. (2) Religion, Animismus, Hexer und Féticheure (Gute und böse Féticheure etc.), S. 150–151

Begleitrhythmus zu einem Lied über die Féticheuse Fanta, die alle möglichen Leiden heilt – mit Hilfe des Pflanzensuds, den sie in ihrem Krug (*daaba*) zubereitet. Die ursprüngliche Begleitung wird auf der Harfe der Magier, *börö könin*, gespielt.

Diabana*

4-4, CD *Guinée: Percussions et chants Malinké (Vol 2)*

Kap. (2) Die soziale Ordnung im Dorf (Griots und Griotten), S. 94–97

Die Griotte (hier: Batourou Diabaté) singt von der Zeit, die alles verschlingt: Selbst die Liebe ist irgendwann zu Ende. Die Begleitung wurde vom Rhythmus *dyansa* aus Süd-Mali inspiriert. Das Instrumentalensemble ist durch Congas erweitert, und die Djembe wird ausnahmsweise auch mit Stöcken gespielt.

Dibon, Kassa, Konkoba Dunun*

4-4 bzw. Dunun (Konkoba), CD *Hamana Namun*

Kap. (2) Bräuche, damals und heute (Feldarbeit / Feldarbeit der *baratii* und »Feldraub«), S. 155

Eigenes Arrangement von F. K. zu diesen Rhythmen

Doofendön*

6-8 *(dunun)*, CD *Hamana Mandenkönö*

Kap. (2) Religion, Animismus, Hexer und Féticheure (Gute und böse Féticheure etc.), S. 150–151

Komposition von F. K. Ritueller Tanz eines Féticheurs, der einem jungen Paar helfen will, das im Wald bösen Geistern begegnete und in ein schlimmes Fieber fiel.

Dunun mayèlèman*

6-8 *(dunun)*, CD *Hamana namun*

Kap. (3) Die Rhythmen (Die drei rhythmischen Grundtypen), S. 209

Der Name des Rhythmus sagt: veränderter *dunun*. Famoudou Konaté hat in diesem Rhythmus die Rollen von *sangban* und *dundunba* vertauscht. Während Djembe und *kesedenen* ihre üblichen Begleitfiguren spielen, hört man eine Folge von Veränderungen in der *dundunba* (und nicht in der *sangban*, die stattdessen hier einen gleichmäßigen Grundschlag spielt).

Dyènè*

6-8, CD *Hamana Mandenkönö*

Kap. (2) Sexualität und Ehe (Heiratsvorbereitungen und Hochzeit), S. 122–124

Die Mädchen verabschieden am Tag der Hochzeit die Braut, ihre Freundin Dyènè, und loben ihre Schönheit und ihren Charakter.

Gbada Wewe*

6-8, CD *Guinée: Percussions et Chants Malinké Vol. 2*

Kap. (3) Die Musikinstrumente (Instrumente der Kinder, *kodo-kodo*), S. 184–185

Arrangement über eine Reihe von Rhythmen aus der Waldregion. *Gbada* ist eine kleine giftige Schlange.

Hamana Mandenkönö*

6-8 (*dunun*), CD *Hamana Mandenkönö*

Kap. (2) Die soziale Ordnung im Dorf (Griots und Griotten), S. 94–97

Loblied auf die berühmte Griotte Saran. Arrangement verschiedener Rhythmen und Intros zum Lied.

Kamerenèn Dönna*

6-8 (*dunun*), CD *Hamana Mandenkönö*

Kap. (3) Die Rhythmen (Die drei rhythmischen Grundtypen / Wie starke Männer tanzen), S. 209, 210

Loblied auf einen jungen Mann, der hervorragend tanzt, dazu zwei von Famoudou Konaté komponierte *dunun*-Rhythmen.

Kè bendo*

4-4, CD *Rhythmen und Lieder aus Guinea*

Kap. (2) Sexualität und Ehe (Ein Dauerproblem: Polygamie), S. 129–132

Den Rhythmus hat F. K. arrangiert, und zwar ausgehend vom Begleitpattern der 1. Djembe, bekannt unter dem Namen *yaradi*.

La cloche de Hamana*

6-8, CD *Hamana Föli Kan*

Lekoliden*

6-8, CD *Koria Den*

Kap. (2) Sexualität und Ehe (Mädchen in die Schule!), S. 136

Rhythmus von Famoudou Konaté zu einem Lied der Frauen, die zum Schulbesuch der Mädchen aufrufen.

Lolo*

4-4, CD *Rhythmen und Lieder aus Guinea*

Kap. (3) Die Rhythmen (Was »Rhythmen« sind, und woher sie kommen), S. 206–209

Von Famoudou Konaté komponierter Rhythmus zum Lied für eine Frau, der ein Wahrsager baldige Genesung versprochen hat. (*lolo* = Stern)

M'bè sööma*

4-4, CD *Hamana Mandenkönö*

Kap. (2) Bräuche, damals und heute (Abschiedslieder), S. 163–164

Rhythmus von Famoudou Konaté zu einem traditionellen Abschiedslied

Nanfina*

6-8, CD *Hamana Namun*

Kap. (3) Die Rhythmen (Die drei rhythmischen Grundtypen), S. 209

auch: Kap. (3) Die Instrumente (Instrumente der Griots (Jeli), *balafö*), S. 174

Nanfina ist ein Liebeslied aus der Region südlich von Kouroussa, zu dem Famoudou Konaté diesen Begleitrhythmus schuf. Man hört das Gegeneinander von 4x3 und 6x2-Puls-Figuren. In den Basstrommeln hört man das dreitönige Motiv »Famoudou«. Das *balafö* spielt mit.

N yèrèby*

4-4, CD *Rhythmen und Lieder aus Guinea*

Kap. (2) Sexualität und Ehe (Heiratsvorbereitungen und Hochzeit), S. 122–124

Der Rhythmus ist eine Eigenkreation von Famoudou Konaté zum Lied *n yèrèbi*, mit dem der Griot den Kinderfreund der Braut verabschiedet. Es wurde früher zum Rhythmus *diagba* gesungen.

Sabari*

Kap. (3) Der *djembeföla* (Geringes Ansehen bei den Dorfbewohnern, Geduld als Tugend), S. 220–222

Eigenkreation von Famoudou Konaté zum Lied über die Geduld (=*sabari*)

Sansani nani*

4-4, CD *Hamana Mandenkönö*

Kap. (3) Die Djembe (Wie die Djembe erfunden wurde), S. 192

Die Djembe entstand nach alten Erzählungen aus dem Mörser der Frauen. *Nani* = 4, man hört in den Basstrommeln das Mörserstampfen von 4 Frauen.

Sansani saba*

6-8, CD *Hamana Föli Kan*

Kap. (3) Die Djembe (Wie die Djembe erfunden wurde), S. 192

Die Djembe entstand nach alten Erzählungen aus dem Mörser der Frauen. *Saba* = 3, man hört in den Basstrommeln das Mörserstampfen von 3 Frauen.

Sila*

4-4, CD *Hamana Mandenkönö*

Begleitrhythmus von Famoudou Konaté zu einem gesungenen Abzählvers der Kinder, die sich im Wald verlaufen haben und nun wissen wollen, welcher Weg ins Dorf zurückführt. Dabei zeigen sie im Takt in die verschiedenen Richtungen: Soll ich hierhin gehen? Oder dahin? Ich habe den Weg aus den Augen verloren!

Sönföli*

6-8 *(dunun)*, CD *Guinée: Percussions et Chants Malinké*

Kap. (2) Die soziale Ordnung im Dorf (Griots und Griotten), S. 94–97

Die Griotte Batourou Diabaté singt in dieser Aufnahme ein Loblied auf Famoudou Konaté und den Klang seiner Djembe.

Soofètama*

4-4, CD *Hamana Namun*

Der Name bedeutet »Rundgang«. Famoudou Konaté hat diesen Rhythmus für den Rundgang der Trommler durch das Dorf komponiert (oder besser: ihn den vielen vorhandenen Rhythmen für diese Gelegenheit hinzugefügt).

Sumbuyaya*

4-4, CD *Hamana Mandenkönö*

Famoudou Konaté komponierte die Begleitung zu dem alten Lied, in dem die Marktfrau Sumbu die Menschen bittet, ihre Krapfen zu kaufen, und dabei Gottes Unterstützung herbeiwünscht.

ANHANG 2

Erläuterungen zu Namen und Begriffen, die häufig im Text vorkommen

Guinea

(frz. La Guinée) ist Famoudou Konatés Heimatland. Es gehörte bis 1958 zum ausgedehnten Kolonialgebiet Französisch-Westafrika, die Amtssprache ist bis heute Französisch.

Das Land hat sechs Verwaltungsregionen und besteht aus vier Großlandschaften:

- dem südwestlichen Küstengebiet Niederguinea (Basse Guinée),
- der nordwestlichen Gebirgsregion Mittelguinea (Moyenne Guinée oder Fouta Djallon),
- dem nordöstlichen Hochland Oberguinea (Haute Guinée)
- und dem südöstlichen Wald-Guinea (Guinée Forestière).

Dieser Gliederung entspricht in etwa die Verteilung der Volksgruppen: In Niederguinea leben vor allem Susu, in Mittelguinea überwiegend Peulh (Fula), in Oberguinea dominieren Malinké (denen auch Famoudou Konaté zugehört), und das Gebiet Wald-Guinea teilen sich acht weitere Volksgruppen. Rechnet man Minderheiten hinzu, die über das ganze Land verteilt sind, so kommt man auf 26 ethnische Gruppen, die sich auch sprachlich und kulturell unterscheiden. Viele von ihnen gibt es nicht nur in Guinea, sondern auch in den Nachbarländern.

Der Herausgeber dieses Buches lebte einige Jahre in Labé, der Hauptstadt der gleichnamigen Verwaltungsregion im Fouta Djallon, als Gast der Peulh. Er erlebte deren Kultur und Sprache, auch in ihrer Gegensätzlichkeit zur Sprache und Kultur der Malinké Famoudou Konatés.

Der Gegensatz dieser beiden Volksgruppen prägt auch die politische Situation im Land. Obwohl die Peulh eine wichtige Rolle in der Verwaltung, in der Wissenschaft und im Schulsystem des Landes spielen, ist es ihnen bisher nie gelungen, den Präsidenten zu stellen. Auf den ab 1958 despotisch regierenden Unabhängigkeitspräsidenten Sékou Touré (Malinké) folgte 1984 der Militärdiktator Lansana Conté (Susu). Er starb 2008. Nach zwei Jahren einer erneuten Militärdiktatur unter dem Guerzé Moussa Dadis Camara wurde 2010 der Malinké Alpha Condé als erster Zivilist seit Sékou Touré zum Präsidenten gewählt, der bis heute (2021) regiert.

Das Land verfügt über bedeutende Bodenschätze (Eisen, Gold, Bauxit, Mineralien und seltene Erden), über Wasserkraft und günstige landwirtschaftliche Voraussetzungen. Trotzdem fehlt nie, wenn von Guinea in den Medien die Rede ist, der Hinweis: eines der ärmsten Länder der Welt. Korruption und Misswirtschaft bestimmen das gesellschaftliche Leben bis heute. Famoudou Konaté hat davon viel zu erzählen.

Hamana, Sangbaralla

Hamana ist ein Gebiet in Oberguinea, das sich von der Stadt Kouroussa (diese einschließend) etwa 50 km nach Osten und etwa 40 km nach Südosten erstreckt. Hier liegt auch Famoudou Konatés Heimatdorf Sangbaralla.

Was Famoudou Konaté als »seine Kultur« und »seine Musik« beschreibt, ist hier beheimatet: Die Djembe-Musik mit den drei Basstrommeln, das umfangreiche Repertoire an Rhythmen, die vielfältigen Situationen, in denen die Musik ihre Wirkung entfaltet.

Das Land Guinea hat 2001 bei der UNESCO beantragt, Hamana ins Weltkulturerbe aufzunehmen, und erwähnte in seinem Antrag besonders auch die Dörfer am Niger-Ufer mit ihren traditionellen kulturellen Praktiken, namentlich den Ritualen bei den Festen an Teichen und Seen (siehe Feste: *dala mön*). Famoudou Konaté erwähnt seine Herkunft aus der Hamana-Region immer mit Stolz.

https://whc.unesco.org/en/tentativelists/1521/ (Abruf 1. Februar 2021)

Aus Kouroussa stammt auch der Autor Camara Laye (1928–1980), der in seinem Roman »L'enfant noir« (1953), deutsch: »Einer aus Kurussa« von seiner Kindheit und Jugend in Hamana erzählt (siehe Anhang 4).

Mali-Reich, Soundiata Keïta

Das mittelalterliche Mali-Reich umfasste einen breiten Streifen Westafrikas von der Atlantik-Küste des heutigen Senegal bis zum Osten des heutigen Mali (mit dem es nicht identisch ist) und des Westzipfels von Niger. Es schloss auch Teile des heutigen Oberguinea mit Famoudou Konatés Herkunftsregion ein. Als Gründer des Reiches gilt Soundiata Keïta (1190–1260), der 1235 in der Schlacht von Kirina seine Herrschaft durch einen Sieg über die zerfallenden Vorgängerstaaten errang. Die Malinké führen ihren Namen darauf zurück, dass sie von der herrschenden Klasse des Mali-Reiches abstammen, besonders die Keïta betonen ihre Herkunft von Soundiata. Das Reich steht für sagenhaften Reichtum, der vor allem aus der Goldförderung im Osten des heutigen Guinea herrührte. Staatsreligion war der Islam, die Könige pilgerten immer wieder nach Mekka. Der König Mansa Mussa gab im Zuge seiner Pilgerfahrt nach Mekka im Jahre 1324 in Kairo so viel Gold aus, dass die Börse zusammenbrach und der Goldpreis um 25 Prozent sank. Das Reich zerfiel durch Angriffe von außen schon um 1400, sein Ruhm ist allerdings bis heute bewahrt in den tradierten Gesängen der Griots (der einzigen Quelle für die historischen Geschehnisse, abgesehen von einem Reisebericht des ägyptischen Gelehrten Ibn Battuta, der das Mali-Reich von 1349 bis 1354 bereiste). Die Erzählungen der Malinké-Griots wirken bis heute identitätsstiftend. Ein Beispiel dafür ist Famoudou Konatés Bericht über den Rhythmus *sofa*, den es schon zu Zeiten von Soundiata Keïta gegeben habe (Kapitel Der Tod meines Vaters / Geschichte eines besonderen Rhythmus).

Almami Samory Touré (1830–1900)

Touré entstammte einer Malinké-Familie der guineischen Wald-Region und schuf sich ab 1870 ein eigenes Heer, mit dem er ein großes Gebiet eroberte, das vom heutigen Mittelguinea bis zur Westgrenze von Togo, in Nord-Süd-Richtung von Bamako bis zur Elfenbeinküste reichte. Er etablierte in seinem Reich (Wassulu) Verwaltungs- und Herrschaftsstrukturen und setzte den Islam als Staatsreligion durch, auch gegen den Widerstand von Bevölkerungsteilen, die weiter dem Animismus anhingen (zu denen wohl auch die Bewohner von Hamana gehörten – noch in Famoudou Konatés Kinderzeit scheint sein Heimatdorf Sangbaralla nicht gerade eine Hochburg des Islam gewesen zu sein). Den vordringenden Franzosen bereitete Samory Touré große Schwierigkeiten, musste sich ihnen am Ende aber ergeben. Sie deportierten ihn 1898 ins heutige Gabun, wo er 1900 starb.

Famoudou Konaté berichtet ganz zu Anfang von einem Versuch Almami Samory Touré's, sein Heimatdorf Sangbaralla zu erobern, wo ihm aber sein Großvater Kèkörö Konaté widerstand. Rein chronologisch lässt sich das rekonstruieren: Famoudous Vater war bei seiner Geburt 1940 schon hochbetagt (Famoudou war sein 49. Kind), der Großvater dürfte also zur Zeit der Feldzüge Almami Samory Tourés schon in Sangbaralla gelebt haben.

Weitere Erwähnungen Tourés: Im Kapitel über die Griots zitiert Famoudou Konaté ein Spottlied auf Touré wegen seiner Niederlage bei der Stadt Sikasso. Tatsächlich belagerte Touré 1887 mit Tausenden Soldaten wochenlang diese Stadt im Süden des heutigen Mali und musste schließlich erfolglos abziehen. Im Kapitel über das »Instrument der Krieger« *bölön* erzählt Famoudou Konaté, dass Touré einmal eine Reihe von Männern hinrichten lassen wollte, die aber von einem *bölön*-Spieler mit übersinnlichen Fähigkeiten in Vögel verwandelt wurden und davonflogen.

Ahmed Sékou Touré (1922–1986)

Touré war der erste Staatspräsident Guineas nach der Unabhängigkeit (ab 1958). Er stammte aus Faranah im Südosten des Landes. Offenbar war er ein Urenkel des erwähnten Heerführers Almami Samory Touré, dessen Gebeine er in einem Staatsbegräbnis in der Hauptstadt Conakry beisetzen ließ.

Sékou Touré kam aus der Gewerkschaftsbewegung seines Landes und war schon einige Jahre vor der Unabhängigkeit die zentrale Figur der guineischen Politik, als Vorsitzender der Partei PDG (Partie Démocratique de Guinée), Bürgermeister von Conakry und Mitglied der französischen Nationalversammlung. 1958 kündigte der französische Präsident Charles de Gaulle ein Referendum über die Schaffung einer Französisch-Afrikanischen Gemeinschaft an. Die französischen Kolonien konnten sich zwischen einer Mitgliedschaft und der totalen Unabhängigkeit entscheiden. Bei einem Besuch de Gaulles in Guineas Haupstadt Conakry konfrontierte Touré den Präsidenten in einer berühmt gewordenen Rede mit seiner Entscheidung für die Unabhängigkeit (»Wir ziehen die Armut in Freiheit dem Reichtum in Sklaverei vor«, Dave 2009, S. 458, siehe Anhang 3). Das Referendum am 28. September 1958 erbrachte eine 95-prozentige Zustimmung zu Tourés Politik. Guinea war die einzige der französischen Kolonien, die sich für die totale Unabhängigkeit entschied. De Gaulle zog daraufhin alle Franzosen von einem Tag auf den anderen aus Guinea ab, ohne Vorbereitung und ohne geordnete Übergabe von Verwaltung und Infrastrukturen. Dies war eine schwere Hypothek für den neuen Staat, der sich aus dem Nichts reorganisieren musste.

Touré machte aus Guinea bald einen autoritären Einparteienstaat. Er orientierte das Land politisch und ökonomisch am damaligen kommunistischen Ostblock, hielt aber diese Ausrichtung aus ökonomischen Gründen nicht bis zum Ende seiner Amtszeit durch. Zur Bilanz seines despotischen Regimes gehören um die zwei Millionen Flüchtlinge. Tausende (wirkliche oder vermeintliche) politische Gegner wurden eingekerkert und liquidiert. Touré starb 1984 während einer Herzoperation in den USA.

Famoudou Konaté ist Sékou Touré, der die Ballets Africains de la République de Guinée zum staatlichen Ensemble machte, mehrfach auch persönlich begegnet. Die Belange des Ensembles waren Touré offenbar ein persönliches Anliegen. So sorgte er dafür, dass die Ballets-Angehörigen nach Klagen über schlechte Unterbringung und Verpflegung während der Tourneen bald ein festes Gehalt bekamen.

1960 besuchte Touré die westdeutsche Bundeshauptstadt Bonn (ein Jahr zuvor hatte man ihm das BRD-Bundesverdienstkreuz verliehen). Über den Staatsbesuch brachte der SPIEGEL am 16.3.1960 einen langen Hintergrundbericht (mit einem Touré-Porträt als Titelbild). Es ging der Bonner Regierung darum, Guinea von einer diplomatischen Anerkennung der DDR abzuhalten, weil dies – nach der westdeutschen »Hallstein-Doktrin« – das Ende der diplomatischen Beziehungen Guinea-BRD bedeutet hätte.

Das sicherlich nicht unkomplizierte Arbeitsprogramm des Staatsbesuchs hielt Touré, folgt man Famoudou Konaté, nicht davon ab, die Ballets-Mitglieder spontan in seinem Hotel zu empfangen und sich um die Probleme einer schwangeren Tänzerin zu kümmern (Der ewige sexuelle Notstand / Sékou Touré und die schwangere Tänzerin).

Ob Tourés Bonn-Besuch wirklich mit einem Auftritt der Ballets Africains zusammenfiel, oder ob die von Famoudou Konaté ausführlich geschilderte Episode zu einem anderen Zeitpunkt oder ganz woanders stattfand, ist etwas unsicher. Famoudou Konaté stellt immer wieder sein exzellentes Gedächtnis unter Beweis. Aber einer Recherche von Joshua Cohen zufolge (Cohen 2012, siehe Anhang 4) befanden sich die Ballets Africains 1959 und 1960 auf einer USA-Tournee. In Bonn traten sie nachweislich am 18. Oktober 1962 auf, allerdings ist für diesen Tag kein Bonn-Aufenthalt von Sékou Touré verbürgt. Konaté schreibt nichts über die USA-Tournée von 1960, hingegen führte nach seiner Erinnerung die erste Reise mit den neu zusammengestellten Ballets nach Europa. Vielleicht reiste die seit Jahren etablierte, schon 1952 gegründete Truppe in die USA und gleichzeitig ein »Newcomer«-Ensemble nach Europa.

Sékou Tourés Kulturpolitik stand unter dem Leitbegriff »Authentizität« (»authenticité«). Er schrieb: »Wie viele unserer Jungen und Mädchen haben sich wohl schon von den Schätzen unserer traditionellen Tänze und dem kulturellen Reichtum unserer Volkslieder abgewandt? Sie alle sind Tango- oder Walzer-Fans geworden und bewundern diesen oder jenen europäischen Sänger. Wenn wir unser kostbares musikalisches Erbe ignorieren, werden wir uns völlig von unseren sozialen Wurzeln trennen und nicht mehr in der Lage sein, die wahren menschlichen Qualitäten zu erkennen, und uns selbst zu erkennen« (zit. nach Dave 2009, S. 460, siehe Anhang 4).

Er hielt die Musiker an, in ihre Dörfer zurückzugehen und sich die »wahren« kulturellen Traditionen wieder anzueignen. Der Saxophonist Moma Wandel Souma sagte rückblickend:

»Wir gruben, und wir fanden Gold. Wunderbare Lieder, die wir arrangierten und in unsere Musik integrierten« (zit. n. Posthumus 2016, S. 175, siehe Anhang 4).

Unter solchen Vorzeichen entstanden neue Ensembles wie das Orchestre Syli National, Balla et ses Balladins, Bembeya Jazz National und viele regionale Ensembles, bald darauf auch das Plattenlabel Syliphone, das von 1965 bis 1984 unzählige LPs und Singles produzierte. Traditionelle und moderne Instrumente wie Trompete, Gitarre und Saxophon, lateinamerikanische, afrikanische und Jazzelemente verbanden sich zu einem unverwechselbaren neuen Stil, zu dem auch traditionelle Lieder in den verschiedenen lokalen Sprachen gehörten. (Posthumus 2016, S. 175 ff, siehe Anhang 4). Diese »neue Authentizität« knüpfte zwar an die kulturellen Traditionen an, die Politik bekämpfte aber zugleich die damit dicht verwachsenen animistischen Vorstellungen – ebenso wie manche überkommenen gesellschaftlichen Praktiken

(Polygamie, Zwangsheirat, Mädchenbeschneidung etc.). Ein Beispiel für diese Politik ist das Lied »*Ke Bendo*«, das Famoudou Konaté in seinem Kapitel über Polygamie zitiert und für das er ein Rhythmusarrangement komponierte. (Kritische Analysen von Tourés Kulturpolitik finden sich in den Texten von Nomi Dave und Bram Posthumus – siehe Anhang 4).

Les Ballets Africains de la République de Guinée

Das Ensemble wurde schon 1952 (Cohen 2012, S. 19, siehe Anhang 4) in Paris von dem guineischen Schriftsteller, Dramatiker, Komponisten und Tänzer Fodéba Keïta (1921–1969) gegründet. Es ging aus dem Théatre Africain hervor, mit dem Keïta seit 1949 von Paris aus die Schweiz und Frankreich bereiste. Bis 1958 traten die Ballets Africains erfolgreich in 170 europäischen Städten, dem französischen Westafrika, den Balkanstaaten, Israel, der Türkei, Westdeutschland und fünf südamerikanischen Staaten auf, bevor sie 1959 zum ersten Mal in die USA reisten. Sie waren also schon weltbekannt, als Sékou Touré und Fodéba Keïta (der auch Schöpfer der guineischen Nationalhymne war) sie 1958 zum Staatsensemble machten, das von nun an unter dem Namen »Les Ballets Africains de la République de Guinée« auftrat.

Tanz, Gesang und Instrumentalmusik der verschiedenen guineischen Regionen wurden hier in eine theatralische Bühnenshow verwandelt, deren dramaturgische Prinzipien vor allem das Werk von Fodéba Keïta waren. Nomi Dave (2009, S. 461, siehe Anhang 4) charakterisiert sie so: »Die Stücke wurden in der Weise umstrukturiert, dass sie nun einen klaren Beginn, Mittelteil und Schluss hatten, anders als das traditionelle Ebbe- und Flut-Prinzip beim Singen, Klatschen und den Instrumentalklängen. Das Raumarrangement änderte sich völlig, die Musiker standen nicht mehr im Kreis, sondern in einer bühnengerechten Reihe an der Rampe. Die Stücke waren viel kürzer, und neue Instrumente wie Gitarren traten hinzu. Für Touré war dieser innovative Mix genau das, was er sich unter einer neuen afrikanischen Kultur vorstellte«.

In Übereinstimmung damit schreibt Famoudou Konaté in seinem Kapitel über die musikalische Gestaltung im Zusammenspiel / Die Introduktionen: »In Hamana kennt man bis heute nicht die Art von Arrangements, die wir gerne vor Publikum spielen: mit besonderen unisono-Einleitungen, die sich in der Mitte und am Ende des Stücks wiederholen. Diese Arrangements sind das Produkt unserer Reisen mit den Ballets Africains in andere Länder, wo wir auf der Bühne auftraten. Bei den dörflichen Tanzgelegenheiten ist dazu keine Zeit, denn die Menschen wollen sofort tanzen und nicht die Einleitung abwarten. Außerdem kann man zu diesen Passagen nicht tanzen. Bei Konzerten und in den Workshops mit Anfängern und Fortgeschrittenen aus aller Welt möchte ich sie nicht missen: Sie bereichern die Musik und sind von besonderem Reiz für die Schülerinnen und Schüler«.

Die Ballets Africains waren für den guineischen Staat ein unverzichtbarer Devisenbringer. Famoudou Konaté bemerkt, dass Guinea in den ersten Jahrzehnten drei Monate lang seine Beamten aus den Ballets-Einnahmen bezahlen konnte (Die Arbeitsbedingungen in den Ballets / Katastrophale Bedingungen in den ersten Jahren). Das wird in einem Artikel der Zeitschrift »Jeune Afrique« vom 14. April 2015 bestätigt: *Ballets africains: quand la Guinée abandonne ses danseurs* (*Ballets africains: Wenn Guinea seine Tänzer im Stich lässt*).

Der internationale Erfolg der Ballets Africains und die Nachfrage nach ihrer Bühnenshow waren so groß, dass die Ballets allein sie bald nicht mehr befriedigen konnten. Das führte 1964 zur Gründung eines zweiten Ensembles: des Ballet National Djoliba de la République de Guinée. Sékou Touré trug die Leitung des neuen Ensembles vergeblich dem amerikanischen Sänger und Schauspieler Harry Belafonte an, der vorübergehend mit der guineischen Revolution sympathisierte.

ANHANG 3

Famoudou Konatés CDs

»Rhythmen der Malinké«, 1991 (Museum Collection Berlin CD 18, Abteilung Musikethnologie Museum für Völkerkunde Berlin)

»Rhythmen und Lieder aus Guinea«, Buch und CD. Famoudou Konaté und Thomas Ott, Lugert Verlag, Oldershausen 1996

»Guinée: Percussions et Chants Malinké«, 1998 (Musique du Monde, Buda Musique)

»Hamana Föli Kan«, 2001 (Buda Musique)

»Guinée: Percussions et Chants Malinké – Volume 2«, 2003 (Musique die Monde, Buda Musique)

»Hamana Mandenkönö«, 2004 (TARIKUmusique Famoudou Konaté)

»Hamana Namun«, 2008 (TARIKUmusique Famoudou Konaté CD TAR 02)

»Hamana Kundö«, 2012 (TARIKUmusique Famoudou Konaté CD TAR 03)

»Koria Den«, 2016 (Billy Konaté)

ANHANG 4

Literatur und Internetressourcen

Roman

Camara Laye: *L'enfant noir.* Paris (Plon) 1953. Deutsch: *Einer aus Kurussa.* Zürich (Speer) 1945.

Überblicksdarstellungen

Eric Charry: *Mande Music. Traditional and Modern Music of the Maninka and Mandinka of Western Africa.* Chicago and London (The University of Chicago Press) 2000.

Die umfassendste Überblicksdarstellung zur Malinké-Musik in Westafrika.

Bram Posthumus: *Guinea. Masks, Music and Minerals.* London (Hurst & Company) 2016.

Es geht in diesem Buch um weit mehr als um Masken, Musik und Bodenschätze – es enthält eine Fülle von Informationen über das Land, seine Geschichte von der Kolonialzeit bis zur Gegenwart, und über Musik im politischen Zusammenhang vor allem in den ersten Jahren der Sékou-Touré-Herrschaft.

Zur Gründung und Geschichte der Ballets Africains de la République de Guinée

Nomi Dave: *Une nouvelle révolution permanente: The making of African Modernity in Sékou Touré's Guinea.* Forum for Modern Language Studies 45-4, 2009. Mit Suchfunktion unter der Titelangabe im Internet auffindbar, 1.2.2021.

Eine Analyse der politisch-ideologischen und ästhetischen Grundlagen von Sékou Tourés Kulturpolitik in den Jahren nach 1958.

Joshua Cohen: *Stages in Transition: Les Ballets Africains and Independence, 1959 to 1960.* Journal of Black Studies, vol. 43, no. 1, 2012, pp. 11–48. https://www.jstor.org/stable/23215194 (1.2.2021).

Eine ausführliche Darstellung der Gründungsgeschichte der Ballets Africains und ihrer Vorläufer.

Paul Théa: *Les Ballets Africains de Guinée.* https://www.youtube.com/watch?v=mZDeSodjyUQ&t=3648s (2.1.2021).

Dokumentarfilm zur Geschichte und heutigen Situation der Ballets Africains de la République de Guinée.

Zur Musik der Malinké in Guinea

Vera Flaig: *The Politics of Representation and Transmission in the Globalization of Guinea's Djembe*. Diss. Phil. University of Michigan, 2010. https://deepblue.lib.umich.edu/handle/2027.42/75801 (1.2.2021).

Eine Studie zur weltweiten Ausbreitung und Veränderung der Malinké-Musik aus Guinea. Methoden: Teilnehmende Beobachtung und Interviews.

Dave Kobrenski: *Djoliba Crossing: Journeys into West African Music and Culture*. New Hampshire, USA (Artemisia Books) 2013.

Der Autor verbrachte lange Zeit in Sangbaralla und berichtet über seine Erfahrungen mit den Menschen und ihrer Musik. Bemerkenswert: die vielen eigenen Zeichnungen des Autors.

Famoudou Konaté / Thomas Ott: *Rhythmen und Lieder aus Guinea*. Buch und CD. Lugert Verlag, Oldershausen 1996 (auch in englischer und französischer Fassung).

Einführung in die Grundlagen der Musik Famoudou Konatés und eine Reihe von Rhythmen in Notationen und Tonaufnahmen.

Mamady Keïta: *Djembefola* (DVD). Film von Laurent Chevalier. Fonti musicali & Djembefola Productions 2006.

Film über Mamady Keïta, Famoudou Konatés Kollegen aus dem Ballet National Djoliba. Auch FK kommt in einigen Szenen vor.

André Ricardo: *Kun be Hamanah – Na guiné com Famoudou Konaté* (2012). https://www.youtube.com/watch?v=bH4CvCeWMw0 (1.2.2021).

Brasilianischer Dokumentarfilm über Famoudou Konaté und seine Musikkultur, 2012.

André Ricardo: *Famoudou Konaté – King of Djembe* (2020). https://kingofdjembe.com/ (1.2.2021).

Eine Video-Aufbereitung von neun Malinké-Rhythmen: die verschiedenen Trommelparts einzeln und im Zusammenhang, gespielt und erläutert von Famoudou Konaté und seiner Familie.

Zwei Konzerte mit Famoudou Konaté und Ensemble (Bonn 2017 und 2019). Bezugsmöglichkeit: derdino@gmx.net

Die beiden Konzerte, mit großem technischem Aufwand gefilmt, können als authentische Dokumentation der Musik Famoudou Konatés betrachtet werden.

Notationen der Djembe-Musik

Åge Delbanco: *West African Rhythms*. Santa Cruz, USA (Seven Hawk Publishing) o. J.

Der Autor hat in diesem Buch Notationen zu 72 Rhythmen der Malinké-Musik zusammengetragen – darunter viele mit der Quellenangabe »Famoudou Konaté«.

West-African percussion pages for djembé rhythm – notation and information. By Paul Nas. https://www.paulnas.nl/en/wap-pages/ (1.2.2021).

Dies ist die größte, ständig erweiterte Sammlung von Notationen und Informationen zur Malinké-Musik.

Fotonachweise

Titelbild © Martin Gensmer (Djembé Experience TaC – Trommelakademie Celle)

Guinea-Karte © Vardion / Wikimedia Commons, © PeterHermesFurian / Panther Media GmbH / Alamy Vektorgrafik/Alamy Stockfoto

Abbildungen auf den Seiten 16 und 17 © Dino Chinopoulos

Abbildung auf Seite 85 © IMAGO / BRIGANI-ART

Abbildung auf Seite 175 oben © Mathaz / Wikimedia Commons

Abbildungen auf den Seiten 181 und 183 © Susumu Ikeda-Kin

Abbildungen auf den Seiten 36 und 93 oben © Billy Konaté

Abbildung auf Seite 179 und 141 © Famoudou Konaté

Abbildungen auf den Seiten 27, 93 unten und 185 © Gabriele Obser

Abbildungen auf den Seiten 18, 19, 21, 31, 84, 91, 99, 109, 175 unten, 176, 178, 180, 184, 186, 189 oben, 193 oben und 231 © Thomas Ott

Abbildungen auf den Seiten 44, 56, 58 und 69 aus dem Programmheft 1962 (Deutsch-Französischer Künstlerdienst Lucien Baumier, nicht mehr erreichbar)

Abbildungen auf den Seiten 24, 30, 35, 102, 105 oben, 113, 114 oben, 118 unten, 151, 193 unten, 210, 211 und 212 © André Ricardo

Abbildungen auf den Seiten 105 unten, 114 unten, 118 oben, 182 und 213 © Baptiste Souchier

Nicht alle Foto-Rechteinhaber konnten ermittelt werden. Wir bitten die jeweiligen Urheber ggf. um Mitteilung.

CPSIA information can be obtained
at www.ICGtesting.com
Printed in the USA
LVHW060012271222
735871LV00006B/383

9 783959 836258